本书属国家社科基金项目“粤西濒危方言调查研究”(06BYY014)阶段性成果

本书属教育部社会科学重点研究基地招标课题“岭南濒危方言研究”(2007JJD740069)成果之一

本书得到“湛江师范学院学术出版基金”资助

国家级特色专业（汉语言文学）建设点学术文丛

国家级特色专业（汉语言文学）
建设点学术文丛

陈云龙　著

粤西濒危方言

马兰话研究

暨南大學出版社
JINAN UNIVERSITY PRESS

中国·广州

图书在版编目（CIP）数据

马兰话研究/陈云龙著. —广州：暨南大学出版社，2012. 12
（国家级特色专业（汉语言文学）建设点学术文丛）
ISBN 978 - 7 - 5668 - 0360 - 3

Ⅰ. ①马… Ⅱ. ①陈… Ⅲ. ①粤语—方言研究—茂名市 Ⅳ. ①H178

中国版本图书馆 CIP 数据核字（2012）第 233795 号

....

马兰话研究
著　　者：陈云龙

出 版 人：徐义雄
策 划 人：熊家良　杜小陆
责任编辑：杜小陆　郑柔琼
责任校对：卢凯婷

地　　址：中国广州暨南大学
电　　话：总编室（8620）85221601
　　　　　营销部（8620）85225284　85228291　85228292（邮购）
传　　真：（8620）85221583（办公室）　85223774（营销部）
邮　　编：510630
网　　址：http：//www. jnupress. com　http：//press. jnu. edu. cn
排　　版：广州市天河星辰文化发展部照排中心
印　　刷：佛山市浩文彩色印刷有限公司
开　　本：787mm×960mm　1/16
印　　张：19. 25
字　　数：340 千
版　　次：2012 年 12 月第 1 次
印　　次：2012 年 12 月第 1 版
定　　价：46. 00 元

总 序

湛江师范学院汉语言文学国家级特色专业建设点的“学术文丛”正式出版了，这是一件可喜可贺的事情。

作为湛江师范学院最早设立的专业之一，汉语言文学专业经过30多年的不懈努力，坚持以课程建设为基础，以学科建设为龙头，团队水平不断提高，实力不断增强，教学、科研齐头并进，专业建设各个方面得到健康协调的发展。在汉语言文学专业基础上组建的中国语言文学学科是湛江师院学术知名度最高、学科门类最齐全的一级学科，也是最能体现湛江师院办学特色的学科之一。自20世纪90年代以来，中国语言文学学科已形成了一支高职称、高学历、高水平和充满活力的教学科研队伍。学术前辈劳承万教授继《审美中介论》（增订本，2001年）之后，近年又出版了《中国古代美学（乐学）形态论》（2010年）和《中国诗学道器论》（2010年）两部专著，发表了一批高质量文章，形成了他的“美学三论”的宏伟构想，在学术界产生了较大反响。此外，刘周堂教授的中国传统文化研究，赵金钟教授的家族文化研究，朱城教授的语文辞书释义研究，方平权教授的古汉语词义理论研究，葛佳才教授的全方位、多层次比较下的东汉特殊语法研究，陈云龙教授的粤西濒危方言调查研究，马显彬教授的普通话教学研究，刘海涛教授的小说学研究，张应斌教授的文学发生学研究，王阳教授的模态叙事学研究，李珺平教授的抒情学研究，张德明教授的新世纪诗歌研究，王钦峰教授的后现代主义文艺思潮和法国文学研究，杨泉良教授的语文职业技术教育研究和周立群教授的语文课程与教学论研究等等，都具有一定的学术影响。学科的部分成果在国内学术界具有开拓性，有的成果地方特色鲜明，对地方文化建设发挥了指导、引领的作用。

近年来，该学科团队共主持科研教研项目50余项，其中国家社科基金项目6项，部级项目13项，省级项目20项，厅级项目13项，科研教研经费总额近400

万元；获省级优秀教学成果奖3项，省级哲学社会科学优秀成果奖5项，市厅级优秀科研成果奖15项；在《中国语文》、《方言》、《文艺研究》、《文艺理论研究》、《文艺理论与批评》、《外国文学研究》、《国外文学》、《民族文学研究》、《中国现代文学研究丛刊》、《语言研究》、《古汉语研究》、《语文研究》、《课程·教材·教法》、《发展教育研究》等权威刊物发表论文70余篇，核心刊物发表论文300余篇；在人民出版社、人民教育出版社、中国社会科学出版社、北京大学出版社等出版学术专著和教材60多部；成立了“康德—牟宗三研究所”、“粤西方言与文化研究所”、“南方诗歌研究中心”、“粤西语文教育研究所”等研究机构，设立了“暨南大学汉语方言研究中心湛江师院分中心”、“上海高校比较语言学E－研究院湛江分院”、“中山大学中国非物质文化遗产研究中心湛江工作站”等；举办了“第十届国际闽方言研讨会”、“21世纪中国现代诗第六届研讨会”、“第九届全国古代汉语学术研讨会”、“广东省第九届外国文学年会”、“广东省中国语言学会2010—2011学术年会”、“中法文学和文化关系暨纪念卢梭诞辰三百周年国际学术研讨会”等国际、全国及全省学术会议，产生了良好的反响。在“网大”大学排行榜中，湛江师范学院文学排名曾连续三年进入全国百强。

经过多年的建设与发展，中国语言文学学科现已建成6个比较成熟的二级学科，每个二级学科均有3～5名教授和2～4名博士，各自形成了2个以上稳定而鲜明的研究方向。学术研究的总体方法特点是借鉴文化学和比较研究视野，探讨中国语言文学的特征与规律。其中汉语言文字学学科的研究工作在理论、实践价值以及社会效应、地方意义上已形成一定特色：词义训释与辞书编纂有机结合、文献与方言相互参证以及从韵文入手研究方音史、从系统层面分析虚词、从禅宗切入讨论修辞等，视野开阔而角度新颖，方法科学而影响深远；语言学及应用语言学学科在普通话教学研究、现代汉字研究和对外汉语教学研究等方面成绩不菲，尤其普通话教学研究在全省乃至全国都有一定的影响；文艺学学科立足于学术前沿，研究文学理论的基本命题与范畴、中外文论和中外美学的关系、中国文论对西方现代和后现代主义文艺美学思想的选择与转换，关注我国文艺学学科发展的最新动态以及文艺学学科发展中其他具有学术价值和现实意义的课题；比较文学与世界文学学科以文化学的视野和方法，研究中西文学关系、外国文学与文化关系、比较文学理论和翻译理论等，在福楼拜研究和叙事学领域引起学术界较多的关注；中国古典文学学科在诸子百家研究、释家文化研究、六朝小说研究、明清小说研究、近代戏剧研究等领域形成了一定特色，突出哲学、宗教文化与文学、人生的交互影响与渗透，注重理论阐述与文本分析的有机统一，传统与现代的兼容，宏观、中观与微观研究的交互运用；中国现当代文学学科注重加强学术研究与现实生活和当下人文思潮的密切对话，保持研究的时代感和鲜活性，对地域文学、京派作家、海派作家、七月诗派、朦胧诗、第三代诗人、中间代诗人、“70 后”诗人等都有较系统的研究。

近年来，中国语言文学一级学科认真凝练了自身的教育特色和科研方向，认为本学科的基础理论研究已经取得比较扎实的成果，同时，服务于地方教育、文化建设的研究也崭露头角。因此，决心立足学科可持续发展和地方文化教育需求，依托教育部/财政部“第三批高等学校特色专业建设点”和校级重点学科，对属下的二级学科进行新的规划，对研究方向作出新的设计，对服务功能作出新的定位，对团队成员进行归并调整、优化组合，构建“以学科形态建设为中心的基础理论研究—以粤西非物质文化遗产为中心的地方文化研究—以语文教师职业素养为中心的语文教育研究”三位一体的科研创新团队。其中基础理论研究方向主要研究以学科形态建设为中心的美学、文学理论、中国文学、外国文学、语言文字学等各基础学科的本质规律和特点；地方文化研究方向主要研究粤西地区和雷州半岛的非物质文化遗产、方言、艺术、文化史、法国殖民史，以及粤西文化与岭南文化、中原文化乃至东南亚文化的关系等；语文教育研究方向主要研究大、中学语文教育的基本规律和特点，包括文学教育、语言教育、语文课程教学论研究，重点研究中学语文教师的职业素养、专业技能，以及粤西地区语文教育的现状、特点等。学科建设将以重大科研项目为纽带，以获取重要科研成果为标志，以锻炼培育科研创新人才为核心，以成为国家级优秀创新团队为目标，从而彰显基础理论研究优势，形成应用研究特色品牌，增强服务于地方社会文化和教育事业发展的功能，全面提升团队科研实力、竞争优势和服务社会的贡献力，探索基础研究与应用研究和谐发展、教学科研与社会服务互补共赢的新路子，为地方高校的学科团队建设与发展提供经验和参考，促进高等学校文科科研模式的转型和师范院校教学模式及内容的变革，从而使学科专业建设迈上新的台阶。

正是基于这样的设想，我们在出版了“国家级特色专业（汉语言文学）建设点系列教材”（一套10本，含《古代汉语专题教程》、《近代汉语专题教程》、《现代汉语专题教程》、《中国古代文学专题教程》、《中国现代文学专题教程》、《中国当代文学专题教程》、《当代外国文学专题教程》、《高中语文教学专题教程》以及《大学语文实用教程》和《新写作》，被列为21世纪中国语言文学通用教材和高校公共课精品教材，由中国人民大学出版社以及高等教育出版社出版）之后，计划再推出“国家级特色专业（汉语言文学）建设点学术文丛”。此次交由暨南大学出版社出版的5部著作即是“基础理论研究—地方文化研究—语文教育研究”科研创新团队的部分成果：

陈云龙教授立足湛江，在粤西地区濒危方言的整理分析上有重大拓展，他所主持的国家社科基金项目《粤西濒危方言调查研究》以及教育部项目子课题、中国社会科学院A类重大科研项目子课题等，有力推动了地方方言的调查研究。此次出版的《马兰话研究》即是对汉语濒危方言“马兰话”的抢救性研究，具有特殊的重要意义。

侯昌硕博士的《衍生与借用：新时期旧词新义现象研究》对新时期以来普通话词义的动态变化作了较为系统的研究，其中又重点对专用词语语义泛化和词义的渗入作了比较详细的分析与探讨。汉语词义最直接、最深刻地体现着汉民族的思维方式、汉文化的历史背景和内涵，因此研究汉语词义系统受到外来语的影响、渗透而发生的变化，无疑具有很高的语言学价值。

张应斌教授学养深厚，研究视野开阔，并且一向对民间文化和地方文化情有独钟，其《啸文学简史》以时间为线索，由古而今，由源及流，考察啸的发生及其作为音乐意境在中国文学中的发展演变历程，追寻啸在中国古代文学中形成的一个相对独立的特殊文学简史，从音乐与文学结合的角度，从特殊的文学题材史角度，补充和丰富了中国文学史。

鲁红平副教授的《理想的追寻，尘世的超越——汉魏六朝文学研究》有感于人类因生存时间的局限而产生的由死亡和恐惧所带来的生命毁灭感和因生存空间的局限而产生的尘世束缚所带来的生命不自由感，认为中国人正是在儒家、道家、神仙家这三种文化交融碰撞之下，在理想与现实的矛盾纠葛中，形成了他们特有的从生命悲剧中得到解脱的方式，以求超越尘世，获得生命的永恒与自由。鉴古以观今，别具一番意味。

杨泉良教授的《语文教学的当下视野》正视转型期语文教育教学存在的制度与政策的矛盾、理论与实践的矛盾、观念与行为的矛盾，以语文新课程理念为依据，以语文新课程内容范畴为边界，以语文新课程及实施中存在的问题为线索，以解决具体问题为目的，构建起独具一格的语文教育教学研究体系，突出了实用价值和可读性。

2011年岁暮，湛江师范学院首次设立了“学术著作出版基金”，以上5本著作均成为其首批资助对象，有力地推动了特色专业建设的步伐，善莫大焉！这套文丛以及前套系列教材的出版发行，倘若能得到各高校和学术界的专家、学者们的关注、帮助和指教，那将是湛江师院汉语言文学专业和中国语言文学学科的荣幸和福音！

熊家良

2012年3月

目 录

第一章　导　言

第一节　电白县人文背景及方言概况

一、电白县历史沿革及人口

电白县位于广东省西南部，现隶属于茂名市。其东部与阳西县交界，东北部毗邻阳春市，北部及西北连接高州市，西部紧靠茂名市，西南部与湛江市管辖的吴川市接壤，南部濒临南海。现设有26个镇，共有130万人口。下面据2000年《电白县志》简述电白县的政区沿革和人口概况。

电白县历史悠久，唐虞时代属南交地，三代时是杨州之南裔。春秋战国时代为百越地。秦朝设南海郡，电白属其西境。秦末，赵佗盘踞越地，自称南越王，电白为其辖境。三国时，地属吴国。汉献帝建安二十五年（公元220年），吴黄武五年（公元226年），吴国把交州的南海、苍梧、高凉、郁林四郡分出来，设置广州。电白隶广州高凉郡高凉县地。南北朝时从高凉郡析置海昌郡。海昌郡辖地在今电白县树仔镇、电城镇北部。隋朝，开皇九年（公元589年），合并电白、海昌二郡置电白县，电白自此以县称。从唐到清，电白基本隶属高州。民国属广东南路行政专员公署。新中国成立后，隶属湛江地区。1983年湛江地区撤销，电白县属茂名市。

以前的电白县为山区小邑，“去海百里”，县治在今高州的长坡。明成化三年（公元1467年），因受山贼骚扰，县治迁往神电卫，卫、县同治。民国二十八年（公元1939年），为避日机轰炸，县治迁往霞洞镇。民国三十六年（公元1947年），迁回电城。1950年12月迁往水东。

秦汉时代，电白县境为百越族人居住，主要为壮、侗、瑶、俚等族聚居。隋唐时代，县东、东北及中部地区主要是瑶族、侗族人聚居，西南沿江、沿海一带则主要是俚族、壮族人聚居。

电白、甚至粤西为俚人地盘的最有力证明就是冼太夫人及冼氏家族。冼太夫人是南越俚族人，原名冼百合，高凉山兜丁村人（今电城北部的山兜丁村），生于南朝梁普通三年（公元522年），卒于隋仁寿元年（公元601年）。冼氏世代为俚人首领，辖地千里，统领部落数十万户。梁大同初年（公元535年），冼太夫人与高凉太守冯宝结婚。这是一场政治联姻，一方面表示俚族归顺汉王朝，另一方面反映了俚族势力的强大，梁朝采取了“俚人治俚”的政策。陈永定二年（公元558年），冯宝死，夫人独自担当起号令俚僚的重任，俚族势力进一步扩大。公元589年，南朝陈为隋所灭，岭南各郡推夫人为首领，号曰圣母。冼氏成了岭南的首领。这反映了当时岭南仍为百越人的天下，百越人占有人口的绝对优势。夫人死后，其势力和威信一直延续到唐朝。冼太夫人的孙子冯盎曾率兵平定潮州、成州等五州僚人之乱，拥有二十个州，辖地数千里，从番禺到苍梧、珠崖都归其统属。唐垂拱三年（公元687年），俚人仍有一定的势力。时俚人首领李嗣慎率部攻陷安南府城，杀交趾都护刘延佑。到唐武则天时代，冯氏家族备受打击，或被抄家杀戮，或外逃避乱，冼氏的势力逐渐衰弱，俚僚的势力日渐式微。唐以后，部分俚僚与汉人同化，部分向西部迁徙。唐开元后，电白俚人开始有系统、有组织地经雷州南迁海南，部分向广西迁徙。

俚僚消亡后，瑶族仍有一定的人口，直至明朝都有较强的势力。电白县及附近瑶民不满汉族统治，经常劫掠暴乱，《电白县志·大事记》多有记载。例如，元泰定四年（公元1327年），高州瑶民暴动，攻陷电白县城，杀死千户张恒。明洪武二十九年（公元1396年），肇庆府泷水县发生瑶乱，其首领李敬宗率众四百余人袭击神电卫，杀死指挥使郭昂。明正统十三年（公元1448年），广西瑶族人赵音率部进攻泷水、电白等县，攻毁神电卫。明正统十四年（公元1449年），广西瑶肆掠电白县诸村堡，焚县治，杀县官妻儿。明景泰元年（公元1450年），县境发生瑶乱，粮仓被劫烧，官军被杀。明景泰三年（公元1452年），广西瑶民屡犯高州府各乡村，劫杀民众，焚毁屋宇。明成化二年（公元1466年），广西瑶民作乱，夜陷高州、电白城，掳走官吏人等三千七百多人，劫掠公私财物无数。同年，新任高州知府孔镛劝降贼寇（多为瑶民）。时贼拥众数万，占据易守难攻的茅垌山寨。仅就以上记载，瑶民暴乱达150年左右。

直至清初，仍有瑶、壮等少数民族与汉族杂居，政府设瑶化堡管辖。至清光绪年初“悉化为民”，与汉人同化了。电白县还有疍民，分布在沿海各海港及沙琅江中下游。据称，疍民系“越人逃入深山丛林”者，发展为南北朝、隋唐时期的俚僚人，分布在广东沿江、沿海的，则成为后来的疍民。这一说法值得参考。由于俚僚人、疍民都“不入版籍”，故不知其确切人数。

汉人最早进入电白县的时间和规模，我们没有见到翔实的材料记载。有资料可考的进入时间是从宋徽宗年间到明末。大部分人是从福建的莆田、晋江、闽县、福州迁移来的。例如，北宋宣和年间，李源芳自福建莆田来任高州通判，卸任后留居电白县沙琅柳村。南宋绍熙年间，杨昌爵自潮州迁居电白爵山村。杨氏原居福建闽县，绍兴年间迁潮州。南宋咸淳四年（公元1268年），吴昊如自福建闽县来任电白知县，八年后卜居电白县宝宁乡海头村。景炎年间，原郁林州通判梁提督，自福建晋江迁居电白县乌石村。元朝至正四年（公元1344年），许万二、许万四自福建莆田县迁居电白县禄岳、海头。明崇祯十五年（公元1642年），为避战乱，福建杨天锡（道士）率乡48户，24姓，72人航海迁居电白县鹩哥寨。

也有从福建以外地方迁入电白县的。明嘉靖年间，冯业之后冯世安从番禺乌石冈村迁电白邻县吴川县，其第四代又迁入电白县七迳尼乔村。大衙镇龙记管区的张姓，原籍江西吉安，辗转迁徙到广东新会，明初从新会迁到今龙记管区的北溪坡地。

另一批规模比较大的移民是神电卫的官兵。明洪武二十七年（公元1394年），广东都指挥使花茂奏准，在电白县下保宁乡之白石坡建神电卫，以防倭寇。洪武年间（公元1368—1398年），驻电白县海防的神电卫有兵员7 900余人。至永乐中，电白县编入军户的有1 000余户。明代前期实行世袭军户制，父死子继，兄终弟及，后改为招募制。明正统中期（公元1440年左右），驻神电卫的马、步兵都是从外地招募来的，神电卫常去招兵的地方是浙江省，其次是福建省。这些卫兵编成户所驻于神电卫城内外，其后人也有大批人留居电白县。如明崇祯年间官至刑部主事、郎中的陈礼就是卫兵的后代，任满后逸居水东。今县城水东、旧县城电城的陈姓多为神电卫卫兵之后。

还有一个重要的移民来源就是历任官员及其后代。据清光绪十三年编《重修电白县志》的记载统计，明朝在电白县任职的各级官吏共有295人，其中没有籍贯记录的有50人。有籍贯记录的253人中，本邑官员只有5人，属今广东籍的有40人，来自南海、东莞、顺德、新会等地。剩下的均为来自其他省的外地官员，共215人。外地官员中，以来自福建、浙江、江西、广西的官员居多，另有部分人来自直隶、顺天、徐州、云南等地。这些官员及家属、仆从以及他们的后代在电白县留居繁衍，是电白县人口的重要构成部分。

二、电白县的方言

（一）《县志》记载的方言及其分布

由于电白县长期以来，民族交替、杂居、同化，外来人口异源多流，电白县的方言显得异常复杂。除闽、粤、客等使用人数较多的方言外，还有“旧时正”话、“山瑶话”、“马兰话”等小方言。关于电白县方言，旧县志有所论及，现转引如下：

清光绪十三年（公元1887年）《重修电白县志·卷三》（引用时加标点，下同）：

唐宋以前，壮瑶杂处，语多难辨。前明军卫留居电城，今城中人语曰“旧时正”；海旁声音近雷琼，曰“海话”；山中声音近潮嘉，曰“山话”。

又民国三十五年（公元1946年）《电白新志稿》：

电白语言，比诸他县，较为复杂，确而论之，亦可分为三系：一曰海语系，二曰客语系，三曰越语系。

一、海语系。中国沿海七省，皆有此种语言所分布，其音虽有清浊轻重之不同，而其语根则古今遐迩皆不变，且其日常所言，为各种语言所无者甚伙。而稽诸《春秋左氏传》、《楚辞》、《说文》，若合符契。考其民族，源出于吴楚，后由福建厦门等地，流入潮汕方面，分布于韩江下流一带，复蔓延至惠来、海丰、陆丰，而播散于高、雷、琼、崖沿海各地。

二、客语系。客语又称“哎语”，因其读“我”曰“哎”，故名。钟独佛云：客家之称始于宋，福老之称始于唐。因其民族有客家之称，故其语言，亦曰客语。考其祖先，源出于古代汉族，其裔本来自河南、湖北间，洎晋永嘉变乱之后，司、兖、豫、雍等州，相继沦陷于五胡外族，被其压逼，乃挈家南渡，相率迁徙于闽赣，此是客家之第一步迁移。及黄巢变乱，直至五代末年，凡八十余载，中原之地，干戈扰攘，民无宁日。而割据福建之王绪，又复暴戾无道，屠杀良民，旋再南迁而至广东东北二部，此是客家第二步之迁移。迨乎宋末，元兵南下，临安陷落，宋室君臣，播迁入粤，客家民族，或被元兵凶暴而移居粤之西南部，或起兵勤王，转战于崖门一带，而至高、雷、钦、廉沿海各地。此是客家第三步之迁移。因其民族来自中原，与土著有主客之别，故称之谓“客家”，考其语言亦与古代中原声音符合，故陈兰甫谓客语多隋唐以前古音，章太炎著岭外三洲语，亦证明客话词语皆有所本云。

三、越语系。越语亦名“粤语”。广东人自称曰粤人，称其地亦曰粤东，其实越、粤二字，古本通用。《史记》南越传、东越传，《汉书》作南粤传、闽粤传，此其证也。古有百粤之目，粤、越原是一种通用名词，在昔包括地域，北自会稽之东瓯，南至九真交趾之骆越，皆其地也。所以古有于越、扬越、南粤、闽越、骆越种种称号。《春秋》有夷越，《国语》有夔越，《史记》汉通西南夷，以功都为越巂郡，唐有飞越、盘越，明有腾越、平越，可见古代越族在中国南部极为繁衍。广东、广西，即古百粤地，秦置南海、桂林、象郡，汉裔赵佗称南越王。（节录林语堂《闽粤与古代越族之关系》）又据钟独佛《粤省民族考原》云是古代越族之分支，其所居之地方，多在广州附近，沿珠江一带，上至广西之南部，以及广东南部之高、廉、钦三州，皆此民族之所繁滋也。

电白县城，原为明代之神电卫，由中原调来归都指挥所统之兵，称曰卫兵，其子孙繁殖于城之内，即今之黎马兰各族；其语言因其地而言曰“城语”，因其时而言曰“旧时正”，即明代之正音，因其语言与今之普通话相近，故斯篇附述之。并将电白语言之声读及人口之分布，分别列表，以明梗概（表详 P6 –7 页）。

清光绪十三年（公元 1887 年）《重修电白县志》所指的“潮嘉”当指潮州的嘉应府，即现在广东的梅州。“山话”即客家话，因客家人多居住在县东北部山区，故名“山话”。“雷琼”指雷州半岛和海南岛。电白的海话和雷州半岛及海南岛的方言都属闽南方言系统，主要是由福建厦门及潮汕渔民沿海迁徙带来的。民国三十五年（公元 1946 年）《电白新志稿》比较详细地介绍了电白方言的种类及其来源。关于神电卫卫兵的后代是否为“今之黎马兰各族”，尚无考证。当年神电卫卫兵是否“由中原调来”，也还需要研究。不过今电白县除了有当时神电卫军使用的正话，还有一种话叫马兰话（也写作“麻兰”），两种方言性质不同，当地说这两种话的人互不认同。两种县志提到的方言共有四种：闽语、客家话、粤语、旧时正话。清光绪《电白县志》没有提到粤语（白话），大概因为粤语进入电白比较晚，在当时可能还没有进入或影响不大，现电白人把粤语叫“客话”，此其证也。两种方言志所论方言的顺序不同，反映了方言地位的变化。清光绪十三年（公元 1887 年）《重修电白县志》把“旧时正”放在第一位置，而民国三十五年（公元 1946 年）《电白新志稿》把“旧时正”放在最后“附述之”，说明旧时正话已经从优势方言变成弱势方言。

以下转引列表，转引时将横排改为竖排，汉字数字转变为阿拉伯数字。

表1 电白县语言分布表

系别	行政区划	乡别	人口小计	总计		附记
				合计	总计	
海语系分布区	第一区	附城	11 886	88 219	202 180	兼城语
		海北	4 306			
		爵山	5 147			
		莲海	5 011			
		庄垌	7 179			
		保宁	4 809			兼客语
		马踏	5 562			
		邓朝	4 978			兼城语
		文岳	8 934			
		江界	4 856			
		博贺	3 452			兼越语
		树仔	4 810			
		麻岗	5 218			
		温泉	4 402			兼客语
		黄花	7 669			
	第三区	霞洞	12 532	113 961		
		霞阳	8 729			兼客语
		蛋场	8 657			
		水东	15 326			兼越语
		南安	12 014			
		沙院	7 266			
		五和	9 851			
		正龙	4 619			
		新南	8 525			兼越语
		岭峤	4 622			
		林头	3 163			
		松华	4 863			兼城语越语
		大衙	6 057			兼越语客语城语
		木院	7 737			兼客语

（续上表）

系 别	行政区划	乡 别	人口小计	总 计		附 记
				合 计	总 计	
客语系分布区	第二区	沙琅	7 911	70 276	78 577	
		那霍	6 401			
		黄岭	5 465			
		水石	3 370			
		蕉陀	4 868			
		莲垌	5 276			
		大榕	4 843			
		潭儒	5 317			
		望夫	5 620			
		簕勾	4 277			
		棠芾	4 003			
		观珠	4 246			
		南化	3 771			
		石塘	4 908			
	第三区	四维	8 301	8 301		兼越语
越语系分布区域	第三区	羊角	12 033	19 335	19 335	兼海语
		禄段	7 302			兼客语
说 明	全县海语系人数 202 180 人，客语系人数 78 577 人，越语系人数 19 335 人。					

“电白县语言分布表”依据民国三十年（公元 1941 年）的行政区划，分为海语、越（粤）语、客语三个区，详列方言分布的具体地点及人数，附记说明方言杂处情况。表中的乡名及乡的归属与现今区划并不完全一致，但是方言所存在的地域还是比较确定的。从民国三十五年（公元 1946 年）至今的六十多年间，电白的方言分布大格局基本一致，但是局部也有调整。有些乡村的方言存在交替现象，有些小方言根据表中的标示已经找不到了。附记中“附城”是“兼城语”的，今天“城语”已经消失。上表也有疏漏，有些乡村的方言在表上没有记载。例如，观珠镇坡尾村以前讲“城语”，但在表上找不到相关记录。据调查，马兰

话、山瑶话在大衙镇已经存在几百年了，但是表中没有反映出来。

（二）现代方言及其分布

从现在的情况看，电白县有四大方言：闽语、客家话、粤语、明代官话。还有隶属未明的“马兰话”、“山瑶话”。各大方言都有内部差异。闽语在电白分为“黎话”和“海话”，还包括分布在马踏的“福建话”、“饶平话”。客家话有“大哎”和“小哎”之别。大哎指那些受其他方言影响较少的客家话，小哎指那些分布较分散、受其他方言影响较多的客家话。粤语有“羊角白”和“咸水白”等不同名称，还包括分布在曙光场的四邑话，分布在马踏镇的淡水阳江话。旧时正话内部也有差异。

电白县的海话主要分布在东部及南部沿海的爵山、马踏、电城、大榜（岭门）、麻岗、龙山、旦场等镇，另外，陈村、林头、观珠、望夫等镇也有少量分布。黎话主要分布在西部及西南部的水东、陈村、南海、沙院、小良、七迳、坡心、羊角、林头、霞洞等镇，另外，大衙、观珠、黄岭、旦场、麻岗、龙门有少量分布。海话以电城为代表，黎话以霞洞为代表。海话和黎话是现电白县第一大方言，讲这种话的人达 80 多万。客家话分布在东、北部山区的那霍、罗坑、望夫、黄岭、沙琅、观珠等镇，西部霞洞以及中部大衙、马踏、林头也有较多分布，岭门、麻岗、旦场、曙光场有少量分布。客家话以沙琅话为代表，讲客家话的人有 28 万左右。白话（粤语）主要分布在羊角、七迳等镇，另少量散布各地，讲白话的人有 16 万。旧时正话分布在大衙、马踏等镇的一些小村落，讲旧时正话的人不足 1 万（后面详述）。讲马兰话的人总数不足 2 000 人。讲山瑶话的只有蓑衣田一个村，大约 200 多人。

第二节 马兰话的濒危状况

一、马兰话的使用状况

马兰话是电白县大衙镇北溪坡等地讲的一种方言。马兰，也有人写作“麻兰”，据发音人介绍，并没有恰当的字来记录，用国际音标记音是［ma^{55} lan^{55}］，都属阴平字，与“马兰”或“麻兰”声调不符，其名称的含义也不清楚。

讲马兰话的人大多姓张，其可追寻的远祖是唐朝的张九龄，原居江西省吉水县，后迁广东省韶州府曲江县，又迁往新会。至明朝天启年间（公元1622—1627年），今电白县张姓始祖务学公、务耕公由新会北街迁至高州府电白县北街坡（今北溪坡），务学居中田，务耕居北街坡。兄弟二人至今已传十八世，瓜瓞绵绵，分支繁复，遍布电白。由北街坡迁出的有铁板村（今属电城镇）、藕塘（今属电城镇）、车陂河（今属电城镇）、山嘴坡（今属林头镇）、曲塘（今属林头镇）、龙井窟（今属林头镇）、棉花地（今属大衙镇）、红花坡（今属树仔镇）、山石（今属霞垌镇）、龙眼园（今属霞垌镇）。由中田迁出的有独楼杨屋、马屋塘、棚桥（今属麻岗镇），杨梅（今属水东镇）。根据《电白县北溪坡张姓族谱》，其子孙迁出的聚居地还有：龟岭村、仙桃园村、埡垌、榕树根、畅屋园、杨屋张、八甲圩、廉江、化州。这些地点较小较远，很少来往，没有详考。

马兰话主要分布在大衙镇的龙记管区。龙记管区共有十五座自然村。讲马兰话的村子有：崩塘缺、横埡、朝阳、沙田仔、竹园、豆坡、北溪坡、村仔、车仔坡、铺仔（部分）。旧村、塘仔凹、三剑门原讲马兰话，今已改讲其他方言。北溪坡是张姓先祖来到电白的落脚地，也是马兰话的根据地，其他村多是从北溪坡迁出的，其马兰话也是从北溪坡传过去的。这些村子共有1 500人左右，其中以马兰话作为母语的大概1 000人左右，周围其他村也有部分人会讲马兰话，加起来不超过2 000人。

从北溪坡和中田分出其他镇的张姓村落，大部分都不讲马兰话了，曲塘、沙白路等讲白话，龙眼园等讲黎话，马坝等讲海话。这些村落现在所讲的话都是当地的强势方言，也就是说流播出去的马兰话被周围的强势方言吞并了。山嘴坡只有少数老年人会讲，个别家庭还使用。张姓后裔每年都要回北溪坡祭祖，以前张姓人都讲马兰话，近一二十年多数村已无人能讲。

大衙镇棉花地仍在使用马兰话，而且是村里的强势方言，从外地嫁入的讲其他方言的媳妇一两年后都改讲马兰话，小孩也都讲马兰话，人们平时交流都用马兰话。棉花地人口并不多，为什么马兰话能够在这里表现出强势呢？这大概同一位村长有关。这位村长1927年生，在职五六十年，很有威信，他说的马兰话对村民的方言取向有直接影响：一个细节反映了这种影响。村长读小学时的教学语言是旧时正话，旧时正话的“字”读n^{55}①，老人现在还是这样读。同村的张东

① 陈云龙：《广东电白旧时正话》，《方言》2003年第3期。

仁，1952 年生，其读书时的教学语言是普通话和白话（属粤语，下同），他也不会说旧时正话，但是他念“字”时，也是读 n⁵⁵，这应该是受村长的影响。

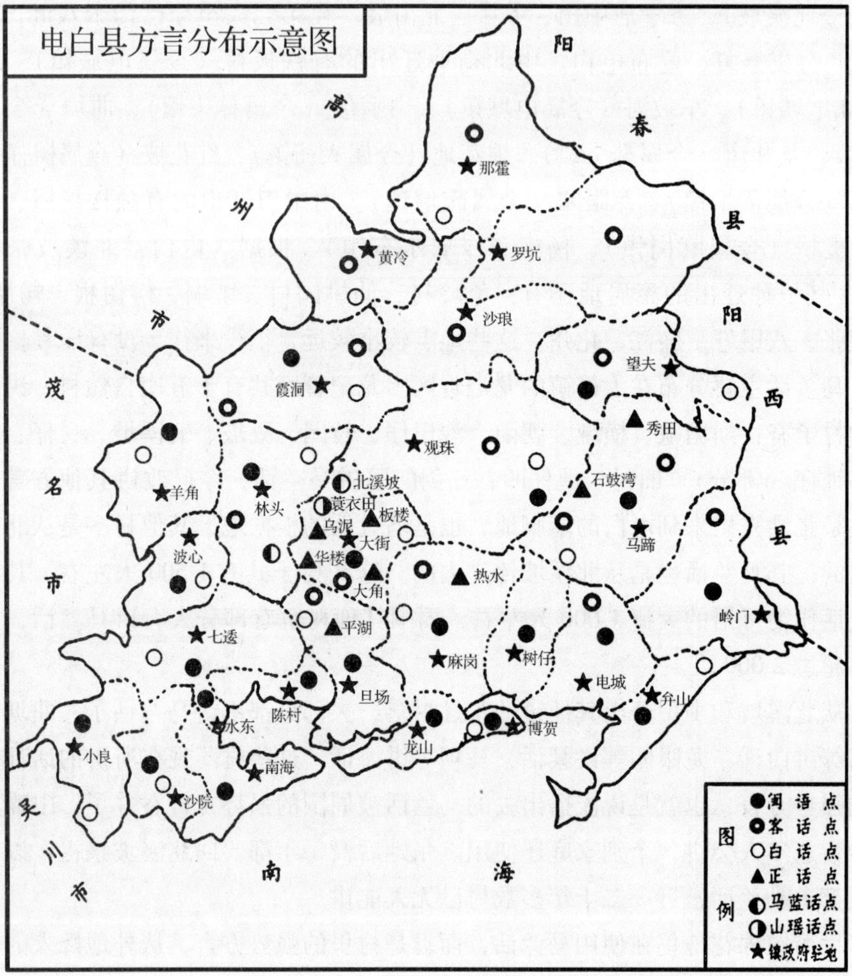

图 1　电白县方言分布示意图

说明：

①本图描绘电白县方言的主体分布情况。中部乡镇，往往是几种方言以自然村为单位错杂分布，难以具体标出，只能粗略表示该地区有哪些方言。闽、客、粤方言根据《电白县志·方言》加以核实描绘，旧时正话点根据笔者的调查标出。

②同一种方言内部有差异，本地人往往用不同的名称加以区别。本图不加区别，只标大

的系属。例如：海话和黎话都属闽方言。都用●符号标记。白话、客家话同。闽、粤、客不标地名，旧时正话标出村委会的名称。

林头镇槟榔花村虽不是张姓，但他们也讲马兰话，据《黄氏先祖简谱、润色公直系家谱合编》记载，其始祖由新会迁来，“配张氏祖婆，生儿幼小就外出经商，永年不归，留得张氏祖婆寡妇带儿，辛苦至极”。这是黄姓家族讲马兰话的原因。不过槟榔花村的马兰话与北溪坡的马兰话有较大差异，混杂了较多白话成分。

马兰话的使用范围很窄，主要是成年男子内部交流用，即会说马兰话的男人聚集或相见时用马兰话交流。马兰话不是家庭交流的唯一方言，往往是与黎话（属闽语，下同）、白话、哎话（属客家话，下同）交替使用。其原因是媳妇多来自讲黎话、白话或哎话的其他村镇，嫁到北溪坡后仍讲自己的母方言。丈夫与妻子的交流，夫随妻变，妻子说什么方言，丈夫就用什么方言。小孩受母亲影响大，首先学会母亲的方言，与母亲交流用母亲的方言。小孩大多数会讲马兰话，小孩与父亲交流用马兰话。但也有一些小孩不会讲马兰话，甚至还有母亲不允许小孩讲马兰话的现象。女孩在家与父亲交流也用马兰话，外嫁之后就少有机会使用马兰话了。

北溪坡是马兰话的根据地，也是龙记村委会所在地，同时还是一个墟（集市），是长期的政治、经济、社会活动聚集地。有不少讲其他方言的人进入杂处，黎话、白话、哎话不断碰撞冲击，马兰话的地位日趋下降，已不是主要交际方言。根据较长时间的观察，当地主要交际方言是黎话，这表现在：北溪坡黎话的使用频率高，使用场合多，在买卖、赌博、争吵、聊天等情境出现较多的是黎话，而不是马兰话。还有一个细节也反映黎话排挤马兰话的趋势。村委会主任姓张，马兰话是其母语，但是，他很少讲马兰话，不仅村委会开会讲黎话，即使交际对象是讲马兰话的，他也用黎话同他们交流。村委会主任的语码转换反映了黎话是龙记村委会的主要方言，甚至是权威方言。作为村委会主任，使用黎话已经成为需要和习惯，或者成为一种身份的象征。

讲马兰话的人都会讲黎话、白话、哎话甚至周围其他小方言。到什么山上唱什么歌，进什么村子说什么话，见什么人说什么话，出了北溪坡，一般不讲马兰话。总的来说，马兰话的使用机会是不多的，使用场景是很少的，使用频率是很低的。

周围讲其他方言的人也会讲马兰话，有相当多的人能听懂马兰话。

现在北溪坡以马兰话作为主要交际语言的村落只有沙田仔，这个村的外来媳妇刚嫁进来的时候讲黎话，但是经过几年，尤其是生了小孩以后，就讲马兰话。全村两百多人，在村里基本讲马兰话。而在其他村落，马兰话已不是主要的交际语言。

二、马兰话的濒危表现

（一）使用范围不断萎缩

随着人口繁衍，村落扩散，马兰话的使用范围不断扩大，曾经是当地一种影响较大的方言。但现在外播的马兰话基本被其他方言同化，外迁的张姓村落基本不讲马兰话。即使在大本营北溪坡，马兰话也不是主要交际方言，使用频率、使用场所、使用机会都在减少。即使在家庭，它也不是唯一的方言，而是多方言交替使用，马兰话在部分家庭甚至"战败"退出。

（二）使用人口不断减少

同使用范围萎缩相应的是使用人口减少，而且呈继续减少的趋势，主要表现在后继乏人，即越来越多的家庭的小孩不会说马兰话。现在马兰话只有一千多人能说，在可以预计的将来，人口可能退缩到一千以内，甚至更少。

导致后继乏人的直接原因是外来媳妇所讲的方言的冲击，其影响力首先表现在改变家庭交际方言，它使马兰话不再是家庭唯一的交际方言，影响了马兰话的使用频率和强度。其二是影响下一代，个性强的女性不喜欢自己的孩子讲马兰话，大多根据自己的习惯对小孩使用自己的母语，这种现象越来越多，这导致不少小孩不会或不使用马兰话，导致家庭交际语言的改变，马兰话终将退出家庭这一留守阵地。如果这样的家庭多了，几代之后，马兰话将逐渐消亡。

（三）方言功能日渐弱化

方言除了交际功能外，还有文化承载功能。方言能否充当其他文化形式的载体，是方言强势与弱势的观测点。强势方言往往是其他文化形式的载体，弱势方言往往没有其他文化形式。这里指的文化形式主要是儿歌、山歌、谚语、歇后语、戏剧等。电白大衙镇有大戏（粤剧）、鬼子戏（木偶剧）、歌谣、山歌，但是它们的载体是白话或黎话，没有用马兰话表达这些内容。因此，调查马兰话的儿歌、山歌等长篇语料比较困难。没有以马兰话做载体的其他文化形式，这是马兰话濒危的一个表现。

（四）语言情感日渐淡薄

语言情感是决定语言或方言存亡的一个重要因素。客家人“宁卖祖宗田，不亡祖宗言”的强烈情感，使客家话至今仍然保持强劲的生命力。在电白北溪坡，也有这样的情况。以前讲马兰话的宗族每年祭祀，在祠堂分猪肉时，不会说马兰话的人没有资格参与。这使马兰话在方言众多的地区能够生存下来，并且随着宗族的繁衍壮大而不断稳定发展。但现在已没有这样的要求。个别家庭仍把它看作“祖言”，要求嫁进来的媳妇讲马兰话，但是更多的家庭没有这样强烈的情感，不限制媳妇的方言，甚至迁就媳妇讲其母语。当问及马兰话好不好听时，多数人觉得不好听，这也是他们外出不讲马兰话的原因。周围讲其他方言的人往往会嘲笑马兰话不好听。

（五）强势方言的冲击

马兰话的濒危还有语言环境的因素。马兰话周围有白话、黎话、哎话等强势方言，白话是广东的权威方言，其发展大势是吞并其他方言。黎话是电白的强势方言，人口和文化都占有绝对的优势。哎话虽不强势，但是人口众多，传播地域广阔。这几个方言都对马兰话造成冲击，其中黎话的冲击最大。因此，马兰话的濒危也是当地多种方言竞争的必然趋势。

三、马兰话的濒危走向

多方言区濒危方言的消失大概经过这样几个过程：第一，多方言的交际，使濒危方言使用的频率和强度降低。这个过程中，会讲濒危方言的人不减少，只是使用场合在减少，使用对象的范围在缩小，从唯一的交际语言变为在一定场合、一定对象前使用。第二，使用人口减少，使用范围缩小。随着交际频率和强度的减弱，或另一种优势方言的出现，讲某一濒危方言的族群有一部分人，主要是后代，放弃掌握该方言，或者只停留在会听的程度。说濒危方言的人数呈代际减少。这种情况在每个家庭是不平衡的，同一代人，有的放弃，有的不放弃，但总的趋势是掌握该方言的人越来越少，几代人下来，能掌握使用该方言的人就寥寥无几了。第三，退出交际领域。所谓退出交际领域，即某濒危方言不再在交际中使用，或者很少人使用。尽管还有一定的人数懂得该方言，能说能听，或者能听不会说，该方言还存在，但是已经不再使用，这时该方言基本消亡。这个阶段最典型的例子是电白县旧县城——电城的“旧时正”话。大概在抗日战争以后，县城暂时迁往霞洞，后又迁往水东，旧时正话不再是“城话”，而被海话代替，但是还是有不少人掌握了该方言，只是较少使用，直至不用。2004 年笔者去调查时，发现只有几个老人还残存着一些记忆，对单词的记忆都已经模糊，不能流利对话。这是长期没有使用的结果。第四，消失。所谓消失即某种濒危方言退出交际领域之后，无人会说，无人能听。像电城的“旧时正”话，如果那几个老人去世了，也就标志着该方言在电城消失。从退出交际领域到最后消失，该方言还可以作为标本存在一段时间。宽泛点讲，某方言退出交际领域，就可以认为该方言已经消亡。

马兰话处于濒危的第二个阶段。马兰话在多方言碰撞中变得弱势，使用人口减少，代际传承出现断裂，交际领域在缩小，其语言功能在萎缩。虽然它还在一定范围中使用，但是可以预言，在没有强化抢救措施的情况下，经过两至三代人之后，必将退出交际领域，最终消失。

第三节　符号说明

[ ] 音标符号，表示里头的符号是音标。但在没有误会的情况下不加 [ ]。

| 单竖线，用于单项相隔。

‖ 双竖线，用于类隔。

~ 省字符号，代替重复出现的字。

= 等号，表示读音相同。

≠ 表示读音不相同。

□ 方框，表示有音无字。

□ 字下加单横线表示文读。

□ 字下加双横线表示白读。

□ 字下加波浪线表示训读字。

□ 字下加虚线表示同音替代字。

□　字下加粗横线表示合音字。

□　字下加双波浪线表示俗字。

□又 字右下角小号字“又”表示不属于文白读的异读。

地图符号见图例。临时使用的符号，随文说明。

第四节　发音人

张国男，1952 年生，北溪坡人，初中文化，大队会计、文书，没有长时间外出。母语是马兰话，会说黎话、白话、普通话，能听哎话，北溪坡马兰话发音人。

张茂东，1941 年生，村仔村人，高中文化，1964 年到 1971 年外出搞“四清”运动，参加农场劳动，1971 年后回电白至今。母语是马兰话，会说黎话、白话、普通话、哎话，北溪坡马兰话发音人。

张乃宪，1938 年生，山嘴坡村人，小学文化，原供销社职工，没有长时间外出。母语是马兰话，会说白话、黎话，略知哎话，不会说普通话，山嘴坡马兰话发音人。

张守昌，1927 年生，棉花地村人，小学文化，没有外出，做村长达 50 多年，读书时的教学语言是旧时正话，其话中仍保留旧时正话的特点，例如“字”读 n^{55}。母语是马兰话，会说山瑶话（当地一种粤语）、白话、黎话、哎话、旧时正话，不会说普通话，棉花地马兰话发音人。

张东仁，1956 年生，棉花地村人，高中毕业，没有长时间外出，读书时的教学语言是白话和普通话。会说马兰话、白话，略知黎话、客家话，能听懂山瑶话和旧时正话，棉花地马兰话发音人。

张开武，1950 年生，崩塘缺村人，高小毕业，读书时老师讲解用白话，读课文用普通话，外出 18 年。会说马兰话、黎话、哎话、普通话，会听山瑶话和旧时正话，会讲少许海话，崩塘缺马兰话发音人。

黄成英，1933 年生，槟榔花村人，高小毕业，外出云南一年。读书时老师讲解用黎话。会讲马兰话、白话、黎话，会听山瑶话、旧时正话。自称马兰话为“白话”，外村人称“马兰话”，槟榔花马兰话发音人。

第二章　马兰话音系

第一节　马兰话声韵调

一、声母（20 个，包括零声母）

p 波步别斧	ph 坡批婆赔	m 梅忙舞物	f 飞符废方	w 乌歪魂云
t 冬到道特	th 塔痛同台	n 农年泥男	l 绿令老连	ɬ 死修师瑞
ts 宗朝争续	tsh 草迟初词	ȵ 肉耳疑严	s 生书善蛇	j 衣油锐慧
k 鸡官京共	kh 区穷困舅	ŋ 瓦我硬危	h 香好贺考	Ø 哀暗恶呕

说明：

第一，ts、tsh、s 在细音前接近 tɕ、tɕh、ɕ。

第二，ȵ 出现在泥母、疑母细音前，与 n 对立。例如：你 ni^{55} ≠ 耳 ȵi^{55}。

第三，零声母合口呼字有轻微的唇齿摩擦，这里统一记为 w。

第四，零声母齐齿呼字前有时有较重的摩擦，接近 z，这里统一记为 j。

二、韵母 72 个（含自成音节的 ŋ̍）

	i 猪迷四知尾	u 路姑私师牡
a 马骂茶家哑	ia 写蔗车爹蛇	ua 瓜夸挂华话
ɔ 多哥桃枣傻	iɔ 靴	uɔ 过和禾祸蜗
ɛ 姐些且者		
ai 拜鞋晒柴带	iai□嚼□抓揉	uai 乖拐怪坏淮
	iui 锥惠慧锐	ui 袋开队灰吹
oi 我个		
ɐi 低艺鸡块飞		uɐi 龟跪鬼为位

au 帽谋卯亩交	iau□刨地□薅草	
ɛu 毛刀老好草	iu 娇少猫彪丢	
ɐu 偷滔刘走九	iɐu 皱绉优酉又	
am 南三衫咸岩	iam 嵌钳	
ɛm□舔□润毛笔	im 尖廉盐欠甜	
ɐm 品心针今林	iɐm 阴音淫饮任	
	in 钱言天全犬	un 干搬算乱本
an 山眼间犯饭		uan 幻惯关还湾
ɛn 奶片掐骗		
ɐn 紧银斤分肯	iɐn 认因印寅引	uɐn 滚均军魂温
ŋ̍ 误吴五午悟		
aŋ 彭冷生坑行	iaŋ 病命影岭井	uaŋ 横
ɔŋ 帮装邦窗方	iɔŋ 娘向枪亮央	uɔŋ 光矿匡汪王
ɐŋ 崩耕凳棚	iŋ 冰兵京定琼	uiŋ 永
oŋ 蓬宋公中梦	ioŋ 容用荣熊融	
	ip 猎叶劫业贴	
ap 答合蜡鸭跌	iap 狭挟峡	
ɐp 立习湿急十	iɐp 入	
ɛp 夹	iɛp□火～虫□一撮	
	it 别铁蔑舌乙	ut 割喝泼末阔
at 达八辣杀法		uat 括刮滑猾挖
ɐt 笔七突佛出	iɐt 一	uɐt 骨掘窟屈
ɛt 结哑佬～：结巴□吹着纸媒		
ak 百择客麦轭	iak 石踢脊笛尺	uak 画划获
ɔk 落索学郭缚	iɔk 雀弱脚药着	uɔk 国
ɛk□刮火柴□～牙：磨牙	ik 逼力色域历	
ok 木毒福六烛	iok 肉玉狱辱郁	

说明：

第一，韵母 in、iŋ 中的 i 比实际发音略低，相当于 ɪ。

第二，j 与齐齿呼韵母相拼，介音-i 可以省略，同样，w 与合口呼韵母相拼，介音-u 可以省略。

第三，自成音节 ŋ̍ 看作韵母。

第四，韵母 oi 中的 o 比标准元音略高，但不及 u。oi 与 ui 对立。例如：个 koi^{33} ≠该 kui^{33}。

第五，韵母 ɐu 与广州话相比略后，实际读音是 ʌu，这里统一记作 ɐu。

三、声调（7 个）

阴平	33	高鸡婚三安支钓偷蔡见祭
阳平	22	头愁林兰穷朋鹅云移期毫
阴上	55	古走粉口肯五紧胆你董万
阳上	31	近是坐厚父淡硬染买稻旱
去声	442	第共害助病大岸帽漏洞邓
阴入	5	笠涩急笔曲一出黑色谷屋
阳入	2	答蝶十八抹实石博薄百白

说明：

第一，阳平调的调值在 22 和 21 之间摆动，这里记成 22。

第二，阴上实际音高是 44，这里记成 55。

第二节　马兰话同音字表

说明：

第一，韵母 iai、iui、iɐu、iɛp、iɐm、iɐp、iɐn、iɐt、uiŋ、iɔŋ、iɔk 只拼 ȵ、j 或 w 声母，与相应的 ai、ui、ɐu、ɛp、ɐm、ɐp、ɐn、ɐt、iŋ、ɔŋ、ɔk 互补，放在同一个表里。

第二，13 调和 453 调属变调。只读变调或与本调意义不同的字分别归属这两个声调。

第三，字表按以下韵母顺序排列。

i　u　a　ia　ua　ɔ　iɔ

uɔ	ɛ	ai \ iai	uai	ui \ iui	oi	ɐi
uɐi	ɛu	au	iau	ɐu \ iɐu	iu	am
iam	ap	iap	ɛm	ɛp \ iɛp	im	ip
ɐm \ iɐm	ɐp \ iɐp	an	uan	ɛn	ut	in
un	at	uat	ɛt	it	ɐn \ iɐn	uɐn
ɐt \ iɐt	uɐt	ŋ̍	aŋ	iaŋ	uaŋ	ɔŋ
iɔŋ	uɔŋ	ak	iak	uak	ɔk	iɔk
uɔk	ɐŋ	ɐk	uɐk	iŋ \ uiŋ	ɛk	ik
oŋ \ ioŋ	ok \ iok					

i

p　33 蔽蓖闭祕泌痹庇敝弊币　55 譬比畀　442 毙避备鼻被~迫

ph　33 脾批租屁　22 琵枇皮疲　31 彼被~子　442 鄙

m　33 媚寐马~兰：地名　22 迷眉楣徽微　55 尾　442 谜未味

t　442 地

n　55 你

l　22 离~别；~开篱璃狸　55 旅　31 履里一~路；~面理鲤吕屡　442 虑厉励吏利痢李脷舌头丽

ɬ　33 四肆　55 死

ts　33 猪诸诛株蛛朱珠硃著注蛀铸知蜘智支枝肢资姿咨致稚脂至滋置芝之志誌痣　55 煮拄~拐棍主紫只~有纸姊脂旨子梓止趾址　442 箸痔驻住治巳□陡

tsh　33 处处所；相处趣雌刺赐翅豉次矢痴　22 徐除储池驰瓷糍迟慈磁辞词祠持饲　55 齿此始　31 似祀　442 柱自耻　13 似~日：前天

s　33 絮书舒输犀斯施尸屍司思~考伺诗试犀　22 薯殊时匙~羹□碓~：碓杵□~家：自己蜍　55 暑鼠屎绪　31 是氏　442 竖士柿恕庶署树示视嗜市恃侍寺　453 戍嘘~尿：把尿

ȵ　22 谊宜仪而疑凝　55 耳饵语　31 蚁拟　442 遇寓义议二　13 鱼渔

k　33 居车~马炮据锯俱句寄饥肌基记机讥既　55 举矩几茶~；~多己纪杞　442 距据拒技妓具惧忌冀　13 箕

kh　33 枢区驱　22 佢他渠瞿~秋白：人名祈祁其棋期旗蜞黄~：水蛭骑奇歧　31 徛立企

h　33 去虚牺戏器弃欺气希稀　55 许起喜　13 墟集市

j　33 于淤伊医意衣依　22 如余儒愚娱迂盂逾愉儿移夷愈　55 椅倚　31 与雨宇羽已以禹　442 御驭誉预豫喻裕异易　13 姨　453 二~□：二胡

u

p　33 布花~；~置怖　55 补斧　442 部簿步孵

ph　33 铺~路；店~　22 莆瓠~瓜：葫芦浮　55 普浦谱甫脯果~

m　22 无巫武舞侮牡　31 母拇　55□~日：明天　442 慕墓暮鹉务雾戊茂~名：地名

453 诬模~范

f　33 库裤呼乎互护夫肤敷俘富副戽驸　22 胡~乱；~须湖狐壶葫符扶芙　55 苦虎浒府腑俯　31 妇　442 父釜腐辅付赋傅赴讣附负

t　33 都首~；~是　55 赌肚猪~；~子　442 度渡镀

th　33 兔吐　22 徒屠途涂图杜　55 土

n　22 奴　55 努　442 怒

l　22 庐炉芦鸬　31 鲁橹虏卤　442 路赂露鹭

ɬ　33 苏酥素诉须胡~私师狮丝思~想　55 史　442 事

ts　33 租做做~日：昨日　55 祖组　442 字

tsh　33 粗醋

s　33 数动词；名词

k　33 姑牯孤故固雇顾　55 古股鼓　13 古~阵：现在　453 菇姑又

kh　33 枯箍估

h　13 芋缺崩塘~：地名

w　33 乌污

a

p　33 巴芭疤霸欛坝坝爸老派音　55 把　31 罢　453 爸小孩音趴

ph　33 怕　22 爬琶杷扒~龙船：划龙船
m　33□耙　22 麻痳　31 马码　442 骂　453 妈
f　33 花化
t　55□口水~：围嘴儿　13 打笪竹~：竹床
th　33 他
n　55 乸雌性　13 拿　453 衲补丁
l　442 拉又
ts　33 渣诈榨炸抓　442 揸—~药　13 楂山~
tsh　33 差~别　22 茶搽查调~　442 岔　55 杈　13 叉
s　33 沙纱挲摸　55 洒耍
k　33 家加痂嘉傢~俱架驾嫁稼价㕦~旯：腋窝　55 假真~；放~贾　13 架~日：今日
kh　55 卡关卡□货车拖挂车箱
ŋ　22 牙芽衙雅
h　22 霞　31 下~低；~降夏厦　55 哈点头~腰瘕搕~：哮喘　13 虾□菠萝~：菠萝蜜中的条状物
Ø　33 鸦丫亚阿~哥　55 哑　453 桠

ia

t　453 爹
ɬ　33 些泻卸赦　55 写
ts　33 借遮蔗姐祖母　442 谢
tsh　33 车　22 邪斜笡
s　33 赊　55 舍　22 蛇　31 社　442 射麝
ȵ　33 嘢乜~：什么　13 嘢东西
j　22 爷　31 也　442 夜

ua

k　33 瓜□提　55 寡剐　453 褂□~仔：口哨

kh　33 挂卦跨　55 垮
w　33 蛙　22 华　442 话

ɔ

p　33 波菠玻
ph　33 坡　22 婆菩~萨
m　22 魔磨~刀　442 磨石~　453 摸摩~托模~范摹~仿
f　33 科颗课货　55 火伙
t　33 多　55 朵躲　442 惰
th　33 拖套涛　22 驼舵桃陶萄　55 妥
n　22□以指揉捏挪　442 糯
l　22 箩罗锣螺脶裸攞拿螃蟉~：蜘蛛　453□~柚：柚子旯旮~：腋窝啰
ɬ　33 蓑　55 所
ts　55 左佐阻枣　442 助座
tsh　33 搓锉初　22 锄　55 楚础　31 坐
s　33 梳蔬疏唆梭　31 傻
k　33 歌　55 果裹　13 哥　453 哥又
kh　453 戈戈壁
ŋ　22 鹅蛾俄□~颈骨：落枕　31 我又　442 饿卧　453□~伤：扭伤
h　33□害羞耗□白颈~：蛇名　22 河何荷　55 可　442 贺
Ø　33 阿~胶屙

iɔ

l　33□~地：在地上翻滚
h　33 靴

uɔ

k　33 过

w　22 和禾　453 祸

ɛ

m　33 孭背　453 孖成双
ɬ　33 些又
ts　33□□kam31 ~：蝉　55 姐者
tsh　55 且
s　453 奢
kh　22 茄
Ø　33 诶语气词

ai \ iai

p　33 拜　55 摆　442 败　13 稗　453 跛~脚：瘸子
ph　33 派　22 排牌簰
m　22 埋　31 买　442 卖迈　13 母
f　33 快筷
t　33 呆戴带　442 大
th　33 态贷太泰　442 钛~煲：铝锅
n　33□累；困　55□一~：一片　31 乃　442 耐奈　13 哪　453 奶
l　33 拉癞　442 赖
ɬ　33 赛
ts　33 斋债　442 寨
tsh　33 猜钗差出~蔡　22 柴
s　33 晒　13 筛
ȵ　33□嚼　453□抓揉
k　33 皆阶介界芥疥届戒佳楷　55 解　13 街
ŋ　22 涯崖捱挨饿　55 碾　31 艾艾草　453 艾又哎~话：客家话
h　22 孩鞋懈械□痒　31 蟹
Ø　55 矮　453 隘

uai

k　33 乖怪　55 拐
kh　33□丢　22 槐魁
w　22 怀淮　442 坏

ui \ iui

p　33 贝辈背佩悲　442 吠　453 杯
ph　33 沛胚坯配丕　22 培陪赔裴　31 倍
m　22 梅媒煤　31 每美　442 妹捞～：外来女孩昧　453 妹～仔：女儿
f　33 恢盔灰　31 贿悔
t　33 对　442 待怠殆队代袋　13 碓　453 堆
th　33 胎推退　22 台苔抬　55 腿
n　442 内
l　22 来雷　31 儡累～积；连～垒　442 虑滤类泪　453□筐；篓□短小
ɬ　33 腮鳃须需岁　442 粹遂邃　453 碎瑞
ts　33 灾栽再载～客最追醉　55 宰嘴　31 载年　442 坠序叙聚罪在
tsh　33 菜趋催崔吹炊脆翠　22 才人～；刚～材财裁豺随垂槌锤　55 彩采取娶 453□吻
s　33 税虽帅　55 水　442 睡　453 衰
ȵ　31 乳腐～：臭豆腐　453 锥□钻；挤
k　33 该　55 改傀～儡　13 盖
kh　33 概溉慨丐刽规亏窥　22 携　55 凯　13 这
ŋ　442 碍外
h　33 开　55 海　442 亥害
j　442 慧惠锐穗
w　22 回茴　442 蔼会～计；开～绘煨汇～集
Ø　33 爱要

oi

k　33 个

ŋ　55 我

ɐi

p　33 碑卑　442 婢　13 篦密梳

ph　33 批~评披

m　55 米　453 劘削猅

f　33 废肺飞非妃费翡挥辉徽　22 肥　55 毁匪

t　33 低帝　55 底抵　442 第递

th　33 梯替涕剃屉　22 堤题提蹄啼　31 弟　55 体睇看

n　33□里~路：里把路　22 尼泥

l　22 梨犁黎　31 礼　442 例　453 𧄍最小

ɬ　33 西　55 洗　453 细

ts　33 祭际济制~造；~度　55 仔子　442 滞~肚：不消化

tsh　33 妻砌　22 齐脐

s　33 世势　55 使驶　442 誓逝　13 筛

k　33 鸡计继髻记

kh　33 溪契稽　31 启

ŋ　33 桅哀　22 危伪魏　442 毅艺

h　33□女阴　442 系是；联~；关~

Ø　33 哀挨

uɐi

k　33 龟季归贵桂闺　55 轨鬼　442 跪

kh　33 桧溃　22 逵葵癸　453 愧

w　22 唯维惟违围纬　55 委　31 讳伟苇　442 卫畏胃谓猬喂慰为~什么；作~位
453 威

ɛu

p　33 报　55 保堡宝
m　33 毛　31 抚　442 冒帽
t　33 刀到　55 倒~水　442 盗导道稻
th　55 讨
l　55 老佬　13 黸锅烟子
ɬ　33 扫~地；~帚稍　55 嫂
ts　33 糟　55 早　442 造　13 灶
tsh　33 操~练；曹~　22 曹槽　55 草
k　33 高膏篙羔糕告
h　33 好喜~□掀　22 豪壕毫　55 好~坏　442 号浩
Ø　453 吆喊；叫

au

p　33 包胞鲍爆爆破豹　55 抱饱　453 爆爆裂
ph　33 泡抛炮　22 袍　31 跑　442 暴　13 泡水~
m　22 茅矛谋　31 卯某亩　442 貌　453 踎蹲
n　442 闹
ts　55 蚤　13 罩
tsh　33 抄钞□牛用角顶□拿澡
s　33 筲
k　33 教交郊胶较觉瞓~：睡觉　55 稿绞狡铰搅搞
ŋ　55 咬　22 熬肴淆
h　33 孝　31 姣（女人）风骚　55 考烤巧　442 效校学~；上~　453 敲
Ø　33 奥

iau

t 453 □聪明；能干
l 453 □十一～：六指儿
ȵ 442 □薅草 453 爪□刨地
k 453 □～口：轮胎气嘴□糖～：水果糖

ɐu \ iɐu

m 442 茂又贸
f 33 浮又 31 否
t 33 斗～争□一～树：一棵树兜篼纠又 55 岛斗抖 442 豆～腐窦窝 13 豆泥～：花生痘
th 33 滔偷透 22 逃掏头投 55 敨
n 55 脑恼纽扭钮 453 獳骂；责怪
l 33 捞搅拌；～钱：赚钱 22 劳牢楼流刘留榴硫琉馏骝马～：猴子 31 柳 442 漏陋 13□～仔头：痱子 453 捞～仔：外地人褛大衣
ts 33 遭周舟州洲咒奏 55 走酒帚 442 就袖宙糙 13 昼晏～：中午 453 邹
tsh 33 臭嗅秋～天；～千抽凑同；和 22 囚绸稠筹愁仇酬售 55 丑醜羞
ɬ 33 修秀绣锈兽□笨；傻 55□狗甩干身上的水
s 33 收瘦 55 手首守搜～查；～集馊 442 寿授受
ȵ 453 皱绉
k 33 沟鸠够救究咎 55 狗九久韭灸笱鱼～：捕鱼器□咳～：倒霉垢 453□猪～：猪鞭 442 旧 13 臼
kh 33 扣阄靠构购寇 22 求球 55 口 13 舅
ŋ 22 牛 31 藕偶 453 勾钩
h 22 猴喉侯 55 朽好很 31 厚后浩 442 候 453 丘蚯休又
j 33 柔揉优釉彩～砖忧优 22 尤邮由油游犹悠姚鹞 31 酉友诱有 55 舀有又 442 又幼柚右佑 453 休幽
Ø 33 欧瓯沤怄殴 55 呕 453 拗折

iu

p　33 标彪　55 表~示；手~
ph　33 票鳔　22 嫖瓢
m　22 苗描　31 渺秒　442 庙妙　453 猫
t　33 刁貂雕钓吊叼蛰　55 鸟男子性行为　442 掉调音~；~动；~查　453 丢
th　33 粜挑跳　22 条
n　31 鸟　442 尿
l　22 燎疗聊辽镣　55 了~结□禾~叉：禾叉　442 料　13 寮草房
453□~菜：铲菜□算子鹩~哥：八哥儿
ɬ　33 消宵霄硝销笑萧箫□木屑　55 小
ts　33 焦昭招　442 沼赵兆召照诏　13 朝吃~：吃早饭　453 椒蕉
tsh　33 锹悄超　22 朝~代潮
s　33 烧少年少　55 少多~　442 邵韶绍
ȵ　22 饶绕扰尧
k　33 叫纠　55 缴剿　453 骄娇
kh　22 乔桥侨荞轿　55 窍
h　33 嚣□~离：凶　55 晓　453□~口：翘嘴
Ø　33 妖邀腰要~求；重~么— 22 摇谣窑　442 耀

am

t　33 耽担~任；~子颌抬头　55 胆　31 啖一~：一口
th　33 贪探坍　22 谭潭谈痰
n　22 男南揇一~：拇指与中指伸展的长度腩脍烂；不脆　453 喃念经
l　22 篮蓝　31 览揽榄滥缆　453 舰□跨越
ɬ　33 三
ts　55 斩　31 渐暂　33 站车~
tsh　33 参参加；人~　22 蚕惭　55 惨　13 杉
k　33 甘柑泔尴监　22 酣　55 感敢橄减碱
kh　33 勘

ŋ 22 岩癌 453 啱对；合适

h 22 含函咸衔 55 喊 442 憾陷馅

Ø 33 庵暗□鱼～劣：鱼鳃

iam

kh 22 嵌钳

ap

t 2 答搭跌

th 2 塔塌

n 2 纳

l 2 蜡腊

ts 2 杂扎闸

tsh 2 插

s 2 煠煮

k 5 佮又 2 鸽甲胛匣佮合伙

h 5 恰洽 2 合盒喝

Ø 2 鸭押

iap

k 2 夹狭峡挟

n 2□～衫袖：挽袖子

ɛm

l 442□舔□润毛笔

ɬ 453□干

ɛp \ iɛp

t　5□猪脚～：猪脚趾甲

ŋ　5凹

k　2夹又

ȵ　5□一～：一撮

j　2□火～虫：萤火虫

im

t　33店　55点怎　442掂搞～：妥当

th　33添　22甜

l　33□片　22廉镰帘　31脸敛殓　453□五～：杨桃

ts　33粘～米；～贴歼瞻占～卜；～领　453尖沾

tsh　33签～字；竹～□刺

s　22禅蝉　55陕闪

ȵ　22炎严阎檐　31染　442验念　453□～箸：抓筷子

k　33剑兼搛　55俭检捡

h　33欠谦歉　22嫌　55险

Ø　33淹阉厌腌　22盐　55掩　442艳焰

ip

t　2跌又叠碟蝶谍

th　2帖贴

n　2聂

l　2猎

ts　2接

tsh　2妾捷

ȵ　2孽

ɬ　2□塞缝使平稳摄涉

k　2 劫

h　2 胁协穴~位

Ø　2 叶页业腌　5 揖

ɐm \ iɐm

p　55 品

l　22 林淋

n　55 谂想；思考

t　442□跺脚

th　55□~人：骗人　13 凼坑

ɬ　33 心芯　31□傻；笨

ts　33 浸针斟　55 枕

tsh　33 侵渗□~草：除草　22 寻沉潜

s　33 森深　55 沈审婶　31 甚

ȵ　22 壬任吟淫　55 饮

k　33 今金禁~止　22□~□tsε^{33}：禅　55 锦　442 揿按

kh　33 钦　22 琴禽擒蠄~蟧：蜘蛛岑　13 妗襟

j　33 音阴

Ø　33 揞捂

ɐp \ iɐp

n　5 粒□~口：闭嘴

l　5 立笠竹笼□~~乱乱：乱七八糟□笔~：笔套　2 垃~圾

ɬ　5 涩圾垃~

ts　5 执汁　2 习袭集

tsh　5 辑

s　5 湿□~碎：琐碎；微不足道　2 十什拾

ȵ　2 眨天眨眼：闪电

k　5 急蛤青蛙　2 及

kh　5 级吸磕□～章：盖章

ŋ　2□～头：点头□～眼瞓：打瞌睡

j　5□～～：轻轻；悄悄　2 入

an

p　33 扮班斑颁扳　55 板版　442 瓣办

ph　33 攀

m　22 蛮　55 馒　31 晚　442 慢漫万　453□～墙：爬墙

f　33 泛藩翻番～薯　22 凡帆烦繁　55 反　442 饭犯范　13 贩

t　33 丹单旦　55 诞　442 但弹子～疍～家：水上人家

th　33 滩摊碳叹　22 檀坛弹～琴　55 坦　31 毯

n　22 难困～　442 难受～

l　33 兰马～话：当地方言名　22 兰拦栏　31 懒　442 烂　13□鸡～：未生蛋的小母鸡

ɬ　33 散分～　55 散松～伞

ts　33 赚　55 盏　442 赞

tsh　33 餐　22 残□～水：泉水　55 铲产　442 灿

s　33 珊山删闩

k　33 艰间中～；～断奸谏涧　55 简柬拣　13 桊牛鼻～

ŋ　33 顽　22 颜□～笔刀：卷笔刀　55 眼　31□～啬佬：吝啬鬼　442 雁

h　33 悭节省　22 闲　31 限　442 苋

Ø　33 晏中午鹌～鹑　55 还～有

uan

k　33 关惯

ŋ　55 玩

w　33 湾弯□关押　22 环还　31 挽　55 患宦皖　442 幻

ɛn

n　33 奶母亲□撮　453□掐；捏奶乳房；乳汁

ut

p　2 拨钵
ph　2 泼拂~扇：扇扇子
m　2 抹末沫没沉~
f　2 阔
t　2 夺　5□掫
th　2 脱□一~：一套
l　2 捋劣又□鱼暗~：鱼鳃
ɬ　5 蟀蟋~
k　2 割葛
h　2 喝渴
w　2 活

in

p　33 鞭编变边蝙槟~榔　55 贬扁匾　31 辨辩
ph　33 篇偏遍片　22 便~宜　31 辫　442 便方~
m　22 棉绵眠　31 免娩勉缅　442 面脸；~条
t　33 颠蹲端　55 典　442 电殿奠佃
th　33 天垫　22 田
n　33 年　55 碾
l　22 怜莲连联涟水沟棂窗~：窗　442 练炼楝恋　453□玩□~筋：抽筋
ɬ　33 鲜仙线先宣喧逊　22 旋　55 癣选损
ts　33 箭氈战颤笺钻转打~砖专尊毡　55 剪转　31 践　442 溅贱饯荐
453 煎
tsh　33 迁千窜篡川穿串　22 钱前全泉传~达　55 浅　442 传~记

s　33 扇　22 船　31 善　442 膳

ȵ　22 言　31 软　442 愿

k　33 建肩坚见卷试~绢捐　55 茧趼卷~起　31 键　442 健倦卷

kh　22 乾虔拳权　31 件

ŋ　33 研　442 谚

h　33 轩掀宪献牵劝券国库~□河~：蚯蚓　22 贤弦玄悬眩　55 显犬　31 遣 442 圈

ø　33 烟燕宴冤怨渊　22 涎焉延筵完丸圆员缘沿铅元原源袁园援　55 演阮远　442 堰砚现院县

un

p　33 搬般半　55 本　31 伴拌笨　442 绊

ph　33 盼潘判叛　22 盘盆

m　22 瞒门　55 满□~巾：汗巾　31□镬~：锅灰

f　33 宽欢　55 款

t　33 端　55 短　442 锻段缎

th　22 团　31 断

n　22□沉　31 暖

l　31 卵　442 乱

ts　55 樽瓶

ɬ　33 酸算

k　33 干~涉；~湿；~部肝竿官棺观冠衣~；~军贯灌罐　55 杆赶管馆

kh　33 看

ŋ　442 岸

h　33 鼾汉　22 韩寒　55 罕　31 刊旱　442 汗焊翰

w　33 安鞍按案腕氨　22 缓　55 碗　442 唤焕换

at

p　2 八

m　2袜密
f　2法乏发伐罚
t　2达
th　5□塞　2□~数：赖帐
n　2捺
l　2辣簕刺
ɬ　2撒萨
ts　2札扎轧铡蚻家~：蟑螂
tsh　2擦察
s　2杀刷
kh　2厥　5结打~
h　2辖
ŋ　13□~仔：一种很小的吸血虫
Ø　2压

uat

k　2括刮
w　2滑猾挖

ɛt

f　2□吹着纸媒
k　5结哑佬~：结巴
Ø　5□打~仔：打嗝儿

it

p　5别区~必　2别离~憋
ph　2撇
m　2灭蔑

t　2 秩
th　2 铁
n　5□一～仔：一点点
l　2 列烈裂栗劣
ɬ　5 悉　2 薛泄雪
ts　2 蜇哲折浙节截绝
tsh　2 撤彻切
s　2 舌设说
ȵ　2 热月
k　2 杰蝎结洁诀
kh　2 揭缺决
h　2 歇血
Ø　2 悦阅越粤曰乙逸

ɐn \ iɐn

p　33 彬宾殡鬓奔　55 本又　31 笨又
ph　33 喷　22 贫频
m　22 民文闻纹　31 闽悯敏抿吻　442 闷问　13 蚊　453 文一元钱
f　33 昏婚分芬纷粪奋训熏又瞓睡　22 焚坟　31 愤　55 粉勋　442 份
t　33 敦吨顿　31 囤盾　442 墩钝遁
th　33 吞褪退　22 屯饨豚臀鹁鹌～
n　442 嫩
l　22 伦沦轮鳞邻磷仑昆～　442 论
ɬ　33 辛新薪信讯孙舜　22 旬循巡迅纯　55 笋榫　442 殉顺
ts　33 津进晋镇真诊疹振震遵　442 准　31 尽
tsh　33 亲趁衬春村寸　22 秦陈尘存　31 蠢　442 阵
s　33 身申伸　22 神辰晨臣唇醇　31 肾　442 慎
ȵ　22 人仁　55 忍　442 刃认闰
k　33 跟根巾仅斤筋劲　55 紧谨
kh　22 勤芹　31 近□鸡～头：鸡肫

ŋ 22 银

h 33 欣熏荤 22 痕 55 恳垦很 442 恨

j 33 恩因姻印润纫 22 寅匀都～：地名允 55 引 442 孕

uɐn

k 33 棍君军 55 滚混

kh 33 昆～仑坤均钧困 22 群裙 55 捆 31 菌 442 郡

w 33 温瘟 22 馄魂浑匀均～云晕□哄骗 55 稳允韵运

ɐt \ iɐt

p 5 笔毕不

ph 5 匹

m 5 乜什么□～口：抿嘴 2 蜜物

f 2 忽佛勿

t 2 突

n 5□鸡屎～：瘌痢头

l 5□踩～：滑倒 2 律率比～

ɬ 5 膝戌述啬□ŋɐt^{5}～：吝啬率～领术手～；算～

ts 5 质卒 2 疾侄

tsh 5 出七漆

s 5 虱失室 2 实

ȵ 2 日

k 5 吉桔

ŋ 5 讫□～□ɬɐt^{5}：吝啬

h 5 乞核

j 5 一

uɑt

k　5 骨
kh　5 窟屈掘倔
tsh　2□男阴
w　5 郁

ŋ̍

Ø　22 吴蜈梧　55 五伍午　442 误悟

aŋ

p　31 湴稀泥
ph　33 冇谷~：空谷　22 彭膨棚
m　22 盲虻萌　31 猛　442 孟
l　31 冷　453□玄孙□~衫：毛线
ts　33 争筝踭
tsh　33 撑
s　33 生牲笙甥　55 省~长；节~；反~
k　33 更~换；~加庚羹耕　55 耿
kh　33 坑　31□炊~：隔水蒸食用的木架　55 哽
ŋ　442 硬
h　33 炕亨　22 行银~；品~；~为衡
Ø　33 罂瓶；罐

iaŋ

p　33 柄　55 饼屏藏　442 病
m　22 名　442 命
l　31 领岭

ɬ　33□蛮　55 醒　13 星
t　33 掟扔疔　442 订　453 钉动词；名词钉木菠萝的钉状表皮
th　33 听厅
ts　33 盅又糨　55 井　442 净干～
tsh　33 青　55 请
s　33 声　22 成城诚
k　33 镜　55 颈　442□酒～：酒瓶
ɦ　33 轻
j　33 映　22 赢　55 影

uaŋ

w　22 横　453□甩

ɔŋ

p　33 帮邦梆～头：锄头磅　55 榜绑　442 谤
ph　22 旁螃庞
m　22 忙芒茫亡忘妄　55 网　31 莽蟒　442 望
f　33 方肪芳妨放访荒慌谎　22 房防　55 仿纺彷晃
t　33 当应～；典～　55 党挡　31 荡逛
th　33 汤烫趟劏用开水泡；杀　22 堂唐棠糖塘螳　55 躺倘
n　22 囊瓤　31 裆
l　22 郎廊狼螂　31 朗　442 浪
ɬ　33 桑丧婚～；～失霜孀　55 嗓爽
ts　33 脏肮～庄装壮　442 撞
tsh　33 仓苍疮创窗　22 藏床　55 闯　442 藏西～脏状
s　33 双
k　33 岗冈刚纲钢缸杠江扛端降下～；投～　55 讲港
kh　33 抗　55□害怕
ŋ　55 昂仰　453 憨癫狂

h　33 康糠慷　22 航杭　31 项　442 巷

iɔŋ

l　22 良凉量~长短粮梁粱　55 两~个；几~靓　442 亮谅辆量数~
ɬ　33 相互~；~貌箱厢湘襄镶　55 想饷
ts　33 将浆酱张帐账胀章樟障瘴　55 蒋奖桨长~大涨掌　31 象像橡丈仗杖
442 匠
tsh　33 枪畅昌唱倡　22 墙详祥长~短肠场　55 抢厂
s　33 商伤　22 常尝裳偿　55 赏　31 上~来；~面　442 尚
ȵ　55□植物黏液　22 娘　31 壤　442 酿让
k　33 疆僵姜生~；姓缰
kh　22 强
h　33 乡香向　55 享响
j　33 央秧殃　22 羊洋烊杨阳扬疡　31 养　442 样

uɔŋ

k　33 光逛　55 广
kh　33 扩况矿　22 狂　453 筐眶
w　22 黄簧皇蝗王汪　55 枉　31 往　442 旺

ak

p　2 百柏伯迫白
ph　2 泊梁山~；~车拍魄帛
m　2 陌脉麦
ts　5 摘　2 泽择宅窄责
tsh　2 拆策册
s　2□一~手：一只手
k　2 格革隔□称旺

ŋ　2 额逆

h　2 客赫~鲁晓夫吓核　5 吃又

Ø　2 扼轭

iak

t　2 笛籴□驱赶

th　2 踢

ɬ　2 锡金属

ts　2 只脊席草~

tsh　2 尺

s　2 石

k　2 屐

h　2 吃

uak

kh　5□婆仔~：老太婆（贬）

ŋ　5□用指关节击

w　5 郁~南：地名　2 划画获

ɔk

p　5□金~：柚子　2 博薄剥雹搏

ph　13 粕蔗~：甘蔗渣

m　2 莫膜寞幕

f　2 缚

th　2 托寄~；手承物

n　2 诺

l　2 落烙骆洛络乐

ɬ　2 索朔欶吮吸

ts　2 作凿昨桌捉
tsh　2 卓镯龊龌~：肮脏
k　2 各阁搁角桷椽子
kh　2 觉确霍~乱；姓
ŋ　2 鄂岳南~；~父
h　2 鹤郝学
Ø　2 恶善~

iɔk

t　2 啄琢
l　2 略掠
ɬ　2 鹊
ts　5 芍　2 雀着~衫裤；睡~酌
tsh　5 爵
ȵ　2 若弱虐
k　2 脚郭廓
kh　2 却
j　2 约药钥跃

uɔk

k　2 国
w　2 镬　13 龌~龊：肮脏

ɑŋ

p　33 崩
ph　22 朋凭
m　33 搣拔；拉
t　33 登灯凳　55 等戥　442 邓

th　22 腾誊藤疼
n　33 能　442 楞
ts　33 曾增憎僧　442 赠
tsh　22 曾层
h　22 恒　55 肯

ɐk

p　5 北
t　2 特　5 得德
m　2 墨默　5□米～：米升的一半
n　5□鬼～你：鬼抓你
ɬ　5 塞
ts　5 则鲫
tsh　5 侧测　2 贼
kh　5 咳□久：倒霉
h　5 刻时～；雕～克黑
Ø　2 握

uɐk

w　2 或惑

iŋ \ uiŋ

p　33 冰兵并合～；～且□～盘：装菜的碟子　55 丙秉
ph　33 聘拼　22 平评坪瓶萍屏
m　22 明鸣铭　31 皿
t　33 瞪丁□果蒂　55 顶鼎　31 艇挺锭　442 定
th　22 亭停廷庭蜓
n　22 仍宁　13□那么

l 22 凌陵菱灵零铃伶拎苓土茯～ 442 令另 453□车～：自行车钢圈

ɬ 33 星腥性姓

ts 33 征蒸证症晶精睛贞侦正～月；～确征政 55 拯整 31 净～系：仅
442 郑

tsh 33 称～东西；一杆～；相～承清青蜻 22 惩橙情晴呈程埕缸 55 逞

s 33 升胜～任；～利圣 22 绳乘承丞 442 剩盛兴～

ȵ 22 迎

k 33 茎京荆惊鲸敬竞～争劲经径 55 景警 442 境

kh 33 卿顷倾 22 澄琼

h 33 兴～旺；高～庆馨兄 13 幸

j 33 应～当；～对莺鹦樱英婴缨 22 蝇盈形型刑萤营 55 永 31 颖

w 55 永又

ɛk

tsh 5□～火石：打火石

ŋ 5□～牙：磨牙

ik

p 5 逼碧壁

ph 5 僻辟劈

m 5□剥开；撕

t 5 掷的滴嫡□～头：里面 2 敌狄

th 5 剔

l 2 立历日～；经～

ɬ 5 息熄媳惜昔锡无～：地名释

ts 5 即织职积迹只 2 直值殖植籍席毛主～

tsh 5 赤斥

s 5 色识式饰适

k 5 戟剧～烈激击 2 极剧戏～

j　5 忆亿抑益　2 翼域亦译易交~液腋疫役

oŋ \ ioŋ

p　33□蟹~：蟹螯　22 蓬篷　55 棒蚌捧　453 泵
m　22 蒙　55 懵　31 梦
f　33 风疯枫丰讽封峰蜂锋　22 冯缝补~逢　31 凤奉　442 俸缝~隙
t　33 东冻栋冬中~间　55 董懂　31 动　442 洞
th　33 通痛□直　22 同铜桐筒童瞳　55 桶捅统
n　22 农脓浓　442 弄　453 燶糊；饭~：锅巴
l　33 隆窿洞　22 龙聋　31 拢垄陇
ɬ　33 送松轻~宋嵩餸菜　22 崇
ts　33 棕鬃粽宗综中~奖忠终众踪纵~横；放~；~容怂钟盅种~树　55 总种~子肿　442 颂诵讼
tsh　33 聪葱匆充铳冲　22 丛虫从松~树重~复　55 宠　31 重轻~
k　33 公蚣工攻功贡弓躬宫恭供~应；~养　55 拱巩凸　442 共
kh　22 穷　31 孔孔这样　55 恐
h　33 腔虹轰兄又空~虚；~缺控烘凶胸□瓦~片：碎瓦　22 弘宏红洪鸿虹雄　55 哄~骗　442 哄起~
Ø　33 壅埋　55 擁推
ȵ　13□人多；热闹
j　33 荣翁瓮雍　22 泳咏戎绒熊融茸容蓉　31 拥勇涌　442 用

ok \ iok

p　2 卜萝~□肿块
ph　5 醭　2 卜占~仆扑~倒朴
m　2 木目穆牧□爆~：爆米花
f　5 福幅蝠复~杂；反~；~兴腹覆　2 服伏
t　5 督□一小堆豚底部擉用尖细物捅　2 独读犊牍毒
th　5 秃

n　2□搓出皮肤上的污垢
l　2 鹿禄六陆绿录碌石~：滚石辘车轮
ɬ　5 肃宿缩淑粟
ts　5 竹祝粥足烛嘱筑　2 浊族俗续蜀
tsh　5 速筑畜~牲；~牧蓄促触束　2 逐轴
s　5 叔　2 熟赎属
ȵ　2 肉玉狱嘟动
k　5 谷稻~；山~菊掬　2 局
kh　5 釉曲
h　5 哭
Ø　5 屋
j　5 沃郁育　2 辱欲浴

第三章　马兰话的特点

特点是不敢贸然讲的两个字，说某方言有什么特点绝不意味着此有彼无，独一无二。我们可以把特点理解为某方言一些突出的，或者需要强调的现象。概括特点还与作者的学识与眼界有关，难免少见多怪，以偏概全。讲马兰话的先祖来自赣方言区，马兰话的直接来源是粤语四邑片粤语，在电白县又处于闽、粤（其他粤语）、客等优势方言的包围之中，表现出严重濒危的趋势，这些都可作为归纳特点的视角。下面提出马兰话语音、词汇、语法方面的一些现象，仍称“特点”。

第一节　马兰话的语音特点

一、声母特点

（一）溪母开口部分字读 h，合口部分字读 f

例如：可 hɔ^{55}｜墟 hi^{33}｜去 hi^{33}｜开 hui^{33}｜器弃 hi^{33}｜欺 hi^{33}｜起 hi^{55}｜气汽 hi^{33}｜考 hau^{55}｜敲 hau^{33}｜丘 hɐu^{453}｜坎 ham^{55}｜欠 him^{33}｜怯 hip^{2}｜谦 him^{33}｜渴 hut^{2}｜牵 hin^{33}｜圈 hin^{453}｜劝 hin^{33}｜犬 hin^{55}｜乞 hɐt^{5}｜糠 hɔŋ^{33}｜肯 hɐŋ^{55}｜刻 hɐk^{5}｜客 hɐk^{2}｜庆 hiŋ^{33}｜轻 hiaŋ^{453}｜吃 hiak^{2}｜空 hoŋ^{33}｜哭 hok^{5}‖科 fɔ^{33}｜课 fɔ^{33}｜苦 fu^{55}｜库裤 fu^{33}｜快 fai^{33}｜宽 fun^{33}｜阔 fut^{2}｜。部分字读 kh，例如：跨 khua^{442}｜枯 khu^{33}｜区 khi^{33}｜凯 khui^{55}｜慨 khui^{33}｜楷 khai^{13}｜岂 khui^{22}｜亏 khui^{33}｜叩 khɐu^{55}｜扣 khɐu^{33}｜砍 kham^{55}｜嵌 khiam^{33}｜钦 kham^{33}｜捆 khuɐn^{55}｜困 khuɐn^{33}｜抗 khaŋ^{33}｜筐 khuaŋ^{453}｜坑 khaŋ^{33}｜卿 khiŋ^{33}｜倾 khiŋ^{33}｜孔 khoŋ^{55}｜恐 khoŋ^{55}。读 h 的多为口语常用字，读 kh 的多为非口语常用字，例如：口 hɐu^{55}｜

叩 khɐu^{55}。

（二）古全浊声母今塞音、塞擦音平声送气，仄声不送气

例如：徒 thu^{22}－肚 tu^{55}－渡 tu^{442}｜锄 tshɔ^{22}－助 tsu^{442}｜佢 khi^{22}－巨 ki^{31}｜台 thui^{22}－待 tui^{442}｜财 tshui^{22}－在 tsui^{442}－载 tsui^{442}｜题 thɐi^{22}－第 tɐi^{442}｜奇 khi^{22}－技 ki^{31}｜琵 phi^{22}－鼻 pi^{442}｜持 tshi^{22}－痔 tsi^{31}－治 tsi^{442}｜棋 khi^{22}－忌 ki^{442}｜葵 khuɐi^{22}－柜 kui^{442}｜袍 phau^{22}－抱 pau^{55}－暴 pau^{442}｜朝 tshiu^{22}－赵 tsiu^{31}－召 tsiu^{442}｜桥 khiu^{22}－轿 kiu^{442}｜球 khau^{22}－舅 kiu^{31}－旧 kiu^{442}｜甜 thim^{22}－蝶 tip^{2}｜弹~琴 than^{22}－诞 tan^{55}－蛋 taŋ^{442}－达 tat^{2}｜便~宜 phin^{22}－辩 pin^{31}－便方~ pin^{442}－别离~ pit^{2}｜钱 tshin^{22}－践 tsin^{31}－贱 tsin^{442}｜田 thin^{22}－电 tin^{442}｜铜 thoŋ^{22}－动 toŋ^{31}－洞 toŋ^{442}－读 tok^{2}。平声送气没见例外，仄声字有些读送气，如：坐 tshɔ^{31}｜座 tshɔ^{442}｜杜 thu^{31}｜弟 thɐi^{31}｜被~子 phi^{31}｜徛 khi^{31}｜淡 tham^{13}｜捷 tship^{2}｜脏 tshɔŋ^{442}｜贼 tshɐt^{2}。古邪母字今多读塞擦音，也是平声送气，仄声不送气，平声字如：邪 tshia^{22}｜徐 tshi^{22}｜辞 tshi^{22}｜随 tshui^{22}｜囚 tshau^{22}｜寻 tshɐm^{22}｜祥 tshiɔŋ^{22}｜松~树 tshoŋ^{22}；仄声字如：谢 tsia^{442}｜续 tsok^{2}｜巳 tsi^{31}｜寺 tsi^{33}｜习 tsɐp^{2}｜象 tsiɔŋ^{31}｜席 tsik^{2}｜颂 tsoŋ^{33}。

（三）古心母字多读 ɬ

例如：蓑 ɬɔ^{33}｜锁 ɬɔ^{55}｜写 ɬia^{55}｜苏 ɬu^{33}｜素 ɬu^{33}｜塑 ɬɔk^{2}｜些 ɬia^{33}｜嗉 ɬui^{33}｜须 ɬui^{33}｜腮 ɬui^{33}｜赛 ɬai^{33}｜西 ɬɐi^{33}｜洗 ɬɐi^{55}｜细 ɬɐi^{453}｜碎 ɬui^{33}｜岁 ɬui^{33}｜私 ɬu^{33}｜死 ɬi^{55}｜四 ɬi^{33}｜丝 ɬu^{13}｜思 ɬu^{33}｜扫 ɬɐu^{33}｜嫂 ɬɐu^{55}｜消 ɬiu^{33}｜小 ɬiu^{55}｜笑 ɬiu^{33}｜修 ɬau^{33}｜三 ɬam^{33}｜心 ɬɐm^{33}｜伞 ɬan^{55}｜萨 ɬat^{2}｜仙 ɬin^{33}｜癣 ɬin^{55}｜损 ɬin^{55}｜薛 ɬit^{2}｜孙 ɬɐn^{33}｜笋 ɬɐn^{55}｜戌 ɬɐt^{5}｜桑 ɬaŋ^{33}｜索绳子 ɬɔk^{2}｜相 ɬiɔŋ^{33}｜想 ɬiɔŋ^{55}｜塞 ɬɐk^{5}｜息 ɬik^{5}｜姓 ɬiŋ^{33}｜醒 ɬiŋ^{55}｜锡 ɬiak^{2}｜析 ɬik^{5}｜送 ɬoŋ^{33}｜宿 ɬok^{5}。也有部分心母字不读 ɬ，不读 ɬ 的字多非口语常用字，例如：梭 sɔ^{33}｜絮 si^{33}｜斯 si^{33}｜司 si^{33}｜虽 sui^{33}｜骚 sau^{33}｜珊 san^{33}｜松 soŋ^{33}。读 ɬ 声母的还有部分生母字：师 ɬu^{33}｜史 ɬu^{55}｜涩 ɬɐp^{5}｜霜 ɬɔŋ^{33}｜爽 ɬɔŋ^{55}｜缩 ɬok^{5}；个别崇母字：事 ɬu^{442}｜崇 ɬoŋ^{22}；个别书母字：舍 ɬia^{33}；个别禅母字：瑞 ɬui^{442}｜淑 ɬok^{5}｜纯 ɬɐn^{22}。

（四）精、知、庄、章组今读塞擦音声母没有分别，都读 ts、tsh

例如：徐＝除＝匙 tshi^{22}｜词＝持 tshi^{22}｜资＝知＝支 tsi^{33}｜蕉＝朝＝招

tsiu^{33}｜津 = 珍 = 臻 = 真 tsɐn^{33}｜将 = 张 = 章 tsiɔŋ^{33}｜仓 = 疮 tshɔŋ^{33}｜足 = 竹 = 祝 tsok^{5}｜促 = 畜 = 触 tshok^{5}。

（五）分尖团

精组字读 ts、tsh、ɬ，见系字读 k、kh、h，例如：焦 tsiu^{33} ≠ 骄 kiu^{33}｜将 tsiɔŋ^{33} ≠ 疆 kiɔŋ^{33}｜精 tsiŋ^{33} ≠ 京 kiŋ^{33}｜井 tsiaŋ^{55} ≠ 颈 kiaŋ^{55}｜墙 tshiɔŋ^{22} ≠ 强 khiɔŋ^{22}｜箱 ɬiɔŋ^{33} ≠ 香烧~ hiɔŋ^{33}。

（六）古船、禅母字今多读 s

例如：蛇 sia^{22}｜射 sia^{442}｜示 si^{442}｜舌 sit^{2}｜船 sin^{22}｜神 sɐn^{22}｜唇 sɐn^{22}｜顺 sɐn^{442}｜实 sɐt^{2}｜乘 siŋ^{22}｜赎 sok^{2} ‖ 薯 si^{442}｜竖 si^{31}｜树 si^{442}｜誓 si^{442}｜是 si^{31}｜豉 si^{442}｜视 si^{442}｜时 si^{22}｜市 si^{31}｜侍 si^{442}｜睡 sui^{442}｜韶 siu^{22}｜绍 siu^{31}｜邵 siu^{442}｜受 sɐu^{442}｜涉 sip^{2}｜十 sɐp^{2}｜禅 sim^{22}｜善 sin^{31}｜膳 sin^{31}｜晨 sɐn^{22}｜肾 sɐn^{31}｜慎 sɐn^{442}｜上 siɔŋ^{31}｜尚 siɔŋ^{31}｜承 siŋ^{22}｜成 siaŋ^{22}｜盛 siŋ^{442}｜石 siak^{2}｜熟 sok^{2}。少数字读塞擦音声母，例如：仇 tshau^{22}｜常 tshiɔŋ^{22}。

（七）知组读 t

"中~间" 读 toŋ^{55}，知组字读 t，与马兰话祖籍赣语相同，只见个例，可能透露了马兰话源于赣语的一点线索。

二、韵母特点

（一）蟹开一读 ui，与蟹合一合三、止合三支脂韵（日母、见系外）韵母相同

例如：胎 = 推 thui^{33}｜袋 = 队 tui^{442}｜来 = 雷 lui^{22}｜概 = 刽 khui^{33}｜贝 = 背 pui^{33}｜改 = 傀 kui^{55}｜菜 = 脆 tshui^{33}｜腮 = 岁 ɬui^{33}｜宰 = 嘴 tsui^{55}｜灾 = 追 tsui^{33}｜才 = 随 tshui^{22}。蟹开一也有部分字读 ai，例如：戴 tai^{33}｜贷 thai^{33}｜带 tai^{33}｜泰 thai^{33}｜耐 nai^{442}｜猜 tshai^{33}｜赛 ɬai^{33}｜蔡 tshai^{33}｜呆 tai^{33}｜艾 ŋai^{442}｜孩 hai^{22}｜哀 ai^{55}。

（二）蟹开一、二今读韵母不同，一等主要读 ui，二等读 au

例如：灾 tsui^{33} ≠ 斋 tsai^{33}｜该 kui^{33} ≠ 阶 kai^{33}｜盖 kui^{33} ≠ 界 kai^{33}｜再 tsui^{33} ≠

债 tsai^{33} | 财 tshui^{22} ≠ 柴 tshai^{22}。

（三）效开一、二等今读韵母不同，一等主要读 ɛu，二等读 au

例如：保 pɛu^{55} ≠ 饱 pau^{55} | 报 pɛu^{33} ≠ 豹 pau^{33} | 帽 mɛu^{442} ≠ 貌 mau^{442} | 早 tsɛu^{55} ≠ 爪 tsau^{55} | 高 kɛu^{33} ≠ 交 kau^{33} | 告 kɛu^{33} ≠ 较 kau^{33}。清江永云："一等洪大，二等次大"，马兰话表现为相反的现象，二等洪大，一等次之。

宋代江西籍词人效开一、三等字与流摄字可以押韵，例如：

文天祥《齐天乐·南楼月转》
南楼月转银河曙，玉箫又吹梅早（效开一，今江西吉安读 au）。
鹦鹉沙晴，葡萄水暖，一缕燕香清袅（效开四，今江西吉安读 iau）。
瑶池春透（流开一，今江西吉安读 ɛu）。
想桃露霏霞，菊波沁晓（效开四，今江西吉安读 iau）。
袍锦风流，御仙花带瑞虹绕。玉关人正未老（效开一，今江西吉安读 au）。
唤矾头黄鹤，岸巾谈笑（笑开三，今江西吉安读 iau）。
剑拂淮清，槊横楚黛，雨洗一川烟草（效开一，今江西吉安读 au）。
印黄似斗（流开一，今江西吉安读 ɛu）。
看半砚蔷薇，满鞍杨柳（流开三，今江西吉安读 iu）。
沙路归来，金貂蝉翼小（笑开三，今江西吉安读 iau）。

江西吉安是马兰话的祖籍属地。如果按照现在江西吉安的读音，效摄与流摄并不押韵，但如果按照马兰话效开一读 ɛu，则可与流摄押韵。效开一读 ɛu 在广东各方言都少见，应该是赣方言读音的遗留。

（四）效开一有少数字读 ɐu，与流摄一等字混同

例如：岛 = 斗 tɐu^{55} | 滔 = 偷 thɐu^{33} | 逃 = 头 thɐu22 | 脑 = 扭 nɐu^{55} | 劳 = 楼 lɐu22 | 遭 = 周 tsɐu^{33}。这些字都是当地口语中不说或少说的字，是受粤语影响演变的结果。

（五）效开一有少数字读 ɔ，与粤西黎话（属闽语）相同

例如：桃 = 陶 = 萄 thɔ^{22} | 套 thɔ^{33} | 枣 tsɔ^{55} | 耗 hɔ^{31}。发音人会讲黎话，且使

用频率很高，可以肯定是受到黎话的影响。

（六）流三喉音韵母与效开三四等韵母相同，都读 iu

例如：妖 = 么 = 忧 jiu^{33} | 摇 = 邮 = 油 jiu^{22} | 耀 = 又 jiu^{442}。

（七）照二、照三字声母读音相同，但在某些韵中韵母有别

照二、照三同时出现的韵有鱼韵、虞韵、支韵、脂韵、之韵、尤韵、侵韵、真韵、阳韵、东韵。其中，照二、照三组字的韵母相同的有：脂韵、之韵、尤韵、侵韵、真韵。不同的几个韵是：

（1）遇摄三等鱼韵，庄初崇生韵母为 ɔ，章昌船书韵母为 i，例如：梳 $sɔ^{33}$ ≠ 书 si^{33} | 阻 $tsɔ^{33}$ ≠ 煮 tsi^{55} | 楚 $tshɔ^{55}$ ≠ 处 $tshi^{33}$。

（2）遇摄三等虞韵，庄初崇生读 u，章昌船书读 i，例如：数 su^{33} ≠ 树 si^{442}。

（3）止摄开口三等支韵，庄初崇生读 ɐi，章昌船书读 i，例如：筛 $sɐi^{33}$ ≠ 施 si^{33}。

（4）宕摄开口三等阳韵，庄初崇生读 ɔŋ，章昌船书读 iɔŋ，例如：庄 $tsɔŋ^{33}$ ≠ 章 $tsiɔŋ^{33}$ | 爽 $sɔŋ^{33}$ ≠ 赏 $siɔŋ^{33}$ | 创 $tshɔŋ^{33}$ ≠ 唱 $tshiɔŋ^{33}$。

（八）山开一与山开二喉牙音今读韵母不同

一等读 un、ut，二等读 an、at，例如：干 kun^{44} ≠ 间 kan^{33} | 岸 $ŋun^{442}$ ≠ 雁 $ŋan^{442}$ | 汗 hun^{442} ≠ 苋 han^{442} | 喝 hut^{2} ≠ 辖 hat^{2}。山开二帮组部分字今读 un、ut，例如：盼 $phun^{33}$ | 拨 put^{2} | 抹 mut^{2}。

（九）梗摄三四等字韵母有文白异读

白读为 aŋ、iaŋ、ak、iak，文读为 iŋ、ik。例如：席草～$tsiak^{2}$—毛主～ɬik | 锡金属 ɬiak—无～：地名 ɬik。其他白读字如：听 $thiaŋ^{33}$ | 钉 $tiaŋ^{453}$ | 醒 $ɬiaŋ^{55}$ | 柄 $piaŋ^{13}$ | 病 $piaŋ^{442}$ | 命 $miaŋ^{442}$ | 镜 $kiaŋ^{33}$ | 映 $jaŋ^{33}$ | 影 $jaŋ^{55}$ | 名 $miaŋ^{22}$ | 饼 $piaŋ^{55}$ | 领 $liaŋ^{31}$ | 井 $tsiaŋ^{55}$ | 请 $tshiaŋ^{55}$ | 净 $tsiaŋ^{442}$ | 声 $siaŋ^{33}$ | 城 $siaŋ^{22}$ | 轻 $hiaŋ^{453}$ | 颈 $kiaŋ^{55}$ | 赢 $jaŋ^{22}$ | 脊 $tsiak^{2}$ | 尺 $tshiak^{2}$ | 石 $siak^{2}$ | 踢 $thiak^{2}$ | 吃 $hiak^{2}$。其他文读字如：平 $phiŋ^{22}$ | 丙 $piŋ^{55}$ | 皿 $miŋ^{31}$ | 京 $kiŋ^{33}$ | 景 $kiŋ^{55}$ | 敬 $kiŋ^{33}$ | 庆 $hiŋ^{33}$ | 英

jiŋ^{33} | 令 liŋ^{442} | 精 tsiŋ^{33} | 清 tshiŋ^{33} | 情 tshiŋ^{22} | 净 tsiŋ^{31} | 姓 ɬiŋ^{33} | 郑 tsiŋ^{442} | 正正月 tsiŋ^{33} | 政 tsiŋ^{33} | 瓶 phiŋ^{22} | 亭 thiŋ^{22} | 宁 niŋ^{22} | 青 tshiŋ^{33} | 星 ɬiŋ^{33} | 形 jiŋ^{22} ‖ 积 tsik^{2} | 益 jik^{5} | 劈 pik^{5} | 历 lik^{2} | 击 kik^{5}。

（十）曾开三与梗开三四文读韵母相同，都读 iŋ、ik

例如：冰 = 兵 piŋ^{33} | 逼 = 壁 pik^{5} | 陵 = 灵 liŋ^{22} | 力 = 历 lik^{2} | 息 = 析 ɬik^{5} | 蒸 = 正正月 tsiŋ^{33} | 职 = 只 tsik^{5} | 应 = 英 jiŋ^{33}。

（十一）主要元音 a 与 ɐ 对立

a 出现在蟹摄开口二等、效摄开口二等、咸摄开口一二等及合口三等、山摄开口一（见系外）二等及合口二等。ɐ 出现在蟹摄开合口三四等、止摄合口三等（见系非组）、流摄开口一三等、深摄三等、臻摄开合口一三等、曾摄开口一等，对立情况如下：

ai	坏 wai^{442}	街 kai^{33}	债 tsai^{33}	戴 tai^{33}
ɐi	卫 wɐi^{442}	鸡 kɐi^{33}	祭 tsɐi^{33}	帝 tɐi^{33}
uai	乖 kuai^{33}	怪 kuai^{33}		
uɐi	闺 kuɐi^{33}	桂 kuɐi^{33}		
au	貌 mau^{442}	交 kau^{33}	罩 tsau^{13}	抄 tshau^{33}
ɐu	茂 mɐu^{442}	沟 kɐu^{33}	昼 tsɐu^{13}	抽 tshɐu^{33}
am	蓝 lam^{22}	参 tsham^{33}	三 ɬam^{33}	杂 tsap^{2}
ɐm	林 lɐm^{22}	侵 tshɐm^{33}	心 ɬɐm^{33}	集 tsɐp^{2}
an	蛮 man^{22}	餐 tshan^{33}	班 pan^{33}	
ɐn	民 mɐn^{22}	亲 tshɐn^{33}	奔 pɐn^{33}	
aŋ	争 tsaŋ^{33}	行~为 haŋ^{22}		

ɐŋ　　增 tsɐŋ^{33}　　　恒 hɐŋ^{22}

（十二）儿读 ŋ̍^{22}

碎瓦，马兰话读“瓦儿片 ŋa^{55} ŋ̍^{22} phin^{33}”，“儿”读 ŋ̍^{22} 仅见一例。今江西赣语都昌话“儿”读 n̩，表示幼崽，与马兰话“瓦儿”之“儿”表小意可相同。

三、声调特点

（一）古阴平调与阴去调今读相同，调值为 33

例如：梯 = 替 thɐi^{33} ｜遮 = 蔗 tsia^{33} ｜居 = 锯 ki^{33} ｜朱 = 注 tsi^{33} ｜灾 = 再 tsui^{33} ｜该 = 概 kui^{33} ｜阶 = 界 kai^{33} ｜杯 = 背 pui^{33} ｜推 = 退 thui^{33} ｜诗 = 试 si^{33} ｜医 = 意 ji^{33} ｜龟 = 季 kuɐi^{33} ｜鼾 = 汉 hun^{33}。

（二）韵摄分调

入声字因韵摄不同而有差异，咸、山、宕、江、梗开二入声不区分声母的清浊，都读低入 2；深、臻、曾、梗三、四区分声母的清浊，清入都读高入 5，浊入都读低入 2。请看下表：

表 1　马兰话入声读音表

韵摄	咸		山		宕		江		梗开二		深		臻		曾		通		梗开三四	
清浊	清	浊	清	浊	清	浊	清	浊	清	浊	清	浊	清	浊	清	浊	清	浊	清	浊
调类	低										高	低	高	低	高	低	高	低	高	低
例字	跌	蝶	节	截	博	薄	驳	雹	百	白	急	及	质	侄	德	特	竹	轴	滴	敌
读音	tip^{2}	tip^{2}	tsit^{2}	tsit^{2}	pɔk^{2}	pɔk^{2}	pɔk^{2}	pɔk^{2}	pak^{2}	pak^{2}	kɐp^{5}	kɐp^{2}	tsɐt^{5}	tsɐt^{2}	tɐk^{5}	tɐk^{2}	tsok^{5}	tsok^{2}	tik^{5}	tik^{2}

（三）梗摄入声字文白读不同调

白读 2，文读 5。例如：席草~ tsiak^{2}—毛主~ tsik^{5}、锡金属 ɬiak^{2}—无~；地名 ɬik^{5}、

脊 tsiak^{2}—迹 tsik^{5}、尺 tshiak^{2}—赤 tshik^{5}。

第二节　马兰话的词汇特点

（一）名词性词语用动宾结构表达

普通话有些名词性词语，在马兰话口语中不出现。例如，不说“雨”，只说“落水”，也不单说“水”。普通话“雨很大”，马兰话要说成“落大水”。普通话“雨开始下了”，马兰话要说成“开始落水了”，“雨停了”要说成“停水了”。其他例子如：

打无头鬼风旋风　ta^{13} mɛu^{22} thɐu^{22} kuɐi$^{\cdot 55}$ foŋ^{33}

落雹冰雹　lɔk^{2} pɔk^{2}

落雪雪　lɔk^{2} ɬit^{2}

雷公响雷　lui$^{\cdot 22}$ koŋ^{33} hiɔŋ^{55}

落西北水风暴雨　lɔk^{2} ɬɐi$^{\cdot 33}$ pɐk^{5} sui$^{\cdot 55}$

落拱弓水太阳雨　lɔk^{2} koŋ^{13} koŋ^{33} sui$^{\cdot 55}$

吃朝早餐　hiak^{2} tsiu^{13}

吃晏昼中餐　hiak^{2} an^{33} tsɐu^{13}

吃晚晚餐　hiak^{2} man^{31}

发大水洪水　fat^{2} tai$^{\cdot 442}$ sui$^{\cdot 55}$

日常疾病名词通常要加动词“发”，例如：

发冷疟子　fat^{2} laŋ^{55}

发瘟鸡鸡瘟　fat^{2} wɐn^{33} kɐi$^{\cdot 33}$

发猪瘟猪瘟　fat^{2} tsi$^{\cdot 33}$ wɐn^{33}

发人头瘟人瘟　fat^{2} ȵiɐn^{22} thɐu^{22} wɐn^{33}

发死癫痫　fat^{2} si$^{\cdot 55}$

发大□罗圈腿　fat^{2} tai$^{\cdot 442}$ ŋa^{31}

发眼瞓打瞌睡　fat^{2}ŋan^{55}fɐn^{33}
发梦梦　fat^{2}moŋ^{55}

方言名词一般加“讲”，例如：

讲白粤语　kɔŋ^{55}pak^{2}
讲哎客家话　kɔŋ^{55}ŋai^{453}
讲黎闽语　kɔŋ^{55}lɐi^{22}

附近村有山瑶话，也有较多此类词语：

发头晕头晕　fat^{4}thɐu^{22}wɐn^{55}
发撒凉疟疾　fat^{4}ɬɔu^{33}liaŋ^{31}
发痨痨痨病　fat^{4}lɔu^{31}lɔu^{33}
发黄肿水肿　fat^{4}wɔŋ^{22}tsoŋ^{33}
发脓脓　fat^{4}noŋ^{22}
发鸡屎眼夜盲　fat^{4}kei^{55}si^{33}ŋan^{31}

（二）动词“做”的构词能力很强

有些与普通话相同，如：做工、做决定。更多的是普通话不用“做”，马兰话用。当然，也有普通话用“做”，马兰话不用的情况，如：做饭，马兰话说“煲饭”；做菜，马兰话说“炒菜”；做屋，马兰话说“起楼”。类似的例子还有很多，例如：

做一做大寿　tsu^{33}jɐt^{5}
做烂弄坏　tsu^{33}lan^{442}
做赌博赌博　tsu^{33}tu^{55}pɔk^{2}
做坏弄坏　tsu^{33}wai^{442}
做声出声　tsu^{33}siaŋ^{33}
做得行　tsu^{33}tɐk^{5}

无做得不行；划不来　$mɛu^{22}tsu^{33}tɐk^{5}$
做田种田　$tsu^{33}thin^{22}$
做十月秋收　$tsu^{33}sɐp^{2}ȵit^{2}$
做六月夏收　$tsu^{33}lok^{2}ȵit^{2}$
做十五过中秋　$tsu^{33}ɬɐp^{2}ŋ̍^{55}$
做冬过冬至　$tsu^{33}toŋ^{33}$
做五月过端午节　$tsu^{33}ŋ̍^{55}ȵit^{2}$
做清明过清明节　$tsu^{33}tshiŋ^{33}miŋ^{22}$
做年历过年例　$tsu^{33}nin^{22}lɐi^{442}$
做年过年　$tsu^{33}nin^{22}$
做热加热　$tsu^{33}nit^{2}$

“起”的构词能力也较强，例如：

起岭上山　$hi^{55}liaŋ^{31}$
起木爬树　$hi^{55}mok^{2}$
起楼造房子　$hi^{55}lɐu^{22}$
起梁上梁　$hi^{55}liɔŋ^{22}$
起价涨价　$hi^{55}ka^{33}$
起士上士　$hi^{55}si^{31}$
起路上路　$hi^{55}lu^{442}$

（三）表性状的形容词多采用“形容词＋名词”的偏正结构表示

名词多为形容词性状所指向的部位或事物，例如：

硬颈顽固　$ŋaŋ^{442}kiaŋ^{55}$
甜口甜　$thim^{22}hɐu^{55}$
细胆胆小　$ɬɐi^{453}tam^{55}$
勤力勤奋　$khɐn^{22}lik^{2}$
靓面亮泽光滑　$liaŋ^{442}min^{442}$

快手快　khuai^{33}ɬɛu^{55}
好彩幸运　hɛu^{55}tshui^{22}
好味味道好　hɛu^{55}mi^{442}
稳阵稳当　wɐn^{55}tsɐn^{442}
大个个头大　tai^{442}koi^{33}
细个个头小　ɬɐi^{453}koi^{33}

（四）有些量词比较特殊

其中“条”适用面较广，除“河、手巾、香、枪”等条状物用“条”外，有些普通话不用的或者非条状的事物，马兰话也用“条”。

（一）条头毛一根头发　thiu^{22}thɐu^{22}mɛu^{22}
（一）条桥一座桥　thiu^{22}khiu^{22}
（一）条旗一面旗　thiu^{22}khi^{22}
（一）条锁匙一把钥匙　thiu^{22}ɬɔ^{55}si^{22}
（一）条村一座村庄　thiu^{22}tshɐn^{33}
（一）条二（扑克牌）一个二　thiu^{22}ji^{442}
（一）条人一个人　thiu^{22}ȵiɐn^{22}
（一）条眼镜一副眼镜　thiu^{22}ŋan^{55}kiaŋ^{33}

其他量词如：

（一）团花一朵花　thun^{22}
（一）□手一边手　sak^{2}
（一）蕾香蕉一挂香蕉　lui^{22}
（一）梳香蕉一排香蕉　sɔ^{13}
（一）□米一撮米　ȵia^{33}
（一）揇拇指与中指张开的长度　nam^{22}
（一）碌木头一段木头　lok^{5}
（一）□碳一篓炭　lui^{453}
（一）铺路五公里路　phu^{33}

（五）有一些动词加“紧”构成的词语

“紧”本是时态助词，在以下词语中虚化为一个语素，没有明显的时态作用，例如：

筑紧呛着　tsok^{5}kɐn^{55}
佮紧同谋　kap^{2}kɐn^{55}
黐紧巴结　tshi^{453}kɐn^{55}
跌紧跌倒　tap^{2}kɐn^{55}
踢紧绊　ʈiak^{2}kɐn^{55}
揽紧抱；搂　lam^{55}kɐn^{55}
揞紧捂住　ɐm^{33}kɐn^{55}
涂紧敷　thu^{22}kɐn^{55}
级紧盖住　khɐp^{5}kɐn^{55}
寻紧寻找　tsham^{13}kɐn^{55}
收紧藏　sɐu^{33}kɐn^{55}
屏紧躲藏　piaŋ^{55}kɐn^{55}

（六）本字不详的词

有些词不知道本字，用“□”代替，有待进一步考察，例如：

□干　ɬɛm^{453}
□水泉水　tshan^{22}sui^{55}
□日明天　mu^{55}ȵiɐt^{2}
□谷打谷　tap^{2}kok^{5}
碓□碓杵　tui^{13}si^{22}
炊□隔水蒸食用的木架　tshui^{33}khaŋ^{33}
五□木杨桃树　ŋ̍^{55}lim^{453}mok^{5}
□柚外地产良种柚子　lɔ^{453}jɐu^{442}
菠萝□菠萝蜜中的条状物　pɔ^{33}lɔ^{22}ha^{13}

蟹□蟹螯　hai^{31}poŋ^{33}

妈□算子　ma^{33}liu^{453}

□奶大姑；大姨　pu^{442}nai^{453}

□玄孙　laŋ^{453}

□凸起　tam^{453}

脚□头膝盖　kiɔk^{2}lat^{2}thɐu^{22}

□男阴　tshuat^{2}

□包（隆起物）　pok^{2}

鸡屎□瘌痢头　kɐi^{33}si^{55}nɐt^{5}

□痒　hai^{22}

□挽（袖子）　ja^{31}

□短小　lui^{453}

猪□猪鞭　tsi^{33}kɐu^{55}

肉□肉片　ȵiok^{2}nai^{55}

糖□水果糖　thɔŋ^{22}kiau^{453}

□箸抓筷子　ȵim^{453}tsi^{442}

□搓（出污垢）　nok^{2}

□困了；累　nai^{22}

□颈骨落枕　ŋɔ^{22}kiaŋ^{55}kuɐt^{5}

□筋抽筋了　lin^{453}kɐn^{33}

怕□害羞　pha^{33}hɔ^{33}

车□钢圈　tshia^{33}liŋ^{453}

□笔掭笔　lɛm^{31}pɐt^{5}

□玩耍　lin^{453}

□提　kua^{33}

□丢　khuai^{33}

□掀　hɛu^{33}

□沉　noŋ^{22}

第三节　马兰话的语法特点

一、得

（一）作介词，表时间、处所，相当于普通话的“在”

例如：

（1）你屋住得哪顶？　你家在哪里？
ni$^{\cdot 55}$ ok^{5} tsi$^{\cdot 442}$ tɐk^{5} nai$^{\cdot 13}$ tiaŋ^{55}？

（2）老张呢？老张还得屋□啊。　老张呢？老张还在家里呢。
lɛu^{55} tsiɔŋ^{33} ni^{55}？lɛu^{55} tsiɔŋ^{33} an^{55} tɐk^{5} ok^{5} ki$^{\cdot 33}$ a^{22}。

（3）得宁角头地做个猪栏。　在那个角落盖了个猪圈。
tɐk^{2} niŋ^{13} kɔk^{2} thɐu^{22} ti$^{\cdot 442}$ tsu^{33} koi$^{\cdot 33}$ tsi$^{\cdot 33}$ lan^{22}。

（4）我个狗大概得七八点钟宁阵仔无见诶。　我的狗大约在七八点之间走丢了。
ŋoi$^{\cdot 55}$ koi$^{\cdot 33}$ kɐu^{55} tai$^{\cdot 442}$ khui$^{\cdot 33}$ tɐk^{5} tshɐt^{5} pat^{2} tim^{55} tsoŋ^{33} niŋ^{13} tsɐn^{442} tsɐi$^{\cdot 55}$ mɛu^{22} kin^{33} ɛ^{33}。

（二）作介词，表时间处所起点，相当于普通话的“从”

例如：

（1）我得北京来。　我从北京来。
ŋoi$^{\cdot 55}$ tɐk^{5} pɐk^{5} kiŋ^{33} lui$^{\cdot 22}$。

（2）得这顶入去。　从这里进去。
tɐk^{5} khui^{13} tiaŋ^{55} jɐp^{2} hi$^{\cdot 33}$。

（3）得楼上高下来。　从楼上下来。
tɐk^{5} lɐu^{22} siɔŋ^{31} kɛu^{33} ha^{31} lui$^{\cdot 22}$。

（4）得打朝起来，我肚好痛。　从早上开始，我的肚子一直很痛。
tɐk^{5} ta^{13} tsɛu^{33} hi$^{\cdot 55}$ lui^{22}，ŋoi$^{\cdot 55}$ tu^{55} hɐu^{13} thoŋ^{33}。

（5）得今日起，车票起价诶。　从今天开始，车票涨价了。
tɐk^{5} kɐm^{33} ȵiɐt^{5} hi^{55}，tshia^{33} phiu^{33} hi$^{\cdot 55}$ ka^{33} ɛ^{33}。

（三）作动词，表存在，相当于普通话的“在”

例如：

（1）你大哥得屋无？　你哥哥在家吗？

ni$^{\cdot 55}$tai$^{\cdot 442}$kɔ^{13}tɐk^{5}ok^{5}mɛu^{22}？

（2）到底得哪顶？　到底是在哪儿呢？

tɛu^{33}tɐi$^{\cdot 55}$tɐk^{5}nai$^{\cdot 13}$tiaŋ^{55}？

（3）人无得，门锁紧。　人不在，门锁着。

ȵiɐn^{22}mɛu^{22}tɐk^{5}，mun^{22}ɬɔ^{55}kɐn^{55}。

（4）啱啱佢无得屋□。　偏偏他不在家。

ŋam^{453}ŋam^{453}khi$^{\cdot 22}$mɛu^{22}tɐk^{5}ok^{5}ki$^{\cdot 33}$。

（四）作介词，表范围，相当于普通话的“在”

例如：

（1）得待人方面佢比你好。　在待人方面，他比你好。

tɐk^{5}tui$^{\cdot 31}$ȵiɐn^{22}fɔŋ^{33}min^{442}khi$^{\cdot 22}$pi$^{\cdot 55}$ni$^{\cdot 55}$hɛu^{55}。

（2）得这三，你拣两。　在这三个中间，你挑两个。

tɐk^{5}khui$^{\cdot 13}$ɬam^{33}，ni$^{\cdot 55}$kan^{55}liɔŋ^{55}。

（3）得半个钟头，你走到水东。　在半个小时内走到水东。

tɐk^{5}pun^{33}koi$^{\cdot 33}$tsoŋ^{33}thɐu^{22}，ni$^{\cdot 55}$tsɛu^{55}tɛu^{33}sui$^{\cdot 55}$toŋ^{33}

（五）作介词，表方向，相当于普通话的“往，向”

例如：

（1）去水东得哪去？　到水东怎么走啊？

hi$^{\cdot 33}$sui$^{\cdot 55}$toŋ^{33}tɐk^{5}nai$^{\cdot 13}$hi$^{\cdot 33}$？

二、紧

（一）作助词，表示动作完成，相当于普通话的“了”

例如：

（1）我畀佢吓紧一跳。　我被他吓了一大跳。

ŋoi^{55} pi^{55} khi^{22} hak^{2} kɐn^{55} jɐt^{5} thiu^{22}。

（2）你畀乜人踢紧？　你被谁踢了？

ni^{55} pi^{55} mɐt^{5} ȵiɐn^{22} tiak^{2} kɐn^{55}？

（3）我买紧两只牛。　我买来两头牛。

ŋoi^{55} mai^{31} kɐn^{55} liɔŋ^{55} tsɐk^{2} ŋɐu^{22}。

在“紧”前加“无”或“命”，表示否定，例如：

（1）我寻几轮，都无寻紧佢。　我找了他几次了，都没找到。

ŋoi^{55} tshɐm^{22} ki^{55} lɐn^{22}，tu^{33} mɛu^{22} tsɐm^{22} kɐn^{55} khi^{22}。

（2）民工白白做一年工，捞无紧钱。　民工白白地做了一年工，拿不到工资。

mɐn^{22} koŋ^{33} pak^{2} pak^{2} tsu^{33} jɐt^{5} nin^{22} koŋ^{33}，lau^{33} mɛu^{22} kɐn^{55} tshin^{22}。

（3）你□无紧我。　你骗不了我。

ni^{55} ŋɐt^{5} mɛu^{22} kɐn^{55} ŋoi^{55}。

（4）我还命吃紧饭。　我还没有吃饭呢。

ŋoi^{55} an^{55} miaŋ^{442} hiak^{2} kɐn^{55} fan^{442}。

（二）作助词，表示动作进行或状态持续，相当于普通话的“着”

例如：

（1）门口徛紧一帮人。　门口站着一群人。

mun^{22} hɐu^{55} khi^{55} kɐn^{55} jɐt^{5} pɔŋ^{33} ȵiɐn^{22}。

（2）我带紧个钱。　钱我带着呢。

ŋoi^{55}tai^{33}kɐn^{55}koi^{33}tshin^{22}。

（3）黄伯一贯都系住紧得这。　黄伯一向住在这里。

wɔŋ^{22}pak^{2}jɐt^{5}kun^{33}tu^{33}hɐi^{442}tsi^{442}kɐn^{55}tɐk^{5}khui^{13}。

（4）坐紧吃好乜系徛紧吃好。　坐着吃好，还是站着吃好？

tshɔ^{31}kɐn^{55}hiak^{2}hɛu^{55}mɐt^{5}hai^{442}khi^{31}kɐn^{55}hiak^{2}hɛu^{55}？

（5）讲紧讲紧佢就哭起来诶。　说着说着她就哭起来。

kɔŋ^{55}kɐn^{33}kɔŋ^{55}kɐn^{33}khi^{22}tsɐu^{442}hok^{5}hi^{55}lui^{22}ɛ^{33}。

（6）人无得，门锁紧。　人不在，门锁着。

ȵiɐn^{22}mɛu^{22}tɐk^{5}，mun^{22}ɬɔ^{55}kɐn^{55}。

（7）台上放紧碗水。　桌上放着一碗水。

thui^{22}siɔŋ^{31}fɔŋ^{33}kɐn^{55}wun^{55}sui^{55}。

（三）作助词，表示动作还没有实现

例如：

（1）这本书古阵还买紧无？　这本书现在还买得到吗？

khui^{13}pun^{55}si^{33}ku^{55}tsɐn^{442}an^{55}mai^{31}kɐn^{55}mɛu^{22}？

（2）想紧将讲，无抢紧来讲。　想着说，不要抢着说。

ɬiɔŋ^{55}kɐn^{55}tsiaŋ^{33}kɔŋ^{55}，mɛu^{22}tshiɔŋ^{55}kɐn^{55}lui^{22}kɔŋ^{55}。

（四）作助词，表示祈使语气

例如：

（1）徛紧！　站住！

khi^{31}kɐn^{55}！

（2）可能佢来紧诶。　恐怕他已经来了。

hɔ^{55}nɐŋ^{22}khi^{22}lui^{22}kɐn^{55}ɛ^{33}。

（五）作形容词，与“松”相对

例如：

（1）裤头太紧诶。 裤腰太细了。

fu^{33}thɐu^{22}thai^{442}kɐn^{55}ɛ^{33}。

（2）关紧窗栨。 把窗子都关住。

kuan^{33}kɐn^{55}tshɔŋ^{33}lin^{22}。例如：

（3）佢工好紧，连个饭都无记得吃诶。 他忙得很，忙得连饭都忘了吃。

khi^{22}koŋ^{33}hɐu^{13}kɐn^{55}，lin^{22}koi·^{33}fan^{442}tu^{33}mɐu^{22}ki·^{33}tɐk^{5}hiak^{2}ɛ^{33}。

（六）作助词，表示结果

相当于普通话的“到”、“了”，例如：

（1）佢吆无紧佢来。 他请不到她来。

khi^{22}ɛu^{453}mɐu^{22}kɐn^{55}khi^{22}lui^{22}。

（2）佢来紧也无来紧？ 他能不能来？

khi^{33}lui^{22}kɐn^{55}mɐt^{5}mɐu^{22}lui^{22}kɐn^{55}？

（3）我寻紧书。 我找得到书。

ŋoi^{55}tshɐm^{13}kɐn^{55}si^{33}。

（4）你无办紧，我办得紧。 你办不了，我办得了。

ni·^{55}mɐu^{22}pan^{442}kɐn^{55}，ŋoi·^{55}pan^{442}tɐk^{5}kɐn^{55}。

（5）你个话，我听紧；佢个话，我无听紧。 你的话，我听得懂，他的话我听不懂。

ni^{55}koi·^{33}wa^{442}，ŋoi^{55}thiaŋ^{33}kɐn^{55}；khi^{22}koi·^{33}wa^{442}，ŋoi^{55}mɐu^{22}thiaŋ^{55}kɐn^{55}。

（6）理无紧这□。 管不了这些。

li^{55}mɐu^{22}kɐn^{55}khui^{13}nai·^{55}。

三、秋

（一）作介词，表示共同、协同

与普通话“和”、“同”、“跟”、“与”相当，例如：

（1）佢正得那顶秋个朋友讲话。　他正在那儿跟一个朋友说着话呢。

khi^{22}tsiŋ^{33}tɐk^{5}nai^{13}tiaŋ^{55}tshɐu^{33}koi$^{\cdot 33}$phaŋ^{22}jɐu^{31}kɔŋ^{55}wa^{442}。

（2）千祈无秋宁帮人得一起！　千万别再和那帮人在一起啊！

tshin^{33}khi^{22}mɛu^{22}tshɐu^{33}nin^{13}pɔŋ^{33}ȵiɛn^{22}tɐk^{5}jɐt^{5}hi$^{\cdot 55}$！

（3）阿奶秋阿哥阿嫂一起住。　妈妈和哥嫂一起住。

a^{33}nɛn^{33}tshɐu^{33}a^{33}kɔ^{453}a^{33}ɬɛu^{55}jɐt^{5}khi$^{\cdot 55}$tsi$^{\cdot 442}$。

（4）孔黑诶，我秋你一齐去。　这么晚了，我和你一起去。

khoŋ^{55}hɐk^{5}ɛ^{33}，ŋoi$^{\cdot 55}$tshɐu^{33}ni$^{\cdot 55}$jɐt^{5}tshɐi$^{\cdot 22}$hi^{33}。

（5）得晚我再秋局长谂阿谂。　晚上我再和局长商量商量。

tɐk^{5}man^{55}ŋoi$^{\cdot 55}$tsui$^{\cdot 33}$tshɐu^{33}kok^{2}tsiɔŋ^{55}nɐm^{33}a^{33}nɐm^{33}。

（二）作介词，表示关联

例如：

（1）这件事秋你有关。　这件事和你有关。

khui^{13}kin^{442}ɬu^{442}tshɐu^{33}ni$^{\cdot 55}$jɐu^{31}kuan^{33}。

（2）校长秋佢系亲戚。　校长和他是亲戚。

hau^{442}tsiaŋ^{55}tshɐu^{33}khi^{22}hɐi^{442}tshɐn^{33}tshik^{5}。

（三）作介词，与普通话“给”相当

例如：

（1）到学校诶记得秋我打电话。　到了学校记得打电话给我。

tɛu^{33}hɔk^{2}hau^{33}ɛ^{33}ki^{33}tɐk^{5}tshɐu^{22}ŋoi$^{\cdot 55}$ta^{13}tin^{442}wa^{442}。

（2）我古阵秋你开过一张发票。 我现在就给你开一张发票。

ŋoi^{55} ku^{55} tsɐn^{442} tshɐu^{33} ni^{55} hui^{33} kuɔ^{33} jɐt^{5} tsiɔŋ^{33} fat^{2} phiu^{33}。

（四）作介词，与普通话“替”相当

例如：

（1）请你秋我买两斤糖来！ 请你替我买两斤糖！

tshiaŋ^{55} ni$^{\cdot 55}$ tshɐu^{33} ŋoi$^{\cdot 55}$ mai$^{\cdot 31}$ liɔŋ^{55} kɐn^{33} thɔŋ^{22} lui$^{\cdot 22}$！

（2）你秋我拎我个红包送畀佢。 你替我把红包送给他。

ni$^{\cdot 55}$ tshɐu^{33} ŋoi$^{\cdot 55}$ lim^{55} ŋoi$^{\cdot 55}$ koi$^{\cdot 33}$ hoŋ^{22} pau^{33} ɬoŋ^{33} pi$^{\cdot 55}$ khi$^{\cdot 22}$。

（3）大家都秋你担心。 大家都替你担心。

tai$^{\cdot 442}$ ka^{33} tu^{33} tshɐu^{33} ni$^{\cdot 55}$ tam^{33} ɬɐm^{33}。

（五）作介词，表示动作的对象，与普通话“向、对”相当

例如：

（1）个本书你秋乜人借个？ 这本书你向谁借的？

koi^{33} pun^{31} si$^{\cdot 33}$ ni$^{\cdot 55}$ tshɐu^{33} mɐt^{5} ȵiɐn^{22} tsia^{33} koi$^{\cdot 33}$？

（2）佢秋我借过钱。 他向我借过钱。

khi^{22} tshɐu^{33} ŋoi^{55} tsia^{33} kuɔ^{33} tshin^{22}。

（3）到你家婆屋□秋佢打阿招呼。 到你婆婆家问你婆婆好。

tɐu^{33} ni^{55} ka^{33} phɔ^{22} ok^{5} ki^{55} tshɐu^{33} khi^{22} ta^{55} a^{33} tsiu^{33} fu^{33}。

（六）作介词，引进比较对象，与普通话“像”相当

例如：

（1）广西秋广东孔烘。 广西像广东那样热。

kuɔŋ^{55} ɬɐi^{33} tshɐu^{33} kuɔŋ^{55} toŋ^{33} khoŋ^{55} hɔŋ^{442}。

（2）广东个老鼠秋猫仔同样大。 广东的老鼠像小猫一样大。

kuɔŋ^{55} toŋ^{33} koi^{33} lɐu^{55} si^{55} tshɐu^{33} miu^{453} tsɐi$^{\cdot 55}$ thoŋ^{22} jɔŋ^{442} tai$^{\cdot 442}$。

(3) 这张画秋宁张画无同样。　这张画跟那张画不一样。

khui^{13} tsiɔŋ^{33} wak^{2} tshɐu^{33} niŋ^{13} tsiɔŋ^{33} wak^{2} mɛu^{22} thoŋ^{22} jɔŋ^{442}。

(4) 这轮秋宁轮无同样。　这次和上次不一样。

khui^{13} lɐn^{22} tshɐu^{33} niŋ^{13} lɐn^{22} mɛu^{22} thoŋ^{22} jɔŋ^{442}。

（七）作介词，表示包括，与普通话“连”相当

例如：

(1) 秋我一共有十五个人爱坐车。　加上我一共有十五个人要坐车。

tshɐu^{33} ŋoi^{55} jɐt^{5} koŋ^{442} jɐu^{31} sɐp^{2} ŋ̍^{55} koi^{33} ȵiɐn^{22} wui^{33} tshɔ^{31} tshia^{33}。

（八）作连词，与普通话“与、和”相当

例如：

(1) 我秋佢一齐去参军诶。　我和他一块儿去当兵。

ŋoi^{55} tshɐu^{33} khi^{22} jɐt^{5} tshɐi^{22} hi^{33} tsham^{33} kuɐn^{33} ɛ^{33}。

(2) 大路秋细路差无多孔远。　大路和小路差不多远。

tai^{442} lu^{442} tshɐu^{33} ɬɐi^{453} lu^{442} tsha^{33} mɛu^{22} tɔ^{33} khoŋ^{55} jin^{55}。

(3) 门秋窗棂都抹过诶。　门和窗都抹过了。

mɐn^{22} tshɐu^{33} tshɔŋ^{33} lin^{22} tu^{33} mɐt^{2} kuɔ^{33} ɛ^{33}。

(4) 前日晚黑秋做黑都落水。　前天晚上和昨天晚上都下雨。

tshin^{22} ȵiɐt^{5} man^{13} hɐk^{5} tshɐu^{33} tsu^{33} hɐk^{5} tu^{33} lɔk^{2} sui^{55}。

四、连词“□mɐt^{5}”（下面用“乜”表示）

（一）作连词，用于正反问

放在正、反项之间，构成“正项＋乜＋无＋反项”结构，“乜”有时可省略，例如：

（1）还有饭乜无有？ 还有饭吗？

an^{55} jɐu^{31} fan^{442} mɐt^{5} mɛu^{22} jɐu^{31}？

（2）佢讲话讲得快乜无讲得快？ 他说得快说不快？

khi^{22} kɔŋ^{55} wa^{442} kɔŋ^{55} tɐk^{5} fai^{33} mɐt^{5} mɛu^{22} kɔŋ^{55} tɐk^{5} fai^{33}？

（3）我应该来乜无来？ 我应该来不应该？

ŋoi^{55} jiŋ^{33} kui^{33} lui^{22} mɐt^{5} mɛu^{22} lui^{22}？

（4）佢来紧乜无来紧？ 你能不能来？

khi^{33} lui^{22} kɐn^{55} mɐt^{5} mɛu^{22} lui^{22} kɐn^{55}？

（5）你敢去乜无敢去？ 你敢不敢去？

ni^{55} kam^{55} hi^{33} mɐt^{5} mɛu^{22} kam^{55} hi^{33}？

（6）我爱去乜无去？无去得无得？ 我要不要去？不去行不行？

ŋoi^{55} wui^{33} hi^{33} mɐt^{5} mɛu^{22} hi^{33}，mɛu^{22} hi^{33} tɐk^{5} mɛu^{22} tɐk^{5}？

（7）我讲个啱无啱？ 我讲得对不对？

ŋoi^{55} kɔŋ^{55} koi^{33} ŋam^{453} mɛu^{22} ŋam^{453}？

（二）作连词，用于是非问句

“乜”可省略，构成“谓语＋（乜）＋无”句式。例如：

（1）你有大哥（乜）无？ 你有哥哥吗？

ni^{55} jɐu^{31} tai^{442} kɔ^{13} （mɐt^{5}） mɛu^{22}？

（2）你到过北京（乜）无？ 你到过北京吗？

ni^{55} tɛu^{33} kuɔ^{33} pɐk^{5} kiŋ^{33} （mɐt^{5}） mɛu^{22}？

（3）个水滚（乜）无？ 水开了吗？

koi^{33} sui^{55} kuɐn^{55} （mɐt^{5}） mɛu^{22}？

（4）你去过上海（乜）无？ 你去过上海吗？

ni^{55} hi^{33} kuɔ^{33} siɔŋ^{31} hui^{55} （mɐt^{5}） mɛu^{22}？

（5）买餸（乜）无？买诶。 买菜了吗？买了。

mai^{31} ɬoŋ^{13} （mɐt^{5}） mɛu^{22}？mai^{31} ɛ^{33}。

（6）你睇睇去，睇佢转来（乜）无。 你去看看他回来了没有。

ni^{55} thɐi^{55} thɐi^{55} hi^{22}，thɐi^{55} khi^{22} tsin^{55} lui^{22} （mɐt^{5}） mɛu^{22}。

（三）作连词，用于选择问句

“乜”放在选项之间，构成“选项 1 + 乜 + 系 + 选项 2”结构。例如：

（1）一百元纸系多乜系少？　一百块钱是多了还是少了？
jɐt^{5} pak^{2} jin^{22} tsi^{55} hɐi^{442} tɔ^{33} mɐt^{5} hɐi^{442} siu^{55}？

（2）系我去乜系你去？　是我去还是你去？
hɐi^{442} ŋoi^{55} hi^{33} mɐt^{5} hɐi^{442} ni^{55} hi^{33}？

（3）你爱一个乜系两个？　你要一个还是两个？
ni^{55} wui^{33} jɐt^{5} koi^{33} mɐt^{5} hɐi^{442} liɔŋ^{55} koi^{33}？

（4）畀人偷个系鸡乜系鸭？　被偷的是鸡呢，还是鸭子？
pi^{55} ȵiɐn^{22} thɐu^{33} koi^{33} hɐi^{442} kɐi^{33} mɐt^{5} hɐi^{442} ap^{2}？

五、“将”字句

（一）作连词，表示动作在另一动作结束后出现

与普通话“才”相当，例如：

（1）你去头先将，我人等阵将去。　你先去吧，我们等一会儿再去。
ni^{55} hi^{33} thɐu^{22} ɬin^{33} tsiaŋ^{33}，ŋoi^{55} ȵiɐn^{22} tɐŋ^{55} tsɐn^{33} tsiaŋ^{33} hi^{33}。

（2）佢当完兵将去读大学。　他当完兵才去读大学。
khi^{22} tɔŋ^{33} jin^{22} piŋ^{33} tsiaŋ^{33} hi^{33} tok^{2} tai^{442} hɔk^{2}。

（3）无赶，敨敨将走。　别急，歇一歇再走。
mɛu^{22} kun^{55}，thɐu^{55} thɐu^{55} tsiaŋ^{33} tsɐu^{55}。

（4）我每麻黑吃完个饭将去散步。　我每晚吃完饭就去散步。
ŋoi^{55} mui^{55} ma^{13} hɐk^{5} hiak^{2} jin^{22} koi^{33} fan^{442} tsiaŋ^{33} hi^{33} ɬan^{33} pɛu^{442}。

（5）这阵还早阿，等一阵将去。　这会儿还早着呢，等一会再去。
khui^{13} tsɐn^{442} an^{55} tsɛu^{55} a^{33}，tɐŋ^{55} jɐt^{5} tsɐn^{442} tsiaŋ^{33} hi^{33}。

（二）作连词，同“才”、“将”

表示事情发生或结束得晚，与普通话的“才”、“将”相当，例如：

（1）做日通知六点钟起床，怎样你七点将起来？ 昨天通知六点钟起床，你怎么七点才起来？

tsu^{33} jɐt^{5} thoŋ^{33} tsi^{33} lok^{2} tiam^{55} tsoŋ^{33} hi^{55} tshɔŋ^{33}，tim^{55} jɔŋ^{442} ni^{55} tshɐt^{5} tiam^{55} tsiaŋ^{33} hi^{55} lui^{22}？

（2）走够三日将走到。 走了整整三天才到。

tsɐu^{55} kɐu^{33} ɬam^{33} ȵiɐt^{5} tsiaŋ^{33} tsɐu^{55} tɛu^{33}。

（3）这□屋最快爱十一月将得搬入去。 这所房子最快也要十一月才能搬进去。

khui^{13} nai^{55} ok^{5} tsui^{442} fai^{33} wui^{33} sɐp^{2} jɐt^{5} ȵit^{2} tsiaŋ^{33} tɐk^{5} pun^{33} jɐp^{442} hi^{33}。

（三）作连词，表示条件关系

与普通话的"才"相当，例如：

（1）做屋爱几多钱将够？ 建房子要多少钱才够呢？

tsu^{33} ok^{5} wui^{33} ki^{55} tɔ^{33} tshin^{22} tsiaŋ^{33} kɐu^{33}？

（2）洗诶将净利。 洗了才会干净。

ɬei^{55} ɛ^{33} tsiaŋ^{33} tsiaŋ^{442} li^{442}。

（3）柿子熟个将好吃。 柿子熟了才好吃。

si^{33} tsi^{55} sok^{2} koi^{33} tsiaŋ^{33} hɐu^{13} hiak^{2}。

（4）大诶将讲。 长大了再说。

tai^{442} ɛ^{33} tsiaŋ^{33} kɔŋ^{55}。

（5）畀钱诶将走。 付了钱再走。

pi^{55} tshin^{22} ɛ^{33} tsiaŋ^{33} tsɐu^{55}。

（四）作连词，表示数量少，程度低

与普通话的"刚"相当，例如：

（1）宁时候我将十岁。 那时我才十岁。

niŋ^{13} si^{22} hɐu^{442} ŋoi^{55} tsiaŋ^{33} sɐp^{2} ɬui^{33}。

（2）个花将红，就畀人捡诶。 花才红，就被人摘了。

koi^{33} fa^{33} tsiaŋ^{33} hoŋ^{22}，tsɐu^{442} pi^{55} ȵiɐn^{22} kim^{55} ɛ^{33}。

（3）将九点钟，瞓啊？　才九点，就睡了？

tsiaŋ^{33}keu^{55}tim^{55}tsoŋ^{33}，fen^{33}a^{22}？

（4）将讲佢两句，佢就哭诶。　才说了她两句，她就哭了。

tsiaŋ^{33}kɔŋ^{55}khi$^{\cdot 22}$liɔŋ^{55}ki$^{\cdot 33}$，khi$^{\cdot 22}$tseu^{442}hok^{5}ɛ^{33}。

（五）作助词，表示祈使语气，表示请求、商酌等

例如：

（1）还无好，等阿等将！　还没有好啊，等一下啰！

an^{453}mɛu^{22}hɛu^{55}，teŋ^{453}a^{33}teŋ^{453}tsiaŋ^{33}！

（六）作连词，同“将”

“将”表示一个动作（或一种状态）重复或继续，相当于普通话的“再”，例如：

（1）无关系，下轮我将来攞。　没关系，我下次来拿。

mɛu^{22}kuan^{33}hei$^{\cdot 442}$，ha^{31}len^{442}ŋoi$^{\cdot 55}$tsiaŋ^{33}lui$^{\cdot 22}$lɔ^{22}。

（2）□日你还去寻佢。　明天你再去找他。

mu^{55}ȵiet^{5}ni$^{\cdot 55}$an^{22}hi$^{\cdot 33}$tshem^{22}khi$^{\cdot 22}$。

（3）下轮将来□。　下次再来玩。

ha^{13}len^{22}tsiaŋ^{33}lui$^{\cdot 22}$lin^{55}。

六、个

（一）作量词

例如：

（1）三四个人佮阿张被。　三四个人盖一床被。

ɬam^{33}ɬi$^{\cdot 33}$koi$^{\cdot 33}$ȵien^{22}khep^{5}a^{33}tsiɔŋ^{33}phi$^{\cdot 31}$。

（2）一镬头饭十个人吃。 一锅饭十个人吃。

jɐt^{5} wɔk^{2} thɐu^{22} fan^{442} sɐp^{2} koi^{33} ȵiɐn^{22} hiak^{2}。

（3）花盆畀人搬走诶几个。 花盆被人搬走了好几个。

fa^{33} phun^{22} pi$^{\cdot 55}$ ȵiɐn^{22} pun^{453} tsɐu^{55} ɛ^{33} ki$^{\cdot 55}$ koi$^{\cdot 33}$。

（4）□个张纸畀我。 撕一张纸给我。

mik^{5} koi$^{\cdot 33}$ tsiɔŋ^{33} tsi$^{\cdot 55}$ pi$^{\cdot 55}$ ŋoi$^{\cdot 55}$。

（二）作助词，放在指示代词后，相当于普通话的“的”

例如：

（1）这个马仔无人坐过，你爱细心坐。 这匹小马儿没有被人骑过，你小心点儿骑。

khui^{13} koi$^{\cdot 33}$ ma^{31} tsɐi$^{\cdot 55}$ mɛu^{22} ȵiɐn^{22} tshɔ^{31} kuɔ^{33}，ni$^{\cdot 55}$ wui$^{\cdot 33}$ ɬɐi$^{\cdot 453}$ ɬɐm^{33} tshɔ^{31}。

（2）宁个无好过这个。 那个没有这个好。

niŋ^{13} koi$^{\cdot 33}$ mɛu^{22} hɛu^{55} kuɔ^{33} khui^{13} koi$^{\cdot 33}$。

（3）这人比宁个人高，但无宁个人孔肥。 这个人比那个人高，可是没那个人胖。

khui$^{\cdot 13}$ ȵiɐn^{22} pi$^{\cdot 55}$ niŋ^{13} koi$^{\cdot 33}$ ȵiɐn^{22} kɛu^{33}，tam^{33} mɛu^{22} niŋ^{13} koi$^{\cdot 33}$ ȵiɐn^{22} khoŋ^{55} fɐi$^{\cdot 22}$。

（4）我阿婆乜个书都无读。 我老婆什么书也不读。

ŋoi$^{\cdot 55}$ a^{33} phɔ^{13} mɐt^{5} koi$^{\cdot 33}$ si$^{\cdot 33}$ tu^{33} mɛu^{22} tok^{2}。

（5）佢乜个水果也无吃。 他什么水果都不吃。

khi$^{\cdot 22}$ mɐt^{5} kai$^{\cdot 33}$ sui$^{\cdot 55}$ kuɔ^{55} ja$^{\cdot 31}$ mɛu^{22} hiak^{2}。

（6）你去睇一睇，出乜个事？ 你去看一下，出什么事了？

ni$^{\cdot 33}$ hi$^{\cdot 33}$ thɐi$^{\cdot 55}$ jɐt^{5} thɐi$^{\cdot 55}$，tshɐt^{5} mɐt^{5} koi$^{\cdot 33}$ ɬu^{442}？

（三）作助词，放在名词前，具有指代作用

例如：

（1）个水滚乜无？ 水开了没有？

koi$^{\cdot 33}$ sui$^{\cdot 55}$ kuɐn^{55} mɐt^{5} mɛu^{22}？

（2）个狗咬我一口。 狗把我咬了一口。

koi^{33} kɐu^{55} ŋau^{55} ŋoi$^{·55}$ jɐt^{5} hɐu^{55}。

（3）你还无畀个书还转畀我？ 你把不把书还给我？

ni^{55} an^{55} mɛu^{22} pi$^{·55}$ koi$^{·33}$ si$^{·33}$ wan^{22} tsin^{55} pi$^{·55}$ ŋoi^{55}？

（4）无畀个单车畀人偷去诶。 别把自行车弄丢了。

mɛu^{22} pi$^{·55}$ koi$^{·33}$ tan^{33} tshia^{33} pi$^{·55}$ ɲiɐn^{22} thɐu^{33} hi$^{·33}$ ɛ^{33}。

（5）我细婶畀个狗畀咬诶脚。 我婶婶被狗咬伤了脚。

ŋoi$^{·55}$ ɬɐi$^{·453}$ ɬɐm^{55} pi$^{·55}$ koi$^{·33}$ kɐu^{55} pi$^{·55}$ ŋɐu^{55} ɛ^{33} kiɔk^{2}。

（6）个墟里好多人。 街上人真多。

koi$^{·33}$ hi$^{·33}$ li$^{·55}$ hɐu^{55} tɔ^{33} ɲiɐn^{22}。

（四）作助词，表领属或修饰，与普通话"的"相当

例如：

（1）佢个单车无见诶。 他的自行车不见了。

khi^{22} koi^{33} tan^{33} tshia^{33} mɛu^{22} kin^{33} ɛ^{33}。

（2）你个话，我听紧；佢个话，我无听紧。 你的话，我听得懂；他的话，我听不懂。

ni$^{·55}$ koi$^{·33}$ wa^{442} ŋoi$^{·55}$ thiaŋ^{33} kɐn^{55}；khi$^{·22}$ koi$^{·33}$ wa^{442}，ŋoi$^{·22}$ mɛu^{22} thiaŋ^{55} kɐn^{55}。

（3）今晚个餸咸□仔。 今晚的菜咸了点。

kɐm^{33} man^{55} koi$^{·33}$ ɬoŋ^{13} ham^{22} ɲit^{5} tsɐi$^{·55}$。

（4）佢买一条三斤重个鲤鱼。 他买了一条三斤重的鲤鱼。

khi^{22} mai$^{·31}$ jɐt^{5} thiu^{22} ɬam^{33} kɐn^{33} tshoŋ^{31} koi$^{·33}$ li$^{·31}$ ɲi$^{·13}$。

（5）哎哟，孔冷个天你也来！ 哎哟，这么冷的天你也来！

ai$^{·453}$ jɔ$^{·453}$，khoŋ^{55} laŋ^{31} koi$^{·33}$ thin^{33} ni$^{·55}$ ja$^{·31}$ lui^{22}！

（五）作助词，放在代词或短语后，指代中心词，与普通话的"的"字结构相当

例如：

（1）红个好乜系绿个好？ 红的好还是绿的好呢？

hoŋ^{22} koi$^{·33}$ hɛu^{55} mɐt^{5} hɐi$^{·442}$ lok^{2} koi$^{·33}$ hɛu^{55}？

（2）这□熟个，吃得；宁□无熟个，无吃得。 这是熟的，吃得；那是生的，吃不得。

khui^{13} nai^{55} sok^{2} koi^{33}，hiak^{2} tɐk^{5}；niŋ^{13} nai^{55} mɛu^{22} sok^{2} koi^{33}，mɛu^{22} hiɐk^{2}tɐk^{5}。

（3）佢衫裤洗净诶，你个呢？ 他的衣服已经洗干净了，你的呢？

khi^{22}sam^{13}fu^{33}ɬɐi^{55}tsiaŋ^{442}ɛ^{33}，ni^{55}koi^{33}ni^{55}？

（4）这条鱼无系我个。 这条鱼不是我的。

khui^{13}thiu^{22}ȵi^{13}mɛu^{22}hɐi^{442}ŋoi^{55}koi^{33}。

（5）这本书佢个，宁本书佢大哥个。 这是他的书，那本书是他哥哥的。

khui^{13}pun^{55}si^{33}khi^{22}koi^{33}，niŋ^{13}pun^{55}si^{33}khi^{22}tai^{442}kɔ^{13}koi^{33}。

（6）屋□坐紧好多人，睇书个睇书，睇报个睇报，写字个写字。

屋里坐着很多人，看书的看书，看报的看报，写字的写字。

ok^{5}ki^{33}tshɔ^{31}kɐn^{55}hɐu^{55}tɔ^{33}ȵiɐn^{22}，thɐi^{55}si^{33}koi^{33}thɐi^{55}si^{33}，thɐi^{55}pɛu^{33}koi^{33} thɐi^{55}pɛu^{33}，ɬia^{55}tsu^{442}koi^{33}ɬia^{55}tsu^{442}。

（7）老赵阿婆系卖车票个。 老赵的老婆是卖车票的。

lɐu^{55}tsiu^{442}a^{33}phɔ^{13}hɐi^{442}mai^{442}tshia^{33}phiu^{33}koi^{33}。

（六）作助词，放在形容词或动词后，表肯定、已然语气

例如：

（1）真个阿无啊？真个。 真的吗？真的。

tsɐn^{33}koi^{33}a^{33}mɛu^{22}a^{22}？tsɐn^{33}koi^{33}。

（2）屋□黑墨墨个，乜嘢无睇见。 屋子里黑咕隆咚的，什么也看不见。

ok^{5}ki^{33}hɐk^{5}mɐk^{5}mɐk^{5}koi^{33}，mɐt^{5}ȵia^{55}mɛu^{22}thɐi^{55}kin^{33}。

（3）你几时来个？我前年得北京来个。 你是啥时候来的？我是前年到的北京。

ni^{55}ki^{55}si^{22}lui^{22}koi^{33}？ŋoi^{55}tshin^{22}nin^{22}tɐk^{5}pɐk^{5}kiŋ^{33}lui^{22}koi^{33}。

（4）你可能系啱个。 你也许是对的。

ni^{55}hɔ^{55}nɐŋ^{22}hɐi^{442}ŋam^{453}koi^{33}。

（5）讲得好好个，一下仔又无去诶。 说得好好的，突然又说不去了。

kɔŋ^{55}tɐk^{5}hɛu^{55}hɛu^{55}koi^{33}，jɐt^{5}ha^{31}tsɐi^{55}jɐu^{442}mɛu^{22}hi^{33}ɛ^{33}。

(6) 我无小心打烂滚水壶，无系独能个。 我不小心打破了热水瓶，不是故意的。

ŋoi^{55} mɛu^{22} ɬiu^{55} ɬɐm^{33} ta^{55} lan^{442} kuɐn^{55} sui^{55} fu^{22}，mɛu^{22} hɐi^{442} tok^{2} nɐŋ^{22} koi^{33}。

(7) 这将买个。 这是刚买的。

khui^{13} tsiaŋ^{33} mai^{31} koi^{33}。

(8) 我本来无想去个。 我本来不想去的。

ŋoi^{55} pun^{55} lui^{22} mɛu^{22} ɬiɔŋ^{55} hi^{33} koi^{33}。

(七) 放在状语与动词之间，表修饰关系

(1) 一阵一阵个刮风。 风一阵一阵地刮着。

jɐt^{5} tsɐn^{442} jɐt^{5} tsɐn^{442} koi^{33} kuak^{2} foŋ^{33}。

七、几个句式

(一) 一头……一头…… 一边……一边……

(1) 我人一头走一头讲话。 咱们一边儿走一边儿说。

ŋoi^{55} ȵiɐn^{22} jɐt^{5} thɐu^{22} tsɐu^{55} jɐt^{5} thɐu^{22} kɔŋ^{55} wa^{442}。

(2) 佢一头吃饭一头睇书。 他一边吃饭一边看书。

khi^{22} jɐt^{5} thɐu^{22} hiak^{2} fan^{442} jɐt^{5} thɐu^{22} thɐi^{55} si^{33}。

(3) 这公仔一头睇报纸，一头发眼瞓。 这个老人家一边看报，一边打瞌睡。

khui^{13} koŋ^{33} tsɐi^{55} jɐt^{5} thɐu^{22} thɐi^{55} pɛu^{33} tsi^{55}，jɐt^{5} thɐu^{22} fat^{2} ŋan^{55} fɐn^{33}。

(二) 一□（hi^{33}）……一□（hi^{33}）…… 越……越……

(1) 一□走一□快。 越走越快。

jɐt^{5} hi^{33} tsɐu^{55} jɐt^{5} hi^{33} fai^{33}。

(2) 一□讲一□多。 越说越多。

jɐt^{5} hi^{33} kɔŋ^{55} jɐt^{5} hi^{33} tɔ^{33}。

(三) 一无系 要不（是）

(1) 一无系我吆佢入来谈阵将讲。 要不我叫他进来谈谈再说。

jɐt^{5} mɛu^{22} hɐi^{442} ŋoi^{55} ɛu^{33} khi^{22} jɐp^{2} lui^{22} tham^{22} tshɐn^{442} tsiaŋ^{33} kɔŋ^{55}。

（2）快走，一无系迟到诶。 快走，要不就迟到啦。

fai^{33} tsɐu^{55}，jɐt^{5} mɛu^{22} hɐi^{442} tshi^{22} tɛu^{33} ɛ^{33}。

（3）一无系点这个菜算诶。 要不就点这个菜算了。

jɐt^{5} mɛu^{22} hɐi^{442} tim^{55} khui^{13} koi^{33} tshui^{22} ɬun^{33} ɛ^{33}。

（4）一无（系）等你，我无会来迟。 不等你的话，我就不会迟到。

jɐt^{5} mɛu^{22}（hɐi^{442}）tɐŋ^{55} ni^{55}，ŋoi^{55} mɛu^{22} wui^{442} lui^{22} tshi^{22}。

八、动词重叠，用于描述，相当于形容词

例如：

（1）个门开开，□头无人。 门开着，里面没人。

khui^{13} mun^{22} hui^{33} hui^{33}，tik^{2} thɐu^{22} mɛu^{22} ȵiɐn^{22}。

第四节 马兰话的语义变调

马兰话的浊去442调在阴去字后，在阴平、阳平、阴上、阴去、阴入、阳入前音程缩短，读42。如：奖状 tsiaŋ^{55} tsɔŋ$^{442-42}$ ‖ 外甥 ŋui$^{442-42}$ ɬaŋ^{33} | 病人 piaŋ$^{442-42}$ ȵiɐn^{22} | 豆饼 tɐu$^{442-42}$ piaŋ^{55} | 运气 wɐn$^{442-42}$ hi^{33} | 第八 tɐi$^{442-42}$ pat^{2} | 闰月 ȵiɐn$^{442-42}$ ȵit^{2}。其他声调没有连读变调。

所谓语义变调是指变调并非受前后音的影响而产生，而是为了表示特定含义或习惯而产生的变调。马兰话有两种语义变调：13调与453调，下面分别论述。

一、13变调

（一）阳入字无13调

读13调的字阴平、阳平、阴上、阳上、阴去、阳去、阴入调都有，未见阳入字，阴平字和阴去字居多。以下举例都是单字读13调的，例如：

表2　13变调

阴平	阳平	阴上	阳上	阴去	阳去	阴入
虾 ha^{13}	鱼 ȵi^{13}	点 tim^{13}	后 hɐu^{13}	菜 tshui^{13}	豆 tɐu^{13}	壳 hɔk^{13}
墟 hi^{13}	年 nin^{13}	堡 pɐu^{13}	似 tshi^{13}	库 fu^{13}	芋 wu^{13}	甲 kap^{13}
衫 sam^{13}	蚊 mɐn^{13}	小 ɬiu^{13}	舅 khɐu^{13}	架 ka^{13}	窦 tɐu^{13}	脊 tsiak^{13}
沙 sa^{13}	禾 wɔ^{13}	胆 tam^{13}	语 ȵi^{13}	蒜 ɬun^{13}	蛋 tan^{13}	骨 kuɐt^{13}

（二）13变调属语义变调

13变调不受调类及前后位置的影响，下面尽量找一些能与各类声调搭配的高频词说明如下：

表3　衫 sam^{13}

在前					
衫＋阴平	衫开	sam^{13} khui^{33}	衫＋阳平	衫长	sam^{13} tshiɔŋ^{22}
衫＋阴上	衫短	sam^{13} tun^{55}	衫＋阳上	衫纽	sam^{13} nɐu^{55}
衫＋阴去	衫裤	sam^{13} fu^{13}	衫＋阳去	衫袋	sam^{13} tui^{442}
衫＋阴入	衫湿	sam^{13} sɐp^{5}	衫＋阳入	衫衲	sam^{13} na^{453}
在后					
阴平＋衫	新衫	ɬɐn^{33} sam^{13}	阳平＋衫	长衫	tshiɔŋ^{22} sam^{13}
阴上＋衫	洗衫	ɬɐi^{55} sam^{13}	阳上＋衫	冷衫	laŋ^{453} sam^{13}
阴去＋衫	孝衫	hau^{33} ɬam^{13}	阳去＋衫	面衫	min^{442} sam^{13}
阴入＋衫	□衫	lɐp^{5} sam^{13}	阳入＋衫	度衫	tɔk^{2} sam^{13}

表4　鱼 ȵi^{13}

在前					
鱼＋阴平	鱼春	ȵi^{13} tshɐn^{33}	鱼＋阳平	鱼头	ȵi^{13} thɐu^{22}
鱼＋阴上	鱼笱	ȵi^{13} kɐu^{55}	鱼＋阳上	鱼尾	ȵi^{13} mi^{55}
鱼＋阴去	鱼炸	ȵi^{13} tsa^{33}	鱼＋阳去	鱼翅	ȵi^{13} tshi^{33}
鱼＋阴入	鱼汁	ȵi^{13} tsɐp^{5}	鱼＋阳入	鱼簕	ȵi^{13} lat^{2}

（续上表）

在后					
阴平＋鱼	鲳鱼	tshɔŋ^{33} ȵi^{13}	阳平＋鱼	咸鱼	ham^{22}ȵi^{13}
阴上＋鱼	海鱼	hui^{55} ȵi^{13}	阳上＋鱼	鲤鱼	li^{31}ȵi^{13}
阴去＋鱼	晒鱼	sai^{33} ȵi^{13}	阳去＋鱼	电鱼	tin$^{44\,2}$ȵi^{13}
阴入＋鱼	鲫鱼	tsɐk^{5} ȵi^{13}	阳入＋鱼	木鱼	muk^{2}ȵi^{13}

（三）13 变调的字可以连读

如：衫裤 sam^{13}fu^{13} ｜丝瓜 ɬu^{13}kua^{13}。

（四）13 变调的功能

1. 区别词性

读 13 变调的字大多数是名词，例如：星天～ɬiaŋ^{13} ｜梭 sɔ^{13} ｜街 kai^{13} ｜枝荔～tsi^{13} ｜蕉 tsiu^{13} ｜冠 kuan^{13} ｜鸪 ku^{13} ｜瓮 oŋ^{13} ｜棉 min^{13} ｜脶 lɔ^{13} ｜螺 lɔ^{13} ｜蝇 jiŋ^{13} ｜时 si^{13} ｜粪 fɐn^{13} ｜碓 tui^{13} ｜枪 tshiɔŋ^{13} ｜棍 kuɐn^{13} ｜线 ɬin^{13} ｜杠 kɔŋ^{13} ｜罩 tsau^{13} ｜凳 tɐŋ^{13} ｜庙 miu^{13} ｜虾 ha^{13} ｜墟 hi^{13} ｜葱 tshoŋ^{13} ｜沙 sa^{13} ｜蚊 mɐn^{13} ｜边 pin^{13} ｜昼 tsɐu^{13} ｜蒜 ɬun^{13} ｜粽 tsoŋ^{13} ｜贩小～fan^{13} ｜痘 tɐu^{13} ｜箍 ku^{13} 等。

并不是所有的名词都读 13 调，有些名词不变调，如：胆 tam^{55} ｜堡 pɛu^{55} ｜鸦 a^{33} 等。

同时具有动词和名词或代词用法的字，一般动词读本调，名词、代词读变调：包～起来 pau^{33}—牛骨～：麻袋 pau^{13} ｜架高～桥 ka^{33}—书～ka^{13}—一～单车 ka^{13} ｜钓～鱼 tiu^{33}—钓鱼～：鱼钩 tiu^{13} ｜带～钱 tai^{33}—海～tai^{13} ｜担担 tam^{33}tam^{13} ｜刨～木 phau^{33}—菜头～phau^{13} ｜闩～门 ɬan^{33}—门～ɬan^{13} ｜扫～灰水 ɬɛu^{33}—镬～ɬɛu^{13} ｜锯～木 ki^{33}—～仔 ki^{13} ｜筛～米 sai^{33}—米～sai^{13} ｜梳～头 sɔ^{33}—～仔 sɔ^{13}—一～（香蕉）sɔ^{13} ｜降下～kɔŋ^{33}—霜～kɔŋ^{13} ｜生活 saŋ^{33}—学～saŋ^{13} ｜对～联 tui^{13}—一～鞋 tui^{33} ｜包～古粽妈：包粽子 pau^{33}—银～pau^{13}—一～书 pau^{13}。

有些同时具有动词和名词用法的词没有本调与变调的区别，或全部读本调，或全部读变调。例如：饮～酒 ȵiɐm^{55}—粥～：米汤 ȵiɐm^{55} ｜钩～东西 ŋɐu^{453}—～仔 ŋɐu^{453} ｜煲～饭 pɛu^{33}—饭～pɛu^{33} ｜夹动词 kɛp^{2}—～仔 kɛp^{2} ｜叉禾～tsha^{13}—～草 tsha^{13}。

2. 区别意义

有两种情况：

常用义用本调，引申义、比喻义等其他意义读变调，如：塘鱼～thɔŋ^{22}—地～：打场 thɔŋ^{13} ｜线针～ɬin^{33}—禾～：稻穗 ɬin^{13} ｜库仓～fu^{33}—水～fu^{13} ｜春～天 tshɐn^{33}—鸡～：鸡蛋 tshɐn^{13} ｜壳乌龟～hɔk^{2}—勺子 hɔk^{13} ｜角牛～kɔk^{2}—豆饼～：豆腐泡儿 kɔk^{13} ｜豆～腐 tɐu^{31}—～浆 tɐu^{13}。

常用义读变调，其他意义或用法读本调，如：沙泥～sa^{13}—～琅：地名 sa^{33}—～姜：一种姜 sa^{33} ｜丝～袜 ɬu^{13}—纽～旁：绞丝旁 ɬu^{33} ｜雀鸟儿 tsiɔk^{13}—麻～：麻将 tshiɔk^{2} ｜台办公～thui^{13}—～仔：课桌 thui^{13}—吃粥～：饭桌 thui^{13}—戏～thui^{22}—阳～thui^{22} ｜婆年长女性 phɔ^{13}—两公～phɔ^{22} ｜节竹～tsit^{13}—五月～tsit^{2}。

有些词表示特定意义变调，表示一般意义不变调。如：年，只在表示特定时间"今年、明年、后年"等变调，其他情况下不变调：今～nin^{13} ｜明～nin^{13} ｜后～nin^{13} ｜去～nin^{13} ‖ 闰～nin^{22} ｜一～nin^{22} ｜～～nin^{22} nin^{22} ｜～初 nin^{22} ｜～尾 nin^{22} ｜～份 nin^{22} ｜～例 nin^{22} ｜几～nin^{22} ｜万～青 nin^{22} ‖ 晚～季：晚稻 man^{31}—卅日～：除夕 man^{13}。

变调可以同时区别意义和词性，例如：包～古粽妈：包粽子 pau^{33}—一～书 pau^{13}—银～：钱包 pau^{13}—牛骨～：麻布带 pau^{13}—面～：包子 pau^{13}—荷～果：荔枝名 pau^{33}—～粟：玉米 pau^{33} ｜记～得 ki^{33}—鹅～ki^{13}。

3. 区别同义词

一个事物用两个词来表达，生活中常用的词读变调，外来的、后出现的词读本调。例如：马兰话统称菜为"餸"，也可说"菜"，"餸"全部读 13 调，"菜"作统称全读 33 调（"菜"作蔬菜讲可读 tshui^{13}）。例如：餸～脚 ɬoŋ^{13} ｜挟～ɬoŋ^{13} ｜出～ɬoŋ^{13} ｜点～ɬoŋ^{13} ‖ 菜～花 tshui^{33} ｜～头 tshui^{33} ｜～米 tshui^{33} ｜～骨 tshui^{33} ｜～叶 tshui^{33} ｜葱～tshui^{33} ｜芹～tshui^{33} ｜炒～tshui^{33} ｜芥～tshui^{33} ｜白～tshui^{33}。

4. 用于亲属称谓

13 变调的亲属称谓并不多，只有以下几个：姨阿～：妈妈 ji^{13} ｜阿～：姨妈 ji^{13} ｜～爹：小姨夫 ji^{13} ｜细～：小姨子 ji^{13} ｜送嫁～：伴娘 ji^{13} ‖ 舅阿～：舅舅 khɐu^{13} ｜细～：小舅子 khɐu^{13} ｜～婆 khɐu^{13} ｜～公 khɐu^{13} ‖ 妗阿～：舅母 khɐm^{13} ‖ 母阿～：母亲 mai^{13} ｜后来～：继母 mai^{13}。

同一个读 13 变调的词既可表小，也可表大；可表爱称，也可表不尊敬。例如：锯～仔：小锯 ki^{13}—大～ki^{13} ｜芋～头：大芋头 wu^{13}—～仔：小芋头 wu^{13}—水～wu^{13} ｜凳～

仔：小凳子 tɐŋ^{13}—长～tɐŋ^{13} ｜婆女人 phɔ^{13}—～仔□：老妈子（不尊敬）phɔ^{13}。

二、453 变调

（一）453 变调的调类

453 变调只见于舒声韵字，没有入声韵字。在舒声韵中，有阴平字、阳平字、阴上字、阳上字、阴去字、阳去字，其中阴平字居多。例如：窝 wɔ^{453}｜杈 tsha^{453}｜些 sɛ^{453}｜敲 hau^{453}｜爹伯父 tia^{453}｜奢 sɛ^{453}｜蜗 wɔ^{453}｜稽 khɐi^{453}｜杯 pui^{453}｜堆 tui^{453}｜衰 sui^{453}｜威 wɐi^{453}｜娇 kiu^{453}｜兜 tɐu^{453}｜休 hɐu^{453}｜勾 ŋau^{453}｜丢 tiu^{453}｜煎 tsin^{453}｜墩 tɐn^{453}｜般 pun^{453}｜搬 pun^{453}｜菇 ku^{453}｜猫 miu^{453}｜叼 tiu^{453}｜篼猪～；猪食槽 tɐu^{453}｜勾 ŋɐu^{453}｜褛大～：长外套 lau^{453}｜吆喊 ɛu^{453}｜兰～豆 lan^{453}｜呔胎 thai^{453}｜光卖面～：炫耀 kuɔŋ^{453}｜忧 jɐu^{453}｜罂 aŋ^{453}‖蟆 mɔ^{453}｜模 mu^{453}｜魔 mɔ^{453}‖䃘最后的 lai^{453}‖奶伯母 nai^{453}｜槛门～lam^{453}‖褂 kua^{453}｜爸阿～pa^{453}‖哎～话 ŋai^{453}｜裂缝 lɛ^{453}｜靓 liaŋ^{453}。

（二）453 调的词性分类

读453 调的词性有名词、动词、形容词、量词等，名词居多。例如：杯 pui^{453}｜公 koŋ^{453}｜模 mu^{453}｜杈 tsha^{453}｜蜗 wɔ^{453}｜菇 ku^{453}｜猫 miu^{453}｜篼 tɐu^{33}｜砧 tsam^{33}｜钉 tiaŋ^{453}｜眶 khuɔŋ^{453}｜槛 lam^{453}｜啤 pɛ^{453}‖吆 ɛu^{453}｜丢 tiu^{453}｜搬 pun^{453}｜敲 hau^{453}｜□钻 noŋ^{453}｜爪耙 ȵiau^{453}｜勾 ŋɐu^{453}｜吆喊 ɛu^{453}‖威 wɐi^{453}｜尖 tsim^{453}｜靓 liaŋ^{453}｜啱 ŋam^{453}｜光眼～：眼尖 kuɔŋ^{453}‖五□五片，指杨桃 lim^{453}｜文—～钱：一块钱 mɐn^{453}。

（三）453 语义变调非连读变调

453 变调可位于开头音节，也可位于末尾音节，不受前后字的影响，非连读变调。由于找不全所有调类搭配的例子，这里仅举“杯”字为例：

干杯（阴平＋杯）kun^{33} pui^{453}　　茶杯（阳平＋杯）tsha^{22} pui^{453}

酒杯（阴上＋杯）tsɐu^{55} pui^{453}　　一杯（阴入＋杯）jɐt^{5} pui^{453}

（四）有些 453 变调的字只读 453 调，不读原调

例如：杯 pui^{453}｜尖 tsim^{453}｜爪 ȵiɐu^{453}｜魔 mɔ^{453}｜摩 mɔ^{453}｜欠 him^{453}｜渣

tsa^{453}｜钉 tiaŋ^{453}｜钩 ŋɐu^{453}等。

（五）453 变调的功能

1. 表小称

以下 453 调的字都有“小”的意思，但是这类变读并不多，而且不可类推。例如：妹仔女儿 mui^{453} tsɐi^{55}｜虾仔婴儿 ha^{453} tsɐi^{55}｜孻仔最后生的儿子 lai^{453} tsɐi^{55}｜脚尖 kiɔk^{2} tsim^{453}｜裤头□短裤 fu^{13} thɐu^{22} lui^{453}｜鸡心子鸡心状柿子 kɐi^{33} ɬɐm^{33} tsi^{453}｜橙子 tsiŋ^{22} tsi^{453}。

粤西信宜、高州、化州粤语都有系统的小称表示形式，或儿化，或变音。如：凳儿小板凳 tɐŋ^{33} ȵi^{453} ‖ 脚小腿 kiaŋ ↗（箭头表示高升超越五度范围）。

这类小称马兰话是加词素“仔”表示的。例如：凳仔 tɐŋ^{33} tsɐi^{55}｜烟仔香烟 jin^{33} tsɐi^{55}｜银仔硬币 ŋɐn^{22} tsɐi^{55}｜手扶仔手扶拖拉机 sɐu^{55} fu^{22} tsɐi^{55}｜船仔小船 sin^{22} tsɐi^{55}｜台仔课桌 thui^{22} tsɐi^{55}｜刀仔铅笔刀 tɐu^{33} tsɐi^{55}｜波仔玻璃珠 pɔ^{33} tsɐi^{55}｜钩仔小钩子 ŋɐu^{33} tsɐi^{55}｜炮仔小鞭炮 phau^{55} tsɐi^{55}｜壳仔勺子 hɔk^{13} tsɐi^{55}｜窟仔坑 fɐt^{2} tsɐi^{55}｜石仔小石头 siak^{2} tsai^{55}｜水毛仔毛毛雨 sui^{55} mɐu^{22} tsɐi^{55}｜阵仔一会儿 tsɐn^{442} tsɐi^{55}｜差□仔差一点点 tsha^{33} ȵit^{5} tsɐi^{55}。

马兰话也可用“细”表示“小”。用“细”往往是客观描写，不表示“可爱、亲昵”的感情色彩。例如：细风小风 ɬɐi^{453} foŋ^{33}｜细水小雨 ɬɐi^{453} sui^{55}｜细路小路 ɬɐi^{453} lu^{442}｜细水车小水车 ɬɐi^{453} sui^{55} tshia^{33}｜细仔小孩儿 ɬɐi^{453} tsɐi^{55}｜细舅内弟 ɬɐi^{453} khɐu^{13}｜细姨小姨子 ɬɐi^{453} ji^{22}｜细婶弟媳 ɬɐi^{453} sɐm^{55}｜细眼眼睛小 ɬɐi^{453} ŋan^{55}｜细病小病 ɬɐi^{453} piaŋ^{442}｜细肠小肠 ɬɐi^{453} tshiɔŋ^{22}｜细火小火 ɬɐi^{453} fɔ^{55}｜细鬼（扑克牌）小王 ɬɐi^{453} kuɐi^{55}｜细个个头小 ɬɐi^{453} koi^{33}｜细胆胆小 ɬɐi^{453} tam^{55}。

“细”与“仔”可以同时使用，例如：细梳仔小梳子 ɬɐi^{453} sɔ^{33} tsɐi^{55}｜细妹仔女孩儿 ɬɐi^{453} mui^{442} tsɐi^{55}。

2. 亲属称谓

从调查的材料看只有以下一些称谓用 453 调，主要用于长辈，较少用于平辈、晚辈。例如：阿公祖父 a^{33} koŋ^{453}｜阿姐祖母 a^{33} tsia^{453}｜阿哥父亲 a^{33} kɔ^{453}｜阿妈 a^{33} ma^{453}｜阿爸 a^{33} pa^{453}｜阿爹大伯子 a^{33} tia^{453}｜阿奶伯母 a^{33} nai^{453}｜后来爹继父 hɐu^{31} lai^{22} tia^{453}｜舅爹 khɐu^{13} tia^{453}｜□爹姑父 pu^{442} tia^{453}｜庙祝公管理寺庙者 miu^{33} tsuk^{5} koŋ^{453}｜表哥 piu^{55} kɔ^{453}｜叔伯大哥 suk^{5} pak^{5} tai^{242} kɔ^{453}｜□玄孙 laŋ^{453}。

马兰话亲属称谓的声调比较复杂，除上述453调外，有一部分亲属称谓用13调（见前面）。母、舅、妗、姨只有13调。有些亲属称谓读本调，如：太公曾祖父 thai^{242}koŋ^{33}｜太婆曾祖母 thai$^{\cdot 442}$phɔ^{22}｜阿叔叔叔 a^{33}suk^{5}｜阿爷伯父 a^{33}ja^{22}｜阿婶叔母 a^{33}sɐm^{55}｜舅公 khɐu^{13}koŋ^{33}｜舅婆 khɐu^{13}phɔ^{22}｜姑爷小姑夫 ku^{33}ja^{22}。有些亲属称谓既可用13调，也可用453调，例如：大哥 kɔ^{453}—kɔ^{13}。

同一称谓有不同的声调，例如：

父亲，中年称阿爸 a^{33}pa^{33}，青年叫爸 pa^{453}，阿哥父亲 a^{33}kɔ^{453}。

哥，除了“兄长”义可读13调外，其他意义都读453调：一哥 jɐt^{5}kɔ^{453}｜䃱哥小拇指 lɐi$^{\cdot 33}$kɔ^{453}｜新郎哥 ɬɐn^{33}lɔŋ^{22}kɔ^{453}｜表哥 piu^{55}kɔ^{453}｜阿哥 a^{33}kɔ^{453}｜鹩哥八哥 liu^{453}kɔ^{453}。

妹，表示“妹妹”义时不变调，其他意义变读453调：两兄妹 liɔŋ^{55}hiŋ^{33}mui$^{\cdot 442}$｜姊妹 tsi^{55}mui$^{\cdot 442}$｜两姊妹姐妹俩 liɔŋ^{55}tsi$^{\cdot 55}$mui$^{\cdot 442}$ ‖ 妹仔扑克牌的“Q” mui$^{\cdot 453}$tsɐi$^{\cdot 55}$｜表妹 piu^{55}mui$^{\cdot 453}$｜妹仔女儿；丫环；仆人 mui$^{\cdot 453}$tsɐi$^{\cdot 55}$｜疍家妹生活在船上的女孩 tan^{442}ka^{33}mui$^{\cdot 453}$｜捞妹外来女孩 lau^{453}mui$^{\cdot 453}$｜细妹仔女孩儿 ɬɐi$^{\cdot 453}$mui$^{\cdot 453}$tsɐi$^{\cdot 55}$。

姐，马兰话表示“姐姐”义用“姊”，不变调：大姊 tai$^{\cdot 242}$tsi$^{\cdot 55}$。姐不表示“姐姐”义，都用变调：阿姐祖母 a^{33}tsia^{453}｜姐婆外祖母 tsia^{453}phɔ^{22}｜阿姐小老婆 a^{33}tsɛ^{55}。

读453变调的亲属称谓的变调不一定表示尊敬亲切，甚至含有蔑视的感情色彩。如：“妹仔 mui^{453}tsɐi^{55}”既可是“女孩”，也可表示“丫鬟”、“妓女”，还可指扑克牌中的“Q”。

3. 特定含义

其他453变调的字大都表示非常用意义，如：虾~仔：婴儿 ha^{453}｜文一~钱：一块钱 mɐn^{453}｜菇肚脐~：肚脐 ku^{453}｜丁果蒂 tiŋ^{453}｜钉菠萝~：菠萝蜜外皮的钉状物 tiaŋ^{453}｜阿奶伯母 a^{33}nai$^{\cdot 453}$。

同时具有常用义与非常用义的，常用义读本调，非常用义读变调。例如：签抽~tshim^{33}—插~：插斩条 tshim^{453}｜光天~kuɔŋ^{33}—卖面~：摆脸；炫耀 kuɔŋ^{453}。

4. 表示新事物或新概念

这些词语多非口语常用词，一般是其他方言影响的结果，或从官话，或从其他方言借来。如：眼眶 kuaŋ^{453}｜褂笠~：背心；马褂 kua^{453}｜乖 kuai$^{\cdot 453}$｜线冷~：毛线 laŋ^{453}｜菇香~ku^{453}｜吆叫 ɛu^{453}｜嗦啰~sɔ^{453}｜魔~术 mɔ^{453}｜啤 pɛ^{453}｜圈胶~khin^{453}｜

啱 ŋam^{453} ｜敲~门 hau^{453} ｜谂想 nɐm^{453} ｜堆禾草~tui^{453} ｜奶乳房 nɛn^{453} ｜尖 tsim^{453} ｜米量度单位 mɐi^{453}。

5. 拟声词

如：猫 miu^{453} ｜嘘~尿：把尿 si^{453}。

6. 表示轻视、嘲弄

例如：捞~头：外来打工者 lau^{453} ｜哎客家人 ŋai^{453}。

7. 受白话影响

有些词读 453 调，发音人觉得是周围白话音，既可读变调也可读本调。例如：闹钟 nau^{442} tsoŋ$^{33/453}$ ｜蚊帐 mɐn$^{22/453}$ tsiɔŋ^{33} ｜捞钱赚钱 lɐu$^{33/453}$ /lau$^{33/453}$ ｜五□杨桃 lim$^{33/453}$ ｜月光月亮 ȵit^{2} kuɔŋ$^{453/33}$ ｜蒸 tsiŋ$^{453/33}$。

8. 本字不详的词语

以下词的本字不详，变调的原因有待进一步研究。如：锥 ȵui^{453} ｜爪耙子 ȵiɐu^{453} ｜□黏液 ȵiɔŋ^{453} ｜啄 tiɔŋ^{453} ｜□糊 noŋ^{453} ｜□口水~：围嘴儿 hɐu^{55} sui^{55} ta^{453} ｜□垂下 tam^{453} ｜□~箸：抓筷子 nim^{453} ｜□车~：钢圈 liŋ^{453} ｜□枯萎 ȵiɐu^{453} ｜旮旯 lɔ^{453} ｜□干 ɬɛm^{453} ｜□泥~：泥鳅 nɐi^{22} nɐu^{453}。

三、本调、13 变调、453 变调的关系

有些表示名词的字既可读 13 调也可读 453 调。如：蜂窦蜂窝 foŋ^{33} tɐu$^{13/453}$ ｜鸡窦鸡窝 tɐu$^{453/13}$ ｜大哥 kɔ$^{453/13}$ ｜柄 piaŋ$^{13/453}$ ｜奶□~：比父亲年纪大的姑姑 nai$^{453/13}$。有些字同时具有 453 变调与 13 变调，但意义有别。如：虾鱼~ha^{13} —— ~仔：婴儿 ha^{453}。

有些名词既可以读本调，也可以读 13 变调和 453 变调，有大致的分工，例如“公”字：

表 5　“公”字读音表

原调	13 变调	453 变调
公祖宗；神像 koŋ^{33}	猪公 tsi^{33} koŋ^{13}	鼻公鼻子 pi^{442} koŋ^{453}
公庙 koŋ^{33} miu^{13}	牛公 ŋɐu^{22} koŋ^{13}	眼公仔瞳仁 ŋan^{55} koŋ^{453} tsɐi^{55}
境主公土地神 kiŋ^{33} tsi^{55} koŋ^{33}	羊公 jɔŋ^{22} koŋ^{13}	王公扑克牌的 K wɔŋ^{22} koŋ^{453}
灶头公灶神 tsɛu^{13} thɐu^{22} koŋ^{33}	狗公 kɐu^{55} koŋ^{13}	公仔玩具 koŋ^{453} tsɐi^{55}
舅公 khɐu^{13} koŋ^{33}	马公 ma^{31} koŋ^{13}	门神公 mun^{22} sɐn^{22} koŋ^{453}
太公曾祖父 thai^{442} koŋ^{33}	猫公 miu^{453} koŋ^{13}	庙祝公 miu^{33} tsuk^{5} koŋ^{453}

（续上表）

原调	13 变调	453 变调
家公背称公公 ka³³ koŋ³³	鸭公 ap² koŋ¹³	半生公生饭 pun³³ saŋ³³ koŋ⁴⁵³
两公婆 liɔŋ⁵⁵ koŋ³³ phɔ²²	鸡公 kɐi³³ koŋ¹³	喷屎公屎壳郎 phɐn³³ si⁵⁵ koŋ⁴⁵³
道公佬道士 tɛu³¹ koŋ³³ lɛu⁵⁵	太祖公 thai⁴⁴² tsou¹³ koŋ¹³	雷公狗一种蜥蜴 lui²² koŋ⁴⁵³ kɐu¹³
雷公 lui²² koŋ³³	老公 lɛu⁵⁵ koŋ¹³	土地公 thu⁵⁵ tɛi⁴⁴² koŋ⁴⁵³
公司 koŋ³³ ɬu³³		姐公外祖父 tsia⁵⁵ koŋ⁴⁵³

以上“公”，表示祖宗、神、长辈（背称）、公共等意义用本调，表示性别用13调，其他特殊意义用453调。同为“丈夫”义，“两公婆”用本调，“老公”用变调，这是背称与面称的区别，背称感情色彩不强烈，面称感情色彩显著。同是表示土地神，“境主公”用本调，“土地公”用453变调，这是本有词语与外来词语的差异，外来词语一般用变调。长辈称谓既可用本调，也可用453变调，反映了变调的不规整性。

四、13 变调与 453 变调的内部差异

13变调与453变调各地也有差异，我们选择北溪坡、崩塘缺、槟榔花、山嘴坡四个点进行比较，收集到以下有差异的词条，列表如下。“—”表示与北溪坡点相同；“—”加注音，如：“—tsi¹³”，表示与北溪坡相应的音节读音不同；“—”加数字，如：“—¹³”，表示只与北溪坡相应音节的声调不同；空白表示没有调查到相应的材料。

以下加粗字的差异，有本调与13调的差异，有本调与453调的差异，也有13调与453调的差异。

表6　变调比较表

词目	北溪坡	崩塘缺	槟榔花	山嘴坡
做日昨天	tsu³³	—tsi³³		—tsi¹³
晏**昼**中午	tsɐu¹³	—	—	—³³
梆头锄头	pɔŋ³³	—	—	—¹³
松木**叶**松针	jip²	—	—	—¹³
荔枝	tsi¹³	—	—	—³³

（续上表）

词目	北溪坡	崩塘缺	槟榔花	山嘴坡
沙牛黄牛	sa^{33}	—	—^{13}	—^{13}
猪牯公猪	ku^{33}	—	—^{13}	—
钓钓鱼钩儿	tiu^{13}	—	—^{33}	
水瓮水缸	oŋ^{13}	—^{33}		
蛤蟆青蛙	na^{13}	—^{33}	—	—^{33}
腩肉五花肉	nam^{22}	—	—^{13}	
屎凼厕所	tham^{13}	—	—	—^{33}
大家	ka^{33}	—^{13}	—	
葱菜青菜	tshui^{33}		—^{13}	—^{13}
浪头	lɔŋ^{22}	—^{13}	—^{13}	—^{13}
涩子柿子	tsi^{55}	—^{453}	—	—
抄牛用角顶	tshau^{33}	—^{453}	—	—
椅凭椅子背儿	ji^{55}	—	—^{453}	
酒□酒瓶	kiaŋ^{442}		—^{453}	
妈□算子	liu^{453}		—^{33}	
□一撮	ȵia^{33}	—	—^{453}	
兄弟俩	thɐi^{31}	—^{453}	—	
肝炎	kun^{33}		kon^{453}	kon^{453}
标语	piu^{33}		—^{453}	—^{453}
平安	un^{33}			ŋun^{453}
外科	fɔ^{33}			—^{453}
欠条	him^{453}	—		—
闹钟	tsoŋ^{33}			—^{453}
苦命	miaŋ^{442}		—^{453}	
兄弟	hiŋ^{33}		—^{453}	
卧铺	ŋɔ^{22}	wɔ^{453}	—^{453}	—^{453}
地区	khi^{33}		khui^{453}	khui^{453}
□奶比父亲大的姑姑	nai^{453}	—	—^{13}	

五、与其他粤语变调的比较

（一）与四邑粤语变调的比较

马兰话明代从新会迁到电白，还保留着四邑话的某些特点，语义变调的功能类型也相似。以下四邑粤语比较材料依据为甘于恩《广东四邑方言语法研究》一书。

从变调形式上看，四邑话有低变调、高升变调和高平变调，马兰话只有升变调和高调变调，没有低变调。四邑低变调在马兰话中或用13变调或用本调。例如：咸鱼新会 ham^{22} ŋi^{11}—马兰 ham^{22} ȵi^{13} ‖ 蚊新会 mɜn^{11} —马兰 mɐn^{13}。

马兰话13调的主要功能是区别词性功能，相当于四邑话低调变调的功能。例如：

新会方言：包动作 pau^{33}—量词；包子 pau^{11} ‖ 马兰话：包~起来 pau^{33}—牛骨~pau^{13}。

高调的主要功能，甘于恩认为，“是借入外来概念的功能（同时也标明是新词）”①。马兰话同时具有词义引申和借入外来概念的功能。同四邑方言一样“爸（爸爸）、妈（妈妈）、哥（哥哥）、呔（车呔）”等词马兰话也读453调，另外读453调的还有“褂”、“杯”、“吆”等。这些都是借入外来概念。

马兰话读453调的还有词义引申功能，例子详见上文例句。

四邑话的高升变调与马兰话13变调的功能相同，例如“梳”：

恩平话：动作 sua^{33}—梳子 sua^{35}

马兰话：梳头 sɔ^{33} —梳仔 sɔ^{13} —一梳（香蕉） sɔ^{13}

马兰话变调与四邑话变调的不同还表现在具体的词上，四邑话变调的词，在马兰话不变调。马兰话变调的词，四邑话不变，例如：

① 甘于恩：《广东四邑方言语法研究》，暨南大学博士学位论文，2002年，第23页。

表 7　马兰话与四邑粤语变调比较表

词项	四邑话	马兰话	词项	四邑话	马兰话
金银	kiam^{33}	kam^{33}	脚	køk^{3}	kiɔk^{2}
黄金	kiam^{35}	kam^{33}	瘸脚	køk^{1}	kiɔk^{2}
镜子	kiaŋ^{33}	kiaŋ^{33}	长虫子	tshuŋ^{22}	tshuŋ^{22}
镜	kiaŋ^{35}	kiaŋ^{33}	萤火虫	tshuŋ^{115}	tshuŋ^{22}
麻石花岗岩	ma^{22}	ma^{22}	鲮鱼	ŋui^{22}	ji^{13}
出麻出麻疹	ma^{25}	ma^{22}	揿鱼	ŋui^{25}	ji^{13}
姐妹	muai^{22}	mui^{453}	预料	liu^{31}	liu^{442}
阿妹	muai$^{22\ 5}$	mui^{453}	加料	liu^{315}	liu^{442}
姨妈比母亲大	ji^{22}	ji^{22}	衫	sam^{11}	sam^{13}
阿姨	ji^{55}	ji^{13}	笠衫	sam^{11}	sam^{13}
雀仔	tsøk^{11}	tsiɔk^{13}	席子	siak^{11}	tsiak^{2}
麻雀麻将	tsøk^{55}	tsiɔk^{2}	毛主席	tsɛk^{2}	tsik^{2}
叶姓	jip^{2}	jip^{2}			
叶	jip^{1}	jip^{2}			

（二）与广州话比较

广州话变调的，马兰话往往不变。① 例如：

表 8　马兰话与广州话变调比较表

例字	广州话	马兰话
钩	~搭 ŋɐu^{53} —称 ~ ŋɐu^{55}	~东西 ŋɐu^{453} — ~仔 ŋɐu^{453}
叉	用力 ~ tsha^{53} —禾 ~ tsha^{55}	禾 ~ tsha^{13} — ~草 tsha^{13}
煲	~饭 pou^{53} —水 ~ pou^{55}	~饭 pɛu^{44} —饭 ~ pɛu^{44}
钉	~鞋 tɛŋ^{53} —铁 ~ tɛŋ^{55}	~钉 tiaŋ^{453} —铁 ~ tiaŋ^{453}
筒	竹 ~ thoŋ^{11} —— ~饼干 thoŋ^{35}	竹 ~ thoŋ^{13} —— ~米 thoŋ^{13}

① 广州话的用例摘自李新魁等：《广州方言研究》，广州：广东人民出版社，1995 年。

（续上表）

例字	广州话	马兰话
件	一～事情 kin^{22}—文～kin^{35}	一～事情 kin^{442}—文～kin^{442}
片	一～树叶 $phin^{33}$—肉～$phin^{35}$	一～树叶 $phin^{33}$—肉～$phin^{33}$
黄	～色 wɔŋ^{11}—鸡蛋～wɔŋ^{35}	～色 wɔŋ^{22}—鸡春～wɔŋ^{22}
碎	打～ʃɵy^{33}—布～ʃɵy^{35}	打～sui^{55}—瓦～sui^{55}
渡	过～tou^{33}—搭～tou^{35}	～头 tu^{442}—过～tu^{442}
擦	～干净 tʃhat^{33}—粉～tʃhat^{35}	～牙 $tshat^{2}$—笔～$tshat^{2}$
凿	tʃɔk^{22}～穿—木工～tʃɔk^{35}	～仔 tsɔk^{2}—～窿 tsɔk^{2}
鹅	天～ŋɔ^{11}—烧～ŋɔ^{35}	天～ŋɔ^{22}—烧～ŋɔ^{22}
队	生产～tɵi^{22}—排～tɵi^{35}	生产～tui^{442}—插～tui^{442}
鱼	塘～y^{11}—金～y^{35}	塘～ȵi^{13}—金～ȵi^{13}
鞋	皮～hai^{11}—拖～hai^{35}	皮～hai^{22}—拖～hai^{22}
镜	望远～kɛŋ^{33}—眼～kɛŋ^{35}	望远～kɛŋ^{33}—眼～kɛŋ^{33}
牙	～齿 ŋa^{11}—狗～ŋa^{35}	～齿 ŋa^{22}—狗～ŋa^{22}

（三）有些字读 13 调与变调无关

有些字读 13 调与变调无关，这应是受广州话的影响，如：打 ta^{13} | 好 hɐu^{13} | 寻 $tsham^{13}$。其中，“好”作形容词读 hɛu^{55}，与作副词的用法显然是不同的层次。

六、结论

连读变调属于语音层面，语义变调属于语义、语法层面。语义变调有不同的情况，名称也颇有分歧。汉语史上有四声别义、读破、内部曲折等叫法，方言学界有小称变调、语素变调、语法变调、形态变调、完成变调、词汇变调等名称。从马兰话的变调看，表示小称显然不是其主要功能，表示词性的改变和词义的引申变化才是其主要功能。无论是词性差异还是词义变化都可以认为是意义不同，这是马兰话语义变调的共性，所以我们称之为语义变调。

大致比较一下，13 变调主要用于区别词性，453 变调主要用于表示特定含义。13 变调是马兰话本有的变调，453 调在粤西具有普遍性，可以理解为马兰话的453变调是受周围其他方言影响而产生的。当然13变调与453变调在表示亲属称谓、名词词性上有相通之处。

马兰话的语义变调以词汇扩散的形式呈现，即变调表现在具体的词上，有些词变、有些词不变，变调的功能往往不可类推。另外，不同方言点的变调也呈现出词汇差异。

马兰话与广州话同属粤语，语义变调也有共性，都存在语义变调，但是变调的形式以及变调的词语多有不同。马兰话来源于新会，与四邑方言有源流关系，两相比较，变调在形式和词语上也是有同有异。马兰话的变调比较简单，规律性不够规整，在具体的词上彼有此无，这种弱化现象是马兰话作为劣势方言丧失活力的表现。这一典型特征正在消失，反映了马兰话的濒危趋势。

第四章　马兰话的内部差异

马兰话在电白扎根后，经历了四百多年的演变发展。随着宗族的繁衍分化，其所说的马兰话受到各自周围强势方言的影响，呈现比较大的地域差异。我们选择北溪坡、崩塘缺、棉花地、山嘴坡、槟榔花五地进行比较。北溪坡、崩塘缺是同一个管区，崩塘缺从北溪坡分离的时间较早，大概在第十世，约 200 年前。棉花地属于临近管区，大概也是第十世从北溪坡分出，与北溪坡相距不远，但是往来不多。山嘴坡与槟榔花属于同一管区，是邻村，与北溪坡相距较远。

下面从语音、词汇、语法三个方面的比较中分析马兰话的内部差异。

第一节　语音差异

语音差异主要通过调查声韵调代表字及语音特点代表字来比较。例字标注全音，横线表示与北溪坡读音相同。以下差异有的是规律性的演变，有的是没有规律的异读。由于是抽样调查，因此，说某地读某某，只说明某地有这种读法，并不能排除该地有其他的读法。马兰话内部主要语音差异如下：

（一）声母差异

1. 北溪坡读清边擦音［ɬ］的除心母字外还有部分生母字、个别崇母字、个别书母字、个别禅母字。这些字棉花地、崩塘缺、槟榔花有的读［s］，例如：

	北溪坡	山嘴坡	棉花地	崩塘缺	槟榔花
师	$ɬu^{33}$	—	si^{33}	si^{33}	—
事	$ɬu^{442}$	—	si^{442}	si^{442}	—
舍	$ɬia^{33}$	—	$ɬiɛ^{35}$	—	sia^{33}
瑞	$ɬui^{442}$	—	—	—	—

2. 古船、禅母字“仇”、“常”北溪坡今读［tsh］，槟榔花读［s］，例如：

	北溪坡	山嘴坡	棉花地	崩塘缺	槟榔花
仇	tshɐu^{22}	—	—	—	sɐu^{22}
常	tshiɔŋ^{22}	—	—	—	siɔŋ^{22}

3. 北溪坡溪母字开口呼一般读［h］，合口呼一般读［f］，部分字山嘴坡、棉花地、槟榔花读［kh］、［ŋ］，例如：

	北溪坡	山嘴坡	棉花地	崩塘缺	槟榔花
圈	hin^{442}	hin^{453}	—	hin^{453}	khin^{453}
刻	hak^{5}	khɐt^{5}	—	—	khak^{5}
吃	hiak^{2}	—	ŋɐt^{5}	—	ŋak^{5}
克	hɐk^{5}	khɐt^{5}	—	—	—

（二）韵母差异

1. 止摄开口字北溪坡、棉花地、崩塘缺读［i］，山嘴坡、槟榔花多读［ɛi］，例如：

	北溪坡	山嘴坡	棉花地	崩塘缺	槟榔花
迷	mi^{22}	mɛi^{22}	—	—	mɛi^{22}
四	ɬi^{33}	ɬɛi^{33}	—	—	ɬɛi^{33}
知	tsi^{33}	tsɛi^{33}	—	—	—
尾	mi^{55}	mɛi^{35}	—	—	mɛi^{33}
味	mi^{442}	mɛi^{442}	—	—	mɛi^{442}
死	ɬi^{55}	ɬɛi^{35}	—	—	ɬɛi^{35}
词	tshi^{22}	—	—	—	ɬɛi^{22}
奇	khi^{22}	khɛi^{22}	—	—	khɛi^{22}
技	ki^{442}	kɛi^{442}	—	—	kɛi^{22}

2. 止摄开口少数字北溪坡读［u］，山嘴坡、棉花地、崩塘缺读［i］，槟榔花读［ɛi］，例如：

	北溪坡	山嘴坡	棉花地	崩塘缺	槟榔花
私	ɬu^{33}	ɬi^{33}	ɬi^{33}	ɬi^{33}	ɬɛi^{33}
师	ɬu^{33}	ɬi^{453}	si^{33}	si^{33}	ɬɛi^{33}

3. 遇摄一等及三等庄组字北溪坡、棉花地、崩塘缺读［u］，山嘴坡、槟榔花读［ou］，例如：

	北溪坡	山嘴坡	棉花地	崩塘缺	槟榔花
祖	tsu^{55}	tsou^{35}	—	—	tsou^{35}
路	lu^{442}	lou^{442}	—	—	lou^{442}
数	su^{33}	sou^{33}	—	—	sou^{33}

4. 蟹摄开口一等韵字北溪坡、棉花地、崩塘缺读［ui］，槟榔花读［oi］，山嘴坡部分字读［ui］，部分字读［oi］，例如：

	北溪坡	山嘴坡	棉花地	崩塘缺	槟榔花
袋	tui^{442}	—	—	—	toi^{442}
爱	ui^{33}	—	—	—	oi^{33}
在	tsui^{442}	tsoi^{13}	tshui^{442}	tshui^{31}	tsoi^{442}
该	kui^{33}	koi^{453}	—	—	koi^{33}
再	tsui^{33}	—	—	—	tsoi^{33}

5. 效摄开口一等韵字北溪坡读［ɛu］，其他各点读［ou］或［ɐu］，例如：

	北溪坡	山嘴坡	棉花地	崩塘缺	槟榔花
毛	mɛu^{22}	mou^{22}	mou^{22}	mou^{22}	mou^{22}
保	pɛu^{55}	pou^{35}	pou^{55}	pou^{55}	pou^{35}
刀	tɛu^{33}	tou^{33}	tou^{33}	tou^{33}	tou^{33}
老	lɛu^{55}	lou^{35}	lou^{55}	lou^{55}	lou^{35}
好	hɛu^{55}	hɐu^{35}	hɐu^{55}	hɐu^{55}	hɐu^{35}
草	tshɛu^{55}	tshou^{35}	tshou^{55}	tshou^{55}	tshou^{35}

6. 山摄合口一等字“端”、“算”，北溪坡、棉花地读［un］，崩塘缺、山嘴坡、槟榔花或读［in］，例如：

	北溪坡	山嘴坡	棉花地	崩塘缺	槟榔花
端	tun^{33}	tin^{33}	—	tin^{33}	tin^{453}
算	ɬun^{33}	ɬin^{453}	—	—	—

7. 宕摄合口字一般读合口呼，部分字山嘴坡、棉花地读开口呼，例如：

	北溪坡	山嘴坡	棉花地	崩塘缺	槟榔花
光	kuɔŋ^{33}	kuɔŋ^{453}	kɔŋ^{33}	—	kuɔŋ^{453}
矿	khuɔŋ^{33}	khɔŋ^{33}	khɔŋ^{33}	—	—
况	khuɔŋ^{33}	khɔŋ^{33}	—	—	—

8. “慧”、“惠”两字北溪坡读［iui］，棉花地、崩塘缺或读［uɐi］，例如：

	北溪坡	山嘴坡	棉花地	崩塘缺	槟榔花
惠	jui^{442}	—	wɐi^{442}	wɐi^{442}	—
慧	jui^{442}	—	—	wɐi^{442}	—

9．梗摄开口三等字北溪坡多读［iaŋ］、［iak］，其他点有部分字读［iŋ］、［ik］，例如：

	北溪坡	山嘴坡	棉花地	崩塘缺	槟榔花
病	$piaŋ^{442}$	—	—	—	$piŋ^{442}$
命	$miaŋ^{442}$	—	—	—	$miŋ^{442}$
影	$jaŋ^{55}$	$jiŋ^{35}$	$jiŋ^{55}$	—	$jiŋ^{35}$
名	$miaŋ^{22}$	$miŋ^{22}$	—	—	—
井	$tsiaŋ^{55}$	$tsiŋ^{35}$	—	—	—
踢	$thiak^{2}$	—	—	—	$thik^{5}$
锡	$ɬiak^{2}$	—	$ɬik^{5}$	—	—
只	$tsik^{5}$	—	—	$tsiak^{2}$	$tsiak^{2}$

10．梗摄合口三等字北溪坡、棉花地、崩塘缺读［oŋ］、［ioŋ］，部分字山嘴坡、槟榔花读［iŋ］、［uiŋ］，有的字可以两读，例如：

	北溪坡	山嘴坡	棉花地	崩塘缺	槟榔花
兄	$hoŋ^{33}$	$hiŋ^{453}$	—	—	$hiŋ^{453}$
荣	$joŋ^{22}$	—	—	—	$wiŋ^{22}$
泳	$joŋ^{55}$	$jiŋ^{35}$	—	—	$wiŋ^{35}$

11．咸摄开口一等字“狭”、“峡”、“洽”、“夹”，四等字“挟”，北溪坡、棉花地读［ap］、［iap］，山嘴坡、槟榔花、崩塘缺或读［ɛp］、［ip］。

	北溪坡	山嘴坡	棉花地	崩塘缺	槟榔花
狭	$kiap^{2}$	—	—	hip^{2}	hip^{2}
挟	$kiap^{2}$	kip^{2}	—	$kɛp^{2}$	—
峡	$kiap^{2}$	—	—	—	hip^{2}
洽	hap^{5}	—	—	—	—
夹	$kiap^{2}$	—	—	$kɛp^{2}$	—

12. 咸摄合口三等字“法”，北溪坡、棉花地、崩塘缺、山嘴坡读［at］，槟榔花读［ak］，与“发”有别。

	北溪坡	山嘴坡	棉花地	崩塘缺	槟榔花
法	fat^{2}	—	—	—	fak^{2}
发	fat^{2}	—	—	—	—

13. 山合口一等字“括”，北溪坡、山嘴坡、棉花地、槟榔花读［uat］，崩塘缺读［ut］。

	北溪坡	山嘴坡	棉花地	崩塘缺	槟榔花
括	$kuat^{2}$	—	—	kut^{2}	—

14. 梗摄合口二等字“获”，北溪坡、棉花地、崩塘缺、山嘴坡读［uak］，槟榔花读［uɔk］。

	北溪坡	山嘴坡	棉花地	崩塘缺	槟榔花
获	wak^{2}	—	—	—	$wɔk^{2}$

15. 山摄开口四等韵字“肩”，北溪坡、棉花地、崩唐缺、山嘴坡读［kin］，崩塘缺读［kan³³］。

	北溪坡	山嘴坡	棉花地	崩塘缺	槟榔花
肩	kin^{33}	kin^{453}	kin^{453}	kan^{33}	kin^{453}

16. 假摄开口三等“些”、“谢”等字，各点或读［ia］、或读［ɛ］、［iɛ］。

	北溪坡	山嘴坡	棉花地	崩塘缺	槟榔花
些	ɬɛ13	ɬɛ453	ɬɛ453	ɬɛ453	ɬɛ453
谢	tsia442	tsɛ442	—	—	—
舍	ɬia33	ɬiɛ35	—	sia33	sia35

17. 山摄开口二等韵字“拔”、“抹”，北溪坡、槟榔花读［ut］，崩塘缺、山嘴坡、棉花地或读［ut］，或读［at］。

	北溪坡	山嘴坡	棉花地	崩塘缺	槟榔花
拔	put2	pat2	pat2	pat2	—
抹	mut2	—	mat2	—	—

（三）声调差异

1. 阴上字北溪坡、棉花地、崩塘缺读 55 调，山嘴坡、槟榔花读 35 调，例如：

	北溪坡	山嘴坡	棉花地	崩塘缺	槟榔花
古	ku55	ku35	—	—	ku35
走	tsɐu55	tsɐu35	—	—	tsɐu35
肯	hɐn55	hɐn35	—	—	hɐn35
胆	tam55	tam35	—	—	tam35
你	ni55	ni35	—	—	ni35
五	ŋ̍55	ŋ̍35	—	—	ŋ̍35

2. 阳上调北溪坡、崩塘缺读 31 调，山嘴坡读 13 调，棉花地部分读 33 调、部分读 31 调，槟榔花读 33 调，例如：

	北溪坡	山嘴坡	棉花地	崩塘缺	槟榔花
买	mai^{31}	mai^{13}	mai^{33}	—	mai^{33}
近	$kɐn^{31}$	$kɐn^{13}$	—	—	$kɐn^{33}$
坐	$tshɔ^{31}$	$tshɔ^{13}$	$tshɔ^{33}$	—	$tshɔ^{33}$
淡	$tham^{31}$	$tham^{33}$	$tham^{33}$	—	$tham^{33}$
厚	$hɐu^{31}$	$hɐu^{13}$	—	—	$hɐu^{33}$

3. 北溪坡的入声调分化规律是咸、山、宕、江、梗开二三四等白读不区分声母的清浊，都读低入2；深、臻、曾、梗三四等文读区分声母的清浊，清入都读高入5，浊入都读低入2。山嘴坡臻、曾摄清入字读低调2，棉花地、槟榔花梗摄三四等字多读文读调5，另棉花地“脊”读13调，与附近的旧时正话相同，例如：

	北溪坡	山嘴坡	棉花地	崩唐缺	槟榔花
掘	$khuɐt^{5}$	—	—	—	—
北	$pɐk^{5}$	$pɐt^{2}$	—	—	—
德	$tɐk^{5}$	$tɐt^{2}$	—	—	—
黑	$hɐk^{5}$	hak^{2}	—	—	—
踢	$thiak^{2}$	—	—	—	$thik^{5}$
锡	$ɬiak^{2}$	—	$ɬik^{5}$	—	—
吃	$hiak^{2}$	—	$ŋɐt^{5}$	—	$ŋak^{5}$
脊	$tsiak^{2}$	—	$tsiak^{13}$	—	$tshiak^{2}$

第二节　词汇差异

以下选择北溪坡、崩塘缺、槟榔花三个点对词汇进行比较，以北溪坡为参照。与北溪坡完全相同的用“—”表示。与北溪坡语素相同，但声调不同的只对声调不同的音节标音，前加单横线“—”。例如：甘蔗渣，北溪坡点读“蔗

□tsia^{33}phɔk^{13}”，崩塘缺点记作“—phɔk^{5}”，表示崩塘缺点第二个音节的声调与北溪坡点不同，声韵相同。构词语素与北溪坡点不完全相同及完全不同的另写汉字并标音。一个词有两种或多种说法的另起一行表示。

以下选择近 700 个比较有特色的词语进行比较，完全相同的有 140 多个，只有变调差异的 30 个左右，有声韵调差异的 400 多个。下面具体分析。

（一）以下词语四个点完全相同（包括符合演变规律的读音差异）

天星星星 thin^{33}ɬiaŋ^{13}

天星屎流星 thin^{33}ɬiaŋ^{13}si^{55}

打风台刮台风 ta^{13}foŋ^{33}thai^{33}

雷公响打雷 lui^{22}koŋ^{33}hiɔŋ^{55}

落水下雨（名、动）lɔk^{2}sui^{55}

雾水露 mu^{442}sui^{55}

好天晴天 hɐu^{55}thin^{33}

窿洞 loŋ^{33}

滚水开水 kun^{55}sui^{55}

鹅春石鹅卵石 ŋɔ^{22}tshɐn^{33}siak^{2}

火水煤油 fɔ^{55}sui^{55}

八月十五中秋节 pat^{2}ɲit^{2}ɬɐp^{2}m̩^{55}

去年 hi^{33}nin^{13}

上晏上午 siɔŋ^{31}an^{33}

下晏下午 ha^{31}an^{33}

麻黑晚上 ma^{13}hɐk^{5}

风谷用风车吹谷 foŋ^{33}kok^{5}

籴米买米 tiak^{2}mɐi^{55}

泥豆花生 nɐi^{22}tɐu^{13}

金瓜南瓜 kɐm^{33}kua^{33}

姜乸生姜 kiɔŋ^{33}na^{55}

菠萝麻菠萝 pɔ^{33}lɔ^{22}ma^{22}

菠萝菠萝蜜 pɔ^{33}lɔ^{22}

黄榄橄榄 wɔŋ^{22}lam^{31}

落雹下冰雹 lɔk^{2}pɔk^{2}

牛公种牛 ŋɐu^{22}koŋ^{453}

牛头种牛 ŋɐu^{22}thɐu^{22}

猪乸生育的母猪 tsi^{33}na^{55}

阉鸡阉割的公鸡 jim^{33}kɐi^{33}

湴蛇水蛇 paŋ^{31}sia^{22}

集鸟停树上 tsɐp^{2}

蠄蟧蜘蛛 khɐm^{22}lɔ^{22}

禾蝇苍蝇 wɔ^{22}jiŋ^{13}

偷盐蛇壁虎 thɐu^{33}jim^{22}sia^{22}

塘虱鲇鱼 thɔŋ^{22}sɐt^{5}

泥扭泥鳅 nɐi^{22}nɐu^{453}

钓鱼 tiu^{33}ɲi^{13}

蛤蛹蝌蚪 kap^{5}noŋ^{453}

檐滴水前后屋檐 jim^{22}tik^{5}sui^{55}

嘢东西 ɲia^{55}

拖桶抽屉 thɔ^{22}thoŋ^{55}

薄刀菜刀 pɔk^{2}tɐu^{33}

酒埕酒坛子 tsɐu^{55}tshiŋ^{22}

灰匙抹子 fɐi^{33}si^{22}

香碱香皂 hiɔŋ^{33}kam^{55}

咸碱肥皂 ham^{22}kam^{55}

虾仔婴儿 ha^{453} tsɐi^{55}
客人 hɐk^{5} jɐn^{22}
乞吃佬乞丐 hɐt^{5} hiak^{2} lɛu^{55}
泥水佬瓦匠 nɐi^{22} sui^{55} lɛu^{55}
姐婆外祖母 tsia^{55} phɔ^{22}
家公背称公公 ka^{33} koŋ^{33}
家婆背称婆婆 ka^{33} phɔ^{22}
外父佬背称岳父 ŋui^{442} fu^{13} lɛu^{55}
外父婆背称岳母 ŋui^{442} fu^{13} phɔ^{22}
阿爷伯父 a^{33} ja^{453}
阿奶伯母 a^{33} nai^{453}
阿舅比母亲年纪小 a^{33} khɐu^{13}
阿妗比母亲年纪小 a^{33} khɐm^{13}
阿姨小姨 a^{33} ji^{13}
□爹大姑夫 pu^{442} tia^{453}
姑爷小姑夫 ku^{33} ja^{22}
姨爹小姨父 ji^{22} tia^{33}
阿郎女婿 a^{33} lɔŋ^{22}
外甥外孙 ŋui^{442} ɬaŋ^{33}
眼尾靠耳的眼角 ŋan^{55} mi^{55}
眼头靠鼻的眼角 ŋan^{55} thɐu^{22}
旮旯胳肢窝 ka^{33} lɔ^{453}
右手 jɐu^{442} sɐu^{55}
手指裂手指缝儿 sɐu^{55} tsi^{55} lɛ^{453}
脚□头膝盖 kiɔk^{2} lat^{2} thɐu^{22}
脚眼踝 kiɔk^{2} ŋan^{55}
□男阴 tshuat^{2}
□女阴 hɐi^{33}
奶女人乳房 nɛn^{453}
鸟□交合 tiu^{55} hɐi^{33}
□痒 hai^{22}

十一□六指儿 sɐp^{2} jɐt^{5} liau^{453}
口头零食 hɐu^{55} thɐu^{22}
上水猪心肝肺等 siɔŋ^{31} sui^{55}
下水猪肠肚等 ha^{31} sui^{55}
豆腐头豆腐渣 tɐu^{442} fu^{31} thɐu^{22}
烟仔香烟 jin^{33} tsɐi^{55}
斟茶倒茶 tsɐm^{33} tsha^{22}
新人新娘 ɬɐn^{33} ȵiɐn^{22}
呕仔害喜 ɐu^{55} tsɐi^{55}
拜公祭拜祖先 pai^{33} koŋ^{33}
滚（饭）沸腾 kuɐn^{55}
滚（水）沸腾 kuɐn^{55}
舀饭盛饭 jiu^{55} fan^{442}
颈渴口渴 kiaŋ^{55} hut^{2}
屙屁放屁 ɔ^{33} phi^{33}
缸瓦铺瓷器店 kɔŋ^{33} ŋa^{31} phu^{33}
批屋出租 phi^{33} ok^{5}
收水停业 sɐu^{33} sui^{55}
银仔硬币 ŋɐn^{22} tsɐi^{55}
厘戥戥子 li^{22} tɐŋ^{55}
车辘车轮 tshia^{33} lok^{5}
书房学校 si^{33} fɔŋ^{22}
企堂罚站 khi^{31} thɔŋ^{22}
打平过打平 ta^{13} phiaŋ^{22} kuɔ^{33}
百分扑克牌 pak^{2} fɐn^{33}
攞牌抓牌 lɔ^{22} phai^{22}
鬼扑克牌的王 kuɐi^{55}
烟仔扑克牌的 A jin^{33} tsɐi^{55}
勾头低头 ŋɐu^{453} thɐu^{22}
□口闭嘴 ŋɐp^{5} hɐu^{55}
□撕（纸） mik^{5}

□剥（皮） mik^{5}

走跑 tsɐu^{55}

行走 haŋ^{22}

收藏（物） sɐu^{33}

起楼上楼 hi^{55} lɐu^{22}

大细心偏心 tai^{442} ɬɐi^{453} ɬɐm^{33}

顶颈顶嘴 tiŋ^{55} kiaŋ^{55}

车大炮吹牛 tshia^{33} tai^{442} phau^{33}

上高上面 siɔŋ^{31} kɐu^{33}

下低下面 ha^{31} tɐi^{33}

我 ŋoi^{55}

你 ni^{55}

佢他 khi^{22}

乜人谁 mɐt^{2} ȵiɐn^{22}

乜嘢什么 mɐt^{2} ȵia^{55}

净利干净 tsiaŋ^{442} li^{442}

条（一）根（头发） thiu^{22}

条（一）座（桥） thiu^{22}

铺五公里 phu^{33}

一轮一次 jɐt^{5} lɐn^{22}

万几元万把块（钱） man^{442} ki^{55} jin^{22}

猪篼猪食槽 tsi^{33} tɐu^{453}

牛乸母牛 ŋɐu^{22} na^{55}

两公婆夫妻俩 liɔŋ^{55} koŋ^{33} phɔ^{22}

靓（物）好 liaŋ^{453}

细仔小孩儿 ɬɐi^{453} tsɐi^{55}

笠褂背心 lɐp^{2} kua^{55}

点心旁竖心旁 tim^{55} ɬɐm^{33} phɔŋ^{22}

狗爪旁反犬旁 kɐu^{55} ȵiau^{453} phɔŋ^{22}

扒龙船划龙船 pha^{22} loŋ^{22} sin^{22}

（二）以下词语只是变调的差异

马兰话的变调现象在各点表现得不平衡，有的点变，有的点不变。以下是有差异的词语：

	北溪坡	崩塘缺	槟榔花
昨天	做日 tsu^{33} ȵiɐt^{2}	tsi^{33}	tsi^{13}
后天	后日 hɐu^{13} ȵiɐt^{2}	—	hɐu^{31}
中午	晏昼 an^{33} tsɐu^{13}	—	tsɐu^{33}
锄头	梆头 pɔŋ^{33} thɐu^{22}	—	pɔŋ^{13}
松针	松木叶 tshoŋ^{22} mok^{2} jip^{2}	—	jip^{13}
荔枝	荔枝 lɐi^{33} tsi^{13}	—	tsi^{33}
黄牛	沙牛 sa^{33} ŋɐu^{22}	—	sa^{13}

（续上表）

	北溪坡	崩塘缺	槟榔花
牛用角顶	抄 tshau^{33}	tshau^{453}	—
公猪	猪牯 tsi^{33} ku^{33}	—	ku^{13}
钓鱼钩儿	钓 tiu^{13}	—	tiu^{33}
青蛙	蛤蚆 kap^{5} na^{13}	na^{55}	—
饭桌	吃粥台 hiak^{2} tsok^{5} thui^{22}	thui^{13}	thui^{13}
椅子背儿	椅凭 ji^{55} phiaŋ^{22}	phiaŋ^{453}	phiaŋ^{453}
水缸	水瓮 sui^{55} oŋ^{13}	oŋ^{33}	
瓶子	酒□tsɐu^{55} kiaŋ^{442}		kiaŋ^{453}
箅子	妈□ma^{33} liu^{453}		liu^{33}
外祖父	姐公 tsia^{55} koŋ^{33}	koŋ^{453}	—
大姑；大姨	□奶 pu^{442} nai^{453}	—	nai^{13}
小姑	阿姑 a^{33} ku^{33}		ku^{453}
五花肉	腩肉 nam^{22} ȵiok^{2}		nam^{13}
（一）排（香蕉）	梳 sɔ^{33}	sɔ^{13}	
自己	时家 si^{22} ka^{33}	ka^{13}	ka^{13}
大家	大家 tai^{442} ka^{33}	ka^{13}	
厕所	屎凼 si^{55} tham^{13}	—	tham^{33}
（一）撮（米）	□ȵia^{33}	—	ȵia^{453}

（三）差异明显的词语不多

各点发音人可以明显感知并肯定的不同词语不多，在所比较的词语中，只有少数几个：

	北溪坡	崩塘缺	槟榔花
鸟儿	雀 tsiɔk^{13}	鸟 tiu^{453}	鸟仔 tiu^{453} tsɐi^{33}
厨房	灶下 tsɛu^{13} ha^{31}	伙房 fɔ^{55} fɔŋ^{22}	伙房 fɔ^{35} fɔŋ^{22}

（续上表）

	北溪坡	崩塘缺	槟榔花
背动	孭 mɛ^{33}	□ ȵia^{453}	—
外面	巷底 hɔŋ^{442} tɐi^{55}	下底 ha^{33} tɐi^{55}	外底 ŋui^{442} tɐi^{55}
累	□ nai^{22}	—	□ kui^{31}
祖母	阿姐 a^{33} tsia^{55}	阿妈 a^{33} ma^{13}	
饼干	饼□ piaŋ^{55} ɬɛm^{453}	—	饼仔 piaŋ^{35} tsɐi^{35}
这个	这个 khui^{13} koi^{33}	这只 khui^{13} tsiak^{2}	□只 khua^{13} tsiak^{2}

（四）大多数的词是构词词素差异

可分为以下情况：

1. 词素多寡的差异

如：旱地，有的点叫“坡”，有的点叫“坡地”；山，有的点叫“岭头”，有的点叫“岭”；石头，有的点叫“石牯头”，有的点叫“石头”，有的叫“石”；女孩，有的点叫“妹仔”，有的点叫“妹仔婆”；娶老婆，有的点叫“攞老婆”，有的点叫“攞婆”；新郎，有的点叫“新郎”，有的点叫“新郎哥”；阎王，有的点叫“阎罗王”，有的点叫“阎罗皇帝”。

2. 词素的不同

如：天气 ，有的点叫“天气”，有的点叫“天时”；晒场，有的点叫“地塘”，有的点叫“禾塘”；蚯蚓，有的点叫“河蟮 hin^{33}”，有的点叫“红蟮 hin^{33}”；小生日，有的点叫“牛踩脚”，有的点叫“牛□ŋai^{55}脚”；做梦，有的点叫“发梦”，有的点叫“瞓梦”；压岁钱，有的点叫“利市”，有的点叫“衫袋钱”，有的点叫“封包”；端午节，有的点叫“五月节”，有的点叫“龙舟节”；茄子，有的点叫“马□tshuɐt^{2} 瓜”，有的点叫“茄瓜”；母鸡抱窝，有的点叫“孵窦”，有的点叫“懒窦”。

3. 官话与土俗的差异

文化水平较高的、经常外出的人容易受官话或其他方言的影响，多用官话词语；文化水平较低、较少外出的人则多讲土俗词语。如：逆风，有的点叫“逆风”，有的点叫“顶头风”；湖，有的点叫“湖”，有的点叫“塘”；卖米，有的点叫“卖米”，有的点叫“粜米”；蒜苗，有的点叫“蒜芯”，有的点叫“蒜仔”；水果，有的点叫“水果”，有的点叫“果仔”；喜鹊，有的点叫“喜鹊”，有的点叫“阿鹊”；蟹黄，有的点叫“黄”，有的点叫“膏”；食指，有的点叫“吃指”，有的点叫“点盐指”；尿布，有的点叫“尿片”，有的点叫“裙”；我们，有的点叫“我们”，有的点叫“我人”或“我□nɐi^{33}人”。

4. 用不用词缀的差异

例如：腿肚子，有的点叫“脚□tam^{453}肚”，有的点叫“脚□tam^{453}仔”；殡葬工，有的点叫“大力”，有的点叫“大力佬”；掉字，有的点叫“漏字”，有的点叫“打漏字”；扑克牌的J，有的点叫“钩”，有的点叫“钩仔”；毛毛雨，有的点叫“牛毛水”，有的点叫“水毛仔”。

5. 本有和外来的差异

如：下巴，有的点叫“下额”，有的点叫“颔□am^{33}lut^{5}”，后者与电白闽语相同，受了闽语的影响；聊天，有的点叫“闲谈”，有的点叫“车风气”，有的点叫“倾偈”，“倾偈”是受广州话的影响。

下面把有差异的词语列表如下：

	北溪坡	崩塘缺	槟榔花
北斗星	北斗星 pɐk^{5}tɐu^{33}ɬiŋ^{33}	—	戽斗 fu^{33}tɐu^{35}
旋风	无头鬼风 mɛu^{22}thɐu^{22}kuɐi^{55}foŋ^{33}	鬼头风 kuɐi^{55}thɐu^{22}foŋ^{33}	—
逆风	顶头风 tiŋ^{55}thɐu^{22}foŋ^{33}	逆风 ŋɐk^{5}foŋ^{33}	对面风 tui^{33}min^{442}foŋ^{33}
		错刮风 tshɔ^{33}kuat^{2}foŋ^{33}	
闪电（名、动）	天眨眼 thin^{33}ȵiap^{2}ŋan^{55}	火蛇 fɔ^{55}sia^{22}	火□蛇 fɔ^{35}ȵiɛp^{2}sia^{22}
暴风雨	落西北坡 lɔk^{2}ɬɐi^{33}pɐk^{5}phɔ^{33}	大风大水 tai^{442}foŋ^{33}tai^{442}sui^{55}	大风大水 tai^{442}foŋ^{33}tai^{442}sui^{35}
毛毛雨	水毛仔 sui^{55}mɛu^{22}tsɐi^{55}	牛毛水 ŋɐu^{22}mou^{22}sui^{55}	毛 mou^{453}
淋雨	淋水 lɐm^{22}sui^{55}	—	水淋湿衫 sui^{35}lɐm^{22}sɐp^{5}sam^{13}

（续上表）

	北溪坡	崩塘缺	槟榔花
虹	拱弓 koŋ^{13} koŋ^{33}	虹虹 hoŋ^{22} kɔŋ^{13}	
雾	雾水 mu^{442} sui^{55}	雾 mu^{442}	雾 mou^{442}
天气	天气 thin^{33} hi^{33}		天时 thin^{33} si^{22}
旱地	坡 phɔ^{33}	—	坡地 phɔ^{33} tɛi^{442}
山	岭 liaŋ^{31}	岭头 liaŋ^{31} thɐu^{22}	—
上山	起岭 hi^{55} liaŋ^{31}	起山 hi^{55} san^{13}	—
江河	河 hɔ^{22}	河（小）hɔ^{22}	—
		江（大）kɔŋ^{33}	
河堤	河基 hɔ^{22} ki^{13}	河堤 hɔ^{22} thi^{22}	
大坝	坝薄 pa^{33} pɔk^{2}	—	薄 pɔk^{2}
湖	湖 fu^{22}	塘 thɔŋ^{22}	塘 thɔŋ^{22}
			水连 sui^{55} lin^{22}
坑	窟仔 fɐt^{2} tsɐi^{55}	坑 haŋ^{33}	窟 fɐt^{5}
泥潭	湴 paŋ^{31}	泥湴 nɐi^{22} paŋ^{442}	—
泉水	□水 tshan^{22} sui^{55}	—	泉水 tshin^{22} sui^{35}
混水	浓水 noŋ^{22} sui^{55}	水□ sui^{55} nau^{22}	水□ sui^{35} nau^{22}
石头	石牯头 siak^{2} ku^{55} thɐu^{22}	石头 siak^{2} thɐu^{22}	石 siak^{2}
细沙	煤沙 mui^{22} sa^{13}	幼沙 jɐu^{442} sa^{13}	幼沙 jɐu^{33} sa^{13}
灰尘	烟尘 jin^{33} tshɐn^{22}	—	煤灰 mui^{22} fui^{33}
水泥	红毛泥 hoŋ^{22} mɐu^{22} nɐi^{22}	水泥 sui^{55} nɐi^{22}	水泥 sui^{35} nɐi^{22}
铁锈	ɬiaŋ^{13}	铁鉎 thit^{2} ɬiaŋ^{13}	鉎 siaŋ^{33}
除夕	卅日晚 ɬa^{22} ȵiɐt^{2} man^{13}	—	围炉 wɐi^{22} lu^{22}
		三十晚 ɬam^{33} ɬɐp^{2} man^{31}	—
端午节	五月节 ŋ^{55} ȵit^{2} tsit^{2}	—	—
			龙舟节 loŋ^{22} tsɐu^{33} tsit^{2}
压岁钱	利市钱 lɐi^{442} si^{442} tshin^{22}	—	衫袋钱 sam^{33} tai^{442} tshin^{22}
今年	今年 kɐm^{33} nin^{13}	—	kɐn^{33}—

（续上表）

	北溪坡	崩塘缺	槟榔花
今天	架日 ka^{13} ȵiɐt^{2}	今日 kɐn^{33} ȵiɐt^{5}	今日 kɐn^{33} ȵiɐt^{5}
明天	□日 mu^{55} ȵiɐt^{2}	mi^{33}—	□日 mɐn^{13} ȵiɐt^{5} mi^{31}—
五分钟	一个字 jɐt^{5} koi^{33} tsu^{442}	一只字 ɐt^{5} tsiat^{2} tsu^{442}	一只字 jɐt^{5} tsiat^{2} tsɐi^{442}
现在	古阵 ku^{55} tsɐn^{442}	khu^{31}—	□阵 khua^{13} tsɐn^{442}
晒谷场	地塘 ti^{442} thɔŋ^{13}	禾塘 wɔ^{22} thɔŋ^{13}	禾塘 wɔ^{22} thɔŋ^{22}
卖米	粜米 thiu^{33} mɐi^{55}	卖米 mai^{442} mɐi^{55}	—
厕所	屎凼 si^{55} tham^{13}	—	—tham^{33}
砍柴刀	斩刀 tsam^{55} tɐu^{33}	柴刀 tshai^{22} tou^{33}	刀[illegible] tou^{33} na^{13}
扁担	担湿 tam^{33} sɐp^{5}	担棍 tam^{33} kun^{13}	—
担稻草的棍棒	担禾棍 tam^{33} wɔ^{22} kuɐn^{13}	禾担枪 wɔ^{22} tam^{33} tshiɔŋ^{453} 禾叉 wɔ^{22} tsha^{453}	禾担枪 wɔ^{22} tam^{33} tshiɔŋ^{453}
细糠	幼糠 jɐu^{442} hɔŋ^{33}	米皮糠 mɐi^{55} phi^{22} hɔŋ^{33}	
菜梗	菜骨 tshui^{33} kuɐt^{5}	—	菜□ tshui^{33} hɐp^{5}
茄子	马□瓜 ma^{31} tshuɐt^{2} kua^{33}	—	茄瓜 khɛ^{22} kua^{33}
蒜苗	蒜芯 ɬun^{13} ɬɐm^{33}	蒜仔 ɬun^{13} tsɐi^{55}	蒜仔 ɬun^{13} tsɐi^{35}
树梢	木丫 mok^{2} ɛ^{453}	—ji^{453}	—wɛ^{453}
松香	松□ tshoŋ^{22} ȵiɔŋ^{453}	松木□tshoŋ^{22} mok^{2} ȵiɔŋ^{453}	松木□tshoŋ^{22} mok^{2} ȵiɔŋ^{453}
橡胶液	橡木□ tsiɔŋ^{33} mok^{2} ȵiɔŋ^{453}	□ ȵiɔŋ^{453}	胶汁 kau^{33} tsɐp^{2}
爬树	起木 hi^{55} mok^{2}	—	攀木 phan^{33} mok^{2}
水果	水果 sui^{55} kɔ^{55}	果仔 kuɔ^{55} tsɐi^{55}	果子 kuɔ^{55} tsɐi^{35}
梨	雪梨 ɬit^{2} li^{22}	—	沙梨 sa^{33} lɐi^{22}
芒果	仙桃 ɬin^{33} thɔ^{22}	—	酸桃 ɬun^{33} tou^{22}
杨桃	五□ ŋ̍^{31} lim^{453}	—	—lim^{13}
甘蔗渣	蔗□ tsia^{33} phɔk^{13}	—phɔk^{5}	—
香蕉	蕉仔 tsiu^{13} tsɐi^{55}	—	蕉子 tsiu^{13} tsɐi^{35}

（续上表）

	北溪坡	崩塘缺	槟榔花
狗交配	狗鸟□ kɐu^{55} tiu^{55} hɐiː^{33}	狗打□kɐu^{55} ta^{13} nɐŋ^{453}	狗相连 kɐu^{35} siɔŋ^{33} lin^{22}
狗叫	喊 ham^{22}	吠 fɛiː^{442}	—
种猪	猪公 tsiː^{33} koŋ^{33}		—koŋ^{453}
	猪家郎 tsiː^{33} ka^{33} lɔŋ^{22}	—	—
不生育的母猪	猪雌 tsi^{33} tshi^{33}	—	肉猪 niok^{5} tsi^{33}
猪交配	爬猪乸 pha^{22} tsiː^{33} na^{55}	拉猪郎 lai^{33} tsiː^{33} lɔŋ^{22}	牵猪种 hin^{33} tsiː^{33} tsoŋ^{35}
放血	□血 tshim^{453} hit^{2}	□猪 tshim^{453} tsiː^{33}	□猪 tshim^{453} tsiː^{33}
阉割公鸡	阉鸡子 jim^{33} kɐiː^{33} tsu^{55}		阉鸡 jim^{33} kɐiː^{33}
鸡交配	鸡打种 kɐi^{33} ta^{55} tsoŋ^{55}	踩鸡乸 tshai^{55} kɐiː^{33} na^{55}	
未生蛋母鸡	鸡兰 kɐi^{33} lan^{13}	—	
孵小鸡	孵春 pu^{22} tshɐn^{33}	孵鸡春 pu^{22} kɐi^{33} tshɐn^{33}	
抱窝	孵窦 pu^{22} tɐu^{13}	懒窦 lan^{31} tɐu^{13}	—
鸡用脚爬土	鸡花泥 kɐi^{33} fa^{33} nɐi^{22}		花吃 fa^{33} hiak^{2}
鹅额头	鹅记 ŋɔ^{33} kɐi^{13}		鹅公记 ŋɔ^{33} koŋ^{453} kɐi^{13}
大象	大象 tai^{442} tsiɔŋ^{442}		大笨象 tai^{442} pɐn^{33} tsiɔŋ^{442}
眼镜蛇	白颈贺 pak^{2} kiaŋ^{55} hɔ^{33}	—	眼镜蛇 ŋan^{35} kiaŋ^{33} sia^{22}
金环蛇	薄基甲 pɔk^{2} ki^{13} kap^{2}	金包铁 kɐm^{33} pau^{33} thit^{2}	—
银环蛇	薄基甲 pɔk^{2} ki^{13} kap^{2}	金包银 kɐm^{33} pau^{33} ŋɐn^{22}	
鸟儿	雀 tsiɔk^{13}	鸟 tiu^{453}	鸟仔 tiu^{453} tsɐi^{33}
喜鹊	喜鹊 hi^{55} ɬiak^{2}	□□ tsi^{55} tsak^{2}	阿鹊 a^{33} ɬiak^{2}
鸟类啄物	啄 tiɔŋ^{453}		—
蚯蚓	河□ hɔ^{22} hin^{33}	红□ hoŋ^{22} hin^{33}	红□ hoŋ^{22} hin^{33}
蜗牛	地牛 tiː^{442} ŋɐu^{22}	泥牛 nɐiː^{22} ŋɐu^{22}	—
虱子	虱乸 sɐt^{5} na^{55}	—	狗虱 kɐu^{55} sɐt^{5}
		木虱 mok^{2} sɐt^{5}	
甲鱼	水鱼 sui^{55} ȵi^{13}	—	鳖 pit^{2}

（续上表）

	北溪坡	崩塘缺	槟榔花
蟹黄	膏 kɐu^{33}	—	
腥	醒臭 ɬiaŋ^{33} tshɐu^{33}	臭 tshɐu^{33}	臭腥 tshɐu^{33} ɬiaŋ^{33}
钓鱼钩儿	钓 tiu^{13}	—	钓钩—^{33} kɐu^{33}
水蛭	黄蜞 wɔŋ^{22} khi^{22}	—	求蜞 khɐu^{22} khi^{22}
住宅	屋 ok^{5}	—	屋楼 ok^{5} lɐu^{22}
房屋两侧墙	鸡翼 kɐi^{33} jik^{2}	—	飞墙 fɐi^{33} tshiɔŋ^{22}
			檐头 ȵim^{22} thɐu^{22}
客厅堂屋	厅下 thiaŋ^{33} ha^{31}		
楼梯固定的	步级 pu^{442} khɐp^{5}		楼梯 lɐu^{22} thɐi^{33}
梯子活动的	楼梯 lɐu^{22} thui^{33}	梯 thɐi^{33}	梯仔 thɐi^{33} tsɐi^{35}
边门	侧门 tshɐt^{5} mun^{22}	横门 waŋ^{22} mun^{22}	—
			门楼 mɐn^{22} lɐu^{22}
门闩	门闩 mun^{22} ɬan^{13}	门杠 mun^{22} kɔŋ^{13}	—
闩门	闩门 ɬan^{33} mun^{22}	杠门 kɔŋ^{33} mun^{22}	—
阁楼	棚阁 phaŋ^{33} kɔk^{2}	楼棚 lɐu^{22} phaŋ^{22}	棚□ phaŋ^{22} lɔŋ^{453}
捡漏	捡屋面 kim^{33} ok^{5} min^{442}	拾屋 khɐp^{5} ok^{5}	捡屋 kim^{33} ok^{5}
庭院	门口 mun^{22} hɐu^{55}	—	天井 thin^{33} tsiaŋ^{35}
厨房	灶下 tsɐu^{13} ha^{31}	伙房 fɔ^{55} fɔŋ^{22}	伙房 fɔ^{35} fɔŋ^{22}
母鸡下蛋窝	鸡窦 kɐi^{33} tɐu^{453}		鸡乸窦 kɐi^{33} na^{35} tɐu^{13}
刨花	刨屎 phau^{22} si^{55}	—	刨口 phau^{22} hɐu^{35}
罐子	罂仔 aŋ^{33} tsɐi^{55}	—	jaŋ^{453} —
箅子	妈□ ma^{33} liu^{453}	吹坑 tshui^{33} khaŋ^{13}	□liu^{33}
老虎钳	咬钳 ŋau^{55} khiam^{22}	铰钳 kau^{33} khɛm^{22}	铁钳 thit^{2} khiam^{22}
泡沫	碱波 kam^{55} pɔ^{33}	泡 phau^{453}	—
伞	布伞 pu^{33} ɬan^{55}	伞 ɬan^{55}	—
雨衣	水衣 sui^{55} ji^{33}	—	蓑衣 ɬɔ^{33} ji^{33}
老人	老大人 lɐu^{55} tai^{442} ȵiɐn^{22}	公仔 koŋ^{33} tsɐi^{55}	—

（续上表）

	北溪坡	崩塘缺	槟榔花
未婚女孩	妹仔 mui$^{\cdot 442}$tsɐi$^{\cdot 55}$	mui$^{\cdot 453}$—	妹仔婆 mui$^{\cdot 442}$tsɐi$^{\cdot 55}$phɔ^{22}
外地人	外来佬 ŋui$^{\cdot 442}$lui$^{\cdot 22}$lɛu^{55}		外埠佬 ŋui$^{\cdot 442}$pu$^{\cdot 442}$lou^{35}
单身汉	独头佬 tok^{2}thɐu^{22}lɛu^{55}		—
老姑娘	老女 lɛu^{55}ȵi$^{\cdot 55}$	老姑婆 lou^{55}ku^{33}phɔ^{22}	姑婆鬼 ku^{33}phɔ^{22}kuɐi$^{\cdot 35}$
婊子	老儿 lɛu^{55}ki$^{\cdot 55}$	鸡妹 kɐi$^{\cdot 33}$mui$^{\cdot 453}$	鸡婆 kɐi$^{\cdot 33}$phɔ^{22}
骗子	江棍佬 kɔŋ^{33}kuɐn^{13}lɛu^{33}	江棍 kɔŋ^{33}kuɐn^{13}	江棍 kɔŋ^{33}kuɐn^{13}
扒手	白拈佬 pak^{2}nim^{453}lɛu^{55}	白拈 pak^{2}nim^{453}	—
管理寺庙者	庙祝公 miu^{33}tsok^{5}koŋ^{453}		—
祖母	阿姐 a^{33}tsia^{453}	阿妈 a^{33}ma^{13}	
父母亲	阿爸阿母 a^{33}pa^{453}a^{33}mai$^{\cdot 13}$	爸母 pa^{453}mai$^{\cdot 13}$	—
舅舅比母年纪大	舅爹 khɐu^{13}tia^{453}	阿舅 a^{33}khɐu^{13}	—
夫妻	两公婆 liɔŋ^{55}koŋ^{33}phɔ^{22}	—	老公老婆 lou^{35}koŋ^{33}lou^{35}phɔ^{22}
子孙	仔孙 tsɐi$^{\cdot 55}$ɬɐn^{33}		—
最小的儿子	𢫏仔 lai$^{\cdot 453}$tsɐi$^{\cdot 55}$	□叔 man^{55}sok^{5}	□叔 man^{55}sok^{5}
重孙	塞仔 ɬɐt^{5}tsɐi$^{\cdot 55}$	塞 ɬɐt^{5}	—
连襟	乔兄乔弟 khiu^{22}hoŋ^{33}khiu^{22}thɐi$^{\cdot 31}$	—	乔兄弟 khiu^{22}hiŋ^{33}tɐi$^{\cdot 31}$
	偷狗 thɐu^{33}kɐu^{55}	—	襟兄弟 khɐm^{13}hiŋ^{33}tɐi$^{\cdot 31}$
	两偷 liɔŋ^{55}thɐu^{33}		—
后脑	后托 hɐu^{31}thɔk^{2}		后枕 hɐu^{31}tsɐm^{35}
后脑窝子	后颈窟 hɐu^{31}kiaŋ^{33}fɐt^{5}	□吃窟 nɐm^{33}hiak^{2}fɐt^{5}	老虎窿 lou^{35}fu^{35}loŋ^{453}
白眼珠儿	白眼滩 pak^{2}ŋan^{55}than^{33}	眼仁 ŋan^{55}ŋɐn^{22}	白眼 pak^{2}ŋan^{31}
黑眼珠儿	眼公仔 ŋan^{55}koŋ^{33}tsɐi$^{\cdot 55}$	公仔头 koŋ^{453}tsɐi$^{\cdot 55}$thɐu^{22}	黑眼 hɐk^{5}ŋan^{31}
下巴	下额 ha^{31}ŋak^{2}	颔□ am^{33}lut^{5}	颔□ am^{33}lut^{5}

（续上表）

	北溪坡	崩塘缺	槟榔花
喉结		喉咙核 hɐu^{22} loŋ^{22} wɐt^{5}	喉榄 hɐu^{31} lan^{35}
臂肌	鸡仔肉 ki^{33} tsɐi^{55} ȵiok^{2}	鸡仔 kɐi^{33} tsɐi^{55}	鸡仔 kɐi^{33} tsɐi^{35}
食指	吃指 hiak^{2} tsi^{55}	点盐指 tɛm^{55} jin^{22} tsi^{55}	点盐指 tɛm^{35} in^{22} tsi^{35}
腿	脚 kiɔk^{2}	脚骨 kiɔk^{2} kuɐt^{5}	—
腿肚子	脚□肚 kiɔk^{2} tam^{453} tu^{55}	脚□仔 kiɔk^{2} tam^{453} tsɐi^{55}	—
平脚板	鸭蹠脚 ap^{2} na^{55} kiɔk^{2}	平板脚 phiŋ^{22} pan^{55} kiɔk^{2}	—
寒毛	汗毛 hun^{33} mɐu^{22}		骨毛 kuɐk^{5} mou^{22}
上火	上火 siɔŋ^{31} fɔ^{55}	热紧 ȵit^{2} kɐn^{55} 燥火 tshou^{33} fɔ^{55}	烘 hoŋ^{31}
恶心	心酸 ɬɐm^{33} ɬun^{33}	恶□ ɔ^{453} nɔ^{453}	后翻 hɐu^{31} fan^{13}
呕吐	呕 ɐu^{55}	恶呕 ɔ^{453} ɐu^{453}	—
疥疮	癞渣 lai^{33} tsa^{33}	癞 lai^{33}	
生癣	生狗癣 saŋ^{33} kɐu^{55} ɬin^{55}	生癣 saŋ^{33} ɬin^{55}	生癣 saŋ^{33} ɬin^{35}
痱子	□仔 lau^{13} tsɐi^{55}	热痱 ȵit^{2} mi^{453}	
雀斑	黑斑 hɐk^{5} pan^{33}	—	
粉刺	痘 tɐu^{13}	米头疮 mi^{55} thɐu^{22} tshɔŋ^{33}	
狐臭	臭马汗 tshɐu^{33} ma^{55} hun^{33}	臭狐□ tshɐu^{33} fu^{22} fɛ^{453}	
麻子	天花面 thin^{33} fa^{33} min^{442}	花面佬 fa^{33} min^{442} lou^{22}	麻仔面 ma^{22} tsɐi^{35} min^{442}
打扮	扮靓 pan^{442} liaŋ^{442}		装整 tsɔŋ^{33} tsiŋ^{35}
毛衣	冷衫 laŋ^{453} sam^{13}	—	烂衫 lan^{453} sam^{13}
裤衩儿	裤头□ fu^{13} thɐu^{22} lui^{453}	裤裆 fu^{13} nɔŋ^{31}	裤裆 fu^{13} nɔŋ^{33}
掩腰裤	上头裤 siɔŋ^{31} thɐu^{22} fu^{13}		□筒裤 lit^{5} thoŋ^{22} fu^{13}
斗笠	竹帽 tsok^{5} mɐu^{442}	哎仔帽 ŋai^{33} tsɐi^{55} mou^{442}	帽仔 mou^{442} tsɐi^{35}
项链	颈链 kiaŋ^{55} lin^{442}	链 lin^{33}	链 lin^{33}
项圈	钳仔 khiam^{22} tsɐi^{55}	颈钳 kiaŋ^{55} khiam^{22}	钳 khiam^{22}
尿布	尿布 niu^{442} pu^{33}	裙 khuɐn^{22}	
汗巾	□巾 mun^{13} kɐn^{33}	mun^{453} —	
手套	手立 sɐu^{55} lɐp^{5}	手袜 sɐu^{55} mɐt^{2}	—

（续上表）

	北溪坡	崩塘缺	槟榔花
粽子	古粽妈 ku^{55} tsoŋ^{13} ma^{33}	—	粽仔 tsoŋ^{33} tsɐi^{35}
月饼	大饼 tai^{442} piaŋ^{55}	月光饼 ȵit^{2} kuoŋ^{453} piaŋ^{55}	月光饼 ȵit^{2} kuoŋ^{453} piaŋ^{35}
饼干	饼□ piaŋ^{55} ɬɛm^{453}	—	饼仔 piaŋ^{35} tsɐi^{35}
五花肉	腩肉 nam^{22} ȵiok^{2}	五花腩 ŋ̍^{55} fa^{33} nam^{22}	—nam^{13}
猪颈	猪中 tsi:^{33} tsoŋ^{33}		颈头 kiaŋ^{35} thɐu^{22}
菜	餸 ɬoŋ^{13}	—	菜 tshui^{22}
精盐	盐粉 jim^{22} fɐn^{55}	—	岩盐 ŋam^{22} jim^{22}
红糖	黄糖 wɔŋ^{22} thɔŋ^{22}	—	片糖 phɛn^{33} thɔŋ^{22}
黄烟	熟烟 ɬok^{2} jin^{33}	烟丝 jin^{33} ɬi^{453}	—
娶老婆	攞婆 lɔ^{22} phɔ^{22}	—	攞老婆 lɔ^{22} lou^{35} phɔ^{22}
新郎	新郎哥 ɬɛn^{33} lɔŋ^{22} kɔ^{453}	新郎 ɬɛn^{33} lɔŋ^{22}	—
把屎	□屎 si^{453} si^{55}	□屎 lɐi:^{22} si^{55}	□屎 lɐi:^{22} si^{35}
小生日	牛踩脚 ŋɐu^{22} tshai^{55} kiɔk^{2}	—	牛□脚 ŋɐu^{22} ŋai:^{55} kiɔk^{2}
入殓	捡拾 kim^{33} sɐp^{2}	入棺 jɐp^{2} kun^{33}	寄棺 kɐi:^{33} kun^{453}
殡葬工	大力佬 tai^{442} lik^{2} lɐu^{55}	—	大力 tai^{442} lik^{2}
巫婆	下花婆 ha^{31} fa^{33} phɔ^{22}	花婆 fa^{33} phɔ^{22}	
阎王	阎罗王 ȵim^{22} lɔ^{22} wɔŋ^{22}	阎罗皇帝 ȵim^{22} lɔ^{22} wɔŋ^{22} ti:^{442}	—
探问死人在阴间的情况	睇阴宅 thɐi:^{55} jɐm^{33} tsak^{2}		问仙婆 mɐn^{442} ɬin^{453} phɔ^{22}
祭拜神仙	拜公 pai^{33} koŋ^{33}	拜神 pai^{33} sɐn^{33} 拜佛 pai:^{33} put^{2}	
量衣服	度衫裤 tɔk^{2} sam^{13} fu^{13}	度身 tɔk^{2} sɐn^{33}	—
舀汤	舀汤 jiu^{55} thɔŋ^{33}	□汤 pat^{5} thɔŋ^{453}	□汤 tɐp^{5} thɔŋ^{453}
皮肤污垢	垢骨擦 kɐu^{31} ku^{55} tshɐt^{5}	垢圿 kɐu^{31} kui^{453}	垢圿 kɐu^{31} kui^{453}
累	□nai:^{22}	—	□ kui:^{31}
落枕	□颈骨 ŋɔ^{22} kiaŋ^{55} kuɐt^{5}	瞓错枕 fɛn^{33} tshɔ^{33} tsɐm^{13}	瞓错枕 fɛn^{33} tshɔ^{31} tsɐm^{13}

（续上表）

	北溪坡	崩塘缺	槟榔花
做梦	发梦 fat^{2} moŋ^{442}	—	瞓梦 fɐn^{33} moŋ^{442}
枪毙	打靶 ta^{55} pa^{55}	ta^{13}—	—
坐牢	坐栏 tshɔ^{31} lan^{33}	坐监 tshɔ^{31} kam^{33}	—
探监	睇犯人 thɐi^{55} fan^{442} ȵiɐn^{22}	睇监 thɐi^{55} kam^{33}	探监 tham^{33} kam^{33}
盖印		□印 khɐp^{5} jiɐn^{33}	□印 kok^{5} jɐm^{33}
按手印	揿手指模 kɐm^{55} sɐu^{55} tsi^{55} mu^{22}	揿手模 kɐm^{55} sɐu^{55} mu^{22}	点手指模 tim^{35} sɐu^{35} tsi^{35} mɔ^{22}
回娘家	转外家 tsin^{55} ŋui^{55} ka^{33}	—	返娘家 fan^{35} ȵiɔŋ^{22} ka^{453}
谢谢	谢 tsia^{442}	多谢 tɔ^{33} tsia^{442}	感谢 kam^{35} tsɛ^{442}
上菜	出餸 tshɐt^{5} ɬoŋ^{33}	上菜 siɔŋ^{31} tshui^{33}	—
装傻	诈憨 tsa^{13} ŋɔŋ^{31}		诈傻 tsa^{33} sɔ^{22}
害羞	怕贺 pha^{33} hɔ^{33}	怕丑 pha^{33} tshɐu^{55}	怕丑 pha^{33} tshɐu^{35}
丢人	丢架 tiu^{33} ka^{33}	—	
给面子	睇起 thɐi^{55} hi^{55}	—	睇得起 thɐi^{55} tɐk^{5} hi^{55}
合伙儿	佮手 kap^{2} sɐu^{55}	佮布 kap^{2} pu^{33}	佮伙计 kap^{2} fɔ^{35} kɐi^{33}
赖账	□数 that^{2} su^{33}	□ that^{2}	拖皮 thɔ^{33} phɛi^{22}
整钱	成条钱 siaŋ^{22} thiu^{22} tshin^{22}	红牛一百元 hoŋ^{22} ŋɐu^{22}	上百钱 siɔŋ^{31} pak^{5} tshin^{22}
		五十零五十元 ŋ̍^{55} sɐp^{2} liŋ^{22}	
零钱	散钱 ɬaŋ^{55} tshin^{22}	—	散碎钱 san^{35} ɬui^{453} tshin^{22}
自行车龙头	车把 tshia^{33} pa^{55}	羊咩角 jɔŋ^{22} mɛ^{33} kɔk^{2}	车头 tshia^{33} thɐu^{22}
渡口	渡头 tu^{442} thɐu^{22}	渡口 tu^{442} hɐu^{55}	—
教室	课室 fɔ^{33} sɐt^{5}	—	学堂 hɔk^{2} thɔŋ^{22}
留级	留班 lɐu^{22} pan^{33}	留级 lɐu^{22} khɐp^{5}	—
背书	念书 nɛm^{442} si^{33}	nim^{442}—	
末名	䆀哥 lɐi^{33} kɔ^{453}	□䆀 ɐp^{2} lai^{453}	䆀名 lɐi^{33} miaŋ^{22}
掉字	漏字 lɐu^{33} tsu^{442}	打漏字 ta^{13} lɐu^{33} tsi^{442}	打漏字 ta^{13} lɐu^{33} tsɛi^{442}
反文旁	狗耳旁 kɐu^{55} ȵi^{55} phɔŋ^{22}	扭文 nɐu^{55} mɐn^{22}	—

（续上表）

	北溪坡	崩塘缺	槟榔花
示字旁	不衣旁 pɐt^{5}ji$^{\cdot 33}$ phɔŋ^{22}	—	不衣边 pɐt^{5}ji$^{\cdot 33}$ pin^{33}
衣字旁	不衣旁 pɐt^{5}ji$^{\cdot 33}$ phɔŋ^{22}	—	衣字旁 ji$^{\cdot 33}$ tsɐi$^{\cdot 442}$ phɔŋ^{22}
玩耍	□ lin^{55}	—	嫽 lau^{22}
上街	趁墟 tshɐn^{442} hi$^{\cdot 33}$	去墟 hi^{33} hi^{33}	—
谜语	估仔 ku^{55} tsɐi$^{\cdot 55}$	—	打估仔 ta^{55} ku^{33} tsɐi$^{\cdot 35}$
打赌	输赌 si$^{\cdot 33}$ tu^{55}	相输 siɔŋ^{33} si$^{\cdot 33}$	相输 siɔŋ^{33} si$^{\cdot 33}$
			赌过 tou^{35} kuɔ^{33}
扑克牌的Q	妹仔 mui$^{\cdot 453}$ tsɐi$^{\cdot 55}$	—	□ man^{13}
扑克牌的J	钩仔 ŋɐu^{33} tsɐi$^{\cdot 55}$	钩 ŋɐu^{33}	—
黑桃	大葵 tai$^{\cdot 442}$ khuɐi$^{\cdot 22}$	葵扇 khuɐi$^{\cdot 22}$ sin^{33}	大花烟 tai$^{\cdot 442}$ fa^{33} jin^{453}
红桃	红桃 hoŋ^{22} thɔ^{22}	凹□ nɐp^{5} tok^{5}	佮□ kɐp^{5} tok^{5}
方块	四方 ɬi$^{\cdot 33}$ fɔŋ^{33}	方块 fɔŋ^{33} fai$^{\cdot 33}$	—
梅花	菜花 tshui$^{\cdot 33}$ fa^{33}	懒花 lan^{31} fa^{33}	菜仔 tshui$^{\cdot 33}$ tsɐi$^{\cdot 35}$
潜泳	沕水 mi$^{\cdot 55}$ sui$^{\cdot 55}$	沉水 tshɐm^{22} sui$^{\cdot 55}$	—
赛跑	拼快 phiŋ^{33} fai$^{\cdot 33}$	走赢 tsɐu^{55} jaŋ^{22}	—
翻跟斗	打颠倒 ta^{13} tin^{453} tau^{33}	—	打连倒 ta^{13} lin^{22} tau^{33}
连续翻跟斗	打风车 ta^{13} foŋ^{33} tshia^{33}	—	
倒立	定蜡烛 tiŋ^{55} lap^{2} tsok^{5}	顶天鹅 tiŋ^{55} thin^{33} ŋɔ^{22}	顶天鹅 tiŋ^{55} thin^{33} ŋɔ^{22}
木偶戏	鬼仔戏 kuɐi^{55} tsɐi$^{\cdot 55}$ hi^{33}	—	木头碌 mok^{2} thɐu^{22} lok^{5}
粤剧	大戏 tai$^{\cdot 442}$ hi$^{\cdot 33}$	人班戏 jɐn^{22} pan^{33} hi$^{\cdot 33}$	—
爬墙	□墙 man^{453} tshiɔŋ^{22}	攀墙 phan^{22} tshiɔŋ^{22}	攀泥墙 phan^{22} nɐi$^{\cdot 22}$ tshiɔŋ^{22}
背	孭 mɛ^{33}	□ ȵia^{453}	—
		□ khiap^{5}	
摇头	横头 waŋ^{453} thɐu^{22}	waŋ^{22} —	—
抬头	頕头 tam^{33} thɐu^{22}	□头 ŋɔk^{2} thɐu^{22}	□头 ŋɔk^{2} thɐu^{22}
闭眼	眯眼 mi^{55} ŋan^{55}	□眼 ȵi$^{\cdot 453}$ ŋan^{55}	□眼 ŋɐi$^{\cdot 453}$ ŋan^{55}
眨眼	□眼 ȵiɐp^{2} ŋan^{55}	—	□眼 ȵiɛp^{2} ŋan^{55}

（续上表）

	北溪坡	崩塘缺	槟榔花
嗅	臭 tshɐu^{33}	闻 mɐn^{22}	
张嘴	□口 mik^{5} hɐu^{55}	—	
		□口 ŋa^{453} hɐu^{55}	□口 ŋa^{453} hɐu^{55}
抓（一把米）	抓 ȵia^{33}	□起 nim^{453} hi^{55}	
丢	□ khuai^{33}	订 tiaŋ^{453}	—
掐	□nɛn^{33}	□nɐk^{5}	□nɐk^{5}
掀	□ hɛu^{33}	□ hɛu^{453}	
		□ mɛn^{453}	
扯布	□布 mik^{5} pu^{33}	量布 liɔŋ^{22} pu^{33}	□布 lɛi^{453} pu^{33}
端（碗）	扛 kɔŋ^{33}		
挽（袖子）	□ ja^{31}	捆起 khuɐn^{55} hi^{55}	
用尖物捅	擢 tok^{5}	擢起 tok^{5} hi^{55}	
		□起 kat^{5} hi^{55}	
		□起 tshim^{453} hi^{55}	
抓阄	捡阄 kim^{55} khɐu^{33}	执阄 tsɐp^{5} khɐu^{33}	—
踩	踩 tshai^{55}	—	
		□ ȵiai^{33}	□ ȵiai^{35}
蹲	踎 mau^{453}	踎 mou^{453}	勾 ŋɐu^{453}
丢失	打漏 ta^{13} lɐu^{442}	漏 lɐu^{442}	—
（人）藏	屏紧 piaŋ^{55} kɐn^{55}	屏 piaŋ^{55}	屏倒 piaŋ^{55} tou^{35}
节省	悭 han^{33}	悭□ han^{33} tsɐn^{33}	—
发火	发火 fat^{2} fɔ^{55}	发性 fat^{2} ɬiaŋ^{13}	发性 fat^{2} ɬiaŋ^{13}
疼爱		怜□ lin^{22} ɬiɔk^{2}	疼 thoŋ^{33}
聊天	闲谈 han^{22} tham^{22}	倾偈 khiŋ^{33} kai^{55}	车风气 tshɛ^{33} foŋ^{33} hɐi^{33}
骗（人）	允人 wɐn^{22} ȵiɐn^{22}	□人 ŋɐk^{5} ȵiɐn^{22}	骗人 phɐn^{33} ȵiɐn^{22}
	□人 thɐm^{33} ȵiɐn^{22}		

（续上表）

	北溪坡	崩塘缺	槟榔花
角落	角落头 kɔk^{2}lɔk^{2}thɐu^{22}	角头 kɔk^{13}thɐu^{22}	角头角□ kɔk^{2}thɐu^{22}kɔk^{2}lɛ^{453}
末尾	㩼 lai^{453}	□尾 liu^{453}mi^{55}	
左边	大边 tai^{442}pin^{33}		
右边	细边 ɬɐi^{453}pin^{33}		
我们	我□人 ŋɔ^{55}nɐi^{33}ȵiɐn^{22} 我人 ŋoi^{55}ȵiɐn^{22}	我们 ŋɔ^{55}mun^{22}	—
人家	人家 ȵiɐn^{22}ka^{33}	—	人己 ȵiɐn^{22}kɐi^{35}
这个	这个 khui^{13}koi^{33}	这只 khui^{13}tsiak^{2}	□只 khua^{13}tsiak^{2}
那个	宁个 niŋ^{13}koi^{33}	宁只 niŋ^{13}tsiak^{2}	□只 nia^{13}tsiak^{2}
哪个	□个 nai^{13}koi^{33}	□只 nai^{13}tsiak^{2}	—
这些	这□ khui^{13}nɐi^{33}	—	□□ khua^{13}nia^{453}
这里	这顶 khui^{13}tiaŋ^{55}	—	□nia^{13}□nia^{453}
怎么办?	点样办 tim^{55}jɔŋ^{442}pan^{442}	—做 tsu^{33}	
我们俩	我两个人 ŋoi^{55}liɔŋ^{55}koi^{33}ȵiɐn^{22}	我你 ŋoi^{55}ni^{55}	我人两只 ŋɔ^{35}ȵiɐn^{22}liɔŋ^{35}tsiak^{2}
（人）美	靓 liaŋ^{453}	—	威 wɐi^{33}
热闹	□ȵioŋ^{13}	□台 ȵioŋ^{22}thui^{22}	
完	净 tsiaŋ^{442}		—
舒服	舒然 ɬu^{33}jin^{22}		
难受	抵力 tɐi^{55}lik^{2}	—	
可怜	罪过 tsui^{55}kuɔ^{33}		tshui^{55}—
调皮	假恶 ka^{55}ɔk^{2}		□ man^{22}
倒霉	咳久 kɐk^{5}kau^{55}		□□ sɐt^{5}si^{22}
厉害	吊 tiau^{55}	□ liɐk^{5}	厉害 li^{442}hui^{442}
（一）面（旗）	条 thiu^{22}	面 min^{442}	番 fan^{13}

（续上表）

	北溪坡	崩塘缺	槟榔花
（一）副（眼镜）	副 fu55	—	对 tui55
（一）片（肉）	□nai55		帮 pɔŋ453
（一）棵（树）	□ tɐu442	□ hɐm22	□ hɐm35
（一）挂（香蕉）	蕾 lui22	—	□ hɐm35
（一）床（被子）	床 tshɔŋ22		张 tsiɔŋ33
（一）窝（蜂）	窦 tɐu13	—	眼 ŋan35
（一）扇（门）	扇 sin33	叶 jip2	—
（一）段（木头）	碌 lok5		只 tsiak2
（一）坨（屎）	□ tok5	□tɐn453	—
（一）泡（尿）	□tok5	通 thoŋ33	—
（一）辆（单车）	架 ka33	—	—
（一）颗（星）	粒 nɐp5	只 tsiak2	—
个把两个	一两个 jɐt5 liɔŋ55 koi33	一两只 jɐt5 liɔŋ55 tsiak2	一两只 jɐt5 liɔŋ35 tsiak2
里把路	里□路 li31 nɐi33 lu442	—	里几路 li35 ki35 lu442
大量	大把 tai442 pa55	大量 tai442 liɔŋ442	大量 tai442 liɔŋ442
早饭	朝 tsiu13	吃朝 hiak2 tsiu13	吃朝 hiak2 tsiu13

（续上表）

	北溪坡	崩塘缺	槟榔花
午饭	晏昼 an^{33} tsɐu^{13}	吃晏昼 hiak^{2} an^{33} tsɐu^{13}	吃晏昼 hiak^{2} an^{33} tsɐu^{13}
晚饭	晚 man^{31}	吃晚 hiak^{2} man^{31}	吃晚 hiak^{2} man^{31}
赶集	趁墟 tshɐn^{442} hi$^{\cdot 13}$	—	—hui$^{\cdot 13}$
昨天	做日 tsu^{33} ȵiɐt^{2}	tsi$^{\cdot 33}$—	tsi$^{\cdot 13}$—
五分钟	一个字 jɐt^{5} koi$^{\cdot 33}$ tsu^{442}	一只字 jɐt^{5} tsiat^{2} tsu^{442}	一只字 jɐt^{5} tsiat^{2} tsɛi$^{\cdot 442}$

第三节　语法差异

我们调查了近800个语法例句，希望能够尽量顾及词法和句法的主要方面，在此基础上概括出北溪坡马兰话的语法特点。对于语法差异的调查，我们以北溪坡为参照，选择崩塘缺、棉花地、山嘴坡、槟榔花四个点进行比较（举例时，以各点名称的第一个字简称，“北”代表“北溪坡”，余类推）。若该地无此说法，则不列出。在调查语法差异时，尽量问到各点最经常、最自然的说法，尽量避免发音人受普通话的影响。尽管如此，很难说以下差异是你有我无、此有彼无的对立关系。对大多数例句发音人都肯定自己的说法，而对于少数例句的其他说法，发音人认为“也可以这样说”、“也有人这样说”，或认为“比较少讲”。例如比较句，有的点常用的说法是“主＋比＋宾＋形”结构，但也可用“主＋形＋过＋宾”的结构。我们从异不从同。下面列举各点存在语法差异的例句，并分析其差异所在。

1. 你家在哪里？

北：你屋住得哪顶？ ni$^{\cdot 55}$ ok^{5} tsi$^{\cdot 442}$ tɐk^{5} nai$^{\cdot 13}$ tiaŋ^{55}？

崩：你屋企得哪顶？ ni$^{\cdot 55}$ ok^{5} ki$^{\cdot 33}$ tɐk^{5} nai$^{\cdot 13}$ tiaŋ^{55}？

山：你屋在哪顶？ ni$^{\cdot 55}$ ok^{5} tshui$^{\cdot 442}$ nai$^{\cdot 13}$ tiaŋ^{55}？

棉：你屋企在哪□？ ni$^{\cdot 35}$ ok^{5} ki$^{\cdot 35}$ tshui$^{\cdot 442}$ nai$^{\cdot 13}$ nai$^{\cdot 33}$

槟：你屋在哪？ ni$^{\cdot 55}$ ok^{5} tshui$^{\cdot 442}$ nai$^{\cdot 13}$？

说明：表处所的介词，北溪坡、崩塘缺用“得”，棉、山、槟用“在”。

2. 从这里进去。

北：得这顶入去。tɐk^{5}khui^{13}tiaŋ^{55}jɐp^{2}hi^{33}。

崩：得这顶入去。tɐk^{5}khui^{13}tiaŋ^{55}jɐp^{2}hi^{33}。

棉：在这□入去。tshui^{442}khui^{13}nai^{33}jɐp^{2}hi^{33}

槟：得这□入去。tɐk^{5}khua^{22}phok^{5}jɐp^{2}hi^{33}。

说明：表起始的介词，北、崩、槟用“得”，棉用“在”。

3. 到水东怎样走啊？

北：去水东得哪去？hi^{33}sui^{55}toŋ^{33}tɐk^{5}nai^{13}hi^{33}？

山：去水东得哪去？hui^{33}sui^{55}toŋ^{33}tɐk^{5}nai^{13}hui^{33}？

棉：去水东点样去？hi^{33}sui^{55}toŋ^{33}tim^{35}jɔŋ^{442}hi^{33}？

崩：去水东点样去？hi^{33}sui^{55}toŋ^{33}tim^{55}jɔŋ^{442}hi^{33}？

槟：去水东在哪去阿？hui^{33}sui^{35}toŋ^{33}tshui^{442}nai^{13}hui^{33}a^{33}？

说明：表示“经由”的介词，北、山用“得”表示，槟用“在”，棉、崩不用介词短语，而用疑问副词“点样”。

4. 我找了他几次了，都没找到。

北：我寻几轮，都无寻紧佢。ŋoi^{55}tshɐm^{22}ki^{55}lɐn^{22}，tu^{33}mɛu^{22}tsɐm^{22}kɐn^{55}khi^{22}。

棉：我搵佢几轮，都搵无着。ŋoi^{55}wɐn^{22}khi^{22}ki^{55}lɐn^{22}，tu^{33}wɐn^{22}mou^{22}tsiɔk^{2}。

崩：我寻佢几轮，都无搵到。ŋoi^{55}tshɐm^{22}khi^{22}ki^{55}lɐn^{22}，tu^{33}mou^{22}wɐn^{22}tou^{33}。

山：我寻佢几次，都寻无到。ŋoi^{55} tshɐm^{22} khi^{22} ki^{55} tshi^{13}，tu^{33} tshɐm^{22} mou^{22}tou^{33}。

槟：我寻佢几轮，都无寻到。ŋoi^{55} tshɐm^{22} khi^{22} ki^{55} lɐn^{22}，tu^{33} mou^{22} tshɐm^{22}tou^{33}。

说明：结果补语，北用“紧”表示，棉用“着”，崩、山、槟用“到”。另外，否定副词，北、崩、槟放在动词前，棉、山放在动词之后、补语之前。

5. 我找不到书。

北：我无寻紧书。ŋoi^{55}mɛu^{22}tshɐm^{13}kɐn^{55}si^{33}。

山：我寻无到书。ŋɔ^{35}tshɐm^{13}mou^{22}tou^{35}si^{33}。

棉：我无搵得到书。ŋoi^{55}mou^{22}wɐn^{35}tɐk^{5}tou^{55}si^{33}。

　　我搵书无到。ŋoi^{55}wɐn^{55}si^{33}mou^{22}tou^{55}。

崩：我无找得到书。ŋoi^{55}mou^{22}tsau^{35}tɐk^{5}tou^{55}si^{33}。

槟：我寻无到个书。ŋɔ^{35} tshɐm^{22} mou^{22} tou^{35} kɔ^{33} si^{33}。

说明：既带补语又带宾语的否定句子，北、崩、棉说成“无＋动＋补＋宾”，但北用“紧”，崩、棉用“到”，山、槟说成“动＋无＋补＋宾”，棉还可以说“动＋宾＋不＋补”句式，宾语放在补语前。

6. 门口站着一群人。

北：门口徛紧一帮人。mun^{22} hɐu^{55} khi^{31} kɐn^{55} jɐt^{5} pɔŋ^{33} ȵiɐn^{22}。

崩：门口徛紧一帮人。mun^{22} hɐu^{55} khi^{31} kɐn^{55} jɐt^{5} pɔŋ^{33} ȵiɐn^{22}。

山：门口徛着一帮人。mun^{22} hɐu^{35} khi^{31} tsiɔk^{2} jɐt^{5} pɔŋ^{33} ȵiɐn^{22}。

棉：门口徛着一帮人。mun^{22} hɐu^{55} khi^{31} tsiɔk^{2} jɐt^{5} pɔŋ^{33} ȵiɐn^{22}。

槟：门口□顶徛一帮人在□。mun^{22} hɐu^{55} nai^{13} tiaŋ^{55} khi^{31} jɐt^{5} pɔŋ^{33} ȵiɐn^{22} tshui^{442} ȵia^{33}。

说明：表示动作进行、持续，北、崩用“紧”，山、棉用“着”，槟不用助词，但在句尾用“在□在那里”。

7. 这本书现在还买得到吗？

北：这本书古阵还买紧无？khui^{13} pun^{55} si^{33} ku^{55} tsɐn^{442} an^{22} mai^{31} kɐn^{55} mɛu^{22}？

棉：这本书孔时还买得到无啦？khui^{13} pun^{55} si^{33} khoŋ^{13} si^{22} an^{22} mai^{31} tɐk^{5} tou^{33} mou^{22} la^{22}？

崩：这本书这阵还买得到吗？khui^{13} pun^{55} si^{33} khui^{13} tsɐn^{442} an^{22} mai^{31} tɐk^{55} tou^{33} ma^{35}？

山：这本书还买得到无呢？khui^{13} pun^{55} si^{33} an^{22} mai^{13} tɐk^{5} tou^{33} mou^{22} ni^{22}？

槟：这本书还买得到无？khui^{13} pun^{55} si^{33} an^{22} mai^{35} tɐk^{5} tou^{33} mou^{22}？

说明：可能补语，北用“紧”表示，其他点都用“到”。北、棉、山、槟用“无”，崩不用。北、槟不用疑问语气词，棉用“啦”，崩用“吗”，山用“呢”。崩用“吗”，应该是受到普通话影响。

8. 大家都替你担心。

北：大家都秋你担心。tai^{442} ka^{33} tu^{33} tshɐu^{33} ni^{55} tam^{33} ɬɐm^{33}。

槟：大家亦秋你担心。tai^{442} ka^{33} jik^{5} tshɐu^{33} ni^{35} tam^{33} ɬɐm^{33}。

山：大家都为你担心。tai^{442} ka^{33} tu^{33} wei^{442} ni^{35} tam^{33} ɬɐm^{33}。

棉：大家都担心你。tai^{442} ka^{33} tu^{33} tam^{33} ɬɐm^{33} ni^{55}。

崩：大家都替你担心。tai^{442} ka^{33} tu^{33} thɐi^{33} ni^{55} tam^{33} ɬɐm^{33}。

说明：表示替代的介词，北、槟用“秋（同音代替字）”，崩用“替”，山用“为”，棉不用介词，将介词宾语变作动词宾语。

9. 这本书你向谁借的？

北：这本书你秋乜人借个？khui^{13} pun^{55} si^{33} ni^{55} tshɐu^{33} mɐt^{5} ȵiɐn^{22} tsia^{33} koi^{33}？

崩：这本书你秋乜人借个？khui^{13} pun^{55} si^{33} ni^{55} tshɐu^{33} mɐt^{5} ȵiɐn^{22} tsia^{33} koi^{33}？

槟：这本书你秋乜人借个？khuɔ^{13} pun^{55} si^{33} ni^{35} tshɐu^{33} mɐt^{5} ȵiɐn^{22} tsia^{33} kɔ^{33}？

棉：这本书你问乜人借个？khui^{13} pun^{55} si^{33} ni^{55} mɐn^{442} mɐt^{5} ȵiɐn^{22} tsia^{33} koi^{33}？

山：这本书你向乜人借个？khui^{13} pun^{55} si^{33} ni^{55} hiɔŋ^{33} mɐt^{5} ȵiɐn^{22} tsia^{33} koi^{33}？

说明：表示对象的介词，北、崩、槟用“秋（同音代替字）”，棉用“问”，山用“向”。五个点都有语气助词“个”。

10. 这次和上次不一样。

北：这轮秋宁轮无同样。khui^{13} lɐn^{22} tshɐu^{33} niŋ^{13} lɐn^{22} mɛu^{22} thoŋ^{22} jɔŋ^{442}。

崩：这阵秋上轮无一样。khui^{13} tsɐn^{13} tshɐu^{33} siɔŋ^{31} lɐn^{22} mou^{22} jɐt^{5} jɔŋ^{442}。

槟：这轮秋上轮无同样。khuɔ^{13} lɐn^{22} tshɐu^{33} siɔŋ^{31} lɐn^{22} mou^{22} thoŋ^{22} jɔŋ^{442}。

山：这次和上次无同样。khui^{13} tshi^{33} wɔ^{22} siɔŋ^{31} tshi^{33} mou^{22} thoŋ^{22} jɔŋ^{442}。

棉：这轮同上轮无同样。khui^{13} lɐn^{22} thoŋ^{22} siɔŋ^{31} lɐn^{22} mou^{22} thoŋ^{22} jɔŋ^{442}。

说明：表示比较的介词，北、崩、槟用“秋（同音代替字）”，山用“和”，棉用“同”。

11. 是我去还是你去？

北：系我去乜系你去？hɐi^{442} ŋoi^{55} hi^{33} mɐt^{5} hɐi^{442} ni^{55} hi^{33}？

山：系我去乜系你去阿？hɐi^{442} ŋoi^{55} hi^{33} mɐt^{5} hɐi^{442} ni^{55} hi^{33} a^{33}？

槟：系我去乜系你去？hɐi^{442} ŋoi^{31} hui^{33} mɐt^{5} hɐi^{442} ni^{31} hui^{33}？

棉：系我去还系你去阿？hɐi^{442} ŋoi^{55} hi^{33} an^{22} hɐi^{442} ni^{55} hi^{33} a^{33}？

崩：还系我去阿系你去阿？an^{22} hɐi^{442} ŋoi^{55} hi^{33} a^{33} hɐi^{442} ni^{55} hi^{33} a^{33}？

说明：选择问的连词，北、山、槟用“乜系”，棉用“还系”，崩用“还系……阿系”。

12. 水开了没有（啊）？

北：个水滚乜无？koi^{33} sui^{55} kuɐn^{55} mɐt^{5} mɛu^{22}？

山：水滚诶无滚？sui^{55} kuɐn^{55} ɛ^{33} mou^{22} kun^{55}？

棉：水滚诶命阿？sui^{55} kuɐn^{55} ɛ^{33} miaŋ^{442} a^{33}？

崩：水滚诶命阿？sui^{55} kuɐn^{55} ɛ^{33} miaŋ^{442} a^{33}？

槟：水滚诶无阿？sui^{55} kun^{55} ɛ^{33} mou^{22} a^{33}？

说明：正反问句，北用“乜无”连接正反项，山、槟用“无”，棉、崩用“命”。另外，北用“个”限定“水”，其他几点不用。

13. 别急，歇一歇再走。

北：无赶，敨敨将走。mɛu^{22} kun^{55}，thɐu^{55} thɐu^{55} tsiaŋ^{33} tsɐu^{55}。

山：无急，我歇□将去。mou^{22} kɐp^{5}，ŋoi^{55} hit^{2} ȵit^{5} tsiɔŋ^{33} hui^{33}。

棉：无急，敨一敨将去。mou^{22} kɐp^{5}，thɐu^{55} jɐt^{5} thɐu^{55} tsiaŋ^{33} hi^{33}

崩：无急，敨敨将走。mou^{22} kɐp^{5}，thɐu^{55} thɐu^{55} tsiaŋ^{33} tsɐu^{55}。

槟：无急，敨敨再走。mou^{22} kɐp^{5}，thɐu^{35} thɐu^{35} tsui^{33} tsɐu^{35}。

说明：表示一个动作在另一个动作之后发生，北、山、棉、崩用“将”，槟用“再”。

14. 那个没有这个好。

北：宁个无好过这个。niŋ^{13} koi^{33} mɛu^{22} hɛu^{55} kuɔ^{33} khui^{13} koi^{33}。

槟：宁只无有这只好。niŋ^{13} tsiak^{2} mou^{22} jɐu^{35} khua^{13} tsiak^{2} hou^{35}。

棉：宁只无有这只孔好。niŋ^{13} tsiak^{2} mou^{22} jɐu^{55} khui^{13} tsiak^{2} khoŋ^{13} hou^{55}。

崩：宁只无抵这只好。niŋ^{13} tsiak^{2} mou^{22} tɐi^{55} khui^{13} tsiak^{2} hou^{35}。

山：宁只无比这只好。niŋ^{13} tsiak^{2} mou^{22} pi^{35} khui^{13} tsiak^{2} hou^{35}。

说明：比较句的否定式，北用“主 + 无 + 形 + 过 + 宾”结构，其他点用“主 + 无 + 动（介） + 宾 + 形”的结构，槟、棉用“有”，山用“比”，崩用“抵”。

15. 新屋不如老屋凉快。

北：新屋无得旧屋凉爽。ɬɐn^{33} ok^{5} mɛu^{22} tɐk^{5} kɐu^{31} ok^{5} liɔŋ^{22} ɬɔŋ^{55}。

山：新屋不如老屋凉。ɬɐn^{33} ok^{5} pɐt^{5} ji^{22} lou^{35} ok^{5} liɔŋ^{22}。

棉：新屋不如旧屋凉爽。ɬɐn^{33} ok^{5} pɐt^{5} ji^{22} kɐu^{31} ok^{5} liɔŋ^{22} ɬɔŋ^{35}。

崩：新屋无抵老屋够凉。ɬɐn^{33} ok^{5} mou^{22} tɐi^{55} lou^{35} ok^{5} kɐu^{33} liɔŋ^{22}。

槟：新屋无抵旧屋够凉爽。ɬɐn^{33} ok^{5} mou^{22} tɐi^{55} kɐu^{31} ok^{5} kɐu^{33} liɔŋ^{22} ɬɔŋ^{35}。

说明：比较句的否定词，北用“无得”，山、棉用“不如”，崩、槟用“无抵”。另外，北、山、棉形容词前没有程度副词，崩、槟形容词前加程度副词“够”。

16. 越走越快。

北：一□走一□快。jɐt⁵ hi³³ tsɐu⁵⁵ jɐt⁵ hi³³ fai³³。

棉：□走□快。hi³³ tsɐu⁵⁵ hi³³ fai³³。

崩：越行越快。jit² haŋ²² jit² fai³³。

槟：越行越快。jit² haŋ²² jit² fai³³。

山：越走越快。jit² tsɐu³⁵ jit² fai³³。

说明：普通话连词“越……越……”结构，北说成“一□hi³³……一□hi³³……”，棉说成“□hi³³……□hi³³……”，崩、槟、山同普通话。

17. 不等你的话，我不会迟到。

北：一无等你，我无会来迟。jɐt⁵ mɛu²² tɐŋ⁵⁵ ni⁵⁵，ŋoi⁵⁵ mɛu²² wui⁴⁴² lui²² tshi²²。

棉：一无等你，我又无迟到。jɐt⁵ mou²² tɐŋ⁵⁵ ni⁵⁵，ŋoi⁵⁵ jɐu⁴⁴² mou²² tshi²² tou³³。

崩：一无系等你，我就无会迟到。jɐt⁵ mou²² hɐi⁴⁴² tɐŋ⁵⁵ ni⁵⁵，ŋoi⁵⁵ tsɐu⁴⁴² mou²² wui⁴⁴² tshi²² tou³³。

槟：无等你呢，我无会迟到。mou²² tɐŋ⁵⁵ ni³⁵ ni³³，ŋɔi⁵⁵ mou²² wui⁴⁴² tshi²² tou³³。

山：命等你个话，我无会迟到。miaŋ⁴⁴² tɐŋ⁵⁵ ni³⁵ kɔ³³ wa⁴⁴²，ŋɔi⁵⁵ mou²² wui⁴⁴² tshi²² tou³³。

说明：假设连词，北、棉用“一无”，崩用“一无系”，槟、山不用连词，但在假设分句后用语气词“呢”、“个话”。

18. 小王比小李高一寸。

北：小王高过小李一寸。ɬiu⁵⁵ wɔŋ²² kɛu³³ kuɔ³³ ɬiau⁵⁵ li⁵⁵ jɐt⁵ tshɐn³³。

山：小王比小李高一寸。ɬiu⁵⁵ wɔŋ²² pi⁵⁵ ɬiau⁵⁵ li⁵⁵ kou³³ jɐt⁵ tshɐn³³。

棉：小王比小李高一寸。ɬiu⁵⁵ wɔŋ²² pi⁵⁵ ɬiau⁵⁵ li⁵⁵ kou³³ jɐt⁵ tshɐn³³。

崩：小王高一寸过小李。ɬiu⁵⁵ wɔŋ²² kou³³ jɐt⁵ tshɐn³³ kuɔ³³ ɬiau⁵⁵ li⁵⁵。

槟：小王高一寸过小李。ɬiu⁵⁵ wɔŋ²² kou³³ jɐt⁵ tshɐn³³ kuɔ³³ ɬiau³⁵ li³⁵。

说明：带补语的比较句，北用“主+形+过+宾+补语”结构，介宾结构在形容词之后，补语在宾语之后。崩、槟用“主+形+补语+过+宾”，介宾结构在形容词之后，补语在宾语之前。山、棉用“主+比+宾+形+补”结构，介宾结构在形容词前，补语在形容词后。

19. 你把牛牵走吧。

北：你拉牛走啊。ni⁵⁵ lai³³ ŋɐu²² tsɐu⁵⁵ a²²。

崩：你拉牛走吧。ni^{55} lai^{33} ŋɐu^{22} tsɐu^{55} pa^{22}。

山：你把个牛拉走吧。ni^{55} pa^{55} kɔ^{33} ŋɐu^{22} lai^{33} tsɐu^{55} pa^{22}。

棉：你把个牛□走。ni^{55} pa^{55} kɔ^{33} ŋɐu^{22} tiak^{2} tsɐu^{55}。

槟：你拉个牛去哦。ni^{55} lai^{33} kɔ^{33} ŋɐu^{22} hui^{33} ɔ^{33}。

说明：北、崩、槟一般不用处置句式，宾语仍放在动词后，山、棉用“把”将宾语前置。不过北、棉的发音人都说两种结构皆可。

20. 年龄他大一些。

北：个岁佢大□仔。koi^{33} ɬui^{33} khi^{22} tai^{442} ȵit^{5} tsɐi^{55}。

槟：年龄佢够大□。nin^{22} liŋ^{22} khi^{22} kɐu^{33} tai^{442} ȵia^{453}

崩：佢年龄大□仔。khi^{22} nin^{22} liŋ^{22} tai^{442} jɐt^{5} ȵit^{5}。

棉：佢年龄大一□。khi^{22} nin^{22} liŋ^{22} tai^{442} ȵit^{5} tsɐi^{55}。

山：年龄他大一些。nin^{22} liŋ^{22} khi^{22} tai^{442} jɐt^{5} ɬɛ^{33}。

说明：主谓谓语句，北、槟、山将小主语放在前，棉、崩将大主语放在前。

21. 我照了相了。

北：我影相诶。ŋoi^{55} jaŋ^{55} ɬiɔŋ^{33} ɛ^{33}。

崩：我影相诶。ŋoi^{55} jaŋ^{55} ɬiɔŋ^{33} ɛ^{33}。

山：我影了相。ŋoi^{55} jiŋ^{35} liu^{35} ɬiɔŋ^{33}。

棉：我影到相。ŋoi^{55} jiŋ^{55} tou^{33} ɬiɔŋ^{33}。

槟：我影过相哦。ŋoi^{55} jaŋ^{55} kuɔ^{33} ɬiɔŋ^{33} ɔ^{33}。

说明：完成体，北、崩在句末加“诶”表示，山动词后加“了”，同普通话，棉用动词后加“到”，槟动词后加“过”，句末有语气词。

第五章　马兰话分类词汇

1. 这个词汇表收马兰话词和词组共 4 500 余条。参照《方言》2003 年第一期《汉语方言词汇调查条目表》，并根据马兰话的实际情况略作增减，共分为二十九类。

2. 每个词条先列方言说法，后标注读音，注音后为普通话释义。

3. 词形及词义与普通话都相同的只列方言说法及注音，不列普通话释义。

4. 一个词有不同说法，第一条顶格排，其他各条退一格排列。

5. 一个词不同的义项之间用分号隔开。

6. 动词、形容词在注音之后列举使用语境。

7. 量词在注音之后列出含有这个量词的数量词组，表示该量词的主要适用范围。如果量词的含义不易明白，则加圆括号注释。

8. 虚词见"语法例句"。

9. 其他符号见"凡例"。

10. 分类词表目录。

一、天文	二、地理
三、时令、时间	四、农业
五、植物	六、动物
七、房舍	八、器具、用品
九、称谓	十、亲属
十一、身体	十二、疾病、医疗
十三、衣服、穿戴	十四、饮食
十五、红白大事	十六、日常生活
十七、讼事	十八、交际
十九、商业、交通	二十、文化、教育
二十一、文体活动	二十二、动作
二十三、位置	二十四、代词等

二十五、形容词　　二十六、量词

二十七、数字等　　二十八、熟语

二十九、拟声词

一、天文

（一）日、月、星

日头　ȵiɐt^{2}thɐu^{22}　太阳；阳光

日头花　ȵiɐt^{2}thɐu^{22}fa^{33}　较弱的阳光

日头辣　ȵiɐt^{2}thɐu^{22}lat^{2}　太阳光强烈

□眼　tshaŋ^{33}ŋan^{55}　刺眼

日头好辣　ȵiɐt^{2}thɐu^{22}hɐu^{55}lat^{2}

西斜　ɬei^{33}tshia^{22}　西晒

天狗吃日　thin^{33}kɐu^{55}hiak^{2}ȵiɐt^{2}　日食

天狗吃月　thin^{33}kɐu^{55}hiak^{2}ȵit^{2}　月食

月光　ȵit^{2}kuɔŋ^{453}　月亮

月亮　ȵit^{2}liɔŋ^{442}

月亮牙　ȵit^{2}liɔŋ^{442}ŋa^{22}　月牙

月圆　ȵit^{2}jin^{22}　满月

天星　thin^{33}ɬiaŋ^{13}　星星

北斗星　pɐk^{5}tɐu^{55}ɬiaŋ^{13}

天星屎　thin^{33}ɬiaŋ^{13}si^{55}　流星

扫把星　ɬɐu^{33}pa^{44}ɬiaŋ^{13}　彗星

天上　thin^{33}siɔŋ^{31}

天脚下　thin^{33}kiɔk^{2}ha^{31}　天下

天边　thin^{33}pin^{13}

月光担伞　ȵit^{2}kuɔŋ^{453}tam^{33}ɬan^{55}　月晕

日头担伞　ȵiɐt^{2}thɐu^{22}tam^{33}ɬan^{55}　日晕

（二）风、雨、雷、电

风　foŋ^{33}

大风　tai^{442}foŋ^{33}

细风　ɬei^{453}foŋ^{33}　小风

风台　foŋ^{33}thai^{22}　台风

打风台　ta^{13}foŋ^{33}thai^{22}　刮台风

打无头鬼风　ta^{13}mɐu^{22}thɐu^{22}kuei^{55}foŋ^{33}　旋风

顶头风　tiŋ^{55}thɐu^{22}foŋ^{33}

逆风　ŋɐk^{5}foŋ^{33}

顺风　sɐn^{442}foŋ^{33}

发风　fat^{2}foŋ^{33}　刮风

起风　hi^{55}foŋ^{33}

天起云　thin^{33}hi^{55}wɐn^{22}　起云

乌云　wu^{33}wɐn^{22}　黑云

黑云　hɐk^{5}wɐn^{22}

云影日头　wɐn^{22}jaŋ^{55}ȵiɐt^{2}thɐu^{22}

乌云遮住太阳

雷公响 lui^{22} koŋ^{33} hiɔŋ^{55} 打雷；雷

雷公打 lui^{22} koŋ^{33} ta^{13} 雷劈

天眨眼 thin^{33} ȵiap^{2} ŋan^{55} 闪电

落水 lɔk^{2} sui^{55} 下雨；雨

细水 ɬɐi^{453} sui^{55} 小雨

落大水 lɔk^{2} tai^{442} sui^{55} 大雨

　大水 tai^{442} sui^{55}

发大水 fat^{2} tai^{442} sui^{55} 洪水；涨水

水浸 sui^{55} tsɐm^{33} 涝了（水淹）

犁地水 lɐi^{22} ti^{442} sui^{55} 能够犁田的雨

落西北水 lɔk^{2} ɬɐi^{33} pɐk^{5} sui^{55} 暴风雨

　落西北坡 lɔk^{2} ɬɐi^{33} pɐk^{5} phɔ^{33} 水

毛仔 sui^{55} mɐu^{22} tsɐi^{55} 毛毛雨

沤水 ɐu^{33} sui^{55} 连阴雨

　沤孔久水 ɐu^{33} khoŋ^{55} kɐu^{55} sui^{55}

过云水 kuɔ^{33} wɐn^{22} sui^{55} 雷阵雨

拱弓 koŋ^{13} koŋ^{33} 虹

落拱弓水 lɔk^{2} koŋ^{13} koŋ^{33} sui^{55} 太阳雨

淋水 lɐm^{22} sui^{55} 淋雨

转潮 tsin^{55} tshiu^{22}

转润 tsin^{55} jɐn^{442}

湿热 sɐp^{5} ȵit^{2} 闷热

地牛翻身 ti^{442} ŋɐu^{22} fan^{33} sɐn^{33} 地震

　地震 ti^{442} tsɐn^{33}

（三）冰、雪、霜、露

冰 piŋ^{33}

结冰 kit^{2} piŋ^{33}

落雹 lɔk^{2} pɔk^{2} 下冰雹

落雪 lɔk^{2} ɬit^{2} 雪；下雪

雪融 ɬit^{2} joŋ^{22} 冰化

　变水 pin^{33} sui^{55}

雾水 mu^{442} sui^{55} 露；雾

落霜 lɔk^{2} ɬɔŋ^{33} 下霜

长脚雾 tshiɔŋ^{22} kiɔk^{2} mu^{442} 浓雾

落雾水 lɔk^{2} mu^{442} sui^{55} 下露；起雾

雾收 mu^{442} sɐu^{33} 雾散

（四）气候

天气 thin^{33} hi^{33}

好天 hɛu^{55} thin^{33} 晴天

天开 thin^{33} hui^{33} 天放晴

天阴 thin^{33} jɐm^{33} 阴天

　天阴阴 thin^{33} jɐm^{33} jɐm^{33}

天黑 thin^{33} hɐk^{5} 天暗；天黑

　天黑黑 thin^{33} hɐk^{5} hɐk^{5}

烘 hoŋ^{442} 热

□ ɬɛm^{453} 干

晒□ sai^{33}ɬɛm^{453} 晒干

烘□ hoŋ^{442}ɬɛm^{453} 烘干

烘火 hoŋ^{442}fɔ^{55} 烘烤

冷 laŋ^{31}

天冷地冻 thin^{33}laŋ^{31}ti^{442}toŋ^{33}

阴冷 jɐm^{33}laŋ^{31}

凉爽 liɔŋ^{22}sɔŋ^{55} 凉快

天暖 thin^{33}nun^{31} 暖和

天旱 thin^{33}hun^{31} 干旱

湿 sɐp^{5}

湿净 sɐp^{5}tsiaŋ^{442} 湿透

回潮 wui^{22}tshiu^{22} 潮湿

返冷 fan^{55}laŋ^{31} 突然变冷

变冷 pin^{33}laŋ^{31}

二、地理

(一) 地

田垌 thin^{22}toŋ^{442} 田野；种稻的地方

坡 phɔ^{33} 旱地

坡地 phɔ^{33}ti^{442}

水田 sui^{55}thin^{22} 稻田

肥田 fɐi^{22}thin^{22} 肥沃的田

瘦田 sɐu^{33}thin^{22} 贫瘠的田

丑田 tshɐu^{22}thin^{22}

田基 thin^{22}ki^{33} 田埂

葱菜地 tshoŋ^{13}tshui^{33}ti^{442} 菜地

丢荒地 tiu^{33}fɔŋ^{33}ti^{442} 荒地

沙仔地 sa^{13}tsɐi^{55}ti^{442} 沙土地

草地 tshɛu^{55}ti^{442} 草坪

平 phiaŋ^{22} 地势平坦

平地 phiaŋ^{22}ti^{442}

门口地 mun^{22}hɐu^{55}ti^{442} 菜园

荔枝园 li^{33}tsi^{13}jin^{22}

龙眼园 loŋ^{22}ŋan^{55}jin^{22}

(二) 山

岭 liaŋ^{31} 山

山 san^{33}

浮山岭 phu^{22}san^{33}liaŋ^{31} 当地山名

起岭 hi^{55}liaŋ^{31} 爬山；上山

翻过岭 fan^{33}kuɔ^{33}liaŋ^{31} 翻山

坎头 hɐm^{55}thɐu^{22} 坎

岭头 liaŋ^{31}thɐu^{22} 山头

岭半腰 liaŋ^{31}pun^{33}jiu^{33} 山腰

岭脚 liaŋ^{31}kiɔk^{2} 山脚

岭坑 liaŋ^{31}hɐŋ^{33} 山谷

岭坑水 liaŋ^{31}hɐŋ^{22}sui^{55} 山涧

（三）江、河、湖、海

河　hɔ^{22}

江　kɔŋ^{33}

沙琅江　sa^{33}lɔŋ^{31}kɔŋ^{33}　当地河流名

桥　khiu^{22}

河中间　hɔ^{22}tsoŋ^{33}kan^{33}　河里

河基　hɔ^{22}ki^{13}　河岸（堤岸）

坝薄　pa^{33}pɔk^{2}　大坝

水涟　sui^{55}lin^{22}　水渠

水沟　sui^{55}kɐu^{33}　小溪

涟仔　lin^{22}tsɐi^{55}　小水沟

湖　fu^{22}

塘　thɔŋ^{22}

鱼塘　ȵi^{22}thɔŋ^{22}

水窟　sui^{55}fɐt^{5}　水坑

海　hui^{55}

水墩头　sui^{55}tɐn^{442}thɐu^{22}　水中陆地

河沙滩　hɔ^{22}sa^{13}than^{33}　河滩

水库　sui^{55}fu^{13}

窟仔　fɐt^{2}tsɐi^{55}　坑

窿　loŋ^{33}　洞

塌方　thap^{2}fɔŋ^{33}　坍塌

水　sui^{55}

淡水　tham^{33}sui^{55}

咸水　ham^{22}sui^{55}

□水　tshan^{22}sui^{55}　泉水

　山泉水　san^{33}tshin^{22}sui^{55}

井头　tsiaŋ^{55}thɐu^{22}　井

井水　tsiaŋ^{55}sui^{55}

吊水　tiu^{33}sui^{55}　打井水

河水　hɔ^{22}sui^{55}

清水　tshiŋ^{22}sui^{55}

浓水　noŋ^{22}sui^{55}　混水

水转　sui^{55}tsin^{55}　漩涡

冷水　laŋ^{31}sui^{55}　凉水

热水　ȵit^{2}sui^{55}　热水；温泉

暖水　nun^{31}sui^{55}　温水

生水　saŋ^{33}sui^{55}　未烧开的水

滚水　kuɐn^{55}sui^{55}　开水

水滚　sui^{55}kuɐn^{55}　水开了

（四）石沙、土块、矿物

石牯头　siak^{2}ku^{55}thɐu^{22}　石头

大石　tai^{442}siak^{2}

石仔　siak^{2}tsɐi^{55}　小石头

石板头　siak^{2}pan^{55}thɐu^{22}　石板

鹅春石　ŋɔ^{22}tshɐn^{33}siak^{2}　鹅卵石

沙　sa^{13}

河沙　hɔ^{22}sa^{13}

煤沙　mui^{22}sa^{13}　细沙

泥沙　nɐi^{22}sa^{13}　沙土

□土　ɬɛm^{453}thu^{55}　干泥土

湴　paŋ^{442}　泥潭；泥浆

烟尘　jin^{33}tshɐn^{22}　灰尘

泥砖 nɐi^{22}tsin^{33} 土坯

火砖 fɔ^{55}tsin^{33} 黏土烧制的砖

青砖 tshiŋ^{33}tsin^{33} 青色的火砖

石砖 siak^{2}tsin^{33} 石头打凿成的砖

方砖 fɔŋ^{33}tsin^{33} 方形的砖

水泥砖 sui^{55}nɐi^{22}tsin^{33} 水泥制成的砖

断级砖 thun^{442}khɐp^{5}tsin^{33} 断砖

瓷砖 tshi^{22}tsin^{33} 瓷制装饰砖

条砖 thiu^{22}tsin^{33} 长条形瓷砖

瓦 ŋa^{55}

瓦筒仔 ŋa^{55}thoŋ^{22}tsɐi^{55} 半圆形瓦

瓦仔 ŋa^{55}tsɐi^{55} 小瓦

大瓦 tai^{442}ŋa^{55} 大块的瓦

烂瓦 lan^{442}ŋa^{55} 碎瓦

　瓦碎 ŋa^{55}sui^{33}

　瓦儿片 ŋa^{55}ŋ̍^{22}phin^{33}

缸瓦 kɔŋ^{33}ŋa^{55} 陶器

陶器 thɔ^{22}hi^{33} 陶瓷

火刀 fɔ^{55}tɛu^{33} 取火用的铁片

□火石 khɛk^{5}fɔ^{55}siak^{2} 打火用的石头

浮水石 phu^{22}sui^{55}siak^{2} 浮石

碑记石 pui^{33}ki^{33}siak^{2} 碑石

硫黄 lɐu^{22}wɔŋ^{22}

烧石灰石 siu^{33}siak^{2}fui^{33}siak^{2} 石灰石

石灰 siak^{2}fui^{33}

灰水 fui^{33}sui^{55} 石灰水

发石灰 fat^{2}siak^{2}fui^{33} 将石灰化成粉状

石灰油 siak^{2}fui^{33}jɐu^{22} 石灰膏

水泥 sui^{55}nɐi^{22}

　红毛泥 hoŋ^{22}mɛu^{22}nɐi^{22}

矿 kuɔŋ^{33}

金 kɐm^{33} 金子

银 ŋɐn^{22} 银子

铜 thoŋ^{22}

铜鉎 thoŋ^{22}ɬiaŋ^{13} 铜绿

铁 thit^{2}

铁鉎 thit^{2}ɬiaŋ^{13} 铁锈

融铁 joŋ^{22}thit^{2} 铸铁

锡 ɬiak^{2}

钛 thai^{33} 铝

铅 jin^{22}

水银 sui^{55}ŋan^{22}

屏镜 phiŋ^{22}kiaŋ^{33} 匾额

磁铁 tshi^{22}thit^{2} 磁石

玉石 ȵiok^{2}siak^{2} 玉

玉坠 ȵiok^{2}tsui^{442}

（五）城乡、处所

城市 siaŋ^{22}si^{31}

村下 tshɐn^{33}ha^{31} 乡村

家乡 ka^{33}hiɔŋ^{33} 故乡

隔离村 kak^{5}li^{22}tshɐn^{33} 隔壁村

屋滴头 ok^{5}tik^{5}thɐu^{13} 屋里

屋□ ok^{5}ki^{33} 家里

山坑　san^{33}haŋ^{33}　山沟

墟　hi^{13}　集市

趁墟　tshɐn^{33}hi^{13}　赶集；逛街

墟日　hi^{13}ȵiɐt^{2}

着墟　tsiɔk^{2}hi^{13}　到了墟日

大墟　tai^{442}hi^{13}　规模大的集市

细墟　ɬei^{453}hi^{13}　规模小的集市

散墟　san^{33}hi^{13}　集市结束

路　lu^{442}

大路　tai^{442}lu^{442}

细路　ɬei^{453}lu^{442}　小路

行路　haŋ^{22}lu^{442}　走路

墟街　hi^{13}kai^{13}　街道

巷仔　hɔŋ^{442}tsɐi^{55}　胡同

人行路　ȵiɐn^{22}haŋ^{22}lu^{442}　人行道

做路　tsu^{33}lu^{442}　铺路

凉亭　liɔŋ^{22}thiŋ^{22}　亭子

三、时令、时间

（一）季节

春天　tshɐn^{33}thin^{33}

开春　hui^{33}tshɐn^{33}

夏天　ha^{442}thin^{33}

秋天　tshɐu^{33}thin^{33}

冬天　toŋ^{33}thin^{33}

立春　ɬɐp^{2}tshɐn^{33}

雨水　ji^{31}sui^{55}

惊蛰　kiŋ^{33}tsit^{2}

春分　tshɐn^{33}fɐn^{33}

清明　tshiŋ^{33}miŋ^{22}

谷雨　kok^{5}ji^{31}

立夏　lɐp^{5}ha^{442}

小满　ɬiu^{55}mun^{55}

芒种　mɔŋ^{22}tsoŋ^{55}

夏至　ha^{442}tsi^{33}

大暑　tai^{442}si^{55}

小暑　ɬiu^{55}si^{55}

立秋　lɐp^{2}tshɐu^{33}

处暑　tshi^{33}si^{55}

白露　pɐk^{2}lu^{442}

秋分　tshɐu^{33}fɐn^{33}

寒露　hun^{22}lu^{442}

霜降　ɬɔŋ^{33}kɔŋ^{13}

立冬　lɐp^{5}toŋ^{33}

小雪　ɬiu^{55}ɬit^{2}

大雪　tai^{442}ɬit^{2}

冬至　toŋ^{33}tsi^{33}

小寒　ɬiu^{55}hun^{22}

大寒　tai^{442}hun^{22}

通书　thɔŋ^{33}si^{33}

旧历　kɐu^{442}lik^{2}　农历

新历　ɬɐn^{33}lik^{2}　公历

（二）节日

节 tsit^{2} 节日

过节 kuɔ^{33}tsit^{2}

做年 tsu^{33}nin^{22} 过年

过年 kuɔ^{33}nin^{22}

卅日晚 ɬa^{33}ȵiɐt^{2}man^{13} 除夕

大年初一 tai^{442}nin^{22}tshɔ^{33}jiɐt^{5}

拜年 pai^{33}nin^{22}

年例 nin^{22}lɐi^{442} 村子祭祖的日子

做年例 tsu^{33}nin^{22}lɐi^{442} 村子的祭祖活动

吃年例 hiak^{2}nin^{22}lɐi^{442} 吃年例饭

正月十五 tsiŋ^{33}ȵit^{2}sɐp^{2}ŋ̍^{55} 元宵节

清明 tshiŋ^{33}miŋ^{22} 清明节

做清明 tsu^{33}tshiŋ^{33}miŋ^{22} 过清明节

铲坟 tshan^{55}fɐn^{22} 扫墓

五月节 ŋ̍^{55}ȵit^{2}tsit^{2} 端午节

做五月 tsu^{33}ŋ̍^{55}ȵit^{2} 过端午节

七月七 thɐt^{5}ȵit^{2}thɐt^{5} 七夕

七月十四 tshɐt^{5}ȵit^{2}ɬɐp^{2}ɬi^{33} 中元节

做七月十四 tsu^{33}tshɐt^{5}ȵit^{2}ɬɐp^{2}ɬi^{33} 过中元节

八月十五 pat^{2}ȵit^{2}ɬɐp^{2}ŋ̍^{55} 中秋节

做八月十五 tsu^{33}pat^{2}ȵit^{2}ɬɐp^{2}ŋ̍^{55} 过中秋节

做十五 tsu^{33}ɬɐp^{2}ŋ̍^{55}

拜月 pai^{33}ȵit^{2}

做冬 tsu^{33}toŋ^{33} 过冬至节

（三）年

今年 kɐm^{33}nin^{13}

去年 hi^{33}nin^{13}

明年 miaŋ^{22}nin^{13}

前年 tshin^{22}nin^{13}

大前年 tai^{442}tshin^{22}nin^{13}

宁几年 nin^{13}ki^{55}nin^{22} 往年

后年 hɐu^{31}nin^{13}

大后年 tai^{442}hɐu^{31}nin^{13}

年年 nin^{22}nin^{22} 每年

年初 nin^{22}tshɔ^{33}

开年 hui^{33}nin^{22}

年中间 nin^{22}toŋ^{33}kan^{33}

年尾 nin^{22}mi^{55} 年终

上半年 siɔŋ^{31}pun^{33}nin^{22}

下半年 ha^{31}pun^{33}nin^{22}

一年 jɐt^{5}nin^{22} 全年

闰年 ȵiɐn^{442}nin^{22}

一生 jɐt^{5}saŋ^{33} 一世

上世 siɔŋ^{31}sɐi^{33} 前世

今生今世 kɐm^{33}saŋ^{33}kɐm^{33}sɐi^{33}

下世 ha^{31}sɐi^{33} 后世

（四）月

正月　tsiŋ^{33} ȵit^{2}

月头　ȵit^{2} thɐu^{22}　月初

月中间　ȵit^{2} tsoŋ^{33} kan^{33}　月半

月尾　ȵit^{2} mi^{55}　月底

上个月　siɔŋ^{31} koi^{33} ȵit^{2}

这个月　khui^{13} koi^{33} ȵit^{2}

下个月　ha^{31} koi^{33} ȵit^{2}

每个月　mui^{31} koi^{33} ȵit^{2}

上旬　siɔŋ^{31} ɬɐn^{33}

中旬　tsoŋ^{33} ɬɐn^{33}

下旬　ha^{31} ɬɐn^{33}

闰月　ȵiɐn^{442} ȵit^{2}

（五）日、时

架日　ka^{13} ȵiɐt^{2}　今天

做日　tsu^{33} ȵiɐt^{2}　昨天

□日　mu^{55} ȵiɐt^{2}　明天

后日　hɐu^{13} ȵiɐt^{2}　后天

大后日　tai^{442} hɐu^{13} ȵiɐt^{2}　大后天

似日　tshi^{13} ȵiɐt^{2}　前天

大似日　tai^{442} tshi^{13} ȵiɐt^{2}　大前天

前几日　tshin^{22} ki^{55} ȵiɐt^{2}　前几天

礼拜日　li^{31} pai^{33} ȵiat^{2}　星期天

一个礼拜　jɐt^{5} koi^{33} li^{31} pai^{33}

一日　jɐt^{5} ȵiɐt^{2}　整天

每日　mui^{31} ȵiɐt^{2}　每天

　日日　ȵiɐt^{2} ȵiɐt^{2}

迟下　tshi^{22} ha^{31}　改天（～再来）

十几日　sɐp^{2} ki^{55} ȵiɐt^{2}

天蒙蒙　thin^{33} moŋ^{453} moŋ^{453}　凌晨

鸡啼　kɐi^{33} thɐi^{22}　公鸡报晓的时候

天光　thin^{33} kuɔŋ^{453}　天亮

打朝　ta^{13} tsiu^{13}　清晨

上晏　siɔŋ^{31} an^{33}　上午

晏昼　an^{33} tsɐu^{13}　中午

下晏　ha^{31} an^{33}　下午

半日　pun^{442} ȵiɐt^{2}　半天

大半日　tai^{442} pun^{442} ȵiɐt^{2}　大半天

日间头　ȵiɐt^{2} kan^{33} thɐu^{22}　白天

日头下地　ȵiɐt^{2} thɐu^{22} ha^{31} ti^{442}　黄昏

麻黑　ma^{22} hɐk^{5}　夜晚

半夜　pun^{33} ja^{442}

上半夜　siɔŋ^{31} pun^{33} ja^{442}

下半夜　ha^{31} pun^{33} ja^{442}

三更半夜　sam^{33} kaŋ^{33} pun^{33} ja^{442}

一夜　jɐt^{5} ja^{442}　整夜

长夜　tshiɔŋ^{22} ja^{442}

日子　ȵiɐt^{2} tsu^{55}

过日子　kuɔ^{33} ȵiɐt^{2} tsu^{55}

年份　nin^{22} fɐŋ^{442}

月份　ȵit^{2} fɐn^{442}

古阵　ku^{55} tsɐn^{442}　现在

　孔时　khoŋ^{55} si^{22}

旧时 $k\text{ɐu}^{442}si^{13}$ 古代

平时 $phi\text{ŋ}^{22}si^{22}$

闲时 $han^{22}si^{22}$

一点钟 $j\text{ɐ}t^{5}tim^{13}tso\text{ŋ}^{33}$ 一个小时

一个钟头 $j\text{ɐ}t^{5}koi^{33}tso\text{ŋ}^{33}th\text{ɐu}^{22}$

一个字 $j\text{ɐ}t^{5}koi^{33}tsu^{442}$ 五分钟

三个字 $sam^{33}koi^{33}tsu^{442}$ 一刻钟

欶一筒烟孔久 $\text{ɬɔ}k^{2}j\text{ɐ}t^{5}tho\text{ŋ}^{13}jin^{33}$ $kho\text{ŋ}^{55}k\text{ɐu}^{55}$ 抽一袋烟的时间

起早 $hi^{55}ts\text{ɛu}^{55}$

一日到黑 $j\text{ɐ}t^{5}\text{ȵ}i\text{ɐ}t^{2}t\text{ɛu}^{33}h\text{ɐ}k^{5}$ 一天到晚

一阵仔 $j\text{ɐ}t^{5}ts\text{ɐ}n^{442}ts\text{ɐ}i^{55}$ 一会儿

原来 $\text{ȵ}in^{22}lui^{22}$

后来 $h\text{ɐu}^{442}lui^{22}$

一贯 $j\text{ɐ}t^{5}kun^{33}$ 一向

以前 $ji^{31}tshin^{22}$

四、农业

（一）农事

早造 $ts\text{ɛu}^{55}ts\text{ɛu}^{442}$ 春季种植

晚造 $man^{31}ts\text{ɛu}^{442}$ 秋季种植

春耕 $tsh\text{ɐŋ}^{33}k\text{ɐŋ}^{33}$

做六月 $tsu^{33}lok^{2}\text{ȵ}it^{2}$ 夏收

做十月 $tsu^{33}s\text{ɐ}p^{2}\text{ȵ}it^{2}$ 秋收

做田 $tsu^{33}thin^{22}$ 种田

犁田 $l\text{ɐ}i^{22}thin^{22}$ 耕田（犁田）

耙田 $pha^{22}thin^{22}$

下秧 $ha^{31}j\text{ɔŋ}^{33}$ 下（稻谷）种

下种 $ha^{31}tso\text{ŋ}^{13}$ 下（花生等）种

搉秧 $m\text{ɐŋ}^{33}j\text{ɔŋ}^{33}$ 拔秧

插田 $tshap^{2}thin^{22}$ 插秧

插禾 $tshap^{2}w\text{ɔ}^{22}$

搉草 $m\text{ɐŋ}^{33}tsh\text{ɛu}^{55}$ 除草

侵草 $tsh\text{ɐ}m^{33}tsh\text{ɛu}^{55}$

掘泥 $ku\text{ɐ}t^{5}n\text{ɐ}i^{22}$ 挖土

爪田 $\text{ȵ}i\text{ɐu}^{453}thin^{22}$ 耘田

巡田 $\text{ɬɐ}n^{22}thin^{22}$ 在田间巡视

淋水 $l\text{ɐ}m^{22}sui^{55}$ 浇水

润水 $j\text{ɐ}n^{442}sui^{55}$ 灌水

放水 $f\text{ɔŋ}^{33}sui^{55}$ 排水

戽水 $fu^{33}sui^{55}$ 用戽斗去水

舀水 $jiu^{55}sui^{55}$

抹水 $mat^{2}sui^{55}$ 擦水

割禾 $kut^{2}w\text{ɔ}^{22}$ 割稻子

打禾 $ta^{13}w\text{ɔ}^{22}$ 脱粒

□谷 $tap^{2}kok^{5}$

磨谷 $m\text{ɔ}^{31}kok^{5}$ 用碾子脱谷壳

舂米 $tso\text{ŋ}^{33}m\text{ɐ}i^{55}$ 用碓脱谷壳

风谷 $fo\text{ŋ}^{33}kok^{5}$ 用风车吹谷；用风吹谷

车谷米 $tshia^{33}kok^{5}m\text{ɐ}i^{55}$ 用机器脱谷壳

籴米 $tiak^{2}m\text{ɐ}i^{55}$ 买米

粜米　thiu^{33} mɐi^{55}　卖米
围头　wui^{22} thɐu^{22}　打谷器
打禾机　ta^{13} wɔ^{22} ki^{33}　打谷机（脱粒机）
石碾　siak^{2} ŋai^{55}
石碌　siak^{2} lok^{5}　滚石
碾地　ŋai^{55} ti^{442}
地塘　ti^{442} thɔŋ^{13}　打场；场院
牛骨包　ŋɐu^{22} kuɐt^{5} pau^{13}　麻布袋
尼龙袋　nɐi^{22} loŋ^{22} tui^{442}　蛇皮袋
布袋　pu^{33} tui^{442}
掘地　kuat^{2} ti^{442}　锄地；松土
撒肥　ɬat^{2} fɐi^{22}　施肥
　下肥　ha^{31} fɐi^{22}
屎　si^{55}
猪屎　tsi^{33} si^{55}
大粪　tai^{442} fɐn^{13}　人的粪便
　人屎　jɐn^{22} si^{55}
屎凼　si^{55} tham^{13}　蓄粪池；厕所
　粪凼　fɐn^{13} tham^{13}
去屎凼　hi^{33} si^{55} tham^{13}　上厕所
淋粪　lɐm^{22} fɐn^{13}　浇粪
捡屎　kim^{55} si^{55}　拾粪
捡牛屎　kim^{55} ŋɐu^{22} si^{55}　捡牛屎
粪　fɐn^{13}　粪土
火灰　fɔ^{55} fui^{33}　炉灰
塘泥　thɔŋ^{22} nɐi^{22}
狗屎　kɐu^{55} si^{55}
牛屎　ŋɐu^{22} si^{55}
鸡屎　ki^{33} si^{55}
猪屎　tsi^{33} si^{55}
肥料　fɐi^{22} liu^{442}　化肥
钾肥　kap^{2} fɐi^{22}
磷肥　lɐn^{22} fɐi^{22}
尿素　niu^{442} ɬu^{33}
复合肥　fok^{5} hap^{2} fɐi^{22}
过磷酸钙　kuɔ^{33} lɐn^{22} ɬun^{33} khui^{33}
碳酸安　tan^{33} ɬun^{33} wun^{33}
农药　noŋ^{22} jɔk^{2}
敌敌畏　tik^{5} tik^{5} wɐi^{442}
六六粉　lok^{2} lok^{2} fɐn^{55}
乐果　lɔk^{2} kuɔ^{55}
甲氨磷　kap^{2} wun^{33} lɐn^{22}
喷农药　phɐn^{33} noŋ^{22} jɔk^{2}
杀虫　sat^{2} tshoŋ^{22}

（二）农具

喷雾器　phɐn^{33} mu^{442} hi^{33}
水桶　sui^{55} thoŋ^{55}
索　ɬɔk^{2}　绳子
摇水车　mɐŋ^{33} sui^{55} tshia^{33}　手摇水车
细水车　ɬɐi^{453} sui^{55} tshia^{33}　小水车
脚踩水车　kiɔk^{2} tshai^{55} sui^{55} tshia^{33}
牛轭　ŋɐu^{22} ak^{2}
牛鼻桊　ŋɐu^{22} pi^{442} kan^{13}　牛鼻桊儿
犁　lɐi^{22}
犁头尖　lɐi^{22} thɐu^{22} tsim^{453}　犁铧

铁耙 thit^{2}pha^{22} 耙子

爪 ȵiau^{453} 齿的耙子

木耙 mok^{2}pha^{22}

风柜 foŋ^{33}kuɐi^{442} 扇车

石磨 siak^{2}mɔ^{442}

磨盘 mɔ^{442}phun^{22}

磨勾手 mɔ^{442}ŋɐu^{33}sɐu^{55} 磨把儿

磨心 mɔ^{442}ɬɐm^{33} 磨脐儿

磨口 mɔ^{442}hɐu^{55} 磨孔

米筛 mi^{31}sɐi^{13} 筛子

粪筛 fɐn^{13}sɐi^{13} 筛粪用的筛子

糠筛 hɔŋ^{33}sɐi^{13} 筛糠用的筛子

罗斗 lɔ^{22}tɐu^{55}

箩 lɔ^{22}

□ lui^{453} 筐

禾打 wɔ^{22}ta^{55} 连枷

碓 tui^{13}

碓□ tui^{13}hɐm^{55} 碓臼

碓□ tui^{13}si^{22} 碓杵

舂碓 tsoŋ^{33}tui^{13}

鸡公梆 ki^{33}koŋ^{13}pɔŋ^{33} 镐

耙齿 pha^{22}tshi^{55} 钉耙

梆头 pɔŋ^{33}thɐu^{22} 锄头

梆头仔 pɔŋ^{33}thɐu^{22}tsɐi^{55} 小锄头

禾镰 wɔ^{22}lim^{13} 镰刀

草镰 tshɛu^{55}lim^{13} 割草用镰刀

　钩镰 ŋɐu^{453}lim^{13}

刀乸 tɐu^{33}na^{13} 砍刀

　斩刀 tsam^{55}tɐu^{33}

铁铲 thit^{2}tshan^{55} 铁锹

簸箕 pɔk^{5}ki^{13}

炊□ tshui^{33}khaŋ^{31} 隔水蒸食用的木架

　蒸架 tsiŋ^{33}ka^{13}

畚箕 fɐn^{33}ki^{13} 挑土用的簸箕

垃圾斗 lap^{2}ɬap^{5}tɐu^{55} 装垃圾用的簸箕

垃圾 lap^{2}ɬɐp^{5}

竹笼 tsok^{5}loŋ^{22}

竹笠 tsok^{5}lɐp^{5} 装猪的竹笼

鱼笱 ȵi^{13}kɐu^{55} 一种大型尖圆形捕鱼器

担湿 tam^{33}sɐp^{5} 扁担

担禾棍 tam^{33}wɔ^{22}kuɐn^{13} 担稻草的农具

禾叉 wɔ^{22}tsha^{13} 叉草的农具

　禾□叉 wɔ^{22}liu^{453}tsha^{13}

叉草 tsha^{13}tshɛu^{33}

轿杠 kiu^{442}kɔŋ^{13} 抬轿子的棍子

棺材杠 kun^{33}tshui^{22}kɔŋ^{13} 抬棺材的大木

担 tam^{13} 挑

担担 tam^{33}tam^{13} 挑担子

扫把 ɬɛu^{33}pa^{55} 扫帚

水衣 sui^{55}ji^{33} 农用薄膜

五、植物

（一）农作物

谷米　kok^{5}mɐi^{55}　粮食

面麦　min^{442}mak^{2}　麦子

粟仔　ɬok^{5}tsɐi^{55}　小米儿

包粟　pau^{33}ɬok^{5}　玉米

高梁　kɛu^{33}liɔŋ^{22}

禾　wɔ^{22}　水稻

谷　kok^{5}　稻粒

禾草　wɔ^{22}tshɛu^{55}　稻草

茅草　mau^{22}tshɛu^{55}

成束草　tshiŋ^{22}tshok^{5}tshɛu^{55}　草把

草绳　tshɛu^{55}siŋ^{22}

早季　tsɛu^{55}kuɐi^{33}　早稻

　早禾　tsɛu^{55}wɔ^{22}

晚季　man^{31}kuɐi^{33}　晚稻

　晚禾　man^{31}wɔ^{22}

禾线　wɔ^{22}ɬin^{13}　稻穗

禾草堆　wɔ^{2}tshɛu^{55}tui^{453}　柴草垛

禾头　wɔ^{22}thɐu^{22}　稻茬

稗草　pai^{442}tsɛu^{55}　稗子

谷□　kok^{5}phaŋ^{33}　秕子

米　mɐi^{55}

糠　hɔŋ^{33}

统糠　thoŋ^{55}hɔŋ^{33}

粗糠　tshɛu^{33}hɔŋ^{33}

　糠头　hɔŋ^{33}thɐu^{22}

幼糠　jɐu^{442}hɔŋ^{33}　细糠

粘米　tsim^{33}mɐi^{55}

糯米　nɔ^{33}mɐi^{55}

早禾米　tsɛu^{55}wɔ^{22}mɐi^{55}　早稻米

　六月米　lok^{2}ɲit^{2}mɐi^{55}

晚禾米　man^{31}wɔ^{22}mɐi^{55}　晚稻米

　十月米　sɐp^{2}ɲit^{2}mɐi^{55}

靓米　liaŋ^{453}mɐi^{55}　好米

　白米　pak^{2}mɐi^{55}

糙米　tshɔ^{33}mɐi^{55}　粗糙的米

棉　min^{13}　棉花

麻　ma^{22}

麻骨　ma^{22}kuɐt^{5}　麻秆

麻叶　ma^{22}jip^{2}

麻皮　ma^{22}phi^{22}

麻肉　ma^{22}ɲiok^{2}

白麻　pak^{2}ma^{22}　做衣用麻

黄麻　wɔŋ^{22}ma^{22}　做丧服、蚊帐用麻

菠萝麻　pɔ^{33}lɔ^{22}ma^{22}　菠萝叶制的麻

油麻　jɐu^{22}ma^{22}　芝麻

剑麻　kim^{33}ma^{22}

向日葵　hiɔŋ^{33}ɲiɐt^{2}khuɐi^{22}

葵花米　khuɐ^{22}fa^{33}mɐi^{55}　葵花子儿

番薯　fan^{33}si^{22}　红薯

薯苗藤　si^{22}miu^{22}thɐŋ^{22}

木薯　mok^{5}si^{22}

淮山　wɐi^{22}san^{33}

菜心　tshui^{33}ɬɐm^{33}　菜中间的嫩叶

菜骨　tshui^{33}kuɐt^{5}　菜梗

菜叶 tshui^{33}jip^{2} 菜叶

菜米 tshui^{33}mɐi^{55} 菜子

马铃薯 ma^{31}liŋ^{22}si^{22} 土豆

芋头 wu^{13}thɐu^{22}

芋仔 wu^{13}tshɐi^{55} 小芋头

水芋 sui^{55}wu^{13} 芋头品种名，长在水中

莲藕 lin^{22}ŋɐu^{31}

莲米 lin^{22}mɐi^{55} 莲子

莲子 lin^{22}tsi^{453}

莲叶 lin^{22}jip^{2} 荷叶

莲花 lin^{22}fa^{33}

藕节 ŋɐu^{22}tsit^{13}

薯菇 si^{22}ku^{453} 慈姑

泥豆 nɐi^{22}tɐu^{13} 花生

泥豆米 nɐi^{22}tɐu^{13}mɐi^{55} 花生米

泥豆衣 nɐi^{22}tɐu^{13}ji^{33} 花生皮

泥豆壳 nɐi^{22}tɐu^{13}hɔk^{2} 花生壳

（二）豆类、蔬菜

葱菜 tshoŋ^{13}tshui^{33} 青菜

黄豆 wɔŋ^{22}tɐu^{13}

绿豆 lok^{2}tɐu^{13}

黑豆 hɐk^{5}tɐu^{13}

红豆 hoŋ^{22}tɐu^{13}

牙兰豆 ŋa^{22}lan^{453}tɐu^{13} 豌豆

四季豆 ɬi^{33}kuɐi^{33}tɐu^{13}

豆梗 tɐu^{13}kuaŋ^{13}

豆芽 tɐu^{13}ŋa^{22} 豆芽菜

茄瓜 khɛ^{22}kua^{33} 茄子

马□瓜 ma^{31}tshuɐt^{2}kua^{33} 马卵瓜，茄子

黄瓜 wɔŋ^{22}kua^{33}

丝瓜 ɬu^{13}kua^{33}

苦瓜 khu^{55}kua^{33}

金瓜 kɐm^{33}kua^{33} 南瓜

冬瓜 toŋ^{33}kua^{33}

瓠瓜 phu^{22}kua^{33} 葫芦

洋葱头 jɔŋ^{22}tshoŋ^{33}thɐu^{22} 洋葱

葱 tshoŋ^{13}

葱叶 tshoŋ^{13}jip^{2}

葱骨 tshoŋ^{13}kuɐt^{5} 葱白

蒜 ɬun^{13}

蒜头 ɬun^{13}thɐu^{22}

蒜芯 ɬun^{13}ɬɐm^{33} 蒜苗

蒜米 ɬun^{13}mɐi^{55} 蒜泥

快菜 fai^{33}tshui^{33} 韭菜

苋菜 han^{442}tshui^{33}

番茄 fan^{33}khɛ^{22} 西红柿

姜嗮 kiɔŋ^{33}na^{55} 生姜

沙姜 sa^{33}kiɔŋ^{33} 当地姜名

辣椒 lat^{2}tsiu^{453}

菜椒 tshui^{33}tsiu^{453} 柿子椒

尖椒 tsim^{453}tsiu^{453} 尖形辣椒

辣椒粉 lat^{2}tsiu^{453}fɐn^{55} 辣椒面儿

辣椒□ lat^{2}tsiu^{453}ɬɛm^{453} 辣椒干

芥菜 kai^{33}tshui^{33}

菠菜 pɔ^{33}tshui^{33}

白菜 pak^{2}tshui^{33}

大白菜 tai^{442}pak^{2}tshui^{33} 洋白菜

生菜 saŋ^{33}tshui^{33} 莴苣的俗称

芹菜 khɐn^{22}tshui^{33}

菜头 tshui^{33}thɐu^{22} 萝卜

菜头叶 tshui^{33}thɐu^{22}jip^{2} 萝卜缨儿

菜头秧 tshui^{33}thɐu^{22}jɔŋ^{33} 萝卜秧

红菜头 hoŋ^{22}tshui^{33}thɐu^{22} 胡萝卜

菜头咸 tshui^{33}thɐu^{22}ham^{22} 腌萝卜

窿心 loŋ^{22}ɬɐm^{33} （萝卜）糠了

椰仔菜 jɛ^{22}tsɐi^{55}tshui^{33} 包心菜

蕹菜 oŋ^{33}tshui^{33}

风菜 foŋ^{33}tshui^{33}

香菇 hiɔŋ^{33}ku^{453}

冬菇 toŋ^{33}ku^{453}

蘑菇 mɔ^{22}ku^{453}

浮水莲 phu^{22}sui^{55}lin^{22} 水葫芦

麦菜 mɐk^{2}tshui^{33} 油麦菜

油仔菜 jɐu^{22}tsɐi^{55}tshui^{33} 油菜

西洋菜 ɬɐi^{33}jɔŋ^{22}tshui^{33}

土茯苓 thu^{55}fok^{2}liŋ^{22}

（三）树木

木 mok^{2} 树

木林 mok^{2}lɐm^{22} 树林

木苗 mok^{2}miu^{22} 树苗

木身 mok^{2}sɐn^{33} 树干

木杈 mok^{2}tsha^{453} 树杈

木丫 mok^{2}ɛ^{453} 树梢；树枝

木根 mok^{2}kɐn^{33} 树根

木汁 mok^{2}tsɐp^{5} 树的黏液

木叶 mok^{2}jip^{2} 树叶

木头 mok^{2}thɐu^{22} 树桩；木头

嫁接 ka^{33}tsip^{2}

松木 tshoŋ^{22}mok^{2} 松树

松木叶 tshoŋ^{22}mok^{2}jip^{2} 松针

松子 tshoŋ^{22}tsi^{55} 松球

松□ tshoŋ^{22}ȵiɔŋ^{453} 松香

松米 tshoŋ^{22}mɐi^{55} 松仁

杉木 tsham^{13}mok^{2} 杉树

杉木叶 tsham^{33}mok^{2}jip^{2} 杉针

桑木 sɔŋ^{33}mok^{2} 桑树

桑木叶 sɔŋ^{33}mok^{2}jip^{2} 桑叶

樟木 tsiɔŋ^{33}mok^{2} 樟树

柳木 lɐu^{31}mok^{2} 柳树

簕 lat^{2} 刺儿；荆条

桐油 thoŋ^{22}jɐu^{22}

桐油木 thoŋ^{22}jɐu^{22}mok^{2} 桐油树

桐子 thoŋ^{22}tsi^{55}

胶 kau^{33}

胶木 kau^{33}mok^{2} 橡胶树

浆木□ tsiɔŋ^{33}mok^{2}ȵiɔŋ^{453} 橡胶液

苦楝木 fu^{55}lim^{442}mok^{2} 苦楝树

榕木 jɔŋ^{22}mok^{2} 榕树

大叶榕 tai^{442}jip^{2}jɔŋ^{22} 大叶榕树

细叶榕 ɬɐi453 jip2 joŋ22 小叶榕树
鹤木 hɔk2 mok2 当地树名
相思木 ɬiɔŋ33 ɬi33 mok2 当地树名
黄皮木 wɔŋ22 phi22 mok2 黄皮果树
龙眼木 loŋ22 ŋan55 mok2 龙眼树
菠萝木 pɔ33 lɔ22 mok2 菠萝蜜树
仙桃木 ɬin33 thɔ22 mok2 芒果树
五□木 ŋ̍55 lim453 mok5 杨桃树
黄榄木 wɔŋ22 lam55 mok2 橄榄树
葵木 khuɐi22 mok2 棕榈树
葵木叶 khuɐi22 mok22 jip2 棕榈树叶
葵木叶骨 khuɐi22 mok2 jip2 kuɐt5 棕榈叶梗
葵木丝 khuɐi22 mok2 ɬu13 棕榈丝
油加利木 jɐu22 ka33 li442 mok2 小叶桉树
脱皮桉 thut2 phi22 wun33 桉树
木材 mok2 tshui22 木头
种木 tsoŋ33 mok2 种树
斩木 tsam55 mok2 砍树
上木 siɔŋ31 mok2 爬树
起木 hi55 mok2
出芽 tshɐt5 ŋa22 植物出芽
木芽 mok2 ŋa22 树芽

竹仔 tsok5 tsɐi55 毛竹
石竹 siak2 tsok5 当地竹名，质硬
黄竹 wɔŋ22 tsok5 当地竹名，皮黄
簕竹 lat2 tsok5 当地竹名，多刺短细
单竹 tan33 tsok5 当地竹名，用于编竹器
泥竹 nɐi22 tsok5 当地竹名
竹笋 tsok5 ɬɐn55
竹笋壳 tsok5 ɬɐn55 hɔk2 笋壳
竹节 tsok5 tsit13
竹篙 tsok5 kɐu33 竹竿儿
竹片 tsok5 phin33
竹筒 tsok5 thoŋ13
竹膜 tsok5 mɔk2
竹根 tsok5 kɐn33
竹叶 tsok5 jip2
竹簕 tsok5 lak2 竹刺
竹篾片 tsok5 mit2 phin33 篾片
篾青 mit2 tshiaŋ13
篾肚 mit2 tu55 篾黄
破篾 phɔ33 mit2
油漆 jɐu22 tshɐt5
藤 thɐŋ22

（四）瓜果

水果 sui55 kɔ55
核 wɐt2 果核
丁 tiŋ453 果蒂
桃仔 thɔ22 tsɐi55 桃

李仔 li55 tsɐi55 李子
苹果 phiŋ22 kɔ55
红枣 hoŋ22 tsɔ55 枣儿
梨 li22

雪梨　ɬit^{2}li^{22}　梨

方柿　fɔŋ^{33}si^{33}　柿子

　涩子　ɬep^{5}tsi^{55}

鸡心子　kɐi^{33}ɬɐm^{33}tsi^{453}　鸡心状柿子

柿饼　si^{33}piaŋ^{55}

石榴　siak^{2}lɐu^{22}

番石榴　fan^{33}siak^{2}lɐu^{22}　当地水果名

槟榔　pin^{33}lɔŋ^{22}

□柚　lɔ^{453}jɐu^{442}　外地产良种柚子

金博　kɐm^{33}pɔk^{5}　本地生柚子

桔仔　kɐt^{5}tsɐi^{55}　桔子

金桔　kɐm^{33}kɐt^{5}

柑仔　kam^{13}tsɐi^{55}

橙仔　tsiŋ^{22}tsɐi^{55}

　橙子　tsiŋ^{22}tsi^{453}

龙眼　lon^{22}ŋan^{55}

鸡眼　kɐi^{33}ŋan^{55}　龙眼品种，个小

大乌仁　tai^{442}wu^{33}jɐn^{22}　龙眼品种之一，核大

广眼　kuɔŋ^{55}ŋan^{55}　龙眼品种之一，未嫁接

储良　tshi^{22}liɔŋ^{22}　龙眼品种之一，个大

龙眼□　lɔŋ^{22}ŋan^{55}ɬɛm^{453}　桂圆

荔枝　lɐi^{33}tsi^{13}

黑叶　hɐk^{2}jip^{2}　荔枝品种

桂味　kuɐi^{33}mi^{442}　荔枝品种

妃仔笑　fɐi^{33}tsɐi^{55}ɬiu^{33}　荔枝品种

白糖罂　pak^{2}thɔŋ^{22}aŋ^{33}　荔枝品种

糯米糍　nɔ^{33}mi^{44}tshi^{22}　荔枝品种

白蜡　pak^{2}lap^{2}　荔枝品种

荷包果　hɔ^{22}pau^{13}kuɔ^{55}　荔枝品种

　肉荷包　ȵiok^{2}hɔ^{22}pau^{13}

荔枝□　lɐi^{33}tsi^{13}ɬɛm^{453}　干荔枝

出引（荔枝）　tshɐt^{5}tsi^{13}　出蕾

捡荔枝　kim^{55}lɐi^{33}tshi^{13}　摘荔枝

仙桃　ɬin^{33}thɔ^{22}　芒果

菠萝麻　pɔ^{33}lɔ^{22}ma^{22}　菠萝

菠萝　pɔ^{33}lɔ^{22}　菠萝蜜

菠萝核　pɔ^{33}lɔ^{22}wɐt^{5}　菠萝蜜的实

菠萝□　pɔ^{33}lɔ^{22}ha^{13}　菠萝蜜中的条状物

菠萝□　pɔ^{33}lɔ^{22}ȵiɔŋ^{453}　菠萝蜜的黏液

菠萝钉　pɔ^{33}lɔ^{22}tiaŋ^{453}　菠萝表面的尖

劏菠萝　thɔŋ^{33}pɔ^{33}lɔ^{22}　开菠萝

□　lim^{453}　片

五□　ŋ̍^{55}lim^{453}　杨桃（有五片）

黄榄　wɔŋ^{22}lam^{31}　橄榄

咸黄榄　ham^{22}wɔŋ^{22}lam^{31}　盐渍橄榄

黄皮　wɔŋ^{22}phi^{22}　当地水果名，皮黄个小

柠檬　niŋ^{22}moŋ^{453}

西瓜　ɬɐi^{33}kua^{33}

西瓜米　ɬɐi^{33}kua^{33}mɐi^{55}　瓜子儿

瓜囊　kua^{33}nɔŋ^{22}

瓜皮　kua^{33}phi^{22}

马蹄　ma^{31}thɐi^{33}　荸荠

蔗　tsia^{33}　甘蔗

蔗粕　tsia^{33}phɔk^{13}　甘蔗渣

蔗尾　tsia^{33}mi^{55}　甘蔗梢部

蔗头 tsia^{33} thɐu^{22} 甘蔗根部

红蔗 hoŋ^{22} tsia^{33} 甘蔗名，皮黑，果用

竹蔗 tsok^{5} tsia^{33} 甘蔗名，度长，榨水用

番蔗 fan^{33} tsia^{33} 甘蔗名，榨糖用

糖蔗 thɔŋ^{22} tsia^{33}

蕉仔 tsiu^{13} tsɐi^{55} 香蕉

高脚蕉 kɛu^{33} kiɔk^{2} tsiu^{13} 香蕉名

矮脚蕉 ai^{55} kiɔk^{2} tsiu^{13} 香蕉名

粉蕉 fɐn^{55} tsiu^{13} 香蕉名

（五）花草、菌类

桂花 kuɐi^{33} fa^{33}

菊花 kok^{5} fa^{33}

梅花 mui^{22} fa^{33}

莲花 lin^{22} fa^{33} 荷花

迷离花 mi^{22} li^{22} fa^{33} 茉莉花儿

怕酸草 pha^{33} ɬun^{33} tshɛu^{55} 含羞草

杜鹃花 thu^{31} kin^{33} fa^{33}

牡丹花 mau^{31} tan^{33} fa^{33}

万年青 man^{442} nin^{22} tshiaŋ^{33}

仙人掌 ɬin^{33} ȵiɐn^{22} tsiaŋ^{55}

水仙 sui^{55} ɬin^{33}

鸡冠花 kɐi^{33} kun^{13} fa^{33}

捡花 kim^{55} fa^{33} 摘花

□花 nɐk^{5} fa^{33} 用指甲掐花

拗花 au^{33} fa^{33} 连枝一起摘

开花 hui^{33} fa^{33}

漏花 lɐu^{33} fa^{33} 花落

花蕾 fa^{33} lui^{453}

花心 fa^{33} ɬɐm^{33} 花蕊

花□ fa^{33} ȵin^{453} 花蒂

花皱 fa^{33} ȵiɐu^{453} 花萎

狗尾草 kɐu^{55} mi^{55} tshɛu^{55} 狗尾巴草

青苔 tshiaŋ^{33} thui^{22}

田艾 thin^{22} ŋai^{442} 艾草

香艾 hiɔŋ^{33} ŋai^{442} 艾草

骨草 kuɐt^{13} tshɛu^{55} 莎草

茅草 mau^{22} tshɛu^{55}

凉粉草 liɔŋ^{22} fɐn^{55} tshɛu^{55}

六、动物

（一）牲畜

马 ma^{31}

马公 ma^{31} koŋ^{13} 公马

马乸 ma^{31} na^{13} 母马

拉马 lai^{33} ma^{31} 牵马

坐马　tshɔ^{31} ma^{31}　骑马

牛　ŋɐu^{22}

牛公　ŋɐu^{22} koŋ^{13}　公牛

牛头　ŋɐu^{22} thɐu^{22}　种牛

牛乸　ŋɐu^{22} na^{55}　生小牛的母牛

牛雌　ŋɐu^{22} tshi^{13}　不生小牛的母牛

水牛　sui^{55} ŋɐu^{22}

沙牛　sa^{33} ŋɐu^{22}　黄牛

牛仔　ŋɐu^{22} tsɐi^{55}　牛犊

牛角　ŋɐu^{22} kɔk^{2}

睇牛　thɐi^{33} ŋɐu^{22}　放牛

□牛　tiak^{2} ŋɐu^{22}　赶牛

牛棍　ŋɐu^{22} kuɐn^{13}　赶牛的鞭子

牛喊　ŋɐu^{22} ham^{22}　牛叫

拉牛种　lai^{33} ŋɐu^{22} tsoŋ^{55}　牛交配

　配牛种　phui^{33} ŋɐu^{22} tsoŋ^{55}

抄　tshau^{33}　牛用角顶

骆驼　lɔk^{2} thɔ^{22}

羊　jɔŋ^{22}　绵羊；山羊

羊仔　jɔŋ^{22} tsɐi^{55}　羊羔

羊公　jɔŋ^{22} koŋ^{13}　种羊

羊乸　jɔn^{22} na^{55}　母羊

狗　kɐu^{55}

狗公　kɐu^{55} koŋ^{13}　公狗

狗乸　kɐu^{55} na^{55}　母狗

狗仔　kɐu^{55} tsɐi^{55}　小狗儿

哈巴狗　ha^{33} pa^{33} kɐu^{55}　宠物狗

颠狗　tin^{33} kɐu^{55}　疯狗

　憨狗　ŋɔŋ^{453} kɐu^{55}

狗挖泥　kɐu^{55} wat^{5} nɐi^{22}　狗用前爪刨地

　狗爬泥　kɐu^{55} pha^{22} nɐi^{22}

狗鸟□　kɐu^{55} tiu^{55} hɐi^{33}　狗交配

狗□　kɐu^{55} ɬau^{453}　狗甩干身上的水

狗喊　kɐu^{55} ham^{22}　狗叫

猫　miu^{453}

猫公　miu^{453} koŋ^{13}　公猫

猫乸　miu^{453} na^{55}　母猫

猫仔　miu^{453} tsɐi^{55}　小猫

走生　tsɐu^{55} saŋ^{33}　猫思春

猪　tsi^{33}

猪牯　tsi^{33} ku^{33}　公猪

猪公　tsi^{33} koŋ^{13}　种猪

　猪家郎　tsi^{33} ka^{33} lɔŋ^{22}

猪雌　tsi^{33} tshi^{33}　不生小猪的母猪

猪乸　tsi^{33} na^{55}　生小猪的母猪

猪乸仔　tsi^{33} na^{55} tsɐi^{55}　小母猪

猪仔　tsi^{33} tsɐi^{55}　猪崽

养仔　jɔŋ^{31} tsɐi^{55}　（猪）产仔

卖猪　mai^{442} tsi^{33}

买猪　mai^{31} tsi^{33}

养猪　jɔŋ^{31} tsi^{33}

爬猪乸　pha^{22} tsi^{33} na^{55}　猪交配

喂猪　wɐi^{33} tsi^{33}

阉猪　jim^{33} tsi^{33}　阉割猪；阉割的猪

阉卵春　jim^{33} lɐn^{55} tshɐn^{33}　阉割公猪、公牛

阉花肠　jim^{33} fa^{33} tshiaŋ^{22}　阉割母猪

劏猪　thɔŋ^{33} tsi^{33}　杀猪

□血　tshim^{453} hit^{2}　放血

刨毛　phau^{22} mɐu^{22}　拔毛

兔仔　thu^{33} tsɐi^{55}　兔子

鸡 kɐi^{33}

鸡公头 kɐi^{33} koŋ^{453} thɐu^{22} 打鸣的公鸡

啼 thɐi^{22} 公鸡打鸣

阉鸡 jim^{33} kɐi^{33} 阉割公鸡；阉割的公鸡

阉鸡子 jim^{33} kɐi^{33} tsu^{55}

鸡乸 kɐi^{33} na^{55} 母鸡

鸡兰 kɐi^{33} lan^{13} 未生蛋的母鸡

鸡仔 kɐi^{33} tsɐi^{55} 小鸡

孵鸡仔 pu^{22} kɐi^{33} tsɐi^{55} 孵小鸡

孵春 pu^{22} tshɐn^{33}

鸡团仔 kɐi^{33} thun^{22} tsɐi^{55} 半大的鸡

孵窦 pu^{22} tɐu^{13} 抱窝

孵窦鸡乸 pu^{22} tɐu^{13} kɐi^{33} na^{55} 抱窝鸡

鸡春 kɐi^{33} tshɐn^{13} 鸡蛋

鸡春花 kɐi^{33} tshɐn^{13} fa^{33} 未生出来的蛋

软春 ȵin^{31} tshɐn^{13} 软壳蛋

鸡春黄 kɐi^{33} tshɐn^{13} wɔŋ^{22} 鸡蛋黄

鸡春清 kɐi^{33} tshɐn^{13} tshiaŋ^{33} 鸡蛋白

鸡春白 kɐi^{33} tshɐn^{33} pak^{2}

生春 saŋ^{33} tshɐn^{13} 下蛋

臭春 tshɐu^{33} tshɐn^{13} 坏蛋（变质的蛋）

坏佬 wɐi^{442} lɐu^{55} 坏蛋（坏人）

鸡冠 kɐi^{33} kun^{13}

鸡爪 kɐi^{33} ȵiau^{453} 鸡爪子

鸡翼 kɐi^{33} jik^{2} 鸡翅膀

鸡毛 kɐi^{33} mɐu^{22}

鸡打种 kɐi^{33} ta^{453} tsoŋ^{55} 鸡交配

踩鸡乸 tshai^{55} kɐi^{33} na^{55}

鸡花泥 kɐi^{33} fa^{33} nɐi^{22} 鸡用爪子爬土

竹笋鸡 tsok^{5} ɬan^{55} kɐi^{33} 乌骨鸡

鸭 ap^{2}

浮鸭 fu^{22} ap^{2} 白毛鸭

田鸭 thin^{22} ap^{2} 毛麻色的鸭

半田鸬 pun^{33} thin^{22} lu^{22} 母田鸭和公鸬鸭杂交的品种

鸭公 ap^{2} koŋ^{13} 公鸭

鸭乸 ap^{2} na^{55} 母鸭

鸭乸仔 ap^{2} na^{55} tsɐi^{55} 小母鸭

鸭仔 ap^{2} tsɐi^{55} 小鸭子

踩鸭乸 tshai^{55} ap^{2} na^{55} 鸭交配

鸭春 ap^{2} tshɐn^{33} 鸭蛋

鹅 ŋɔ^{22} 鹅

鹅仔 ŋɔ^{22} tsɐi^{55} 小鹅儿

鹅记 ŋɔ^{33} kɐi^{13} 鹅额头

（二）鸟兽

野兽 ja^{55} sɐu^{442}

老虎 lɐu^{55} fu^{55}

老虎乸 lɐu^{55} fu^{55} na^{55} 母老虎

老虎仔 lɐu^{55} fu^{55} tsɐi^{55} 小老虎

熊 jɔŋ^{22}

豹仔 pau^{33} tsɐi^{55} 豹

狼 lɔŋ^{22}

大象 tai^{442}tsiɔŋ^{31}

箭猪 tsin^{33}tsi^{33} 豪猪

山猪 san^{33}tsi^{33} 野猪

山猫 san^{33}miu^{453} 野猫

猫狸 miu^{453}li^{22}

果仔狸 kuɔ^{55}tsɐi^{55}li^{22} 果子狸

马骝 ma^{31}lɐu^{13} 猴子

老鼠 lɛu^{55}si^{55}

黄鳝头 wɔŋ^{22}sin^{442}thɐu^{22} 黄鼠狼

蛇 sia^{22}

白颈贺 pak^{2}kiaŋ^{55}hɔ^{33} 颈部白色的蛇

镬铲头 wɔk^{2}tshan^{55}thɐu^{22} 眼镜蛇

薄基甲 pɔk^{2}ki^{13}kap^{2} 金、银环蛇

竹叶青 tsok^{5}jip^{2}tshiaŋ^{33}

湴蛇 paŋ^{31}sia^{22} 水蛇

琴蛇 khɐm^{22}sia^{22} 蛇名，叫声似琴

对蝐蛇 tui^{33}na^{453}sia^{22} 蜥蜴

对尾蛇 tui^{33}mi^{55}sia^{22}

对蛇 tui^{33}sia^{22}

雷公狗 lui^{22}koŋ^{453}kɐu^{13} 似蜥蜴，皮涩

雀 tsiɔk^{13} 鸟儿

乌鸦 wu^{33}a^{13}

喜鹊 hi^{55}ɬiak^{2}

屋角头雀 ok^{5}kɔk^{2}thɐu^{22}tsiɔk^{13} 麻雀

鹦鹉 jiŋ^{33}mu^{31}

燕仔 jin^{33}tsɐi^{55} 燕子

大雁 tai^{442}ŋan^{442} 雁

斑鸠 pan^{33}kɐu^{13}

白鸽 pak^{2}kap^{2} 鸽子

鹌鹑 an^{33}tshɐn^{22}

鹧鸪 tsa^{33}ku^{13}

凿木雀 tsɔk^{2}mok^{2}tsiɔk^{13} 啄木鸟

鹩哥 liu^{453}kɔ^{453} 八哥儿

鹤 hɔk^{2}

鹰 jiŋ^{33} 老鹰

猫头雀 miu^{453}thɐu^{22}tsiɔk^{13} 猫头鹰

山鸡 san^{33}kɐi^{33} 野鸡

水鸭 sui^{55}ap^{2} 野鸭

吊鼠 tiu^{33}si^{55} 大蝙蝠

飞鼠 fɐi^{33}si^{55} 蝙蝠

翼 jik^{2} 翅膀

尾 mi^{55} 尾巴

口 hɐu^{55} 鸟嘴

啄 tiɔŋ^{453} 鸟类啄物

爪 ȵiau^{453} 爪子

集 tsɐp^{2} 鸟停树上

雀窦 tsiɔk^{13}tɐu^{13} 鸟窝

打雀枪 ta^{13}tsiɔk^{13}tshiɔŋ^{33} 鸟枪

铳 tshoŋ^{33}

铳粉 tshoŋ^{33}fɐn^{55} 火药

铳引 tshoŋ^{33}jiɐn^{55} 引线

（三）虫类

蚕 tsham^{22}

蚕丝 tsham^{22}ɬu^{13}

蚕仔 tsham^{22}tsɐi^{55} 小蚕

茧 kan^{55} 蚕茧

春 tshan^{33} 蚕子

蠄蟧 khɐm^{22}lɔ^{22} 蜘蛛

蚁 ŋɐi^{13} 蚂蚁

白蚁 pak^{5}ŋɐi^{13}

黑蚁 hɐk^{5}ŋɐi^{13} 黑色大蚂蚁

红蚁 hoŋ^{22}ŋɐi^{13} 红色大蚂蚁

黄细蚁 wɔŋ^{22}ɬɐi^{453}ŋɐi^{13} 小蚂蚁

河蟪 hɔ^{22}hin^{33} 蚯蚓

地牛 ti^{442}ŋɐu^{22} 蜗牛

雾水螺 mu^{442}sui^{55}lɔ^{13}

百缩 pak^{2}ɬok^{5} 蜈蚣

槟榔夹 pin^{33}lɔŋ^{22}kiap^{2} 蝎子

偷盐蛇 thɐu^{22}jim^{22}sia^{22} 壁虎

穿心虫 tshin^{33}ɬɐm^{33}tshoŋ^{22} 吃秧苗的虫

卷叶虫 kin^{55}jip^{2}tshoŋ^{22}

狗毛虫 kɐu^{55}mɐu^{22}tshoŋ^{22} 毛毛虫

禾蝇 wɔ^{22}jiŋ^{13} 苍蝇

蚊仔 mɐn^{13}tsɐi^{55} 蚊子

花蚊仔 fa^{33}mɐn^{13}tsɐi^{55} 花蚊子

蚊仔虫 mɐn^{13}tsɐi^{55}tshoŋ^{22} 孑孓

□仔 ŋat^{13}tsɐi^{55} 小咬/墨蚊

虱乸 sɐt^{5}na^{55} 虱子

木虱 mok^{2}sɐt^{5} 臭虫

狗虱 kɐu^{55}sɐt^{5} 跳蚤

牛虱 ŋɐu^{22}sɐt^{5}

蟋蟀 ɬik^{5}ɬok^{5}

灶头鸡 tsɐu^{33}thɐu^{22}kɐi^{33} 灶蟋蟀

家蛰 ka^{33}tsat^{2} 蟑螂

□□ kam^{31}tsɛ^{33} 蝉

马骝狂 ma^{31}lɐu^{22}khuaŋ^{22} 螳螂

糖蜂 thɔŋ^{22}foŋ^{33} 蜜蜂

□仔蜂 aŋ^{453}tsɐi^{55}foŋ^{33} 马蜂

糖蜂蛹 thɔŋ^{22}foŋ^{33}ŋɔŋ^{22} 蜜蜂蛹

叼 tiu^{453} 马蜂蜇人

咬 ŋau^{55} 蚊虫叮咬

叮 tiŋ^{453}

蜂窦 foŋ^{33}tɐu^{13} 蜂窝

蜂糖 foŋ^{33}thɔŋ^{22} 蜂蜜

火叶虫 fɔ^{55}jip^{2}tshoŋ^{22} 萤火虫

火□虫 fɔ^{55}jap^{5}tshoŋ^{22}

白翼仔 pak^{2}jik^{2}tsɐi^{55} 灯蛾

草蜢 tshɐu^{55}mɐŋ^{55} 蝗虫的幼虫

蝴蝶 fu^{22}tip^{2}

龙鱼 loŋ^{22}ȵi^{13} 蜻蜓

屙屁虫 ɔ^{33}phi^{33}tshoŋ^{22} 椿象（放屁虫）

喷屎公 phɐn^{33}si^{55}koŋ^{453} 蜣螂（屎壳郎）

（四）鱼虾类

鱼　ȵi^{13}
鲤鱼　li^{31}ȵi^{13}
鲫鱼　tsɐk^{5}ȵi^{13}
非洲鲫　fɐi^{33}tsɐu^{33}tsɐk^{5}　罗非鱼
草晚　tshɛu^{55}man^{31}　草鱼
鳜花鱼　koi^{33}fa^{33}ȵi^{13}　鳜鱼
车带鱼　tshia^{33}tai^{13}ȵi^{13}　带鱼
鲳鱼　tshɔŋ^{33}ȵi^{13}
鲇鱼　ȵim^{22}ȵi^{13}
木鱼　mok^{2}ȵi^{13}　黑鱼
斑鱼　pan^{33}ȵi^{13}
墨鱼　mɐk^{2}ȵi^{13}
鱿鱼　jɐu^{22}ȵi^{13}
崇鱼　ɬoŋ^{22}ȵi^{13}　胖头鱼
塘虱　thɔŋ^{22}sɐt^{5}　一种像鲇鱼的鱼
金鱼　kɐm^{33}ȵi^{13}
章鱼　tsiɔŋ^{33}ȵi^{13}　八爪鱼
镖梭　piu^{33}sɔ^{33}　一种细长形海鱼
银条仔　ŋɐn^{22}thiu^{22}tsɐi^{55}　银鱼
鲨鱼　sa^{33}ȵi^{13}
泥扭　nɐi^{22}nɐu^{453}　泥鳅
黄鳝　wɔŋ^{22}sin^{33}　鳝鱼
海蟹　hui^{55}hai^{31}　螃蟹
蟹□　hai^{31}poŋ^{33}　蟹螯
膏　kɛu^{33}　蟹黄；虾黄
乌龟　wu^{33}kuɐi^{33}
乌龟壳　wu^{33}kuɐi^{33}hɔk^{2}
猪乸参　tsi^{55}na^{13}tsham^{33}　海参
鱼□　ȵi^{13}ɬɛm^{453}　鱼干

胎乸　thui^{33}na^{13}　海蜇
咸鱼　ham^{22}ȵi^{13}
鱼头　ȵi^{13}thɐu^{22}
鱼尾　ȵi^{13}mi^{55}
鱼鳞　ȵi^{13}lɐn^{22}
鱼簕　ȵi^{13}lat^{2}　鱼刺
鱼泡　ȵi^{13}phau^{13}　鱼鳔儿
鱼暗劣　ȵi^{13}am^{33}lut^{5}　鱼鳃
鱼昂鳃　ȵi^{13}ŋɔŋ^{31}ɬui^{33}
醒臭　ɬiaŋ^{33}tshɐu^{33}　腥
鱼春　ȵi^{13}tshɐn^{33}　鱼子
鱼仔　ȵi^{13}tsɐi^{55}　小鱼
捉鱼　tsɔk^{5}ȵi^{13}　捕鱼
钓鱼　tiu^{33}ȵi^{13}
钓　tiu^{13}　钓鱼钩
钓鱼棍　tiu^{33}ȵi^{13}kuɐn^{33}　钓鱼竿
鱼篓　ȵi^{13}lɔ^{22}　鱼篓儿
渔网　ȵi^{13}mɔŋ^{55}
抛网　phau^{33}mɔŋ^{55}　撒网
收网　sɐu^{33}mɔŋ^{55}
吃钩　hiak^{2}ŋɐu^{453}
上钩　siɔŋ^{31}ŋɐu^{453}
劏鱼　thɔŋ^{33}ȵi^{13}　破鱼
劏肚　thɔŋ^{33}tu^{55}　开鱼肚
刮鳞　kuat^{2}lɐn^{22}　去鱼鳞
挖鳃　wat^{2}ɬui^{33}　去鱼鳃
虾　ha^{13}
虾肉　ha^{13}ȵiok^{2}　虾仁
虾□　ha^{13}ɬɛm^{453}　干虾米

虾春　ha^{13} tshɐn^{33}　虾卵

濑尿猫　lai^{22} niu^{442} miu^{453}　来尿虾

螺　lɔ^{13}　螺蛳；蚌

鲍鱼　pau^{33} ȵi^{13}

水鱼　sui^{55} ȵi^{13}　鳖

蛤乸　kɐp^{5} na^{13}　青蛙

蛤蛹　kɐp^{5} noŋ^{453}　蝌蚪

蟾蜍　kɐm^{22} si^{22}　癞蛤蟆

黄蜞　wɔŋ^{22} khi^{22}　水蛭

七、房舍

（一）房子

屋　ok^{5}　住宅

　屋□　ok^{5} ki^{13}　家

屋仔　ok^{5} tsɐi^{55}　小屋

做屋　tsu^{33} ok^{5}　造房子

　起楼　hi^{55} lɐu^{22}

隔庚　kak^{2} kɐŋ^{33}　定房屋的坐向

地基　ti^{442} ki^{33}

　基础　ki^{33} tshɔ^{55}

行墙　haŋ^{22} tshiɔŋ^{22}　打墙基

开墙路　hui^{33} tshiɔŋ^{22} lu^{442}　挖墙路

教模板　kau^{33} mu^{453} pan^{55}　钉模板

天面　thin^{33} min^{442}　屋顶

倒天面　tɐu^{33} thin^{33} min^{442}　做房顶

扫灰水　sɐu^{33} fui^{33} sui^{55}　刷石灰水

盪墙　thɔŋ^{33} tshiɔŋ^{22}　在墙上抹水泥沙

批墙　phɐi^{33} tshiɔŋ^{22}　粉刷

屋梁　ok^{5} liɔŋ^{22}

起梁　hi^{55} liɔŋ^{22}　上梁

进宅　tsɐn^{33} tsak^{2}　择日进入新宅

入火　jɐp^{2} fɔ^{55}　进住新房的仪式

披红　phi^{33} hoŋ^{22}　入伙时挂红布

火把　fɔ^{55} pa^{55}

墙　tshiɔŋ^{22}

飞墙　fɐi^{33} tshiɔŋ^{22}　两侧的高墙

二十四墙　ji^{442} sɐp^{2} ɬi^{33} tshiɔŋ^{22}　24 公分墙

十八墙　sɐp^{2} pat^{2} tshiɔŋ^{22}　18 公分墙

斗砖墙　tɐu^{55} tsin^{33} tshiɔŋ^{22}　中间空的墙

筑墙　tsok^{5} tshiɔŋ^{22}　筑土墙

屋间　ok^{5} kan^{33}　房间

正屋　tsiŋ^{33} ok^{5}　正房

屋首　ok^{5} sɐu^{55}　厢房

厅下　thiaŋ^{33} ha^{31}　客厅

瓦屋　ŋa^{22} ok^{5}　平房

楼房　lɐu^{22} fɔŋ^{22}　洋房

楼上　lɐu^{22} siɔŋ^{31}

楼下　lɐu^{22} ha^{31}

楼梯　lɐu^{22} thui^{33}　固定的楼梯

梯仔　thɐi^{33} tsɐi^{55}　活动楼梯

骑梯　khi^{33} thɐi^{33}　人字梯

阳台　jɔŋ^{22} thui^{22}

天面　thin^{33}min^{442}　晒台
栏杆　lan^{22}kun^{55}
茅寮　mau^{33}liu^{13}　草木房
泥砖屋　nɐi^{22}tsin^{33}ok^{5}
火砖屋　fɔ^{55}tsin^{33}ok^{5}
疍家屋　tan^{442}ka^{33}ok^{5}　吊脚楼
堡　pɛu^{55}　四周围起来的房子
三眼过　sam^{33} ŋan^{55} kuɔ^{33}　三间的平房

（二）房屋结构

屋脊　ok^{5}tsiak^{13}　房脊
屋顶　ok^{5}tiaŋ^{55}　房顶
檐滴水　jim^{22}tik^{5}sui^{55}　前后房檐儿
鸡翼　kɐi^{33}jik^{2}　左右房檐儿
佮沟　kɐp^{5}kɐu^{33}　水漏
屋梁　ok^{5}liɔŋ^{22}　梁
屋架桁　ok^{5}ka^{33}hɐŋ^{13}　檩
桷仔　kɔk^{2}tsɐi^{55}　椽子
立柱　lap^{2}tshi^{442}　柱
大方脚　tai^{442}fɔŋ^{33}kiɔk^{2}　柱下石
台级　thui^{22}khɐp^{5}　门口台阶儿
步级　pu^{442}khɐp^{5}　上楼的台阶
大门　tai^{442}mun^{22}　正门
后门　hɐu^{33}mun^{22}
侧门　tsɐt^{5}mun^{22}　边门
间门　kan^{33}mun^{22}　房间门
门槛　mun^{22}lam^{453}　门坎儿
门　mun^{22}　门板
门闩　mun^{22}san^{13}
单叶门　tan^{33}jip^{2}mun^{22}　单扇门
双叶门　sɔŋ^{33}jip^{2}mun^{22}　双扇门
敲门　hau^{453}mun^{22}
闩门　san^{33}mun^{22}
天井　thin^{33}tsiaŋ^{55}
门口　mun^{22}hɐu^{55}　门口；院子
围墙　wɐi^{22}tshiɔŋ^{22}　有围墙的院子
撬门　khiu^{442}mun^{22}
窗檩　tshɔŋ^{33}lin^{22}　窗子
窗台　tshɔŋ^{33}thui^{22}
窗叶　tshɔŋ^{33}jip^{2}　窗扇
窗横　tshɔŋ^{33}waŋ^{22}　窗栅栏
棚阁　phaŋ^{33}kɔk^{2}　阁楼
楼板　lɐu^{22}pan^{55}
光镜　kuɔŋ^{453}kiaŋ^{33}　明瓦
漏水　lɐu^{33}sui^{55}　漏雨
捡屋面　kim^{33}ok^{5}min^{442}　捡漏
　翻屋面　fan^{33}ok^{5}min^{442}
发火　fat^{2}fɔ^{55}　失火
救火　kɐu^{33}fɔ^{55}

（三）其他设施

灶头公 tsɛu^{13}thɐu^{22}koŋ^{453} 灶
灶下 tsɛu^{13}ha^{31} 厨房
做灶台 tsu^{33}tsɛu^{13}thui^{22}
火炉 fɔ^{55}lu^{22} 炉子
磨屋 mɔ^{33}ok^{5} 磨房
牛栏 ŋɐu^{22}lan^{22} 牛圈
牛屋 ŋɐu^{22}ok^{5}
猪栏 tsi^{33}lan^{22} 猪圈
猪篼 tsi^{33}tɐu^{33} 猪食槽
羊栏 jɔŋ^{22}lan^{22} 羊圈
狗窿 kɐu^{55}loŋ^{33} 狗洞
鸡窦 kɐi^{33}tɐu^{13} 鸡窝
鸡笼 kɐi^{33}loŋ^{22}
鸡罩 kɐi^{33}tsau^{13}

八、器具、用品

（一）一般家具

嘢 ȵia^{55} 东西
家具 ka^{33}ki^{442}
木柜 mok^{2}kuɐi^{442} 柜子
衣柜 ji^{33}kuɐi^{442}
碗柜 wun^{55}kuɐi^{442}
栊 loŋ^{22} 箱子
木栊 mok^{2}loŋ^{22}
台仔 thui^{13}tsɐi^{55} 桌子
圆台 jin^{22}thui^{13} 圆桌
四方台 ɬi^{33}fɔŋ^{33}thui^{13} 方桌
长台 tshiɔŋ^{22}thui^{13} 条案
劏猪台 thɔŋ^{33}tsi^{33}thui^{13} 杀猪的条案
办公台 pan^{33}koŋ^{33}thui^{13} 办公桌
吃粥台 hiak^{2}tsok^{5}thui^{13} 饭桌
甲万 kap^{2}man^{442} 保险柜
拖桶 thɔ^{22}thoŋ^{55} 抽屉
椅仔 ji^{55}tsɐi^{55} 椅子
瞓椅 fɐn^{33}ji^{55} 躺椅
椅凭 ji^{55}phiaŋ^{22} 椅子背儿
交架椅 kau^{33}ka^{13}ji^{55} 交脚椅
凳仔 tɐŋ^{13}tsɐi^{55} 凳子
长凳 tshiɔŋ^{22}tɐŋ^{13} 板凳
四方凳 ɬi^{33}fɔŋ^{33}tɐŋ^{13} 方凳
垫仔 thin^{33}tsɐi^{55} 坐垫
凳仔 tɐŋ^{13}tsɐi^{55} 小板凳
沙发 sa^{13}fat^{2}
电火 tin^{33}fɔ^{55} 手电筒
电油 tin^{442}jiɐu^{22} 电池
电胆 tin^{442}tam^{55} 电筒的灯泡
鸡头 kɐi^{442}thɐu^{22} 电筒按钮
电□ tin^{442}tok^{5} 手电筒的后盖

（二）卧室用具

床　tshɔŋ^{22}

床板　tshɔn^{22} pan^{55}

竹床　tsok^{5} tshɔŋ^{22}

　床笪　tshɔŋ^{22} ta^{13}

蚊帐　mɐn^{13} tsiɔŋ^{33}

蚊帐钩　mɐn^{13} tsiɔŋ^{33} ŋɐu^{33}　帐钩

毡　tsin^{33}　毯子

被　phi^{31}　被子

被单　phi^{31} tan^{33}　被里

被面　phi^{31} min^{442}

棉胎　min^{22} thui^{33}　棉花胎

床单　tshɔŋ^{22} tan^{33}

草席　tshɐu^{55} tsiak^{2}

竹席　tsok^{5} tsiak^{2}

枕头　tsɐm^{55} thɐu^{22}

枕头套　tshɐm^{55} thɐu^{22} thɔ^{33}　枕套儿

枕头巾　tsɐm^{55} thɐu^{22} kɐn^{33}　枕巾

梳妆柜　sɔ^{33} tsɔŋ^{33} kuɐi^{442}　老式梳妆台

梳妆台　sɔ^{33} tsɔŋ^{33} thui^{22}　新式梳妆台

镜仔　kiaŋ^{33} tsɐi^{55}　镜子

梳仔　sɔ^{13} tsɐi^{55}　梳子

细梳仔　ɬɐi^{453} sɔ^{13} tsɐi^{55}　小梳子

梳头篦　sɔ^{33} thɐu^{22} pɐi^{13}　篦子

头毛油　thɐu^{22} mɐu^{22} jɐu^{22}　发油

缚头线　fɔk^{2} thɐu^{22} ɬiŋ^{33}　头绳

胶圈　kau^{33} khin^{453}　橡皮筋

衣架　ji^{33} ka^{13}　晾衣架

晾衫架　lɔŋ^{442} sam^{13} ka^{13}　挂衣架

洗衣板　ɬɐi^{55} ji^{33} pan^{55}

竹篙　tsok^{5} kɐu^{33}　（晒衣服用的）竹竿

杈仔　tsha^{13} tsɐi^{55}　（撑竹竿的）杈子

尿桶　niu^{442} thoŋ^{55}　马桶

尿盆　niu^{442} phun^{22}

池篼　tshi^{22} tɐu^{453}　便池

水壶　sui^{55} fu^{22}　暖水瓶

（三）炊事用具

吹风机　tshui^{33} foŋ^{33} ki^{33}　鼓风机

风箱　foŋ^{33} ɬiɔŋ^{33}

火叉　fɔ^{55} tsha^{33}

柴　tshai^{22}

柴碌　tshai^{22} lok^{5}　硬柴

　柴片　tshai^{22} phin^{33}

斩柴　tsam^{55} tshai^{22}　砍柴

破柴　phɔ^{33} tshai^{22}　劈柴

木糠　mok^{5} hɔŋ^{33}　锯末

刨屎　phau^{22} si^{55}　刨花

火柴　fɔ^{55} tshai^{22}

□火柴　tshɛk^{2} fɔ^{55} tshai^{22}　划火柴

木炭　mok^{2} than^{33}

火炭黸　fɔ^{55} than^{33} lɛu^{13}　锅烟子

镬□　wɔk^{2} mun^{31}　锅灰

煤饼　mui^{22} piaŋ^{55}　蜂窝煤

烟通 jin^{33}thoŋ^{33} 烟囱

钛煲 thai^{442}pɐu^{33} 铝锅

罂煲 aŋ^{33}pɐu^{33} 沙锅

镬 wɔk^{2} 锅

镬头 wɔk^{2}thɐu^{22} 大锅

镬仔 wɔk^{2}tshɐi^{55} 小锅

镬铲 wɔk^{2}tshan^{55} 锅铲

镬扫 wɔk^{2}ɬɐu^{13} 炊帚

柄 piaŋ^{13}

入柄 jɐp^{2}piaŋ^{13} 装上柄

妈印 ma^{33}jɐn^{33} 饼模子

饼印 piaŋ^{55}jɐn^{33}

碗 wun^{55}

碗头 wun^{55}thɐu^{22} 大碗

口盅 hɐu^{55}tsoŋ^{33} 刷牙用杯子

茶杯 tsha^{22}pui^{453} 喝茶用茶杯

冰盘 piŋ^{33}phun^{22} 碟子（装菜用）

饭壳 fan^{442}hɔk^{13} 大饭勺

粥壳 tsok^{5}hɔk^{13}

壳仔 hɔk^{13}tsɐi^{55} 勺子

匙羹 si^{22}kaŋ^{33} 调羹

箸 tsi^{442} 筷子

酒杯 tsɐu^{55}pui^{453}

酒壶 tsɐu^{55}fu^{22}

盆仔 phun^{22}tsɐi^{55} 盘子

罂仔 aŋ^{33}tsɐi^{55} 罐子

酒埕 tsɐu^{55}tshiŋ^{22} 酒坛子

酒□ tsɐu^{55}kiaŋ^{442} 酒瓶

□盖 kiaŋ^{442}kai^{13} 瓶盖儿

□窒 kiaŋ^{442}tsɐt^{5} 瓶塞

瓮 oŋ^{13} 大缸

扭开 nɐu^{453}hai^{33} 旋开盖子

扭紧 nɐu^{453}kɐn^{55} 旋上盖子

筲箕 sau^{33}ki^{33} 装饭用的竹器

瓠壳 phu^{22}hɔk^{2} 瓢

菜头刨 tshui^{33}thɐu^{22}phau^{13} 礤床

薄刀 pɔk^{2}tɐu^{33} 菜刀

磨刀 mɔ^{22}tɐu^{33}

砧板 tsam^{33}pan^{55}

水桶 sui^{55}thoŋ^{55} 挑水桶

饭桶 fan^{442}thoŋ^{55}

蒸笼 tsiŋ^{33}loŋ^{22}

米瓮 mɐi^{55}oŋ^{13} 米缸

妈□ ma^{33}liu^{453} 箅子

水瓮 sui^{55}oŋ^{13} 水缸

潲水 sau^{33}sui^{55} 泔水

潲水瓮 sau^{33}sui^{55}oŋ^{13} 泔水缸

抹台布 mat^{2}thui^{13}pu^{33} 抹布

拖布 thɔ^{33}pu^{33} 拖把

铁桶 thit^{2}thoŋ^{55} 铁桶

（四）工匠用具

刨 phau^{13} 刨子

斧头 pu^{55}thɐu^{22} 斧子

锯仔 ki^{13}tsɐi^{55} 锯子；小锯

大锯 tai^{442}ki^{13} 大锯

凿仔　tsɔk² tsɐi⁵⁵　凿子
榫头　ɬɐn⁵⁵ thɐu²²
凿窿　tsɔk² loŋ²²　榫眼
尺　tshiak²
卷尺　kin⁵⁵ tshiak²
米尺　mɐi⁴⁵³ tshiak²
九曲尺　kɐu⁵⁵ khok⁵ tshiak²　木用折叠尺
墨斗　mɐk² tɐu⁵⁵
墨线　mɐk² ɬin³³
铁钳　thit² khiam²²　钳子
咬钳　ŋau⁵⁵ khiam²²　老虎钳
铁锤　thit² tshui²²　大铁锤
铁锤仔　thit² tshui²² tsɐi⁵⁵　钉锤
扳手　pan³³ sɐu⁵⁵
螺丝　lɔ²² ɬu¹³
螺丝笔　lɔ²² ɬu¹³ pɐt⁵　螺丝批
铁钉　thit² tiaŋ⁴⁵³　钉子
洋钉　jɔŋ²² tiaŋ⁴⁵³
竹钉　tsok⁵ tiaŋ⁴⁵³
钉钉　tiaŋ⁴⁵³ tiaŋ⁴⁵³
凵钉　kham⁴⁵³ tiaŋ⁴⁵³
笼铰　loŋ³³ kau¹³　合叶
泥刀　nɐi²² tɐu³³　瓦刀
灰匙　fɐi³³ si²²　抹子
䕨板　thɔŋ³³ pan⁵⁵　泥板
木䕨　mok² thɔŋ³³
桶仔　thoŋ⁵⁵ tsɐi⁵⁵　灰兜子
铁砧　thit² tsam³³　打铁的砧子
剃刀　thɐi³³ tɐu³³
飞刀　fɐi³³ tɐu³³　推子
剪刀　tsin⁵⁵ tɐu³³　剪刀；理发剪
抹刀布　mat² tɐu³³ pu³³　鐾刀布
剃头椅　thɐi³³ thɐu²² ji⁵⁵　理发椅
车衣机　tshia³³ ji³³ ki³³　缝纫机
纺纱车　fɔŋ³³ sa³³ tshia³³　纺车
织布机　tsik⁵ pu³³ ki³³
布梭　pu³³ ɬɔ¹³　梭
弹棉　than²² min²²　弹棉花
弹弓　than²² koŋ³³　弹棉花的工具
烟叶　jiŋ³³ jip²
刨熟烟　phau²² sok² jin³³　做黄烟
刨烟机　phau²² jin³³ ki³³　做烟机
桶箍　thoŋ⁵⁵ khu¹³　加固桶的篾圈或铁圈

（五）其他生活用品

面盆　min⁴⁴² phun²²
面盆架　min⁴⁴² phun²² ka¹³
手巾　sɐu⁵⁵ kɐn³³　洗脸巾；毛巾
洗面水　ɬɐi⁵⁵ min⁴⁴² sui⁵⁵　洗脸水
脚盆　kiɔk² phun²²　澡盆；洗脚盆（女人用）
香碱　hiɔŋ³³ kam⁵⁵　香皂
咸碱　ham²² kam⁵⁵　肥皂
碱　kam⁵⁵
碱粉　kam⁵⁵ fɐn⁵⁵　洗衣粉

碱波 kam^{55} pɔ^{33} 肥皂泡

汽灯 hi^{33} tɐŋ^{33}

蜡烛 lap^{2} tsok^{5}

竹笋灯 tsok^{5} ɬɐn^{55} tɐŋ^{33} 有罩煤油灯

大灯 tai^{442} tɐŋ^{33}

灯仔 tɐŋ^{33} tsɐi^{55} 简易煤油灯

灯罩 tɐŋ^{33} tsau^{13}

灯笼 tɐŋ^{33} loŋ^{22}

灯芯 tɐŋ^{33} ɬɐm^{33} 灯草

灯油 tɐŋ^{33} jɐu^{22}

火水 fɔ^{55} sui^{55} 煤油

汽油 hi^{33} jɐu^{22}

柴油 tshai^{22} jɐu^{22}

沥青 lik^{2} tshiŋ^{33} 柏油

沥青纸 lik^{2} tshiŋ^{33} tsi$^{\cdot 55}$ 油毡

点灯 tim^{55} tɐŋ^{33}

银包 ŋɐn^{22} pau^{13} 钱包

私章 ɬu^{3} tsiɔŋ^{33}

公章 koŋ^{33} tsiɔŋ^{33}

糨糊 tsiɔŋ^{33} fu^{22}

针 tsɐm^{33}

针鼻 tsɐm^{33} pi^{442} 针鼻儿

针尾 tsɐm^{33} mi$^{\cdot 55}$ 针尖

穿针 tshin^{33} tsɐm^{33}

锥仔 ȵiui$^{\cdot 453}$ tsɐi^{55} 锥子

线 ɬin^{33}

耳挖仔 ȵi$^{\cdot 55}$ wat^{2} tsɐi^{55} 耳挖子

钩仔 ŋɐu^{33} tsɐi$^{\cdot 55}$ 钩子

鸡毛扫 kɐi$^{\cdot 33}$ mɐu^{22} ɬɐu^{33} 鸡毛掸子

葵扇 khuɐi^{22} sin^{33} 扇子

纸扇 tsi$^{\cdot 55}$ sin^{33} 折叠扇

拂扇 phut^{2} sin^{33} 扇扇

　拂风 phut^{2} foŋ^{33}

　拂凉 phut^{2} liɔŋ^{22}

□仔 thoŋ^{31} tsɐi^{55} 拐杖

□ thoŋ^{33} 直

扶手棍 fu^{22} sɐu^{55} kuɐn^{13} 弯头手杖

棍 kuɐn^{13} 棍棒

刮屎窟篾 kuat^{2} si$^{\cdot 55}$ fɐt^{2} mit^{2} 擦屁股用竹片

草纸 tshɐu^{55} tsi$^{\cdot 55}$

卫生纸 wɐi$^{\cdot 442}$ saŋ^{33} tsi$^{\cdot 55}$

布伞 pu^{33} ɬan^{55} 伞

纸伞 tsi$^{\cdot 55}$ ɬan^{55}

伞柄 ɬan^{55} piaŋ^{13}

伞骨 ɬan^{55} kuɐt^{5}

打开布伞 ta^{13} hui$^{\cdot 33}$ pu^{33} ɬan^{55} 打开伞

合紧布伞 hap^{2} kɐn^{55} pu^{33} ɬan^{55} 收伞

打伞 ta^{55} ɬan^{55} 撑伞

蓑衣 ɬɔ^{33} ji^{33}

水衣 sui^{55} ji$^{\cdot 33}$ 雨衣

九、称谓

（一）一般称谓

契弟 khɐi^{33}tai^{33} 人（不够尊敬）

男仔佬 nam^{22}tsɐi$^{\cdot 55}$lɛu^{55} 男人

老大人 lɛu^{55}tai^{442}ȵiɐn^{22} 老人

公仔 koŋ^{453}tsɐi$^{\cdot 55}$

婆人 phɔ^{13}ȵiɐn^{22} 女人；已婚女人

　女人 ȵi^{55}ȵiɐn^{22}

婆仔人 phɔ^{13}tsɐi$^{\cdot 55}$ȵiɐn^{22} 年纪大的妇女

婆仔 phɔ^{13}tsɐi^{55}

婆仔□ phɔ^{13}tsɐi^{55}khuak^{5} （不尊敬）

石女 siak^{2}ȵi^{55} 不能生小孩的女人

虾仔 ha^{453}tsɐi^{55} 婴儿

细仔 ɬɐi$^{\cdot 453}$tsɐi^{55} 小孩儿

细妹仔 ɬɐi^{453}mui$^{\cdot 453}$tsɐi^{55} 女孩儿

妹仔 mui$^{\cdot 453}$tsɐi$^{\cdot 55}$

仔 tsɐi^{55} 男孩儿

后生仔 hɛu^{31}saŋ^{33}tsɐi^{55} 小伙子

双孖仔 sɔŋ^{33}mɛ$^{\cdot 453}$tsɐi$^{\cdot 55}$ 双胞胎

龙凤胎 loŋ^{22}foŋ^{33}thui^{33}

墟地佬 hi^{13}ti$^{\cdot 442}$lɛu^{55} 城里人

　城市佬 siaŋ^{22}si$^{\cdot 31}$lɛu^{55}

做田佬 tsu^{33}thin^{22}lɛu^{55} 乡下人

一屋人 jɐt^{5}ok^{5}ȵiɐn^{22} 一家子

外来佬 ŋui$^{\cdot 442}$lui^{22}lɛu^{55} 外地人

　捞头 lau^{453}thɐu^{22}

捞妹 lau^{453}mui$^{\cdot 453}$ 外地女人

捞仔 lau^{453}tsɐi^{55} 外地男人

本地佬 pun^{55}ti$^{\cdot 442}$lɛu^{55} 本地人

外国佬 ŋui$^{\cdot 442}$kuɔk^{2}lɛu^{55} 外国人

　红毛佬 hoŋ^{22}mɛu^{22}lɛu^{55}

　红毛鬼 hoŋ^{22}mɛu^{22}kuɐi$^{\cdot 55}$

　红眼鬼 hoŋ^{22}ŋan^{55}kuɐi^{55}

时家人 si^{22}ka^{13}jiɐn^{33} 自己人

客人 hɐk^{5}jɐn^{22}

亲戚 tshɐn^{33}tshik^{5}

朋友 phɐŋ^{22}jɐu^{31}

同庚 thoŋ^{22}kaŋ^{33} 同龄人

内行佬 nui^{442}hɔŋ^{22}lɛu^{55} 内行

外行佬 ŋui^{442}hɔŋ^{22}lɛu^{55} 外行

识水佬 sik^{5}sui$^{\cdot 55}$lɛu^{55} 行家

媒人婆 mui^{22}jɐn^{22}phɔ^{22} 媒人

中间人 tsoŋ^{33}kan^{33}jiɐn^{22} 中介人

独头佬 tok^{2}thɐu^{22}lɛu^{55} 年老单身汉

　孤老佬 ku^{33}lau^{31}lɛu^{55}

独头仔 tok^{2}thɐu^{22}tsɐi$^{\cdot 55}$ 年轻单身汉

老女 lɛu^{55}ȵi$^{\cdot 55}$ 老姑娘

新妇仔 sɐn^{33}pu^{31}tsɐi$^{\cdot 55}$ 童养媳

死鬼婆 ɬi$^{\cdot 55}$kuɐi$^{\cdot 55}$phɔ^{22} 寡妇

带归仔 tai^{33}kuɐi^{33}tsɐi^{55} 再婚所带儿子

带归女 tai^{33}kuɐi^{33}ȵi^{55} 再婚所带女儿

上门佬 siɔŋ^{31}mun^{22}lɛu^{55} 入赘男人

老几 lɛu^{55}ki^{55} 婊子

鸭头 ap^{2}thɐu^{22} 男妓

情妇 tshiŋ^{22}fu^{31} 姘头

野仔 ja^{31}tsɐi^{55} 私生子

偷生仔 thɐu^{33}saŋ^{33}tsɐi^{55}

拣仔 kim^{55}tsɐi^{55} 养子

坐栏佬 tshɔ^{31}lan^{22}lɛu^{55} 囚犯

□啬佬 ŋan^{31}ɬɐt^{5}lɛu^{55} 吝啬鬼

败家仔 pai^{442}ka^{33}tsɐi^{55} 败家子

乞吃佬 hɐt^{5}hiak^{2}lɛu^{55} 乞丐

江湖佬 kɔŋ^{33}fu^{22}lɛu^{55} 走江湖的

扛棍佬 kɔŋ^{33}kuɐn^{13}lɛu^{33} 骗子

流氓头 lɐu^{22}mɔŋ^{22}thɐu^{22} 流氓

流氓仔 lɐu^{22}mɔŋ^{22}tsɐi^{55}

白拈佬 pak^{2}ȵim^{453}lɛu^{55} 扒手

贼佬 tshɐk^{2}lɛu^{55} 小偷

贼仔 tshɐk^{2}tsɐi^{55}

夜摸 ja^{442}mɔ^{453} 夜里入室偷窃的人

土匪 thu^{55}fɐi^{55}

打劫佬 ta^{13}kip^{2}lɛu^{55} 强盗

对头人 tui^{33}thɐu^{22}jɐn^{22} 仇人

仇人 tshɐu^{22}jɐn^{22}

大恩人 tai^{442}jɐn^{33}jɐn^{22} 恩人

有钱佬 jɐu^{55}tshin^{22}lɛu^{55} 富人

穷鬼 khoŋ^{22}kuɐi^{55} 穷人

下手 ha^{31}sɐu^{55} 手下人

（二）职业称谓

职工 tsik^{5}koŋ^{33} 工人

打工仔 ta^{13}koŋ^{33}tsɐi^{55} 雇工

打长工 ta^{13}tshiɔŋ^{22}koŋ^{33} 做长期工

打短工 ta^{13}tun^{55}koŋ^{33} 做短工；做零工

打杂工 ta^{13}tsap^{2}koŋ^{33}

做田佬 tsu^{33}thin^{22}lɛu^{55} 农民

生意佬 saŋ^{33}ji^{33}lɛu^{55} 商人

老板 lɛu^{55}pan^{55}

老板婆 lɛu^{55}pan^{55}phɔ^{22} 老板娘

徒弟 thu^{22}tɐi^{31} 学徒

客仔 hak^{2}tsɐi^{55} 顾客

小贩 ɬiu^{13}fan^{13} 摊贩

先生 ɬin^{33}saŋ^{33} 私塾先生；医生

老师 lɛu^{55}ɬu^{33}

医生 ji^{33}saŋ^{33}

书房仔 si^{33}fɔŋ^{22}tsɐi^{55} 学生

学生 hɔk^{2}saŋ^{13}

同学 thoŋ^{22}hɔk^{2}

屋主 ok^{5}tsi^{55} 房东

赌鬼 tu^{55}kuɐi^{55} 赌徒

中间人 tsoŋ^{33}kan^{33}ȵiɐn^{22} 调节人

木工佬 mok^{2}koŋ^{33}lɛu^{55} 木匠；桶匠

泥水佬 nɐi^{22}sui^{55}lɛu^{55} 泥水匠

做砖佬 tsu^{33}tsin^{33}lɛu^{55} 烧砖瓦的人

做瓦佬 tsu^{33}ŋa^{55}lɛu^{55}

打铁佬 ta^{13}thit^{2}lɛu^{55} 铁匠

补镬佬 pu^{55}wɔk^{2}lɛu^{55} 补锅的

车衣佬 tshia^{33}ji^{33}lɛu^{55} 裁缝

剃头佬 thɐi^{33}thɐu^{22}lɛu^{55} 理发员

担盐佬 tam^{33}jim^{22}lɛu^{55} 挑盐走卖的人

劏猪佬　thɔŋ^{33}tsi^{33}lɛu^{55}　屠户

打担脚佬　ta^{13}tam^{13}kiɔk^{2}lɛu^{55}　脚夫；挑夫

扛轿佬　kɔŋ^{13}kiu^{442}lɛu^{55}　轿夫

撑船佬　tshaŋ^{33}sin^{22}lɛu^{55}　艄公

牛中佬　ŋɐu^{22}tsoŋ^{33}lɛu^{55}　买卖牛的中介人

猪中佬　tsi^{33}tsoŋ^{33}lɛu^{55}　买卖猪的中介人

疍家佬　tan^{442}ka^{33}lɛu^{55}　生活在船上的人

大叔　tai^{442}sok^{5}　管家

伙计　fɔ^{55}ki^{33}

炒餸佬　tshau^{55}ɬoŋ^{13}lɛu^{55}　厨师

新手仔　ɬɐn^{33}sɐu^{55}tsɐi^{55}　新手

老手　lɛu^{55}sɐu^{55}

妹仔　mui^{453}tsɐi^{55}　丫环；仆人

和尚佬　wɔ^{22}siɔŋ^{442}lɛu^{55}　和尚

尼姑婆　nɐi^{22}ku^{33}phɔ^{22}　尼姑

道公佬　tɛu^{31}koŋ^{33}lɛu^{55}　道士

算命先生　ɬun^{33}miaŋ^{442}ɬin^{33}saŋ^{33}

　算命佬　ɬun^{33}miaŋ^{442}lɛu^{55}

风水先生　foŋ^{33}sui^{55}ɬin^{33}saŋ^{33}

　风水佬　foŋ^{33}sui^{55}lɛu^{55}

　地理　ti^{42}li^{55}

　国师　kuɔk^{2}ɬi^{33}

哭奶　hok^{5}nai^{31}　代人哭死人的妇女

庙祝公　miu^{442}tsok^{5}koŋ^{453}　管理寺庙者

送信佬　ɬoŋ^{33}ɬɐn^{33}lɛu^{55}　邮差

搭客佬　tap^{2}hak^{2}lɛu^{55}　开摩托营运的人

膏药佬　kɛu^{33}jɔk^{2}lɛu^{55}　卖狗皮膏药的人

十、亲属

（一）长辈

文辈　wɐn^{22}pui^{33}　辈分

老大人　lɛu^{55}tai^{442}jɐn^{22}　长辈；老人

同辈　thoŋ^{22}pui^{33}

晚辈　man^{31}pui^{33}

太公　thai^{33}koŋ^{33}　曾祖父

太婆　thai^{33}phɔ^{22}　曾祖母

阿公　a^{33}koŋ^{453}　祖父

　公　koŋ^{453}

阿姐　a^{33}tsia^{453}　祖母

　姐　tsia^{453}

姐公　tsia^{55}koŋ^{453}　外祖父

姐婆　tsia^{55}phɔ^{22}　外祖母

阿爸阿母　a^{33}pa^{453}a^{33}mai^{13}　父母亲

　阿爸阿奶　a^{33}pa^{453}a^{33}nɛn^{453}

阿爸　a^{33}pa^{453}　背称、面称父亲

　阿叔　a^{33}sok^{5}

　阿哥　a^{33}kɔ^{453}

阿母　a^{33}mai^{13}　面称、背称母亲

　阿妈　a^{33}ma^{453}

　阿奶　a^{33}nɐn^{453}

　阿婶　a^{33}sɐm^{13}

　阿姨　a^{33}ji^{13}

外父佬　ŋui^{442}fu^{31}lɛu^{55}　背称岳父

阿公　a^{33}koŋ^{453}　面称岳父

　阿叔　a^{33}sok^{5}

外父婆　ŋui^{442}fu^{31}phɔ^{22}　背称岳母

阿太　a^{33}thai^{33}　面称岳母

　阿婶　a^{33}sɐm^{13}

家公　ka^{33}koŋ^{33}　背称公公

阿爸　a^{33}pa^{453}　面称公公

家婆　ka^{33}phɔ^{22}　背称婆婆

阿姐　a^{33}tsia^{453}　面称婆婆

后来母　hɐu^{31}lai^{22}mai^{13}　继母

后来爹　hɐu^{31}lai^{22}tia^{453}　继父

阿爷　a^{33}ja^{13}　伯父

阿奶　a^{33}nai^{453}　伯母

阿叔　a^{33}sok^{5}　叔父

阿婶　a^{33}sɐm^{55}　叔母

舅爹　khɐu^{13}tia^{453}　舅父（比母亲年纪大）

阿舅　a^{33}khɐu^{13}　舅父（比母亲年纪小）

舅奶　khɐu^{13}nai^{453}　舅母（比母亲年纪大）

阿妗　a^{33}khɐm^{13}　舅母（比母亲年纪小）

舅公　khɐu^{13}koŋ^{33}

舅婆　khɐu^{13}phɔ^{22}

□奶　pu^{442}nai^{453}　大姑；大姨

阿姑　a^{33}ku^{453}　小姑

阿姨　a^{33}ji^{13}　姨妈

□爹　pu^{442}tia^{453}　大姑夫；大姨夫

姑爷　ku^{33}ja^{22}　小姑夫

姨爹　ji^{13}tia^{453}　小姨夫

姑婆爷　ku^{33}phɔ^{22}ja^{22}　姑爷爷

姑婆　ku^{33}phɔ^{22}　姑奶奶

□婆公　pu^{442}phɔ^{22}koŋ^{33}　姨爷爷

□婆　pu^{442}phɔ^{22}　大姑；姨奶奶

（二）平辈

老公　lɛu^{55}koŋ^{13}　夫

老婆　lɛu^{55}phɔ^{13}　妻

　婆　phɔ^{13}

阿姐　a^{33}tsɛ^{55}　小老婆

阿爹　a^{33}tia^{453}　大伯子

阿叔　a^{33}sok^{5}　小叔子

大舅佬　tai^{442}khɐu^{13}lɛu^{55}　内兄

细舅　ɬɐi^{453}khɐu^{13}　内弟

细姨　ɬɐi^{453}ji^{13}　小姨子

姊妹　tsi^{55}mui^{442}

大哥　tai^{442}kɔ^{13}　哥哥

　大哥　tai^{442}kɔ^{453}

大嫂　tai^{442}ɬɛu^{55}　嫂子

老弟　lɛu^{55}thɐi^{31}　弟弟

细婶　ɬɐi^{453} sɐm^{55}　弟媳

大姊　tai^{442}tsi^{55}　姐姐

姊夫　tsi^{55}fu^{33}　姐夫

老妹　lɛu^{55} mui^{453}　妹妹

妹夫　mui$^{\cdot 442}$fu^{33}

叔伯兄弟　sok^{5} pak^{5} hiŋ^{33} thɐi^{31}　堂兄弟

叔伯大哥　sok^{5}pak^{5}tai^{442}kɔ^{13}　堂兄

叔伯老弟　sok^{5} pak^{5} lɛu^{55} thɐi$^{\cdot 31}$　堂弟

叔伯姊妹　sok^{5} pak^{5} tsi$^{\cdot 453}$ mui^{442}　堂姊妹

叔伯大姊　sok^{5}pak^{5}tai$^{\cdot 442}$tsi$^{\cdot 453}$　堂姐

叔伯老妹　sok^{5} pak^{5} lɛu^{55} mui$^{\cdot 442}$　堂妹

两表　liɔŋ^{55}piu^{55}　表兄弟

表哥　piu^{55}kɔ^{453}　表兄

表嫂　piu^{55}ɬɛu^{55}

表弟　piu^{55}thɐi^{31}

表姊表妹　piu^{55}tsi$^{\cdot 55}$ piu^{55} mui$^{\cdot 453}$　表姊妹

表姊　piu^{55}tsi$^{\cdot 55}$　表姐

表妹　piu^{55}mui^{453}

（三）晚辈

仔女　tsɐi^{55} ȵi$^{\cdot 55}$　子女

仔孙　tsɐi^{55}ɬɐn^{33}　子孙

大仔　tai^{442}tsɐi^{55}　大儿子

细仔　ɬɐi$^{\cdot 55}$tsɐi$^{\cdot 55}$　小儿子

𥝩仔　lɐi$^{\cdot 453}$tsɐi$^{\cdot 55}$　最后生的儿子

　晚仔　man^{31}tsɐi$^{\cdot 55}$

过房　kuɔ^{33}fɔŋ^{22}　过继来的儿子

新妇　ɬɐn^{33}fu^{13}　儿媳妇

妹仔　mui$^{\cdot 453}$tsɐi$^{\cdot 55}$　女儿

阿郎　a^{33}lɔŋ^{22}　女婿

孙仔　ɬɐn^{33}tsɐi$^{\cdot 55}$　孙子

孙新妇　ɬɐn^{33}ɬɐm^{33}phu^{442}　孙媳妇

孙女　ɬɐn^{33}ȵi^{55}

孙女郎　ɬɐn^{33}ȵi$^{\cdot 55}$lɔŋ^{22}　孙女婿

塞仔　ɬɐt^{5}tsɐi^{55}　重孙

塞女　ɬɐt^{5}ȵi^{55}　重孙女

□　laŋ^{453}　玄孙

外孙　ŋui$^{\cdot 442}$ɬan^{33}　外孙；外甥

外孙女　ŋui$^{\cdot 442}$ɬan^{33} ȵi$^{\cdot 55}$　外孙女；外甥女

侄仔　tsɐt^{2}tsɐi$^{\cdot 55}$　侄子

侄女　tsɐt^{2}ȵi$^{\cdot 55}$

乔兄乔弟　khiu^{22}hoŋ^{33}khiu^{22}thɐi$^{\cdot 31}$　连襟

　偷狗　thɐu^{33}kɐu^{55}

　两偷　liɔŋ^{55}thɐu^{33}

亲家　tshɐn^{33}ka^{33}

上门亲家（男家）　siɔŋ^{31} mun^{22} tshɐn^{33}ka^{13}

下门亲家（女家）　ha^{31} mun^{22} tshɐn^{33}ka^{13}

阿姐　a^{33}tsia^{453}　亲家母

外母　ŋui$^{\cdot 442}$ mu^{31}

阿公　a^{33}koŋ^{453}　亲家翁

外公　ŋui$^{\cdot 442}$ koŋ^{33}

（四）其他

外家 ŋui^{442}ka^{33} 媳妇家；女家

隔离屋 kak^{2}li^{22}ok^{5} 邻居

十一、身体

（一）五官

身体 sɐn^{33}thɐi^{55}

身材 sɐn^{33}tshui^{22}

全身 tsin^{55}sɐn^{33} 浑身

周身 tsɐu^{33}sɐn^{33}

头壳 thɐu^{22}hɔk^{13} 头

光头 kuɔŋ^{453}thɐu^{22} 光头；秃头

头壳顶 thɐu^{22}hɔk^{13}tiaŋ^{55} 头顶

后托 hɐu^{31}thɔk^{2} 后脑勺子

后颈窟 hɐu^{31}kiaŋ^{33}fɐt^{5} 后颈窝

颈骨 kiaŋ^{33}kuɐt^{5} 颈

头毛 thɐu^{22}mɐu^{22} 头发

头转 thɐu^{22}tsin^{442} 头发旋

漏头毛 lɐu^{442}thɐu^{22}mɐu^{22} 掉头发

白头毛 pak^{2}thɐu^{22}mɐu^{22} 白头发

白头 pak^{2}thɐu^{22}

头皮 thɐu^{22}phi^{22} 头屑

额头 ŋak^{2}thɐu^{22}

囟门 ɬɐn^{33}mun^{22}

鬓仔 pɐn^{33}tsɐi^{55} 鬓角

髻 kɐi^{33}

毛罩 mɐu^{22}tsau^{13} 刘海儿

面 min^{442} 脸

面骨 min^{442}kuɐt^{5} 颧骨

烧酒窟 siu^{33}tsɐu^{55}fɐt^{5} 酒窝

鼻公沟 pi^{442}koŋ^{453}kɐu^{33} 人中

硬腮 ŋaŋ^{55}ɬui^{33} 腮帮子

眼 ŋan^{55} 眼睛

眼光 ŋan^{55}kuɔŋ^{453} 眼尖

塌眼 thap^{2}ŋan^{55} 眼睛凹陷

细眼 ɬɐi^{453}ŋan^{55} 眼睛小

眼眶 ŋan^{55}khuɔŋ^{453}

眼仁 ŋan^{55}ŋan^{13} 眼珠儿

白眼滩 pak^{2}ŋan^{55}than^{33} 白眼珠儿

眼公仔 ŋan^{55}koŋ^{453}tsɐi^{55} 瞳人儿

眼尾 ŋan^{55}mi^{55} 眼角儿（靠耳）

眼头 ŋan^{55}thɐu^{22} 大眼角（靠鼻）

眼汁 ŋan^{55}tsɐp^{5} 眼泪

眼屎 ŋan^{55}si^{55}

眼皮 ŋan^{55}phi^{22}

单眼皮 tan^{33}ŋan^{55}phi^{22}

双眼皮 sɔŋ^{33}ŋan^{55}phi^{22}

眼泡 ŋan^{55}phau^{13}

眼眉毛 ŋan^{55}mi^{22}mɐu^{22} 眉毛

眼毛 ŋan^{55}mɐu^{22} 睫毛

眼跳 ŋan^{55}thiu^{33} 眼皮跳

左眼跳跳三碗饭 tsɔ^{55}ŋan^{55}thiu^{33}

thiu^{33}ɬam^{33}wun^{55}fan^{442}　左眼跳财

右眼跳跳三条棍　jɐu^{442} ŋan^{55} thiu^{33} thiu^{33}ɬam^{33}thiu^{22}kuɐn^{13}　右眼跳灾

皱额头　ŋ̊iɐu^{33}ŋak^{2}thɐu^{22}　皱眉头

　皱眼头　ŋ̊iɐu^{453}ŋan^{55}thɐu^{22}

皱纹　ŋ̊iɐu^{33}mɐn^{22}

鼻公　pi^{442}koŋ^{453}　鼻子

鼻水　pi^{442}sui^{55}　鼻涕

擤鼻　ɬɐŋ^{55}pi^{442}　擤鼻涕

缩鼻　ɬɔk^{2}pi^{442}　吸（鼻涕）

鼻屎　pi^{442}si^{55}

鼻公毛　pi^{442}koŋ^{453}mɐu^{22}　鼻毛

鼻公头　pi^{442}koŋ^{453}thɐu^{22}　鼻子尖儿

鼻梁　pi^{442}liɔŋ^{22}　鼻梁儿

鼻利　pi^{442}li^{442}　鼻子尖（嗅觉好）

扁鼻　pɛn^{55}pi^{442}　塌鼻子

鼻窿　pi^{442}loŋ^{22}　鼻孔

勾鼻　ŋɐu^{453}pi^{442}　抠鼻子

口　hɐu^{55}　嘴

口唇　hɐu^{55}sɐn^{22}　嘴唇儿

口水　hɐu^{55}sui^{55}　唾沫

漏口水　lɐu^{33}hɐu^{55}sui^{55}　流口水

舌头　sit^{2}thɐu^{22}

舌头□　sit^{2}thɐu^{22}mun^{31}　舌苔

大舌头　tai^{442}sit^{2}thɐu^{22}

牙　ŋa^{22}　牙齿

门牙　mun^{22}ŋa^{22}

牙乸　ŋa^{22}na^{13}　毋牙

韶牙　sau^{442}ŋa^{22}　向外突的牙

狗牙　kɐu^{55}ŋa^{22}　犬牙

牙裂　ŋa^{22}lɛ^{453}　牙缝

牙屎　ŋa^{22}si^{55}　牙垢

牙床　ŋa^{22}tshɔŋ^{22}

虫蛀牙　tshoŋ^{22}tsi^{33}ŋa^{22}　虫牙

出牙　tshɐt^{5}ŋa^{22}　（小孩）长牙

奶牙　nɛn^{33}ŋa^{22}　乳牙

换牙　wun^{442}ŋa^{22}

脱牙　thut^{2}ŋa^{22}　掉牙

搣牙　mɐŋ^{33}ŋa^{22}　拔牙

镶牙　ɬiɔŋ^{33}ŋa^{22}

金牙　kɐm^{33}ŋa^{22}

脱交　thut^{2}kau^{13}　牙龈脱臼

耳仔　ŋ̊i^{55}tsɐi^{55}　耳朵

耳窿　ŋ̊i^{55}loŋ^{33}　耳朵眼儿

耳屎　ŋ̊i^{55}si^{55}

挖耳屎　wat^{5}ŋ̊i^{55}si^{55}

耳背　ŋ̊i^{55}pui^{33}　耳聋

耳利　ŋ̊i^{55}li^{442}　听觉好

耳垂　ŋ̊i^{55}tshui^{22}

下额　ha^{31}ŋak^{2}　下巴

喉咙　hɐu^{22}loŋ^{22}

须　ɬu^{33}　胡子

八字须　pat^{2}tsu^{442}ɬu^{33}　八字胡

（二）手、脚、胸、背

肩头　kin^{33}thɐu^{22}　肩膀

肩颈骨　kin^{33}kiaŋ^{55}kuɐt^{5}　肩胛骨

手骨　sɐu^{55}kuɐt^{5}　胳膊

鸡仔肉　ki^{33}tsɐi$^{\cdot 55}$ȵiok^{2}　臂肌

手踭突　sɐu^{55}tsaŋ^{33}thut^{2}　胳膊肘

旮旯　ka^{33}lɔ^{453}　胳肢窝

手腕　sɐu^{55}wun^{55}　手腕子

手　sɐu^{44}

左手　tsɔ^{55}sɐu^{55}

右手　jɐu^{442}sɐu^{55}

手指头　sɐu^{55}tsi$^{\cdot 55}$thɐu^{22}

手指裂　sɐu^{55}tsi$^{\cdot 55}$lɛ^{453}　手指缝儿

趼　kan^{55}　手趼子

手指头　sɐu^{55}tsi$^{\cdot 55}$thɐu^{22}　大拇指

吃指　hiak^{2}tsi$^{\cdot 55}$　食指

中指　tsoŋ^{33}tsi$^{\cdot 55}$

手指⿰禾盡　sɐu^{55}tsi$^{\cdot 55}$lɐi$^{\cdot 453}$　小拇指

手指甲　sɐu^{55}tsi$^{\cdot 55}$kap^{2}　指甲

甲仁　kap^{13}ŋan^{22}　指甲心儿

剪手甲　tsin^{55}sɐu^{55}kap^{13}　剪手指甲

手指腡　sɐu^{55}tsi$^{\cdot 55}$lɔ^{13}　手指头肚儿

腡　lɔ^{13}　指纹；封闭性腡，像斗形；没有封闭的腡

拳头　khin^{22}thɐu^{22}

手巴掌　sɐu^{55}pa^{33}tsiɔŋ^{55}　巴掌

手心　sɐu^{55}ɬɐm^{33}

手背　sɐu^{55}pui$^{\cdot 33}$

脱骨　thut^{2}kuɐt^{5}　脱臼

脚　kiɔk^{2}　腿

大髀　tai$^{\cdot 442}$pi$^{\cdot 442}$　大腿

大髀根　tai$^{\cdot 442}$pi$^{\cdot 442}$kɐn^{33}　大腿根儿

脚骨　kiɔk^{2}kuat^{2}　小腿；胫骨

脚□肚　kiɔk^{2}tam^{453}tu^{55}　腿肚子

□　tam^{453}　凸起

脚□头　kiɔk^{2}lat^{2}thɐu^{22}　膝盖

脚趾头　kiɔk^{2}tsi$^{\cdot 55}$thɐu^{22}　脚趾

脚趾甲　kiɔk^{2}tsi$^{\cdot 55}$kap^{2}　脚趾甲

脚踭头　kiɔk^{2}tsaŋ^{33}thɐu^{22}　脚跟

脚眼　kiɔk^{2}ŋan^{55}　脚踝骨

脚背脊　kiɔk^{2}pui$^{\cdot 33}$tsiak^{13}　脚背

脚板　kiɔk^{2}pan^{55}　脚掌

脚肚　kiɔk^{2}tu^{55}　脚心

鸭㜷脚　ap^{2}na^{55}kiɔk^{2}　平脚板（脚趾叉开）

斤脚　kɐn^{453}kiɔk^{2}　正常脚板

大脚板　tai$^{\cdot 442}$kiɔk^{2}pan^{55}

脚尖　kiɔk^{2}tsim^{453}

打白脚　ta^{13}pak^{2}kiɔk^{2}　赤脚

脚印　kiɔk^{2}jɐn^{33}

鸡眼　kɐi$^{\cdot 33}$ŋan^{55}　鸡眼

屎窟　si$^{\cdot 55}$fɐt^{5}　屁股

屎窟臀　si$^{\cdot 55}$fɐt^{5}thɐn^{22}　屁股蛋儿

屎窟沟　si$^{\cdot 55}$fɐt^{5}kɐu^{33}　屁股沟儿

屎窟窿　si$^{\cdot 55}$fɐt^{5}loŋ^{33}　肛门

蛤仔骨　kɐp^{5}tsɐi$^{\cdot 55}$kuɐt^{5}　尾骨

裤裆　fu^{13}nɔŋ^{22}　胯裆

□　tshuat^{2}　男阴

鸡仔　kɐi$^{\cdot 33}$tsɐi$^{\cdot 55}$　鸡鸡

□　hɐi^{33}　女阴

□毛　tshuat^{2}mɐu^{22}　阴毛

　□毛　hɐi^{33}mɐu^{22}

鸟□　tiu^{55}hɐi^{33}　交合

□□　tshuat^{2}san^{13}　精液

　□屎　tshuat^{2}si^{55}

心口　ɬɐm^{33}hɐu^{55}

胸头　hoŋ^{33}thɐu^{22}　胸脯

旮旯骨　ka^{33}lɔ^{453}kuɐt^{5}　肋骨

奶　nɐn^{453}　乳房

奶汁　nɐn^{453}tsɐp^{5}　乳汁

肚　tu^{55}　肚子

小肚　ɬiu^{55}tu^{55}　小肚子

肚脐菇　tu^{55}si^{22}ku^{453}　肚脐

腰骨　jiu^{33}kuɐt^{5}　腰

背脊　pui^{33}tsiak^{13}　背

背脊骨　pui^{33}tsiak^{13}kuɐt^{5}　脊梁骨

屎窟光光　si^{55}fɐt^{5}kuɔŋ^{453}kuɔŋ^{453}　光屁股

无着衫　mɐu^{22}tsiɔk^{2}ɬam^{13}　打赤膊

（三）其他

汗毛　hun^{33}mɐu^{22}　寒毛

毛头时　mɐu^{22}thɐu^{22}si^{22}　寒毛眼儿

痣　ki^{13}

骨头油　kuɐt^{5}thɐu^{22}jɐu^{22}　骨髓

筋　kɐn^{33}

血　hit^{2}

脉　mak^{2}

内脏　nui^{31}tsɔŋ^{442}　五脏

肠　tshiɔŋ^{22}

大肠　tai^{442}tshiɔŋ^{22}

盲肠　maŋ^{22}tshiɔŋ^{22}

肺　fɐi^{33}

肝　kun^{33}

心　ɬɐm^{33}

肾　sɐn^{33}

十二、疾病、医疗

（一）一般用语

病　piaŋ^{442}

细病　ɬɐi^{453}piaŋ^{442}　小病

大病　tai^{442}piaŋ^{442}　重病

病轻　piaŋ^{442}hiaŋ^{33}

病好　piaŋ^{442}hɐu^{55}

吆医生　ɛu^{453}ji^{33}saŋ^{33}　请医生

睇病　thɐi^{13}piaŋ^{442}　治病

打脉　ta^{13}mak^{2}　号脉

开药单　hui^{33}jɔk^{2}tan^{33}　开药方子

秘方　pi^{33}fɔŋ^{33}　偏方儿

捡药 kim^{55}jɔk^{2} 抓中药

买药丸 mai^{31}jɔk^{2}jin^{22} 买西药

药材铺 jɔk^{2}tshui^{22}phu^{442} 中药药房

药店 jɔk^{2}tim^{33} 西药房

煲药 pɛu^{33}jɔk^{2} 煎药

寒凉水 hun^{22}liɔŋ^{22}sui^{55} 凉茶

饭镬 fan^{442}wɔk^{2} 饭锅

饭煲 fan^{442}pɛu^{33}

药煲 jɔk^{2}pɛu^{33} 药罐子

药膏 jɔk^{2}kɛu^{33} 西药药膏

膏药 kɛu^{33}jɔk^{2} 中药药膏

药粉 jɔk^{2}fɐn^{55} 药面儿

粘药 nɛm^{22}jɔk^{2} 上药

涂药 thu^{22}jɔk^{2} 搽药膏

撒药 ɬat^{2}jɔk^{2}

去风 hi^{33}foŋ^{33}

漏汗 lɐu^{33}hun^{442} 发汗

去风湿 hi^{33}foŋ^{33}ɬɐp^{5} 去湿

降火 kɔŋ^{33}fɔ^{55} 去火

去毒 hi^{33}tok^{2}

肚滞 tu^{55}tsɐi^{442} 不消化；积滞

打针 ta^{13}tsɐm^{33} 扎针

抢救 tshiɔŋ^{55}kɐu^{33}

打干针 ta^{13}kun^{33}tsɐm^{33} 针灸

火烧艾 fɔ^{55}siu^{33}ŋai^{31} 用艾草烧患处的医疗方法

艾火窟 ŋai^{31}fɔ^{55}fɐt^{5} 艾火烧过的痕迹

生肥 saŋ^{33}fɐi^{22} 长胖

瘦诶 ɬɐu^{33}ɛ^{33} 消瘦

旺血 wɔŋ^{442}hit^{2} 使血气旺盛

（二）内科

肚屙 tu^{55}ɔ^{3} 泻肚

受冷 sɐu^{31}laŋ^{31} 着凉

漏鼻水 lɐu^{33}pi^{442}sui^{55} 流鼻涕

鼻塞 pi^{442}ɬɐt^{5} 齉鼻儿

发高烧 fat^{2}kɛu^{33}siu^{33} 发烧

感冒 kam^{55}mɛu^{442}

打阿□ ta^{13}a^{33}tshiu^{31} 打喷嚏

咳 khɐk^{5} 咳嗽

痰 tham^{22}

吐痰 thu^{55}tham^{22}

 呕痰 ɐu^{55}tham^{22}

气顶 hi^{33}tiŋ^{55} 气喘

中暑 tsoŋ^{33}si^{55}

上火 siɔŋ^{31}fɔ^{55}

肚痛 tu^{55}thoŋ^{33} 肚子疼

心口痛 ɬɐm^{33}hɐu^{55}thoŋ^{33} 胸口疼

头晕 thɐu^{22}wɐn^{33}

头痛 thɐu^{22}thoŋ^{33}

掹瘕 mɐŋ^{33}ha^{33} 哮喘

气紧 hi^{33}kɐn^{55} 呼吸紧张

晕车 wɐn^{22}tshia^{33}

晕船 wɐn^{33}sin^{22}

心酸 ɬɐm^{33}ɬun^{33} 恶心

呕 ɐu^{55} 呕吐

霍乱 khɔk^{2}lun^{442}

发人头瘟 fat^{2}jɐn^{22}thɐu^{22}wɐn^{33}

发瘟

发瘟鸡　fat^{2}wɐn^{33}kɐi^{33}　鸡发瘟

发猪瘟　fat^{2}tsi^{33}wɐn^{33}　猪发瘟

瘟鬼　wɐn^{33}kuɐi^{55}　瘟神

打□　ta^{13}jɔk^{2}　打嗝；干哕

吊气　tiu^{33}hi^{33}　疝气

发冷　fat^{2}laŋ^{31}　发疟子；发冷

出麻仔　tshɐt^{5}ma^{22}tsɐi^{55}　出麻疹

种痘　tsoŋ^{33}tɐu^{13}

出水痘　tshɐt^{5}sui^{55}tɐu^{13}　出天花

伤寒　siɔŋ^{33}hun^{22}

麻风　ma^{22}foŋ^{33}

黄种病　wɔŋ^{22}tsoŋ^{55}piaŋ^{442}　黄疸

肝炎　kun^{33}ȵim^{22}

肺炎　fɐi^{33}ȵim^{22}

鼻炎　pi^{442}ȵim^{22}

胃病　wɐi^{33}piaŋ^{442}

阑尾炎　lam^{442}mi^{55}ȵim^{22}　盲肠炎

肺痨　fɐi^{33}lau^{22}　痨病（肺结核）

过人　kuɔ^{33}ȵiɐn^{22}　传染

（三）外科

跌伤　tap^{2}siɔŋ^{33}

碰伤　phoŋ^{442}siɔŋ^{33}　撞伤

□伤　ŋɔ^{453}siɔŋ^{33}　扭伤

打穿头壳　ta^{13}tshin^{33}thɐu^{22}hɔk^{13}　打破头

打烂头壳　ta^{13}lan^{442}thɐu^{22}hɔk^{13}

起鸡乸皮　hi^{55}kɐi^{33}na^{55}phi^{22}　起鸡皮疙瘩

泡　pau^{13}

起泡　hi^{55}phau^{13}

核仔　wɐt^{2}tsɐi^{55}　肿瘤

肿瘤　tsoŋ^{55}lɐu^{22}

癌　ŋam^{22}　癌症

奶癌　nɛn^{453}ŋam^{22}　乳腺癌

疮仔　tshɔŋ^{33}tsɐi^{55}　疖子

□　pok^{2}　包（隆起物）

脚气　kiɔk^{2}hi^{33}

爆裂　pau^{453}lɛ^{453}　（皮肤冻得）开裂

擉口仔　tok^{5}hɐu^{55}tsɐi^{55}　刺个口子

漏血　lɐu^{33}hit^{2}　出血

积血　tsik^{5}hit^{2}　淤血

肿　tsoŋ^{55}　红肿

烂　lan^{442}　腐烂；溃疡

贡脓　koŋ^{55}noŋ^{22}　灌脓

结茧　kit^{2}kan^{55}　结痂

痕　hɐn^{22}　疤

猪头□　tsi^{33}thɐu^{22}ŋaŋ^{22}　腮腺炎

生疮　saŋ^{33}tshɔŋ^{13}　长疮

疔疮　tiaŋ^{33}tshɔŋ^{13}　疔

生疔疮　saŋ^{33}tiaŋ^{33}tshɔŋ^{13}　长疔

痔疮　tsi^{442}tshɔŋ^{33}

癞渣　lai^{33}tsa^{33}　疥疮

狗癣　kɐu^{55}ɬin^{55}　癣

生狗癣　saŋ^{33}kɐu^{55}ɬin^{55}　生癣

咸癣 ham^{22}ɬin^{55} 皮肤脏引起的癣

对门癣 tui^{33}mun^{22}ɬin^{55} 对称的癣

砧板癣 tsam^{33}pan^{55}ɬin^{55} 接触砧板引起的癣

脚癣 kiɔk^{2}ɬin^{44}

鸡屎□ kɐi^{33}si^{55}nɐt^{5} 瘌痢头

□仔 lau^{13}tsɐi^{55} 痱子

黑斑 hɐk^{5}pan^{33} 雀斑

痘 tɐu^{13} 粉刺

臭马汗 tshɐu^{33}ma^{31}hun^{442} 狐臭

口臭 hɐu^{55}tshɐu^{33}

□ hai^{22} 痒

（四）残疾

鸭公声 ap^{2}koŋ^{13}siaŋ^{33} 公鸭嗓儿

独眼 tok^{2}ŋan^{55} 一只眼儿

近视眼 khɐn^{31}si^{442}ŋan^{55}

远视眼 jin^{55}si^{442}ŋan^{55}

老花眼 lɐu^{55}fa^{33}ŋan^{55}

斜眼 tshia^{22}ŋan^{55} 斜视

生耳□ saŋ^{33}ȵi^{55}aŋ^{453} 生中耳炎

发死 fat^{2}si^{55} 癫痫

风瘫 foŋ^{33}than^{33} 中风

跛脚 pai^{442}kiɔk^{2} 瘸子

跛仔 pai^{442}tsɐi^{55}

发大□ fat^{2}tai^{442}ŋa^{31} 罗圈腿

哑佬 a^{55}lɐu^{55} 哑巴

哑佬结 a^{55}lɐu^{55}kɐt^{5} 结巴

背隆佬 pui^{33}loŋ^{22}lɐu^{55} 驼背

耳聋佬 ȵi^{55}loŋ^{22}lɐu^{55} 聋子

眼盲佬 ŋan^{55}maŋ^{22}lɐu^{55} 瞎子

憨仔 ŋɔŋ^{453}tsɐi^{55} 傻子

癫仔 tin^{33}tsɐi^{55} 疯子

捞手佬 lau^{453}sɐu^{55}lɐu^{55}

光头佬 kuɔŋ^{453}thɐu^{22}lɐu^{55} 秃子

天花面 thin^{33}fa^{33}min^{442} 麻子

缺口 khit^{2}hɐu^{55} 豁唇子

缺牙 khit^{2}ŋa^{22} 豁牙子

十一□ sɐp^{2}jɐt^{5}liau^{453} 六指儿

左手□ tsɔ^{55}sɐu^{55}liau^{453} 左撇子

十三、衣服、穿戴

（一）服装

扮靓 pan^{442}liaŋ^{442} 穿戴；打扮

衫裤 sam^{13}fu^{13} 衣服

西装 ɬɐi^{33}tsɔŋ^{33}

长衫 tshiɔŋ^{22}sam^{13} 长袍

笠褂　lɐp^{2}kua^{453}　背心；马褂

笠大　lɐp^{2}tai^{442}

棉衫　min^{22}sam^{13}　短棉衣

大褛　tai^{442}lau^{453}　大衣

皮衫　phi^{22}sam^{13}　皮袄

衫　sam^{13}　上衣

面衫　min^{442}sam^{13}　外衣

冷衫　laŋ^{55}sam^{13}　毛衣

打冷衫　ta^{13}laŋ^{55}sam^{13}　织毛衣

冷线　laŋ^{55}ɬin^{33}　毛线

补衲　pu^{55}na^{453}　打补丁；补丁

风领　foŋ^{33}liaŋ^{31}　领子

衫袖　sam^{13}tsɐu^{442}　袖子

长袖　tshiɔŋ^{22}tsɐu^{442}

短袖　tun^{55}tsɐu^{442}

□　ja^{31}　挽（袖子）

捋　lut^{2}　捋（袖子）

裙　khuɐn^{22}　裙子

裤　fu^{13}　裤子

上头裤　siɔŋ^{31}thɐu^{22}fu^{13}　掩腰库

裤头带　fu^{13}thɐu^{22}tai^{13}　腰带

底裤　tɐi^{55}fu^{13}　裤衩儿

裤头□　fu^{13}thɐu^{22}lui^{453}　短裤

□　lui^{453}　短小

开裆裤　hui^{33}nɔŋ^{31}fu^{13}

裤裆　fu^{13}nɔŋ^{31}

裤头　fu^{13}thɐu^{22}　裤腰

裤脚　fu^{13}kiɔk^{2}　裤腿儿

衫袋　sam^{13}tui^{442}　口袋

裤袋　fu^{13}tui^{442}

衫纽　sam^{13}nɐu^{453}　纽扣

纽　nɐu^{453}　扣襻

纽窿　nɐu^{453}loŋ^{22}　扣眼儿

□纽　pɐt^{5}nɐu^{33}　按扣

系紧　kɐi^{33}kɐn^{55}　扣扣子

裂　lit^{2}　（衣服）裂缝

皱　ȵiɐu^{453}　（衣服）褶皱

（二）鞋帽

鞋　hai^{22}

拖鞋　thɔ^{33}hai^{22}

皮鞋　phi^{22}hai^{22}

草鞋　tshɛu^{55}hai^{22}

解放鞋　kai^{22}fɔŋ^{33}hai^{22}

布仔鞋　pu^{33}tsɐi^{55}hai^{22}　布底鞋

水鞋　sui^{55}hai^{22}　雨鞋

木屐　mok^{2}kiak^{2}　木屐

鞋底　hai^{22}tɐi^{55}　鞋底儿

鞋掩　hai^{22}jim^{33}　鞋帮儿

鞋舌　hai^{22}sit^{2}

鞋踭头　hai^{22}tsaŋ^{33}thɐu^{22}　鞋后跟

鞋模　hai^{22}mu^{453}　鞋楦子

鞋带　hai^{22}tai^{13}　鞋带儿

袜仔　mat^{2}tsɐi^{55}　袜子

棉袜　min^{22}mat^{2}　棉线袜

丝袜　ɬu^{13}mat^{2}

长袜　tshiɔŋ^{22}mat^{2}

短袜 tun^{55}mat^{2}

袜带 mat^{2}tai^{13}

绑带 pɔŋ^{55}taiˑ^{13} 裹腿

帽仔 mɐu^{442}tsɐi^{55} 帽子

军帽 kuɐn^{33}mɐu^{442}

草帽 tshɐu^{55}mɐu^{442}

竹帽 tsok^{5}mɐu^{442} 斗笠

（三）装饰品

手镯 sɐu^{55}tshɔk^{2} 镯子

金戒子 kɐm^{33}kaiˑ^{33}tsu^{55} 金戒指

颈链 kiaŋ^{55}lin^{442} 项链

钳仔 khiam^{22}tsɐiˑ^{55} 项圈

扣针 khɐu^{33}tsɐm^{33} 别针儿

扁压 pɛn^{55}at^{2} 簪子

耳吊 ȵiˑ^{55}tiu^{33} 耳环

胭脂 jin^{33}tsiˑ^{55}

口红 hɐu^{55}hoŋ^{22}

搽胭脂 tsha^{22}jin^{33}tsiˑ^{55} 涂胭脂

面粉 min^{442}fɐn^{55} 脸粉

□仔粉 lɛu^{13}tsɐiˑ^{55}fɐn^{55} 爽身粉

花露水 fa^{33}lu^{442}suiˑ^{55} 香水

搽花露水 tsha^{22}fa^{33}lu^{442}suiˑ^{55} 洒香水

手表 sɐu^{55}piu^{55}

闹钟 nau^{442}tsoŋ^{33}

围裙 wɐiˑ^{22}khuɐn^{22} 围裙；兜儿

口水□ hɐu^{55}suiˑ^{55}ta^{453} 围嘴儿

尿布 niu^{442}pu^{33}

手巾仔 sɐu^{55}kɐn^{33}tsɐiˑ^{55} 手绢儿

颈巾 kiaŋ^{55}kɐn^{33} 围巾儿

褛巾 lau^{33}kɐn^{33} 披巾

手立 sɐu^{55}lɐp^{5} 手套

满巾 mun^{55}kɐn^{33} 腰巾；汗巾

眼镜 ŋan^{55}kiaŋ^{33}

十四、饮食

（一）伙食

朝 tsiu^{13} 早饭

晏昼 an^{33}tsɐu^{13} 午饭

晚 man^{31} 晚饭

口头 hɐu^{55}thɐu^{22} 零食

消夜 ɬiu^{33}jia^{442} 夜宵；吃消夜

（二）米食

饭　fan^{442}　米饭

粥　tsok^{5}　粥

剩饭　siŋ^{442}fan^{442}

隔夜饭　kak^{5}ja^{31}fan^{442}　过夜饭

留粥涎　lɐu^{22}tsok^{5}ɬan^{22}　小孩的剩饭

□　noŋ^{453}　（饭）糊了

饭□　fan^{442}noŋ^{453}　锅巴

臭熟　tshɐu^{33}ɬok^{5}　（饭）馊

粥饮　tsok^{5}ȵiɐm^{55}　米汤

米粉　mɐi^{55}fɐn^{55}　米糊

粉仔　fɐn^{55}tsɐi^{55}　粉丝

须粉　ɬu^{33}fɐn^{55}　大米做的粉丝

河粉　hɔ^{22}fɐn^{55}　大米做的粉皮

妈　ma^{33}　粑

馅　ham^{31}　馅儿

古粽妈　ku^{55}tsoŋ^{13}ma^{33}　粽子

粽叶　tsoŋ^{13}jip^{2}

粽缚　tsoŋ^{13}fɔk^{2}　粽绳

包古粽妈　pau^{33}ku^{55}tsoŋ^{13}ma^{33}　包粽子

盖仔妈　kui^{33}tsɐi^{55}ma^{33}　当地食物名

煎堆　tsin^{453}tui^{453}　油炸圆形糯米副食

粉皮　fɐn^{55}phi^{22}　一种米粉蒸做的食物

凉粉　liɔŋ^{22}fɐn^{55}　黑色冻凝食物

凉粉草　liɔŋ^{22}fɐn^{55}tshɐu^{55}　植物名

泥豆糖　ni^{22}tɐu^{13}thɔŋ^{22}　花生糖

猫屎糖　miu^{33}si^{55}thɔŋ^{22}

爆木　pau^{33}mok^{5}　爆米花

打爆木　ta^{13}pau^{33}mok^{5}　打爆米花

（三）面食

面粉　min^{442}fɐn^{55}

面　min^{442}　面条

馒头　man^{453}thɐu^{22}　馒头

面包　min^{442}pau^{13}　包子；面包

油炸　jɐu^{22}tsa^{33}　油条

云吞　wɐn^{22}thɐn^{33}　馄饨

蛋糕　tan^{442}kɐu^{33}

妈仔　ma^{33}tsɐi^{55}　元宵

大饼　tai^{442}piaŋ^{55}　月饼

饼□　piaŋ^{55}ɬɛm^{453}　饼干

发粉　fat^{2}fɐn^{55}　酵母

（四）肉蛋

肥肉　fɐi^{22}ȵiok^{2}

肥猪肉　fɐi^{22}tsi^{33}ȵiok^{2}

瘦肉 sɐu^{33}ȵiok^{2}

腩肉 nam^{22}ȵiok^{2} 五花肉

猪肉皮 tsi^{33}ȵiok^{2}phi^{22} 肉皮

圆蹄 jin^{22}thɐi^{22} 肘子

猪脚 tsi^{33}kiɔk^{2}

白板 pak^{2}pan^{55} 猪肚上的油

网仔油 mɔŋ^{55}tsɐi^{55}jɐu^{22} 猪肠间的油

脊油 tsiak^{13}jɐu^{22} 猪背脊两边的油

猪脚筋 tsi^{33}kiɔk^{2}kɐn^{33} 蹄筋

猪脚□ tsi^{33}kiɔk^{2}tɐp^{5} 猪脚趾甲

脢肉 mui^{22}ȵiok^{2} 猪臀部一条瘦肉

牛脷 ŋɐu^{22}li^{442} 牛舌头

猪脷 tsi^{33}li^{442} 猪舌头

上水 siɔŋ^{31}sui^{55} 统称猪内脏；特指猪心、猪肺、猪肝、猪腰等

下水 ha^{31}sui^{55} 指猪肚、猪大肠等

猪肺 tsi^{33}fɐi^{33}

猪肚 tsi^{33}tu^{55}

猪□□ tsi^{33}lim^{13}thip^{13} 猪胰脏

猪大肠 tsi^{33}tai^{442}tshiɔŋ^{22} 猪肠

猪肠仔 tsi^{33}tshiɔŋ^{22}tsɐi^{55}

细肠 ɬɐi^{453}tshiɔŋ^{22} 小肠

粉肠 fɐn^{55}tshiɔŋ^{22} 有粉的小肠

苦肠 fu^{55}tshiɔŋ^{22} 味苦的小肠

肠头 tshiɔŋ^{22}thɐu^{22}

猪尿泡 tsi^{33}niu^{442}phau^{13}

猪□ tsi^{33}kɐu^{55} 猪鞭

猪屎旁骨 tsi^{33}si^{55}phɔŋ^{22}kuɐt^{5} 猪尾骨

排骨 phai^{22}kuɐt^{5}

牛肚 ŋɐu^{22}tu^{55} 牛百叶

猪湿 tsi^{33}ɬɐp^{5} 猪肝

腰子 jiu^{33}tsu^{55} 猪肾

鸡上水 kɐi^{33}siɔŋ^{31}sui^{55} 鸡杂儿

鸡近头 kɐi^{33}khɐn^{31}thɐu^{22} 鸡肫

猪血 tsi^{33}hit^{2}

猪头 tsi^{33}thɐu^{22}

猪尾 tsi^{33}mi^{55}

猪中 tsi^{33}tsoŋ^{33} 猪颈

踢脚腩 thiak^{2}kiɔk^{2}nam^{22}

鸡血 kɐi^{33}hit^{2}

鸡肠 kɐi^{33}tshiɔŋ^{22}

白切鸡 pak^{2}tshit^{2}kɐi^{33}

煎鸡春 tsin^{33}kɐi^{33}tshɐn^{33} 煎鸡蛋

煮鸡春 tsi^{55}kɐi^{33}tshɐn^{33} 煮鸡子儿

蒸鸡春 tsiŋ^{33}kɐi^{33}tshɐn^{33} 蛋羹

皮蛋 phi^{22}tan^{442} 松花蛋

咸鸡春 ham^{22}kɐi^{33}tshɐn^{33} 咸鸡蛋

咸春 ham^{22}tshɐn^{33}

腊肠 lap^{2}tshiɔŋ^{22} 香肠

鸡春汤 kɐi^{33}tshɐn^{33}thɔŋ^{33} 鸡蛋汤

（五）菜

餸 ɬoŋ^{13} 统称菜

菜 tshui^{33}

菜　tshui^{13}　蔬菜
餸脚　ɬoŋ^{13} kiɔk^{2}　吃剩的菜
隔夜菜　kak^{2} ja^{442} tshui^{33}　过夜菜
隔餐菜　kak^{2} tshan^{33} tshui^{33}　上餐吃过的菜
菜汤　tshui^{33} thɔŋ^{33}
菜咸　tshui^{33} ham^{22}　咸菜
斋　tsai^{33}　素菜
吃素　hiak^{2} ɬu^{33}　吃素
豆腐　tɐu^{442} fu^{31}
豆腐头　tɐu^{442} fu^{31} thɐu^{22}　豆腐渣
盐水　jim^{22} sui^{55}　卤水
石膏　siak^{2} kɛu^{33}　石膏
豆腐皮　tɐu^{442} fu^{31} phi^{22}　豆皮
腐竹　fu^{31} tsok^{5}
豆饼　tɐu^{442} fu^{31} piaŋ^{55}　豆腐块
豆饼角　tɐu^{442} piaŋ^{55} kɔk^{13}　豆腐泡儿
豆腐花　tɐu^{442} fu^{31} fa^{33}　豆腐脑儿
豆浆　tɐu^{442} tsiɔŋ^{33}
腐乳　fu^{31} ȵiui^{31}　豆腐乳
豆豉　tɐu^{442} si^{442}
生粉　saŋ^{33} fɐn^{55}　芡粉
木耳　mok^{2} ȵi^{22}
银耳　ŋɐn^{22} ȵi^{22}
金针　kɐm^{33} tsɐm^{33}　黄花
海带　hui^{22} tai^{13}
胎母　thui^{33} mu^{31}　海蜇
园仔菜　jiŋ^{22} tsɐi^{55} tshui^{33}　野菜名
鸡冠菜　kɐi^{33} kun^{13} tshui^{33}　野菜名
扣肉　kɐu^{33} ȵiok^{2}
肉□　ȵiok^{2} nai^{55}　肉片
肉丝　ȵiok^{2} ɬu^{13}

（六）油盐、佐料

味　mi^{453}　滋味；气味
颜色　ŋan^{22} sik^{5}
猪油　tsi^{33} jɐu^{22}
泥豆油　nɐi^{22} tɐu^{13} jɐu^{22}　花生油
茶仔油　tsha^{22} tsɐi^{55} jɐu^{22}　茶油
菜仔油　tshui^{33} tsɐi^{55} jɐu^{22}　菜子油
芝麻油　tsi^{33} ma^{22} jɐu^{33}
榨油　tsa^{33} jɐu^{22}
油枯　jɐu^{22} khu^{33}　榨油剩下的渣
盐　jim^{22}
生盐　saŋ^{33} jim^{22}　粗盐
盐粉　jim^{22} fɐn^{55}　精盐
岩盐　ŋam^{22} jim^{22}　矿盐
井盐　tsiaŋ^{55} jim^{22}
海盐　hui^{55} jim^{22}
豉油　si^{442} jɐu^{22}　酱油
辣椒酱　lat^{2} tsiu^{33} tsiɔŋ^{33}　辣酱
醋　tshu^{33}
黄糖　wɔŋ^{22} thɔŋ^{22}　红糖
片糖　phin^{33} thɔŋ^{22}　长条形糖块
白糖　pak^{2} thɔŋ^{22}
冰糖　piŋ^{33} thɔŋ^{22}

麦芽糖 mak^{2}ŋa^{22}thɔŋ^{22}

糖□ thɔŋ^{22}kiau^{453} 水果糖

配料 phui^{33}liu^{442} 佐料

八角 pat^{2}kɔk^{2}

胡椒粉 fu^{22}tsiu^{33}fɐn^{55}

陈皮 tshɐn^{22}phi^{22}

（七）烟、酒、茶

熟烟 ɬok^{2}jin^{33} 烟；黄烟

烟丝 jin^{33}ɬu^{13}

烟仔 jin^{33}tsɐi^{55} 香烟

水烟筒 sui^{55}jin^{33}thoŋ^{22} 竹制长烟筒

　大碌竹 tai^{442}lok^{5}tsok^{5}

烟盒 jin^{33}hap^{2}

烟斗 jin^{33}tɐu^{55}

烟筒屎 jin^{33}thoŋ^{22}si^{55} 烟油子

烟灰 jin^{33}fui^{33}

烟盅 jin^{33}tsoŋ^{33} 烟灰缸

　灰缸 fui^{33}kɔŋ^{33}

片铁 phin^{33}thit^{2} 火镰

火石 fɔ^{55}siak^{2} 取火用的石头

纸煤 tsi^{55}mui^{22} 纸媒儿

□ fɛt^{2} 鼓气吹（着纸煤）

火机 fɔ^{55}kɐi^{33} 打火机

茶 tsha^{22}

茶叶 tsha^{22}jip^{2}

茶粕 tsha^{22}phɔ^{13} 茶叶渣

斟茶 tsɐm^{33}tsha^{22} 倒茶

□ tshiɔ^{22} 两个杯子倒腾开水，使水速凉

茶浓 tsha^{22}noŋ^{22} 茶酽

绿茶 lok^{2}tsha^{22}

红茶 hoŋ^{22}tsha^{22}

铁观音 thit^{5}kun^{33}jam^{33} 茶叶名

茉莉花茶 mi^{31}li^{31}fa^{33}tsha^{22}

捡茶 kim^{55}tsha^{22} 摘茶

浸茶 tsɐm^{33}tsha^{22} 泡茶

米酒 mɐi^{55}tsɐu^{55} 白酒

　烧酒 siu^{33}tsɐu^{55}

　辣酒 lat^{2}tsɐu^{55}

沤酒 ŋɐu^{31}tsɐu^{55} 酿酒

啤酒 pɛ^{453}tsɐu^{55}

饮料 ȵiɐm^{55}liu^{552}

汽水 hi^{33}sui^{55}

雪条 ɬit^{2}thiu^{22} 冰棍

　冰条 piŋ^{33}thiu^{22}

雪糕 ɬit^{2}kɛu^{33}

十五、红白大事

（一）婚姻、生育

擺婆　lɔ^{22}phɔ^{22}　娶老婆

　擺新人　lɔ^{22}ɬɐn^{33}ȵiɐn^{22}

送日子　ɬoŋ^{33}ȵiɐt^{2}tsu^{55}　告诉结婚的日子

做媒　tsu^{33}mui^{453}

睇人　thɐi^{55}ȵiɐn^{22}　相亲

样子　jɔŋ^{442}tsu^{55}　相貌

岁　ɬui^{33}　年龄

　年纪　nin^{22}ki^{44}

谈婚　tham^{22}fɐn^{33}　恋爱

退亲　thui^{33}tshɐn^{33}　回绝

过礼　kuɔ^{33}lɐi^{55}　送定礼

结婚　kit^{2}fɐn^{33}

结婚酒　kit^{2}fɐn^{33}tsɐu^{55}　喜酒

摆酒　pai^{55}tsɐu^{55}　结婚摆酒

发帖　fat^{2}tip^{2}　发送喜帖

敬酒　kiŋ^{33}tsɐu^{55}

大位　tai^{442}wui^{442}　上座

嫁　ka^{33}

招驸马　tsiu^{33}fu^{33}ma^{31}　入赘

开面　hui^{33}min^{442}　用线拔去脸上汗毛

出嫁　tshɐt^{5}ka^{33}

送嫁　ɬoŋ^{33}ka^{33}

送嫁姨　ɬoŋ^{33}ka^{453}ji^{13}　伴娘

嫁女　ka^{453}ni^{55}　嫁闺女

轿　kiu^{442}　轿子

拜堂　pai^{33}thɔŋ^{22}

新郎哥　ɬɐn^{33}lɔŋ^{22}kɔ^{453}　新郎

新人　ɬɐn^{33}ȵiɐn^{22}　新娘

新人间　ɬɐn^{33}ȵiɐn^{22}kan^{33}　新房

回路仔　wui^{22}lu^{442}tsɐi^{55}　回门

三朝　sam^{33}tsiu^{13}　第三天回门的日子

擺后来婆　lɔ^{22}hɐu^{31}lui^{22}phɔ^{22}　续弦（再娶）

填房　thin^{22}fɔŋ^{22}

呕仔　ɐu^{55}tsɐi^{55}　害喜

挂仔　kua^{33}tsɐi^{55}　怀孕了

大肚婆　tai^{442}tu^{55}phɔ^{22}　孕妇

养仔　jɔŋ^{55}tsɐi^{55}　生孩子

孭带　mɛ^{33}tai^{13}　背小孩的背兜

接生　tsip^{2}saŋ^{33}

胎盘　thui^{33}phun^{22}

坐月　tshɔ^{31}ȵit^{2}　坐月子

初生　tshɔ^{33}saŋ^{33}　头胎

吃奶　hiak^{2}nɛn^{453}

喂奶　wɐi^{442}nɛn^{453}

奶头　nɛn^{453}thɐu^{22}　奶头；奶嘴

牛奶盅　ŋɐu^{22}nɛn^{453}tsiaŋ^{33}　奶瓶

嘘尿　si^{453}ȵiu^{442}　把尿

嘘屎　si^{453}si^{55}　把屎

来尿　lai^{22}ȵiu^{442}　尿床

漏仔　lɐu^{33}tsɐi^{55}　小产；流产

打胎　ta^{13}thui^{33}

佮老契　kap^{2}lɐu^{55}khɐi^{33}　偷汉

（二）寿辰、丧葬

生日 saŋ^{33} ȵiɐt^{2}

十二朝 sɐp^{2} ȵi^{442} tsiu^{13} 新生儿出生十二日的喜庆日

出月 tshɐt^{5} ȵit^{2} 满月

牛踩脚 ŋɐu^{22} tshai^{55} kiɔk^{2} 小生日

做生日 tsu^{33} saŋ^{33} ȵiɐt^{2} 生日庆祝

做一 tsu^{33} jɐt^{5} 做大寿

贺寿 hɔ^{442} sɐu^{453} 祝寿

丧事 sɔŋ^{33} ɬu^{442}

生 saŋ^{33} 活；生猛

死 ɬi^{55}

归世 kuɐi^{33} ɬɐi^{33} 死的讳称

走诶 tsɐu^{55} ɛ^{33} 死的讳称

断气 thun^{31} hi^{33}

报死 pɛu^{33} ɬi^{55} 把死讯告诉亲友

装厅下 tsɔŋ^{13} thiaŋ^{33} ha^{31} 安放死人的地方

棺材 kun^{33} tshui^{22}

寿板 sɐu^{33} pan^{55} 生前做的棺材

守灵 sɐu^{55} liŋ^{22}

捡拾 kim^{33} sɐp^{2} 入殓

灵屋 liŋ^{22} ok^{5} 灵堂

灵牌 liŋ^{22} phai^{22}

灵灯 liŋ^{22} tɐŋ^{33}

头七 thɐu^{22} tshɐt^{5} 死后七天祭祀

净七 tsiaŋ^{442} tshɐt^{5} 最后七日祭祀

做斋 tsu^{33} tsai^{33} 请道士超度

喃七 nam^{22} tshɐt^{5} 死后七天超度

守孝 sɐu^{55} hau^{33}

戴孝 tai^{33} hau^{33}

脱孝 thut^{2} hau^{33} 孝期满

孝仔 hau^{33} tsɐi^{453} 孝子

孝衫 hau^{33} sam^{13} 孝衣

出葬 tshɐt^{5} tsɔŋ^{33} 出殡

送葬 ɬoŋ^{33} tsɔŋ^{33}

纸钱 tsi^{55} tshin^{22}

棺材窟 kun^{33} tshui^{22} fɐt^{5} 墓穴

开厂 hui^{33} tshɔŋ^{13} 挖墓穴

大力佬 tai^{442} lik^{2} lɛu^{55} 殡葬工

坟山 fɐn^{22} san^{33} 坟地

碑记石 pui^{33} ki^{33} siak^{2} 墓碑

碑记 pui^{33} ki^{33} 碑文

铲山 tshan^{55} san^{33} 扫墓

寻死 tshɐm^{22} ɬi^{55} 自杀

跳河 thiu^{33} hɔ^{22} 投水

吊颈 tiu^{33} kiaŋ^{55} 上吊

喝农药 hap^{2} noŋ^{22} jɔk^{2}

骨灰盒 kuɐt^{5} fɐi^{33} hap^{2}

壅 oŋ^{33} 埋葬

吊连亡 tiu^{33} lin^{22} mɔŋ^{22} 夭折

吊颈鬼 tiu^{33} kiaŋ^{55} kuɐi^{55}

跳河鬼 thiu^{33} hɔ^{22} kuɐi^{55}

斩头鬼 tsam^{55} thɐu^{22} kuɐi^{55} 无头鬼

水兽 sui^{55} sɐu^{33} 狮头狗形，据说为人溺水死所变

水鬼 sui^{55} kuɐi^{55} 水鬼

浸死 tsɐm^{33} ɬi^{55} 淹死

鬼捉你 kuɐi^{55} tsɔk^{2} ni^{55} 骂人话

鬼攞你 kuɐi^{55} lɔ^{22} ni^{55}

鬼□你 kuɐi^{55} nɐk^{5} ni^{55}

福气　fok^{5}hi^{33}

有福气　jɐu^{55}fok^{5}hi^{33}

天神　thin^{33}sɐn^{22}　老天爷

公　koŋ^{33}　祖宗；神

太祖公　thai^{442}tsou^{55}koŋ^{33}　祖宗

香火堂公　hiɔŋ^{33}fɔ^{55}thɔŋ^{22}koŋ^{33}

境主公　kiaŋ^{33}tsi^{55}koŋ^{33}　土地庙

土地公　thu^{55}tɛi^{442}koŋ^{453}

灶头公　tsɐu^{55}thɐu^{22}koŋ^{33}　灶王爷

灶君　tsɐu^{13}kuɐn^{33}

社丁　sia^{31}tiaŋ^{33}　男性村民

公屋　koŋ^{33}ok^{5}　祖庙

公庙　koŋ^{33}miu^{13}

香火屋　hiɔŋ^{33}fɔ^{55}ok^{5}

香火堂　hiŋ^{33}fɔ^{13}thɔŋ^{22}

祠堂　ɬu^{33}thɔŋ^{22}

关帝庙　kuan^{33}tɐi^{33}miu^{13}

冼太夫人庙　ɬin^{55}thai^{33}fu^{33}ȵiɐn^{22}miu^{13}　当地庙名

阎罗王　ȵim^{22}lɔ^{22}wɔŋ^{22}　阎王

神坛　sɐn^{22}than^{22}　佛龛

蜡烛　lap^{2}tsok^{5}

火纸　fɔ^{55}tsi^{55}　草纸

草纸　tshɛu^{55}tsi^{55}

香　hiɔŋ^{33}

香炉　hiɔŋ^{33}lu^{22}

烧香　siu^{33}hiɔŋ^{33}

游神　jɐu^{22}sɐn^{22}　抬神像游祭的仪式

签　tshim^{33}　签诗

求签　khɐu^{22}tsim^{33}

抽签　tshɐu^{33}tshim^{33}

念经　nim^{442}kiŋ^{33}

睇风水　thɐi^{55}foŋ^{33}sui^{55}　看风水

算命　ɬun^{33}miaŋ^{442}

下花婆　ha^{31}fa^{33}phɔ^{22}　巫婆

睇阴宅　thɐi^{55}jɐm^{33}tsak^{2}　请下花婆探问已故家人在阴间的情况

拜公　pai^{33}koŋ^{33}　祭拜祖先或神仙

拜观音　pai^{33}kun^{33}jɐm^{33}　拜菩萨

神台　sɐn^{22}thui^{13}　香案

拜公台　pai^{33}koŋ^{33}thui^{13}

三牲　ɬam^{33}saŋ^{33}　上供的食品

摆三牲　pai^{55}ɬam^{33}saŋ^{33}　上供

许神　hi^{55}sɐn^{22}　许愿

还神　wan^{22}sɐn^{22}　还愿

吃斋　hiak^{2}tsai^{33}　不吃荤食

大宗家　tai^{442}tsoŋ^{33}ka^{33}　宗亲

房　fɔŋ^{22}　同宗的分支

大房　tai^{442}fɔŋ^{22}

二房　ȵi^{33}fɔŋ^{22}

细房　ɬɐi^{453}fɔŋ^{22}

对联　tui^{13}lin^{22}

门神公　mun^{22}sɐn^{22}koŋ^{453}　门神

门额　mun^{22}ŋak^{2}　横批

利市钱　lɐi^{442}si^{442}tshin^{22}　压岁钱

封利市　foŋ^{33}lɐi^{442}si^{442}　包压岁钱

十六、日常生活

（一）衣

着衫裤　tsiɔk^{2}sam^{13}fu^{13}　穿衣服

脱衫裤　thut^{2}sam^{13}fu^{13}　脱衣服

换衫裤　wun^{442}sam^{13}fu^{13}　换衣服

□衫　lɐp^{5}sam^{13}　套衫

着鞋　tsiɔk^{2}hai^{22}　穿鞋

缚鞋带　fɔk^{2}hai^{22}tai^{13}　系鞋带

打死结　ta^{13}ɬi^{55}khat^{5}

打活结　ta^{13}wut^{2}khat^{5}

脱鞋　thut^{2}hai^{22}

着袜　tsɔk^{2}mat^{2}　穿袜

度衫裤　tɔk^{2}sam^{13}fu^{13}　量衣服

做衫裤　tsu^{33}sam^{13}fu^{13}　做衣服

做鞋底　tsu^{33}hai^{22}tɐi^{55}　纳鞋底子

钉衫纽　tiaŋ^{453}sam^{13}nɐu^{453}　钉扣子

做被　tsu^{33}phi^{31}　做被卧

洗衫裤　ɬɐi^{55}sam^{13}fu^{13}　洗衣服

擦咸碱　tshat^{2}ham^{22}kan^{55}　擦肥皂

刷衫裤　sat^{2}sam^{13}fu^{13}　刷衣服

搓衫裤　tshɔ^{33}sam^{13}fu^{13}　搓衣服

过水　kuɔ^{33}sui^{55}　净水

扭□　nɐu^{453}ɬɛm^{453}　扭干

晒衫裤　sai^{33}sam^{13}fu^{13}　晒衣服

晾衫裤　lɔŋ^{453}sam^{13}fu^{13}　晾衣服

烫衫裤　thɔŋ^{33}sam^{13}fu^{13}　熨衣服

烫斗　thɔŋ^{33}tɐu^{55}

（二）食

烧火　siu^{33}fɔ^{55}　生火

引火　jɐn^{55}fɔ^{55}　用易燃物把火点燃

加柴　ka^{33}tshai^{22}　添柴

停火　thiŋ^{22}fɔ^{55}　熄火

大火　tai^{442}fɔ^{55}

细火　ɬɐi^{453}fɔ^{55}　小火

煮饭　tsi^{55}fan^{442}　用大锅做饭

煲饭　pɐu^{33}fan^{442}　用铝锅做饭

蒸饭　tsiŋ^{33}fan^{442}

捞饭　lau^{33}fan^{442}

煮朝　tsi^{55}tsiu^{13}　做早饭

煮晏昼　tsi^{55}an^{33}tsɐu^{13}　做中饭

煮晚　tsi^{55}man^{31}　做晚饭

洗米　ɬɐi^{55}mɐi^{55}

滚　kuɐn^{55}　（饭）沸腾

郁饭　wɐt^{5}fan^{442}　焖饭

搅粉　kau^{55}fɐn^{55}　和面

捞粉　lau^{33}fɐn^{55}

炊面包　tshui^{33}min^{442}pau^{13}　蒸包子

捡菜　kim^{33}tshui^{33}　择菜

炒菜　tshau^{55}tshui^{33}　做菜

□菜　liu^{55}tshui^{33}　铲菜

煮汤　tsi⁵⁵thɔŋ³³　做汤
半生公　pun³³saŋ³³koŋ⁴⁵³　饭生
舀饭　jiu⁵⁵fan⁴⁴²　盛饭
　装饭　tsɔŋ³³fan²⁴²
　打饭　ta¹³fan²⁴²
吃饭　hiak²fan⁴⁴²
扒饭　pha²²fan⁴⁴²　把饭送入口
吃饱　hiak²pau⁵⁵
吃苦　hiak²fu⁵⁵
胀死诶　tsiɔŋ³³ɬi⁵⁵ɛ³³　撑着了
打□仔　ta¹³ɛt⁵tsɐi⁵⁵　打嗝儿
挟餸　kiap²ɬoŋ¹³　搛菜
舀汤　jiu⁵⁵thɔŋ³³
尝　siɔŋ²²
做热　tsu³³nit²　加热
吃口头　hiak²khɐu⁵⁵thɐu²²　吃零食
□箸　nim⁴⁵³tsi⁴⁴²　抓筷子
洗碗　ɬɐi⁴⁵³wun²²
无□　mɛu²²nam²²　（肉）不烂
咬无嘟　ŋau⁵⁵mɛu²²ȵiok⁵　嚼不动
炖　tɐn³³　慢火煮
沤　ɐu³³　用水浸泡使熟
汤　thɔŋ³³　用开水略煮

焖　mɐn⁴⁵³
炊　tshui³³　蒸
蒸　tsiŋ³³
炒　tshau⁵⁵
煎　tsin³³
煠　sap²　略煮
哽　khaŋ⁵⁵　哽住（噎住了）
口淡　hɐu⁵⁵tham¹³　嘴没味儿
颈渴　kiaŋ⁵⁵hut²　口渴
喝茶　hap²tsha²²
筑紧　tsok⁵kɐn⁵⁵　呛着
喝酒　hap²tsɐu⁵⁵
　饮酒　ȵiɐm⁵⁵tsɐu⁵⁵
干杯　kun³³pui⁴⁵³
喝醉　hap²tsui³³
欶熟烟　ɬɔk²ɬok⁵jin³³　抽水烟；抽烟
欶烟仔　ɬɔk²jin³³tsɐi⁵⁵　抽香烟
畀烟　pi⁵⁵jin³³　递烟
　发烟　fat²jin³³
肚饿　tu⁵⁵ŋɔ³¹　饿
吃得咸　hiak²tɐk⁵ham²²　能吃咸
吃得辣　hiak²tɐk⁵lat²　能吃辣
擢牙　tok⁵ŋa²²　剔牙

（三）住

起身　hi⁵⁵sɐn³³　起床
洗手　ɬɐi⁵⁵sɐu⁵⁵
洗面　ɬɐi⁵⁵min⁴⁴²　洗脸
浪口　lɔŋ⁴⁴²hɐu⁵⁵　漱口
擦牙　tshat²ŋa²²　刷牙

牙刷　ŋa²²ɬat²
梳头毛　sɔ³³thɐu²²mɛu²²　梳头
□头毛　pi⁴⁵³thɐu²²mɛu²²　梳辫子
梳髻　sɔ³³kai¹³
剪手指甲　tsin⁵⁵sɐu⁵⁵tsi⁵⁵kap²

剪指甲

挖耳 wat^{2}ȵi^{55} 掏耳朵

轮耳 lɐn^{22}ȵi^{55} （用棉签）掏耳朵

洗身 ɬɐi^{55} sɐn^{33} 洗澡

冲凉 tshoŋ^{33} liɔŋ^{22}

抹身 mat^{2} sɐn^{33} 擦澡

□ nok^{2} 搓出污垢

垢骨擦 kɐu^{31} ku^{453} tshɐt^{5} 搓出的污垢

屙尿 ɔ^{33} niu^{442} 小便

屙屎 ɔ^{33} si^{55} 大便

抹屎窟 mat^{2} si^{55} fɐt^{5} 擦屁股

屙屁 ɔ^{33} phi^{33} 放屁

敨凉 thɐu^{55} liɔŋ^{22} 乘凉

晒日头 sai^{33} ȵit^{2} thɐu^{22} 晒太阳

炕火 hɔŋ^{453} fɔ^{55} 烤火

敨 thɐu^{55} 休息

休息 hɐu^{453} ɬik^{5}

退休 thui^{33} jau^{453}

发眼瞓 fat^{2} ŋan^{55} fɐn^{33} 打瞌睡

□眼瞓 hap^{2} ŋan^{55} fɐn^{33} 打盹儿

□ nai^{22} 困了；累

住 tsi^{442} 住宿

铺床 phu^{33} tshɔŋ^{22}

起床 hi^{55} tshɔŋ^{33} 上床

瞓觉 fɐn^{33} kau^{33} 睡觉

仰仰 ŋɔŋ^{55} ŋɔŋ^{55} 躺下

瞓熟 fɐn^{33} ɬok^{2} 睡着了

鼻响 pi^{442} hiɔŋ^{55} 打呼噜

瞓无熟 fɐn^{33} mɐu^{22} ɬok^{2} 失眠

瞓晏昼觉 fɐn^{33} an^{33} tsɐu^{33} kau^{33} 睡午觉

仰紧瞓 ŋɔŋ^{55} kɐn^{55} fɐn^{33} 仰面睡

趴紧瞓 pa^{442} kɐn^{55} fɐn^{33} 趴着睡

侧紧瞓 tsɐk^{5} kɐn^{55} fɐn^{33} 侧着睡

□颈骨 ŋɔ^{22} kiaŋ^{55} kuɐt^{5} 落枕

□筋 lin^{453} kɐn^{33} 抽筋了

发梦 fat^{2} moŋ^{55} 做梦

瞓梦 fɐn^{33} moŋ^{55}

讲梦话 kɔŋ^{55} moŋ^{55} wa^{442} 说梦话

捱夜 ŋai^{22} ja^{442} 熬夜

（四）行

做嘢 tsu^{33} ȵia^{13} 做事；上工

偷懒 thɐu^{33} lan^{31}

慢慢摸摸 man^{442} man^{442} mɔ^{33} mɔ^{33} 磨蹭

转晏昼 tsin^{44} an^{33} tsɐu^{13} 中午收工

转晚 tsin^{55} man^{31} 下午收工

出去 tshɐt^{5} hi^{33}

转来 tsin^{55} lui^{22} 回来

转屋 tsin^{55} ok^{5} 回家

送 ɬoŋ^{33}

送礼 ɬoŋ^{33} lɐi^{31}

收礼 sɐu^{33} lɐi^{31}

拎起来 liŋ^{22} hi^{55} lui^{22} 收下礼物

留下 lɐu^{22} ha^{31}

影相 jaŋ^{55} ɬiɔŋ^{33} 照相

晒相 ɬɐi^{33} ɬiɔŋ^{33} 冲洗相片

相片 ɬiɔŋ^{33} phin^{33}

相底 ɬiɔŋ^{33} tɐi^{55} 底片

影相机 jaŋ^{55} ɬiɔŋ^{33} ki^{33} 照相机

全家福 tshin^{22} ka^{33} fok^{5} 全家福

十七、讼事

官司 kun^{33} ɬu^{33}

打官司 ta^{13} kun^{33} ɬu^{33}

告状 kɐu^{33} tsɔŋ^{55}

我告你 ŋɔ^{55} kɐu^{33} ni^{55} 原告

你告我 ni^{55} kɐu^{33} ŋɔ^{55} 被告

状纸 tsɔŋ^{442} tsi^{55} 状子

开庭 hui^{33} thiŋ^{22} 坐堂

收庭 sɐu^{33} thiŋ^{22} 退堂

审问 sɐm^{33} mɐn^{442} 问案

公证人 koŋ^{33} tsiŋ^{33} ȵiɐn^{22} 证人

人证 ȵiɐn^{22} tsiŋ^{33}

物证 mɐt^{2} tsiŋ^{33}

对证 tui^{33} tsiŋ^{33} 对质

刑事 jiŋ^{22} ɬu^{442}

民事 mɐn^{22} ɬu^{442}

家务事 ka^{33} mu^{442} ɬu^{442}

律师 lɐt^{2} ɬu^{33}

服 fok^{2}

无服 mɐu^{22} fok^{2} 不服

上诉 siɔŋ^{31} ɬu^{33}

判 phun^{33} 宣判

承认 siŋ^{33} ȵiɐn^{442} 招认；供认

口供 hɐu^{55} koŋ^{33}

佮紧 kap^{2} kɐn^{55} 同谋

独能 tok^{5} nɐŋ^{22} 故犯

无独能 mɐu^{22} tok^{5} nɐŋ^{22} 误犯

犯法 fan^{31} fat^{2}

犯罪 fan^{31} tsui^{442}

冤枉 jin^{33} wɔŋ^{55} 冤枉；诬告

错案 tshɔ^{33} wun^{33} 冤案

牵连 hin^{33} lin^{22} 连坐

担保 tan^{33} pɐu^{55} 保释

捉 tsɔk^{2} 逮捕

捉去 tsɔk^{2} hi^{33} 押解

收礼 sɐu^{33} lɐi^{31} 受贿

送礼 ɬoŋ^{33} lɐi^{31} 行贿

罚钱 fat^{2} tshin^{22} 罚款

斩头 tsam^{55} thɐu^{22} 斩首

打靶 ta^{55} pa^{55} 枪毙

签 tshim^{33} 斩条

打屎窟 ta^{13} si^{55} fɐt^{5} 打屁股

手镣 sɐu^{55} liu^{22} 手铐

脚镣 kiɔk^{2} liu^{22} 脚镣

缚起来 fɔk^{2} hi^{55} lui^{22} 绑起来

□起来 wan^{33} hi^{55} lui^{22} 囚禁

坐栏 tshɔ^{31} lan^{33} 坐牢

睇犯人 thɐi^{55} fan^{31} ȵiɐn^{22} 探监

走出来 tsɐu^{55} tshɐt^{5} lui^{22} 越狱

揿手指模 kɐm^{453} sɐu^{55} tsi^{55} mu^{22} 按手印

税 sui^{33}

田租 thin^{22}tsu^{33} 地租

地契 ti^{442}khɐi^{33}

交税 kau^{33}sui^{33} 纳税

牌照 phai^{22}tsiu^{33} 执照

通知 thoŋ^{33}tsi^{33} 告示；通知；传票

合同 hap^{2}thoŋ^{22}

借条 tsia^{33}thiu^{22}

命令 miaŋ^{442}liŋ^{442}

印仔 jɐn^{33}tsɐi^{55} 盖下的印

　章 tsiɔŋ^{33}

□印 khɐp^{5}jɐn^{33} 盖印

□章 khɐp^{5}tsiɔŋ^{33}

讲 kɔŋ^{55} 交代

上任 siɔŋ^{31}ȵiɐm^{442}

撤职 tshit^{2}tsik^{5} 罢免

宗卷 tsoŋ^{33}kin^{55} 案卷

吆去 ɛu^{453}hi^{33} 叫去

选 ɬin^{55} 选举

投票 thɐu^{33}phiu^{33}

举手 ki^{55}sɐu^{55}

十八、交际

来去 lui^{22}hi^{33} 来往

转外家 tsin^{55}ŋui^{442}ka^{33} 回娘家

　去村 hi^{33}tshɐn^{33}

探 tham^{33} 看人；拜访

探亲戚 tham^{33}tshɐn^{33}tshik^{5} 走亲戚

过屋 kuɔ^{33}ok^{5} 串门

请客 tshiaŋ^{55}hak^{5}

招呼 tsiu^{33}fu^{33}

人情 ȵiɐn^{22}tshiŋ^{22}

做客 tsu^{33}hak^{2}

陪 phui^{22} 陪客

送人 ɬoŋ^{33}ȵiɐn^{22} 送客

无送诶 mɐu^{22}ɬoŋ^{33}ɛ^{33} 不送了

唔该 m̩^{31}kui^{33} 对不起；麻烦

借过 tsia^{33}kuɔ^{33} 请让一让

客气 hak^{2}hi^{33}

无用客气 mɐu^{22}joŋ^{442}hak^{2}hi^{33} 不客气

麻烦 ma^{22}fan^{22} 劳驾

请帖 tshiaŋ^{55}thip^{2}

发帖 fat^{2}thip^{2} 下请帖

信 ɬɐn^{33}

信筒 ɬɐn^{33}thoŋ^{22} 信封

邮票 jɐu^{22}phiu^{33}

写信 ɬia^{55}ɬɐn^{33}

寄信 ki^{44}ɬɐn^{33}

打电话 ta^{13}tin^{442}wa^{442}

寄声 ki^{33}siaŋ^{33} 带话

坐台 tshɔ^{31}thui^{13} 入席

出餸 tshɐt^{5}ɬoŋ^{13} 上菜

斟酒 tsɐm^{33}tsɐu^{55} 倒酒

敬酒 kiŋ^{13}tsɐu^{55} 劝酒

无佮 mɐu^{22}kap^{2} 不和

仇人　tshɐu^{22}ȵiɐn^{22}　冤家

无公道　mɐu^{22}koŋ^{33}tɐu^{31}　不公平

摆资格　pai^{55}tsi^{33}kak^{2}　摆架子

诈憨　tsa^{33}ŋɔŋ^{453}　装傻

出丑　tshɐt^{5}tshɐu^{55}　出洋相

怕□　pha^{33}hɔ^{33}　害羞

粘紧　tshi^{453}kɐn^{55}　巴结

拉关系　lai^{33}kuan^{33}hɐi^{442}　拉近乎

界面　pi^{55}min^{442}　给面子；看得起

丢假　tiu^{33}ka^{55}　丢脸；丢人

睇起　thɐi^{55}hi^{55}　看得起

睇细　thɐi^{55}ɬɐi^{453}　看不起

佮手　kap^{2}sɐu^{55}　合伙儿；加起来

应　jiŋ^{33}　应答

无应　mɐu^{22}jiŋ^{33}　不回答

肯　hɐn^{55}

无肯　mɐu^{22}hɐn^{55}　不同意

□出去　tiak^{2}tshɐt^{5}hi^{33}　撵出去

哀人　ŋɐi^{453}ȵiɐn^{22}　求人

十九、商业、交通

（一）经商行业

招牌　tsiu^{33}phai^{22}　字号

广告　kuɔŋ^{55}kɐu^{33}

开铺　hui^{33}phu^{33}　开铺子

铺头　phu^{33}thɐu^{22}　铺面

　档　tɔŋ^{33}

大排档　tai^{442}phai^{22}tɔŋ^{33}　街边食肆

摆档　pai^{55}tɔŋ^{33}　摆摊子

收档　sɐu^{33}tɔŋ^{33}　收摊子

做生意　tsu^{33}ɬaŋ^{33}ji^{33}　做买卖

旅店　li^{31}tim^{33}

饭店　fan^{442}tim^{33}

布铺　pu^{33}phu^{33}　布店

□布　mik^{5}pu^{33}　扯布

货　fɔ^{33}　商品

日杂店　ȵiɐt^{2}tsap^{2}tim^{33}　百货店

油盐店　jɐu^{22}jim^{22}tim^{33}

米店　mi^{31}tim^{33}　粮店

缸瓦铺　koŋ^{33}ŋa^{55}phu^{33}　瓷器店

书店　si^{33}tim^{33}　文具店

剃头铺　thɐi^{33}thɐu^{22}phu^{33}　理发店

剃头　thɐi^{33}thɐu^{22}　理发

剃面　thɐi^{33}min^{442}　刮脸

剃须　thɐi^{33}ɬu^{33}　刮胡子

猪肉档　tsi^{33}ȵiok^{2}tɔŋ^{33}　肉铺

油行　jɐu^{22}hɔŋ^{22}　油坊

当铺　tɔŋ^{33}phu^{33}

当　tɔŋ^{33}

赎　ɬok^{2}

金铺　kɐm^{33}phu^{33}　金店

佬儿院　lɐu^{55}ki^{55}jin^{442}　妓院

租　tsu^{33}

批屋　phi^{33}ok^{5}　租房子

（二）经营交易

开张 hui^{33}tsiɔŋ^{33} 开业
收水 sɐu^{33}sui^{55} 停业
盘点 phun^{22}tim^{33}
买 mai^{31}
卖 mai^{442}
开价 hui^{33}ka^{33}
还价 wan^{22}ka^{33}
起价 hi^{55}ka^{33} 涨价
漏价 lɐu^{33}ka^{33} 跌价
贵 kuɐi^{33}
平 phiaŋ^{22} 便宜
公道 koŋ^{33}tɛu^{31}
合理 hap^{2}li^{31}
无够称 mɛu^{22}kɐu^{33}tshiŋ^{13} 缺斤少两
博懵 pɔk^{2}moŋ^{55} 占便宜
棍钱 kuɐn^{33}tshin^{22} 骗钱
卖净 mai^{442}tsiaŋ^{442} 卖完
生意好 san^{33}ji^{33}hɛu^{55} 买卖好
生意无好 saŋ^{33}ji^{33}mɛu^{22}hɛu^{55} 买卖清淡
工钱 koŋ^{33}tshin^{22} 工资
本 pun^{55} 本钱
保本 pɛu^{55}pun^{55}

捞钱 lau^{33}tshin^{22} 赚钱
蚀本 sit^{2}pun^{55} 亏本
盘费 phun^{22}fɐi^{33} 路费
车费 tshia^{33}fɐi^{33}
息 ɬik^{5} 利息
运气 wɐn^{31}hi^{33}
运气好 wɐn^{31}hi^{33}hɛu^{55}
纸 tsi^{55} 钱
　银纸 ŋɐn^{22}tsi^{55}
　钱 tshin^{22}
欠债 him^{453}tsai^{33} 欠钱
赊数 sia^{33}su^{33} 赊
现钱 jin^{442}tshin^{22} 现金
借钱 tsɛ^{33}tshin^{22}
□数 that^{2}su^{33} 赖账
攞钱 lɔ^{55}tshin^{22} 要账
压 at^{2} 抵押
抵债 tɐi^{55}tsai^{33}
找散钱 tsau^{55}ɬan^{33}tshin^{22} 找零钱
做得 tsu^{33}tɐk^{5} 行
无做得 mɛu^{22}tsu^{33}tɐk^{5} 不行；划不来

（三）账目、度量衡

收数　sɐu^{33}su^{33}　收账

出数　tshɐt^{5}su^{33}　出账

牌仔　phai^{22}tsɐi^{55}　水牌

发票　fat^{2}phiu^{33}

收据　sɐu^{33}ki^{33}

存钱　tshɐn^{22}tshin^{22}　存款

成条钱　siaŋ^{22}thiu^{22}tshin^{22}　整钱

散钱　ɬan^{55}tshin^{22}　零钱

银仔　ŋɐn^{22}tsɐi^{55}　硬币

铜钱　thoŋ^{22}tshiŋ^{22}　铜板儿

银　ŋɐn^{22}　银元

两角纸　liɔŋ^{55}kɔk^{2}tsi^{55}　两毛钱

一分钱　jɐt^{5}fɐn^{33}tshin^{22}

一角钱　jɐt^{5}kɔk^{2}tshin^{22}

一文钱　jɐt^{5}mɐn^{453}tshin^{22}　一块钱

十文钱　sɐp^{2}mɐn^{453}tshin^{22}　十元钱

一百文钱　jɐt^{5}pak^{2}mɐn^{453}tshin^{22}　一百块钱

算盘　ɬun^{33}phun^{22}

假嘢　ka^{55}ȵia^{13}　假货

称　tshiŋ^{33}

厘戥　li^{22}tɐŋ^{55}　戥子

地磅　ti^{442}pɔŋ^{33}　磅秤

称盘　tshiŋ^{33}phun^{22}

星　ɬiaŋ^{13}　秤星儿

秤杆　tshiŋ^{33}kun^{55}　秤杆儿

秤钩　tshiŋ^{33}ŋɐu^{453}　秤钩儿

秤砣　tshiŋ^{33}thɔ^{22}　秤锤

秤耳　tshiŋ^{33}ȵi^{55}　秤毫

秤旺　tshiŋ^{33}wɔŋ^{442}　秤尾高

□　kat^{2}

微　mi^{22}　秤尾低

斗刮　tɐu^{55}kuɐt^{2}　刮板

斗　tɐu^{55}

米升　mi^{31}siŋ^{33}　升

米□　mi^{31}mak^{5}　升的一半

（四）交通

火车路　fɔ^{55}tshia^{33}lu^{442}　铁路

钢轨　kɔŋ^{33}kuɐi^{55}　铁轨

火车　fɔ^{55}tshia^{33}

公里　koŋ^{33}li^{31}

公路　koŋ^{33}lu^{442}　马路

汽车　hi^{33}tshia^{33}

班车　pan^{33}tshia^{33}　客车

时间车　si^{22}kan^{33}tshia^{33}

货车　fɔ^{33}tshia^{33}

公共汽车　koŋ^{33}koŋ^{442}hi^{33}tshia^{33}

中巴　tsoŋ^{33}pa^{33}　中型公共汽车

小车　ɬiu^{55}tshia^{33}　轿车

摩托　mɔ^{453}thɔk^{2}

三脚机　sam^{33}kiɔk^{2}ki^{33}　三轮车

拖拉机　thɔ33lai33ki33
手扶仔　sɐu55fu22tsɐi55　手扶拖拉机
驶车　sai55tsia33　开车
搭车　tap2tshia33　乘车
双轮车　ɬɔŋ33lɐn22tshia33　大板车
单车　tan33tshia33　自行车
坐车　tshɔ31tshia33　骑车
□□车　ȵiŋ33ŋɔŋ13tshia33　手推车
斗车　tɐu55tshia33　翻斗车
马车　ma31tshia33
牛车　ŋɐu22tshia33
泵筒　poŋ453thoŋ22　打气筒
泵气　poŋ453hi33　打气
打气　ta13hi33
车制　tshia33tsɐi33　车刹
车头　tshia33thɐu22
车卡　tshia33kha33　车厢（货车）
车厢　tshia33ɬiɔŋ33　车厢（客车）
方向盘（汽车）　fɔŋ33hiɔŋ33phun22
车把（自行车）　tshia33pa55
车辘　tshia33lok5　车轮
车胎　tshia33thai453
胎□口　thai33kiau453hɐu55　气门嘴
车□　tshia33liŋ453　钢圈
马鞍　ma31wun33　坐垫
钢线　kɔŋ33ɬin33　钢丝
船　sin22
船仔　sin22tsɐi55　小船
帆　fan33
篷　phoŋ22
船杆　sin22kun55　桅杆
方向舵　fɔŋ33hiɔŋ33thɔ22　舵
船桨　sin22tsiɔŋ55　桨
船头板　sin22thɐu22pan55　跳板
撑船　tshaŋ33sin22
撑船篙　tshaŋ33sin22kɐu33　篙
帆船　fan33sin22
渔船　ȵi22sin22
过渡船　kuɔ33tu442sin22　渡船
火船　fɔ55sin22　轮船
军舰　kuɐn33lam453
搭车　tap5tshia33　坐车
搭船　tap2sin22　坐船
过渡　kuɔ33tu442　坐船过河
渡头　tu442thɐu22　渡口
码头　ma31thɐu22　码头

二十、文化、教育

（一）学校

书房　si33fɔŋ22　学校
学校　hɔk2hau33
入学　jɐp2hɔk2　开始上小学
去书房　hi33si33fɔŋ22　上学

逃走 thɐu^{22}tsɐu^{55} 逃学

留堂 lɐu^{22}thɔŋ^{22}

下堂 ha^{442}thɔŋ^{22} 放学

幼儿园 jɐu^{442}ȵi^{22}jin^{22}

书房仔 si^{33}fɔŋ^{22}tsɐi^{55} 私塾

学费 hɔk^{2}fɐi^{33}

放假 fɔŋ^{33}ka^{55}

暑假 si^{55}ka^{55}

寒假 hun^{22}ka^{55}

农忙假 noŋ^{22}mɔŋ^{22}ka^{55}

请假 tshiaŋ^{55}ka^{55}

（二）教室、文具

课室 fɔ^{33}sɐt^{5} 教室

上堂 siɔŋ^{31}thɔŋ^{22} 上课

下堂 ha^{31}thɔŋ^{22} 下课

徛堂 khi^{31}thɔŋ^{22} 罚站

点名 tim^{55}miaŋ^{22}

迟到 tshi^{22}tɐu^{33}

偷鸡 thɐu^{33}kɐi^{33} 早退

缺堂 khit^{2}thɔŋ^{22} 旷课

留班 lɐu^{22}pan^{33} 留级

学级 hɔk^{2}khɐp^{5} 年级

讲台 kɔŋ^{55}thui^{13}

台仔 thui^{13}tsɐi^{55} 课桌

凳 tɐŋ^{13} 板凳

黑板 hɐk^{5}pan^{55}

粉笔 fɐn^{55}pɐt^{5}

粉笔擦 fɐn^{55}pɐt^{5}tshat^{2} 板擦儿

点名簿 tim^{55}miaŋ^{22}pu^{31} 点名册

教棍 kau^{33}kuɐn^{13} 教鞭

日记簿 ȵiɐt^{2}ki^{33}pu^{31} 日记本

书本 si^{33}pun^{55} 课本

图画书 thu^{22}wak^{2}si^{33} 小人书

笔擦 pat^{5}tshat^{2} 橡皮

刀仔 tɐu^{33}tsɐi^{55} 铅笔刀

颜笔机 ŋan^{22}pɐt^{5}ki^{33} 卷笔刀

劘笔 mɐi^{453}pɐt^{5} 削（铅）笔

圆规 jin^{22}khuɐi^{33}

三角板 sam^{33}kɔk^{2}pan^{55}

镇尺 tsɐn^{33}tshiak^{2} 镇纸

作文簿 tsɔk^{2}mɐn^{22}pu^{31} 作文本

大字簿 tai^{442}tsu^{442}pu^{31} 大字本

字帖 tsu^{442}thip^{2}

圆珠笔 jin^{22}tsi^{33}pɐt^{5}

水笔 sui^{55}pɐt^{5} 钢笔

铅笔 jin^{22}pɐt^{5}

毛笔 mɐu^{22}pɐt^{5}

笔口 pɐt^{5}hɐu^{55} 笔尖

笔□ pɐt^{5}lɐp^{5} 笔帽

笔筒 pɐt^{5}thoŋ^{22}

笔芯 pɐt^{5}ɬɐm^{33}

墨砚 mɐk^{2}jin^{442} 砚台

磨墨 mɔ^{22}mɐk^{2} 碾墨

水笔水 sui^{55}pɐt^{5}sui^{55} 墨水儿

□笔水 nɐn^{33}pɐt^{5}sui^{55} 吸墨水

墨汁 mɐk^{2}tsɐp^{2} 墨汁

□笔 lɐm^{31}pɐt^{5} 掭笔

书包 si^{33}pau^{13}

正笔字 tsiŋ^{33}pɐt^{5}tsu^{442} 楷书

行笔字 haŋ^{22}pɐt^{5}tsu^{442} 草字

笔盒 pɐt^{5}hap^{2} 文具盒

（三）读书、识字

识字 sik^{5}tsu^{442} 认字

无识字 mɐu^{22}sik^{5}tsu^{442} 不认字

睇书 thɐi^{55}si^{33} 看书

读书 tok^{2}si^{33} 朗读

念书 nim^{442}si^{33} 背书

复习 fok^{5}tsɐp^{2}

考试 hau^{55}tshi^{33}

试卷 tshi^{33}kin^{33} 考卷

改卷 kui^{55}kin^{33} 阅卷

一百分 jɐt^{5}pak^{2}fɐn^{33} 满分

零鸡春 liŋ^{22}kɐi^{33}tshɐn^{13} 零分

公榜 koŋ^{33}pɔŋ^{55} 发榜

头名 thɐu^{22}miaŋ^{22} 第一名

一哥 jɐt^{5}kɔ^{453}

穲名 lɐi^{33}miaŋ^{22} 末名

穲哥 lɐi^{33}kɔ^{453}

录攞 lok^{2}lɔ^{22} 录取

毕业 pɐt^{5}ȵip^{2}

文凭 mɐn^{22}phɐŋ^{22}

合格 hap^{2}kak^{2} 及格

优秀 jɐu^{33}sɐu^{33}

良好 liɔŋ^{22}hɐu^{55}

写字 ɬia^{55}tsu^{442}

涂净 thu^{22}tsiaŋ^{442} 涂改

错别字 tshɔ^{33}pit^{2}tsu^{442}

写错别字 ɬia^{55}tshɔ^{33}pit^{2}tsu^{442}

装字 tsɔŋ^{33}tsu^{442} 斗笔字

漏字 lɐu^{442}tsu^{442} 掉字

草稿 tshɐu^{55}kɔ^{55}

起稿 hi^{55}kɔ^{55} 起稿子

抄写 tshɐu^{33}ɬia^{55} 誊清

偷鸡 thɐu^{33}kɐi^{33} 抄袭

偷睇 thɐu^{33}thɐi^{55} 偷看

笔画 pɐt^{5}wak^{2}

一点 jɐt^{5}tim^{33}

一横 jɐt^{5}waŋ^{22}

一直 jɐt^{5}tsik^{2} 一竖

一撇 jɐt^{5}phit^{2}

一捺 jɐt^{5}nai^{33}

一拖 jɐt^{5}thɔ^{33}

一钩 jɐt^{5}ŋɐu^{453}

一□ jɐt^{5}hiu^{453} 一挑

单人旁 tan^{33}ȵiɐn^{22}phɔŋ^{22} 立人儿

双人旁 sɔn^{33}ȵiɐn^{22}phɔŋ^{22} 双立人儿

四方框 ɬi^{33}fɔŋ^{33}kuaŋ^{453} 四框栏儿

宝盖头 pɐu^{55}kai^{33}thɐu^{22}

点心旁 tim^{55}ɬɐm^{33}phɔŋ^{22} 竖心旁

狗爪旁 kɐu^{55}ȵiau^{453}phɔŋ^{22} 反犬旁

单刀旁 tan^{33}tɐu^{33}phɔŋ^{22} 单耳旁、

双耳旁

狗耳旁　kɐu^{55}ȵi^{55}phɔŋ^{22}　反文旁

王字旁　wɔŋ^{22}tsu^{442}phɔŋ^{22}　斜玉儿

　三画王　sam^{33}wak^{2}wɔŋ^{22}

踢土旁　thiak^{2}thu^{55}phɔŋ^{22}　提土旁

竹字头　tsok^{5}tsu^{442}thɐu^{22}

火字旁　fɔ^{55}tsu^{442}phɔŋ^{22}

四点水　ɬi^{33}tim^{55}sui^{55}　四点

三点水　sam^{33}tim^{55}sui^{55}

两点水　liɔŋ^{55}tim^{442}sui^{55}

病字旁　piaŋ^{442}tsu^{442}phɔŋ^{22}

纽丝旁　nɐu^{453}ɬu^{33}phɔŋ^{22}　绞丝旁

踢手旁　thiak^{2}sɐu^{55}phɔŋ^{22}　提手旁

草字头　tshɐu^{55}tsu^{442}thɐu^{22}

拖船旁　thɔ^{33}sin^{22}phɔŋ^{22}　建字旁

不衣旁　pɐt^{5}ji^{33}phɔŋ^{22}　示字旁；衣字旁

画图画　wak^{2}thu^{22}wak^{2}　画画

雕刻　tiu^{33}hɐk^{5}

二十一、文体活动

（一）游戏、玩具

□　lin^{55}　玩耍

行路　haŋ^{22}lu^{442}　散步

趁墟　tshɐn^{33}hi^{33}　逛街

纸鹞　tsi^{55}jiu^{13}　风筝

放纸鹞　fɔŋ^{33}tsi^{55}jau^{22}　放风筝

收纸鹞转　sɐu^{33}tsi^{55}jau^{22}tsin^{55}　收风筝

打走　ta^{13}tsɐu^{55}　风筝打栽

叠纸飞机　tip^{2}tsi^{55}fɐi^{33}ki^{33}

揞眼睛　ɐm^{33}ŋan^{55}kiaŋ^{33}　捉迷藏

抛石仔　phau^{33}siak^{2}tsɐi^{55}　抓子儿

打波仔　ta^{13}pɔ^{33}tsɐi^{55}　弹球儿

跳海　thiu^{33}hui^{55}　跳房子

跳绳　thiu^{33}siŋ^{22}　翻绳

古仔　ku^{55}tsɐi^{55}　谜语

出古仔　tshɐt^{5}ku^{55}tsɐi^{55}　出谜面

估古仔　khu^{33}ku^{55}tsɐi^{55}　猜谜底

　打古仔　ta^{13}ku^{55}tsɐi^{55}

输赌　si^{33}tu^{55}　打赌

赌博　tu^{55}pɔk^{2}

麻雀　ma^{22}tsiɔk^{2}　麻将

打麻雀　ta^{13}ma^{22}tsiɔk^{2}　打麻将

诈和　tsa^{33}fu^{22}　假和

对对碰　tui^{33}tui^{33}phoŋ^{33}　碰碰和

放炮　fɔŋ^{33}phau^{33}　放铳（点炮）

输　si^{33}

赢　jaŋ^{22}

打平过　ta^{13}phiaŋ^{22}kuɔ^{33}　打平；和棋

输净　si^{33}tsiaŋ^{442}　输光

牌九　phai^{22}kɐu^{55}

打牌九　ta^{13}phai^{33}kɐu^{55}

打色 ta^{13}ɬik^{5} 掷骰子

百分 pak^{2}fɐn^{33} 扑克牌

打百分 ta^{13}pak^{2}fɐn^{33} 打牌

攞牌 lɔ^{22}phai^{22} 抓牌

出牌 tshɐt^{5}phai^{22}

铺牌 phu^{33}phai^{22} 摔牌

整牌 tsiŋ^{55}phai^{22} 整理牌

洗牌 ɬɐi^{55}phai^{22} 洗牌

过牌 kuɔ^{33}phai^{22} 端牌

鬼 kuɐi^{55} 王

大鬼 tai^{442}kuɐi^{55} 大王

细鬼 ɬɐi^{453}kuɐi^{55} 小王

王公 wɔŋ^{22}koŋ^{453} 扑克牌的 K

妹仔 mui^{453}tsɐi^{55} 扑克牌的 Q

钩仔 ŋɐu^{453}tsɐi^{55} 扑克牌的 J

烟仔 jin^{33}tsɐi^{55} 扑克牌的 A

大葵 tai^{442}khuɐi^{22} 黑桃

红桃 hoŋ^{22}thɔ^{22}

四方 ɬi^{33}fɔŋ^{33} 方块

菜花 tshui^{33}fa^{33} 梅花

纸炮 tsi^{55}phau^{33} 鞭炮

炮仔 phau^{33}tsɐi^{55} 小鞭炮

炮头 phau^{33}thɐu^{22} 大鞭炮

烧炮 siu^{33}phau^{33} 放鞭炮

漏地炮 lɐu^{33}ti^{442}phau^{33} 不响的炮

火箭炮 fɔ^{55}tsin^{33}phau^{33} 烟火

烧火箭炮 siu^{33}fɔ^{55}tsin^{33}phau^{33} 放花炮

（二）体育

象棋 tsiɔŋ^{31}khi^{22}

走棋 tsɐu^{55}khi^{22} 下棋

将 tsiɔŋ^{33}

帅 sui^{33}

士 si^{31}

相 ɬiɔŋ^{33}

象 tsiɔŋ^{31}

车 ki^{33}

马 ma^{31}

炮 phau^{33}

兵 piŋ^{33}

卒 tsut^{5}

擉卒 tok^{5}tsut^{5} 拱卒

走士 tsɐu^{55}si^{31}

下士 ha^{31}si^{31} 落士

起士 hi^{55}si^{31} 上士

飞象 fɐi^{33}tsiɔŋ^{31}

下象 ha^{31}tsiɔŋ^{31} 落象

将军 tsiɔŋ^{33}kuɐn^{33}

架炮 ka^{33}phau^{33} 搭炮架

马后炮 ma^{31}hɐu^{55}phau^{33}

围棋 wɐi^{22}khi^{22}

黑子 hɐk^{5}tsu^{55}

白子 pak^{2}tsu^{55}

猜拳 tshai^{33}khin^{22}

拔河 pat^{2}hɔ^{22}

摇河 mɐŋ^{33}hɔ^{22}

游水 jɐu^{22}sui^{55} 游泳

铲水　tshan^{55}sui^{55}　仰泳
踩水　tshai^{55}sui^{55}　踩水
沕水　mi^{453}sui^{55}　潜水
拼快　phiŋ^{33}fai^{33}　赛跑
冠军　kun^{33}kuɐn^{33}
打球　ta^{13}khɐu^{22}
赛球　ɬɐi^{33}khɐu^{22}　打球赛
乒乓球　phiŋ^{453}phɔŋ^{453}khɐu^{22}
篮球　lam^{22}khɐu^{22}
投篮　thɐu^{22}lam^{22}
传球　tshin^{22}khɐu^{22}
运球　wɐn^{442}khɐu^{22}
排球　phai^{22}khɐu^{22}
足球　tsok^{5}khɐu^{22}
羽毛球　ji^{31}mɐu^{22}khɐu^{22}
跳远　thiu^{33}jin^{55}
跳高　thiu^{33}kɛu^{33}
台球　thui^{22}khɐu^{22}　桌球
打台球　ta^{55}thui^{22}khɐu^{22}
顶杠　tiŋ^{55}kɔŋ^{13}　较力游戏
顶棍　tiŋ^{55}kuɐn^{13}
打功夫　ta^{13}koŋ^{33}fu^{33}
手骨力　sɐu^{55}kuɐt^{5}lik^{5}　掰手劲
郁跤　wɐt^{5}kau^{13}　摔跤
打颠倒　ta^{13}tin^{33}tau^{33}　翻跟斗
打风车　ta^{13}foŋ^{33}tshia^{33}　连续翻跟斗
定蜡烛　tiŋ^{442}lap^{2}tsok^{5}　倒立
舞狮子　mu^{55}ɬu^{33}tsu^{55}
舞龙　mu^{55}loŋ^{22}
舞狮子灯　mu^{55}ɬu^{33}tsu^{55}tɐŋ^{33}　舞龙灯
扒龙船　pha^{22}loŋ^{22}sin^{22}　划龙船
打腰鼓　ta^{13}jiu^{33}ku^{55}
跳舞　thiu^{33}mu^{55}
鼓　ku^{55}
打鼓　ta^{13}ku^{55}
锣　lɔ^{22}
打锣　ta^{13}lɔ^{22}　敲锣
笛　tiak^{2}　笛子
吹笛　tshui^{33}tiak^{2}　吹笛子
琴　khɐm^{22}
弹琴　than^{22}khɐm^{22}
口琴　hɐu^{55}khɐm^{22}
吹口琴　tshui^{33}hɐu^{55}khɐm^{22}
二□　ji^{453}ɛ^{33}　二胡
拉二□　lai^{33}ji^{453}ɛ^{33}　拉二胡
□仔　kua^{453}tsɐi^{55}　哨子
吹□仔　tshui^{33}kua^{453}tsɐi^{55}　吹哨子
□仔　fɛ^{453}tsɐi^{55}　口哨
吹□仔　tshui^{33}fɛ^{453}tsɐi^{55}　吹口哨

（三）戏剧

鬼仔戏　kuɐi^{55}tsɐi^{55}hi^{33}　木偶戏
　木头镰　mok^{2}thɐu^{22}lok^{5}
大戏　tai^{442}hi^{33}　粤剧
　粤剧　jit^{2}kik^{2}

大班 tai^{442}pan^{33} 戏班
魔术 mɔ^{453}ɬɐt^{2}
变魔术 pin^{33}mɔ^{453}ɬɐt^{2}
杂技 tsap^{2}ki$^{\cdot 442}$
京剧 kiŋ^{33}kik^{2}
话剧 wa^{442}kik^{2}
戏院 hi^{33}jin^{442}
戏台 hi^{33}thui^{22}
演员 jin^{55}jin^{22}
小生 ɬiu^{55}saŋ^{33}
文武生 mɐn^{22}mu^{31}saŋ^{33}
武生 mu^{31}saŋ^{33}
文生 mɐn^{22}saŋ^{33}
老旦 lɛu^{55}tan^{33}
花旦 fa^{33}tan^{33}
正花 tsiŋ^{33}fa^{33} 主角花旦
帮花 pɔŋ^{33}fa^{33} 配角花旦
小旦 ɬiu^{55}tan^{33}
电影 tin^{442}jaŋ^{55}
睇电影 thɐi$^{\cdot 55}$tin$^{\cdot 442}$jaŋ^{55} 看电影
歌仔 kɔ^{33}tsɐi$^{\cdot 55}$ 歌曲
唱歌仔 tshɔŋ^{33}kɔ^{33}tsɐi$^{\cdot 55}$

二十二、动作

（一）一般动作

徛 khi^{31} 站
坐 tshɔ^{31}
靠 khau^{33}
踎 mau^{453} 蹲
爬 pha^{22}
□ man^{453} （向上）爬
趴 pa^{442}
扑 phok^{5}
□地 liɔ^{33}ti$^{\cdot 442}$ 在地上翻滚
跌 tap^{2}
　跌跤 tap^{2}kau^{33} 跌倒
　跌紧 tap^{2}kɐn^{55}
拱起来 koŋ^{453}hi^{55}lui$^{\cdot 22}$ 爬起来
踩□ tshai^{55}lɐp^{2} 滑倒
踢紧 tiak^{2}kɐn^{55} 绊
□ tui$^{\cdot 453}$ 挤
插队 tshap^{2}tui$^{\cdot 442}$
横头 waŋ^{453}thɐu^{22} 摇头
□头 ŋɐp^{2}thɐu^{22} 点头
点餸 tim^{55}ɬoŋ^{13} 点（菜）
頕头 tam^{33}thɐu^{22} 抬头
勾头 ŋɐu^{453}thɐu^{22} 低头
低头 tɐi^{33}thɐu^{22}
转头 tsin^{55}thɐu^{22} 回头
撑眼 tshaŋ^{33}ŋan^{55} 睁眼
突眼 tɐt^{5}ŋan^{55} 瞪眼
眯眼 mi$^{\cdot 55}$ŋan^{55} 闭眼；眯眼
□眼 ȵiɐp^{2}ŋan^{55} 眨眼
碰见 phoŋ^{33}kin^{22} 遇见
瞄 miu^{22}

睇 thɐi^{55} 看

睇见 thɐi^{55}kin^{33} 看见

睇屋 thɐi^{55}ok^{5} 看家

□□睇 jɐp^{5}jɐp^{5}thɐi^{55} 偷偷看

□□转 lik^{5}lok^{5}tsin^{33} 眼睛乱转

漏眼汁 lɐu^{33}ŋan^{55}tsɐp^{5} 流眼泪

听 thiaŋ^{33}

听到 thiaŋ^{33}tɐu^{33}

听话 thiaŋ^{33}wa^{442}

臭 tshɐu^{33} 嗅

好难闻 hɐu^{55}nan^{22}mɐn^{22} 刺鼻

恶闻 ɔk^{2}mɐn^{33}

□口 mik^{5}hɐu^{55} 张嘴

□口 nɐp^{5}hɐu^{55} 闭嘴

□口 mɐt^{5}hɐu^{55} 抿嘴

翘口 hiu^{55}hɐu^{55} 噘嘴

喷 phɐn^{33}

含 ham^{22}

咬 ŋau^{55} 咬；啃

□ ȵiai^{33} 嚼

啗 tam^{33} 衔；叼

吐 thu^{55}

□ lɛm^{453} 舔

欶 ɬɔk^{2} 啜；吮；吸气

敨 thɐu^{55} 呼气；休息

敨气 thɐu^{55}hi^{33} 呼气

欶气 ɬɔk^{2}hi^{33} 吸气

打阿□ ta^{13}a^{33}tshiu^{453} 打喷嚏

□牙 ŋɛk^{5}ŋa^{22} 磨牙

吞 thɐn^{33}

□□ mik^{5}am^{31} 打呵欠

打开 ta^{13}hui^{33}

摇手 jau^{22}sɐu^{55} 挥手

摆手 pai^{55}sɐu^{55}

招手 tsiu^{33}sɐu^{55}

玉手 ȵiok^{5}sɐu^{55} 动手

扑 phok^{2} 拍

扑手 phok^{2}sɐu^{55} 拍手

钳手 khɛm^{13}sɐu^{55} 叉着手儿

扁手 pɛn^{55}sɐu^{55} 背着手

□手 tshin^{33}sɐu^{55} 伸手

抓 ȵia^{33}

掂 tim^{453} 提

□ kua^{33}

拈 nim^{453} 拿

□ tshau^{453}

举 ki^{55}

搅 kau^{55} 搅；拌

抛 phau^{33}

订 tiaŋ^{453} 掷

畀 pi^{55} 给

放 fɔŋ^{33} 搁置；摔打；砍

叠 tip^{2} 摞

屈 khuɐt^{5}

打 ta^{13}

冲 tshoŋ^{33} 掺（水）

□ khuai^{33} 丢

打漏 ta^{13}lɐu^{33} 掉；遗失

掘 khuɐt^{5} 挖

挖 wat^{2} 抠

□ nɛn^{55} 掐；捏

搓 tshɔ^{33}

捡 kim^{55} 拾起
拉 lai^{33}
拖 thɔ^{33}
扶 fu^{22}
扭 nɐu^{55} 扭；拧
翻 fan^{33}
□ mik^{5} 撕；掰；剥
拗开 au^{33}huiˑ^{33} 掰开
□ hɛu^{33} 掀
指 tsiˑ^{55}
□ nɛn^{33} 撮
□ tut^{5} 掫
挑 thiu^{453}
泼 phut^{2}
挲 sa^{33} 摸
挲黑 sa^{33}hɐk^{5} 摸黑
抹 mat^{2}
揽 lam^{55} 抱；搂
揽紧 lam^{55}kɐn^{55} 抱住；搂住
刨 phau^{22}
割 kut^{2}
按 wun^{22}
压 at^{2}
揞紧 ɐm^{33}kɐn^{55} 捂住
涂紧 thu^{22}kɐn^{55} 敷
级紧 khɐp^{5}kɐn^{55} 盖住
封 foŋ^{33}
□ ȵiau^{453} 抓
偷 thɐu^{33}
抢 tshiɔŋ^{55}
□ tshui^{453} 吻

拉手 lai^{33}sɐu^{55} 牵手
捧 phoŋ^{55} 掬
端 tin^{33}
扛 kɔŋ^{33} 一只手拿
拗断 au^{33}thun^{31} 折断
掹 mɐŋ^{33} 拔
托 thɔk^{2}
攤 oŋ^{453} 推
夹 kɛp^{2}
□ waŋ^{453} 甩
弹 than^{22} 掸
□ ɬip^{2} 掖（把纸条～进门缝）
□ khuaiˑ^{33} 摔
跌 tap^{2} 砸
□ that^{5} 塞（洞口）
拦 lan^{22}
收近 sɐu^{33}kɐn^{55} 收拢
劘 mɐiˑ^{33} 削
架 ka^{33}
瞒 mun^{22} 隐瞒
断 tun^{31}
刮 kuat^{2}
蒙眼 moŋ^{33}ŋan^{55}
弹 than^{22}
震 tsɐn^{33} 抖
撒 ɬɐu^{55}
走 tsɐu^{55} 跑
行 haŋ^{22} 走
□ lam^{453} 跨越
跪 kuɐiˑ^{442}
跟 kɐn^{33} 跟随

褪 thɐn^{33} 退
冲 tshoŋ^{33}
闯 tshɔŋ^{55}
踩 tshai^{22}
□脚 tɐm^{442}kiɔk^{2} 跺脚
踮脚 tim^{453}kiɔk^{2} 踮脚
跷脚 khiau^{33}kiɔk^{2} 跷二郎腿
曲脚 khok^{5}kiɔk^{2} 蜷腿
横脚 waŋ^{22}kiɔk^{2} 抖腿
　擞脚骨 ɬɐu^{55}kiɔk^{2}kut^{5}
踢 thiak^{2}
窿腰 loŋ^{33}jiu^{33} 弯腰
伸腰 sɐn^{33}jiu^{33}
参腰 tsham^{33}jiu^{33} 撑腰
孭 mɛ^{33} 背
捶背脊 tshui^{33}pui^{33}tsiak^{13}
执 tsɐp^{5} 收拾
落 lɔk^{2}
寻 tsham^{13} 寻找
寻着 tshɐm^{13}tsiɔk^{2} 找着了
寻紧 tsham^{13}kɐn^{55} 在找
收 sɐu^{33} 藏
　收紧 sɐu^{33}kɐn^{55}
屏紧 piaŋ^{55}kɐn^{55} 躲藏
电鱼 tin^{442}ȵi^{13}
□ tiak^{2} 驱赶
擉 tok^{5} （用尖物）捅
扒 pha^{22} 扒开
射 sia^{442} 喷射；溅
搏命 pɔk^{2}miaŋ^{442} 拼命
悭 han^{33} 节省
吵 tshau^{55} 吵闹
爆 pau^{442} 爆裂
起 hi^{55} 上
起楼 hi^{55}lɐu^{22} 上楼
起路 hi^{55}lu^{442} 上路
锥 ȵiui^{453} 钻
对付 tui^{33}fu^{442}
破 phɔ^{33} 劈开（竹）
做 tsu^{33}
拖皮 thɔ^{33}phi^{22} 耍赖
洗 ɬɐi^{55}
试 si^{33}
发戆 fat^{2}ŋɔŋ^{442} 发呆

（二）心理活动

知 tsi^{33} 知道
知道 tsi^{33}tɛu^{31}
识嘢 sik^{5}ȵia^{13} 懂事
识得 sik^{5}tɐk^{5} 懂得；认得
谂 nɐm^{453} 考虑
　谂过 nɐm^{55}kuɔ^{33}
办法 pan^{442}fat^{2}
谂计较 nɐm^{55}kɐi^{33}kau^{33} 打主意
估 khu^{33} 猜想；估计
估中 khu^{33}tsoŋ^{33} 猜到
肯定 hɐn^{55}tiŋ^{442} 料定
主张 tsi^{55}tsiɔŋ^{33}

信 ɬɐn^{33} 相信

疑 ȵi^{22} 怀疑

无决定 mɛu^{22}khit^{2}tiŋ^{442} 犹豫

细心 ɬɐi^{453}ɬɐm^{33} 留神；小心

叹 than^{33} 夸奖

吓紧 hak^{2}kɐn^{55} 吓着了

急 kɐp^{5} 着急

挂 khua^{33} 挂念

放心 fɔŋ^{33}ɬɐm^{33}

望 mɔŋ^{442} 盼望

好望 hɛu^{55}mɔŋ^{442} 巴不得

记得 ki^{33}tɐk^{5} 记住

无记得 mɛu^{22}ki^{33}tɐk^{5} 忘记了

谂起来 nɐm^{55}hi^{55}lui^{22} 想起来

眼红 ŋan^{55}hoŋ^{22}

伤气 siɔŋ^{33}hi^{33} 生气

无爱 mɛu^{22}wui^{33} 嫌弃

妒忌 tu^{453}ki^{453} 嫉妒

厌 jim^{33} 讨厌

大细心 tai^{442}ɬɐi^{453}ɬɐm^{33} 偏心

埋怨 mai^{22}jin^{33} 抱怨

孺气 nɐu^{453}hi^{33} 怄气

发火 fat^{2}fɔ^{55}

伤心 siɔŋ^{33}ɬɐm^{33}

爱惜 wui^{33}ɬik^{5}

疼 thoŋ^{22} 疼爱；娇惯；喜欢

中意 tsoŋ^{33}ji^{33} 喜欢；要

无爱 mɛu^{22}wui^{33} 不要

谢 tsia^{442}

忍 ȵiɐn^{55} 忍让

迁就 tshin^{33}tsɐu^{442}

上 siɔŋ^{31} 娇惯

容纵 jɔŋ^{22}tsoŋ^{33} 纵容

卖面光 mai^{442}min^{442}kuɔŋ^{453} 摆脸；炫耀

兴 hiŋ^{33} 高兴；得意

悔 fui^{31} 后悔

忧 jɐu^{453} 忧愁

决定 khit^{2}tiŋ^{442}

贪心 tham^{33}ɬɐm^{33} 贪婪

（三）语言动作

声 siaŋ^{33} 声音

讲 kɔŋ^{55} 说

讲话 kɔŋ^{55}wa^{442} 说话

讲马兰 kɔŋ^{55}ma^{33}lan^{33} 说马兰话

讲白 kɔŋ^{55}pak^{2} 说粤语；粤语

讲哎 kɔŋ^{55}ŋai^{453} 说客家话；客家话

讲黎 kɔŋ^{55}lɐi^{22} 说闽语；闽语

乱讲 lun^{442}kɔŋ^{55}

传话 tshin^{22}wa^{442}

旧话 kau^{31}wa^{442} 古话

谈天 tham^{22}thin^{33} 聊天；闲聊

闲谈 han^{22}tham^{22}

讲笑话 kɔŋ^{55}ɬiu^{33}wa^{442} 开玩笑

□□讲 jɐp^{5}jɐp^{5}kɔŋ^{55} 耳语

解释 kai^{55}ɬik^{5}

插口 tshap^{2}hɐu^{55} 插嘴

学人讲话　hɔk^{2} ȵiɐn^{22} kɔŋ^{55} wa^{442}

无做声　mɛu^{22} tsu^{33} siaŋ^{33}　不做声

允人　wɐn^{22} ȵiɐn^{22}　骗；哄人

□人　thɐm^{33} ȵiɐn^{22}

讲……知　kɔŋ^{55}…tsi^{33}　告诉

顶颈　tiŋ^{55} kiaŋ^{55}　抬杠

顶转头　tiŋ^{55} tsin^{55} thɐu^{22}　顶嘴

争跤　tsɐŋ^{33} kau^{33}　吵架

打跤　ta^{13} kau^{33}　打架

做假　tsu^{33} ka^{55}　装假

獳　nau^{453}　骂

咒　tsɐu^{33}

畀獳　pi^{55} nɐu^{453}　挨骂

啰嗦　lɔ^{453} sɔ^{453}　唠叨

吆　ɛu^{453}　喊

喊　ham^{22}

哭　hok^{5}

讲假　kɔŋ^{55} ka^{55}　说谎

讲大话　kɔŋ^{55} tai^{442} wa^{442}　吹牛

车大炮　tshia^{33} tai^{442} phau^{33}

唆摆　sɔ^{33} pai^{55}　唆使

吩咐　fɐn^{33} fu^{442}

系　hɐi^{442}　是

无系　mɛu^{22} hɐi^{442}　不是

做坏　tsu^{33} wai^{442}　把东西弄坏

浪费　lɔŋ^{442} fɐi^{33}

似　tshi^{31}　像

惹事　ja^{31} ɬu^{442}

商量　siɔŋ^{33} liɔŋ^{22}

有　jɐu^{55}

无有　mɛu^{22} jɐu^{55}

无得　mɛu^{22} tɐk^{5}　未完；还不行

浮　phu^{22}　漂

飞　fɐi^{33}　飘

纠正　tɐu^{33} tsiŋ^{33}

接　tsip^{2}　迎接

粘　nɛm^{33}

沉　tshɐn^{22}

□　noŋ^{22}

喷　phɐn^{33}　溢出

扭转　nɐu^{453} tsin^{55}　旋转

吊　tiu^{33}

挂　khua^{33}

捡阄　kim^{55} khɐu^{33}　抓阄

搣签　mɐŋ^{33} tshim^{33}　抽签

帮手　pɔŋ^{33} sɐu^{55}　帮忙

降　kɔŋ^{33}　下降

阻　tsɔ^{55}　妨碍

滚　kuɐn^{55}　混杂

崩　pɐŋ^{33}　（房屋）倒塌

二十三、位置

上高　siɔŋ^{31} kɛu^{33}　上面

下低　ha^{31} tɐi^{33}　下面

地下　ti^{442} ha^{13}　地上；地下

台上　thui^{13} siɔŋ^{31}　桌上

门上高 mun^{22}siɔŋ^{31}kɐu^{33} 门上
椅仔面 ji^{55}tsɐi^{55}min^{442} 椅子上
边头 pin^{33}thɐu^{22} 边儿上
滴头 tik^{5}thɐu^{22} 里面
角落头 kɔk^{2}lɔk^{2}thɐu^{22} 角落
巷底 hɔŋ^{442}tɐi^{55} 外面；野外
手滴头 sɐu^{55}tik^{5}thɐu^{22} 手里
心滴头 ɬɐm^{33}tik^{5}thɐu^{22} 心里
水底 sui^{55}tɐi^{55} 水里
乡滴头 hiɔŋ^{33}tik^{5}thɐu^{22} 乡里
大门口 tai^{442}mun^{22}hɐu^{55} 大门外
外墙 ŋui^{442}tshiɔŋ^{22} 墙外
墙巷底 tshiɔŋ^{22}hɔŋ^{442}tɐi^{55}
窗巷底 tshɔŋ^{33}hɔŋ^{442}tɐi^{55} 窗户外头
车巷底 tshia^{33}hɔŋ^{442}tɐi^{55} 车外
碗□ wun^{55}tok^{5} 碗底儿
镬□ wɔk^{2}tok^{5} 锅底儿
瓮□ oŋ^{13}tok^{5} 缸底儿
面前 min^{442}tshin^{22} 跟前儿
后头 hɐu^{55}thɐu^{22} 后面
䢪 lai^{453} 最后
大边 tai^{442}pin^{33} 右边
细边 ɬɐi^{453}pin^{33} 左边
中间 tsoŋ^{33}kan^{33}
隔离 kɐk^{5}li^{22} 隔壁
对面 tui^{33}min^{442}
东边 toŋ^{33}pin^{33}
南边 nam^{22}pin^{33}
西边 ɬɐi^{33}pin^{33}
北边 pɐk^{5}pin^{33}

二十四、代词等

我 ŋoi^{55}
　我 ŋɔ^{55}
你 ni^{55}
佢 khi^{22} 他
我□人 ŋɔ^{55}nɐi^{33}ȵiɐn^{22} 我们
　我人 ŋoi^{55}ȵiɐn^{22}
你□人 ni^{55}nɐi^{33}ȵiɐn^{22} 你们
　你人 ni^{55}ȵiɐn^{22}
佢□人 khi^{22}nɐi^{33}ȵiɐn^{22} 他们
时家 si^{22}ka^{33} 自己
人家 ȵiɐn^{22}ka^{33}
　人 ȵiɐn^{22}
大家 tai^{442}ka^{33}
乜人 mɐt^{2}ȵiɐn^{22} 谁
　□（合音） mɐn^{453}
这个 khui^{13}koi^{33} 这个
　这只 khui^{13}tsiak^{2}
宁个 niŋ^{13}koi^{33} 那个
□个 nai^{13}koi^{33} 哪个
这□ khui^{13}nɐi^{33} 这些
宁□ niŋ^{13}nɐi^{33} 那些
□□ nai^{13}nɐi^{33} 哪些
这顶 khui^{13}tiaŋ^{55} 这里
宁顶 niŋ^{13}tiaŋ^{55} 那里
□顶 nai^{13}tiaŋ^{55} 哪里
宁□地 niŋ^{13}pok^{5}ti^{442} 那一块地方

这阵仔　khui^{13}tsɐn^{442}tsɐi^{55}　这时
孔　khoŋ^{55}　这么
这样　khui^{13}jɔŋ^{442}　这样
这样做　khui^{13}jɔŋ^{442}tsu^{33}　这么样做
点样　tim^{55}jɔŋ^{442}　怎么样
宁样做　niŋ^{13}jɔŋ^{442}tsu^{33}　那么样做
点样做　tim^{55}jɔŋ^{442}tsu^{33}　怎样做
点样办　tim^{55}jɔŋ^{442}pan^{442}　怎么办
乜嘢　mɐt^{2}ȵia^{55}　什么
为乜嘢　wɐi^{442}mɐt^{2}ȵia^{55}　为什么
其他　khi^{22}tha^{33}　别的
几时　ki^{55}si^{22}　什么时候
孔久　khoŋ^{55}kau^{31}　多久
几多　ki^{55}tɔ^{33}　多少
几大　ki^{442}tai^{442}　多大
几好　ki^{55}hɐu^{55}
我两个人　ŋoi^{55}liɔŋ^{55}koi^{33}ȵiɐn^{22}　我们俩
你两个人　ni^{55}liɔŋ^{55}koi^{33}ȵiɐn^{22}　你们俩
佢两个人　khi^{22}liɔŋ^{55}koi^{33}ȵiɐn^{22}　他们俩
两公婆　liɔŋ^{55}koŋ^{33}phɔ^{22}　夫妻俩
两仔㜷　liɔŋ^{55}tsɐi^{55}na^{55}　娘儿俩
两仔爷　liɔŋ^{55}tsɐi^{55}ja^{22}　爷儿俩
两婶嫂　liɔŋ^{55}ɬɐm^{453}ɬɐu^{55}　妯娌俩
两姑嫂　liɔŋ^{55}ku^{33}ɬɐu^{55}　姑嫂俩
两兄弟　liɔŋ^{55}hin^{33}thɐi^{31}　兄弟俩
两姐妹　liɔŋ^{55}tsia^{55}mui^{453}　姐妹俩
两兄妹　liɔŋ^{55}hin^{33}mui^{453}　兄妹俩
两姐弟　liɔŋ^{55}tsia^{55}thɐi^{31}　姐弟俩
两姑侄　liɔŋ^{55}ku^{33}tsɐt^{2}　姑侄俩
两叔侄　liɔŋ^{55}sok^{5}tsɐt^{2}　叔侄俩

二十五、形容词

好　hɐu^{55}　（人）好
靓　liaŋ^{442}　（物）美
做得　tsu^{33}tɐk^{5}　（回答）好
坏　wɐi^{442}　（人）坏
烂　lan^{442}　（物）坏
无好　mɐu^{22}hɐu^{55}　（成绩）差
好　hɐu^{55}　（味道）不错
一般　jɐt^{5}pun^{453}　（味道）一般
马马虎虎　ma^{31}ma^{31}fu^{22}fu^{22}
无点□　mɐu^{22}tim^{55}sɐi^{55}　不怎么样
有用　jɐu^{55}jɔŋ^{442}
无乜用　mɐu^{22}mɐt^{5}jɔŋ^{442}　不顶事
手头紧　sɐu^{55}thɐu^{22}kɐn^{55}　手头拮据
手头松　sɐu^{55}thɐu^{22}ɬoŋ^{33}　手头宽裕
嚣离　hiu^{33}li^{22}　凶
恶毒　ɔk^{2}tok^{2}　恶
相　ɬiɔŋ^{33}　蛮
蛮　man^{22}
□　khɔŋ^{55}　慌张；害怕
□□　khɔŋ^{55}hɔ^{33}　腼腆
熟悉　ɬok^{2}ɬik^{5}
硬颈　ŋaŋ^{442}kiaŋ^{55}　顽固

粗心大意 tshu^{33} ɬɐm^{33} tai^{442} ji^{33} 粗心

久 kɐu^{55}

短 tun^{55} 时间短

□ lui^{453} 短小

郁 wɐt^{5} 闷

四方 ɬi^{33} fɔŋ^{33} 方正

四正 ɬi^{33} tsiŋ^{33} 端正

差□仔 tsha^{33} ȵit^{5} tsɐi^{55} 差一点

靓 liaŋ^{442} 漂亮

丑 tshɐu^{55} 难看；（性格）丑；小巧；弱小

大个 tai^{442} koi^{33} 个头大

细个 ɬɐi^{453} koi^{33} 个头小

老大 lɛu^{55} tai^{442} 年老

佬 lɛu^{55} 男人

后生 hɐu^{31} saŋ^{33} 年轻

紧要 kɐn^{55} jiu^{33} 要紧

□ ȵioŋ^{453} 人多；热闹

闹热 nau^{453} ȵit^{2}

硬 ŋan^{442} 坚固

软 ȵin^{31}

腩软 nam^{22} ȵin^{31} 柔软；烂

净 tsiaŋ^{442} 完；尽

完 jin^{22}

净利 tsiaŋ^{442} li^{442} 干净

龌龊 wɔk^{2} tshɔk^{2} 脏

咸 ham^{22}

淡 tham^{13}

香 hiɔŋ^{33}

臭 tshɐu^{33} 难闻的气味

腥臭 ɬiaŋ^{33} tshɐu^{33} （鱼）腥

酸 ɬun^{33}

甜 thim^{22}

苦 fu^{55}

辣 lat^{2}

结 kit^{2} （饭）稠

清 tshiaŋ^{453} （饭）稀

肥 fei^{22} （猪）肥；（人）胖

瘦 sɐu^{33}

新 sɐn^{33}

旧 kɐu^{55}

真 tsɐn^{33}

假 ka^{55}

舒然 ɬu^{33} jin^{22} 舒服

抵力 tɐi^{55} lik^{2} 辛苦；难受

轻 hiaŋ^{33}

重 tshoŋ^{31}

难 nan^{22}

易 ji^{442}

大胆 tai^{442} tam^{55} 胆大

细胆 ɬɐi^{453} tam^{55} 胆小；怯

无胆 mɐu^{22} tam^{55} 没胆量

无卵春 mɐu^{22} lun^{31} tshɐn^{55}

罪过 tsui^{442} kuɔ^{33} 可怜；受苦

湿碎 ɬɐp^{5} ɬui^{453} 琐碎；微不足道

奥蛮 au^{33} man^{22} 勉强过得去

顺手 sɐn^{33} sɐu^{55}

靓面 liaŋ^{442} min^{442} 亮泽光滑

咳久 kɐk^{5} kɐu^{55} 倒霉；糟糕

衰 sui^{453}

实在 sɐt^{2} tsui^{442} 老实

忠厚　tsoŋ^{33} hɐu^{31}

□　tiau^{453}　聪明；能干；厉害

聪明　tshoŋ^{33} miŋ^{22}

恶　ɔk^{2}　乖

假恶　ka^{55} ɔk^{2}　调皮

定　tiŋ^{442}　稳

稳阵　wɐn^{55} tsɐn^{442}　稳当

得　tɐk^{5}　行；可以

无得　mɛu^{22} tɐk^{5}　不行

狼毒　lɔŋ^{22} tok^{2}　狠毒；缺德

灵活　liŋ^{22} wut^{2}　灵巧

□　ɬɐm^{31}　笨

颠　tin^{33}　傻

勤力　khɐn^{22} lik^{2}　勤快；努力

懒　lan^{31}

糊涂　fu^{22} thu^{22}

傻瓜　ɬɔ^{22} kua^{33}　孬种

□□　ŋɐt^{5} ɬɐt^{5}　吝啬

轮阵　lɐn^{22} tsɐn^{442}　挑剔

小气　ɬiu^{55} hi^{33}

无舍得　mɛu^{22} sia^{55} tɐk^{5}　舍不得

大方　tai^{442} fɔŋ^{33}

成个　siaŋ^{22} koi^{33}　整个

通透　thoŋ^{33} thɐu^{33}　透明；通畅

清　tshiŋ^{33}

浓　noŋ^{22}　浑浊

拱　koŋ^{453}　凸

埝　nɛp^{2}　凹

静　tsiŋ^{31}　安静

吵　tshau^{55}　吵闹

整齐　tsiŋ^{55} tshɐi^{22}

黑　hɐk^{5}　晚

多　tɔ^{33}

少　siu^{55}

大　tai^{442}

细　ɬɐi^{453}　小

长　tshiɔŋ^{22}

短　tun^{55}

阔　fut^{2}　宽阔

狭　kɛp^{2}　狭窄

厚　hɐu^{31}

薄　pɔk^{2}

深　sɐm^{33}

浅　tshin^{55}

高　kɛu^{33}

低　tɐi^{33}

矮　ai^{55}

富　fu^{33}

穷　khoŋ^{22}

松　ɬoŋ^{33}

紧　kɐn^{55}

□　tsi^{442}　陡

新鲜　ɬɐn^{33} ɬin^{33}

嫩　nɐn^{55}

老　lɛu^{55}

爽　sɔŋ^{55}　爽快；舒服；开心；过瘾

快乐　fai^{33} lɔk^{2}　愉快

温柔　wɐn^{33} jɐu^{22}

斯文　ɬu^{33} mɐn^{22}

良善　liɔŋ^{22} sin^{442}　善良

娇　kiu^{453}　娇气

姣　hau^{22}　（女人）风骚

滑头 wat^{2}thɐu^{22} 狡猾
  门头多 mun^{22}thɐu^{22}tɔ^{33}
顺利 sɐn^{442}li^{442}
得闲 tɐk^{5}han^{22} 有空
无得闲 mɛu^{22}tɐk^{5}han^{22} 没空
准头 tsɐn^{55}thɐu^{22} 准确
直 tsik^{2}
笡 tshia^{22} 斜
空 hoŋ^{33}
实 sɐt^{2}
固执 ku^{33}tsɐp^{5}
早 tsɛu^{55}
迟 tshi^{22} 晚
红 hoŋ^{22}
大红 tai^{442}hoŋ^{22}
粉红 fɐn^{22}hoŋ^{22}
深红 sɐm^{33}hoŋ^{22}
蓝 lam^{22}
浅蓝 tshin^{55}lam^{22}
深蓝 sɐm^{33}lam^{22}
天蓝 thin^{33}lam^{22}
绿 lok^{2}
草绿 tshɛu^{55}lok^{2}
浅绿 tshin^{22}lok^{2}
白 pak^{2}
灰白 fui^{33}pak^{2}
灰色 fui^{33}sik^{5}
深灰色 sɐm^{33}fui^{33}sik^{5}
浅灰色 tshin^{55}fui^{33}sik^{5}
银色 ŋɐn^{22}sik^{5} 银灰色
黄色 wɔŋ^{22}sik^{5}
深黄色 sɐm^{33}wɔŋ^{22}sik^{5}
浅黄色 tshin^{55}wɔŋ^{22}sik^{5}
铁青 thit^{2}tshiaŋ^{33} 青色
紫 tsi^{55}
黑 hɐk^{5}
金色 kam^{33}sik^{5}
蓝 lam^{22}
粉蓝 fɐn^{55}lam^{22}

二十六、量词

张 tsiɔŋ^{33} 一～椅子；桌子；纸；画
床 tshɔŋ^{22} 一～被子
只 tsiak^{2} 一～马；猪；牛；砖；佛像；人
个 koi^{33} 一～人；客人；奖章；梨；字；哥哥
条 thiu^{22} 一～河；手巾；香；桥；头发；旗；枪；钥匙；村；三（扑克牌）；眼镜
块 fai^{33} 一～墨；田；菜地
扇 sin^{33} 一～墙（一堵墙）；门
揸 tsa^{33} 一～药（一剂药）
种 tsoŋ^{33} 一～药（一味药）
束 tshok^{5} 一～花
串 tshin^{33} 一～葡萄
支 tsi^{33} 一～花；笔
团 thun^{22} 一～花（一朵花）；泥

餐　tshan^{33}　一～饭

部　pu^{442}　一～车

□　sak^{2}　手（用一边手）

盏　tsan^{55}　一～灯

台　thui^{13}　一～酒席

场　tshiɔŋ^{22}　一～雨；戏；闹一～

脱　thut^{2}　一～棉衣（一套）

□　tɐu^{442}　一～树

蕾　lui^{22}　一～香蕉（一挂）

梳　sɔ^{13}　一～香蕉（一排）

粒　nɐp^{5}　一～米；星；钉

间　kan^{33}　一～铺

座　tsɔ^{442}　一～屋

眼　ŋan^{55}　一～屋（一间）

架　ka^{33}　一～飞机；单车

领　liaŋ^{55}　一～衣服（一件）

本　pun^{55}　一～书

行　hɔŋ^{22}　一～字

篇　phɛn^{33}　一～文章

页　jip^{2}　一～书

段　tun^{442}　一～文章

□　nai^{55}　一～肉（一片）；花（一瓣）

层　tshɐŋ^{22}　一～纸

阵　tsɐn^{442}　一～香水味

盘　phun^{22}　一～棋

门　mun^{22}　一～亲事

件　kin^{442}　一～事情

□　ȵia^{33}　一～米（一撮）

对　tui^{33}　一～鞋

副　fu^{442}　一～眼镜

批　phi^{33}　一～货

窦　tɐu^{13}　一～蜂（一窝）

揇　nam^{22}　一～（拇指与中指张开的长度）

面　min^{442}　一～土

身　sɐn^{33}　一～土

肚　tu^{55}　一～气

碌　lok^{5}　一～木头（一段）

轮　lɐn^{13}　一～车（一班）

户　fu^{442}　一～人家

窑　jɐu^{22}　一～陶器；砖

堆　tui^{33}　一～泥

□　tok^{5}　一～屎

口　hɐu^{55}　一～牙

啖　tam^{31}　吃一～

□　ȵiɐp^{5}　一～毛（一撮）

轮　lɐŋ^{22}　做一～官（一任）；打一～麻将（一圈）

滴　tik^{5}　一～雨；墨

□仔　ȵit^{5}tsɐi^{55}　一～心意

盒　hap^{2}　一～火柴

栊　loŋ^{22}　一～首饰（箱）；衣裳

柜　kuɐi^{442}　一～书

□　lui^{453}　一～炭（一篓）

包　pau^{33}　一～书

袋　tui^{442}　一～干粮

池　tshi^{22}　一～水

担　tam^{33}　一～水

瓮　oŋ^{13}　一～（一缸）金鱼；酒

樽　tsun^{453}　一～（一瓶）醋；油

罂　aŋ^{13}

桶　thoŋ^{55}　一～汽油

盆　phun^{22}　一～水；水果

煲　pɐu^{33}　一～（一壶）茶

镬　wɔk^{2}　一～（一锅）饭

碗　wun^{55}　一～饭

杯　pui^{453}　一～茶；烧酒

壳仔　hɔk^{13}tsɐi^{55}　一～（一勺）汤

句　ki^{33}　一～话

把　pa^{55}　一～刀；梳

铺　phu^{33}　一～路（五公里路）

二十七、数字等

头号　thɐu^{22}hɐu^{442}　一号

十号　sɐp^{5}hɐu^{442}

初一　tshɔ^{33}jɐt^{5}

初十　tshɔ^{33}sɐp^{2}

一个　jɐt^{5}koi^{33}

两个　liɔŋ^{55}koi^{33}

三个　sam^{33}koi^{33}

十个　sɐp^{2}koi^{33}

第一　tɐi^{442}jɐt^{5}

第十　tɐi^{442}sɐp^{2}

第一个　tɐi^{442}jɐt^{5}koi^{33}

第十个　tɐi^{442}sɐp^{2}koi^{33}

一　jɐt^{5}

二　ȵi^{442}

三　ɬam^{33}

四　ɬi^{33}

五　ŋ̍^{55}

六　lok^{2}

七　tshɐt^{5}

八　pat^{2}

九　kɐu^{55}

十　sɐp^{2}

十一　sɐp^{2}jɐt^{5}

一阵仔　jɐt^{5}tsɐn^{442}tsɐi^{55}　一下子

一轮　jɐt^{5}lɐn^{22}　一次

有一轮　jɐu^{55}jɐt^{5}lɐn^{22}　有一次

一轮又一轮　jɐt^{5}lɐn^{22}jɐu^{442}jɐt^{5}lɐn^{22}
　一次又一次

二十　ȵi^{442}sɐp^{2}

一百　jɐt^{5}pak^{2}

一千　jɐt^{5}tshiŋ^{33}

一百一十　jɐt^{5}pak^{2}jɐt^{5}sɐp^{2}

一百一十个　jɐt^{5}pak^{2}jɐt^{5}sɐp^{2}koi^{33}

一百一十一　jɐt^{5}pak^{2}jɐt^{5}sɐp^{2}jɐt^{5}

二百五十　ȵi^{442}pak^{2}ŋ̍^{55}sɐp^{2}

一千一百　jɐt^{5}tshin^{33}jɐt^{5}pak^{2}

一千一百个　jɐt^{5}tshin^{33}jɐt^{5}pak^{2}
koi^{33}

一千九百　jɐt^{5}tshin^{33}kɐu^{55}pak^{2}

一千九百个　jɐt^{5}tshin^{33}kɐu^{55}pak^{2}
koi^{33}

三千　ɬam^{33}tshin^{33}

一万　jɐt^{5}man^{442}

一万二千　jɐt^{5}man^{442}ȵi^{442}tshin^{33}

一万二千个　jɐt^{5}man^{442}ȵi^{442}tshin^{33}
koi^{33}

零　liŋ^{22}

大仔　tai^{442}tsɐi^{55}　大儿子

　长仔　tsiɔŋ^{55}tsɐi^{55}

二哥　ȵi^{442}kɔ^{453}

次仔　tshi^{33}tsɐi^{55}　第二个儿子

檑仔　lɐi^{453} tsɐi^{55}　小儿子

两升　liɔŋ^{55} siŋ^{33}

一两个　jɐt^{5} liɔŋ^{55} koi^{33}　个把两个（人）

百几人　pak^{2} ki^{55} ȵiɐn^{22}

千几人　tshin^{33} ki^{55} ȵiɐn^{22}　千把（人）

万几元　man^{442} ki^{55} jin^{22}　万把块（钱）

里□路　li^{31} nɐi^{33} lu^{442}　里把路

一两里路　jɐt^{5} liɔŋ^{55} li^{55} lu^{442}

　里几路　li^{31} ki^{55} lu^{442}

一两亩　jɐt^{5} liɔŋ^{55} mau^{31}

大把　tai^{442} pa^{55}　大量；好多

好多　hɐu^{55} tɔ^{33}　好些个

十零个　sɐp^{2} liŋ^{22} koi^{33}　十来个，不到十个

半个　pun^{55} koi^{33}

一半　jɐt^{5} pun^{33}

一大半　jɐt^{5} tai^{442} pun^{33}

一个半　jɐt^{5} koi^{33} pun^{55}

左右　tsɔ^{55} jɐu^{442}

分　fɐn^{33}　十分之一

二十八、熟语

（一）成语

清清白白　tshiŋ^{33} tshiŋ^{33} pak^{2} pak^{2}

清清楚楚　tshiŋ^{33} tshiŋ^{33} tshɔ^{55} tshɔ^{55}

干干净净　kun^{33} kun^{33} tsiaŋ^{442} tsiaŋ^{442}

一刀两断　jɐt^{5} tɐu^{33} liɔŋ^{55} thun^{55}

一举两得　jɐt^{5} ki^{55} liɔŋ^{55} tɐk^{2}

反反复复　fan^{55} fan^{55} fok^{5} fok^{5}

三天两夜　ɬam^{33} thin^{33} liɔŋ^{55} ja^{442}

三长两短　ɬam^{33} tshiɔŋ^{22} liɔŋ^{55} tun^{55}

三言两语　ɬam^{33} ȵin^{22} liɔŋ^{55} ȵi^{31}

三心两意　ɬam^{33} ɬɐm^{33} liɔŋ^{55} ji^{442}

三三两两　ɬam^{33} ɬam^{33} liɔŋ^{55} liɔŋ^{55}

四面八方　ɬi^{33} min^{442} pat^{2} fɔŋ^{33}

四通八达　ɬi^{33} thoŋ^{33} pat^{2} tat^{2}

五零四散　ŋ̍^{55} liŋ^{22} ɬi^{33} ɬan^{33}

乱七八糟　lun^{55} tshɐt^{5} pat^{2} tsɐu^{33}

五湖四海　ŋ̍^{55} fu^{22} ɬi^{33} hai^{55}

憨憨颠颠　ŋɔŋ^{453} ŋɔŋ^{453} tin^{33} tin^{33}　疯疯癫癫

七手八脚　tshat^{5} sɐu^{55} pat^{2} kiɔk^{2}

七拼八凑　tshat^{5} phiŋ^{33} pat^{2} tshɐu^{33}

七口八舌　tshɐt^{5} hɐu^{55} pat^{2} sit^{2}　七嘴八舌

千真万确　tshin^{33} tsɐn^{33} man^{442} khɔk^{2}

辛辛苦苦　ɬɐn^{33} ɬɐn^{33} fu^{55} fu^{55}

千军万马　tshin^{33} kuɐn^{33} man^{442} ma^{31}

千变万化　tshin^{33} pin^{33} man^{442} fa^{33}

千言万语　tshin^{33} ȵin^{22} man^{442} ȵi^{31}

千家万户　tshin^{33} ka^{33} man^{442} fu^{442}

五味馨香　ŋ̍^{55} mi^{442} hiŋ^{33} hiɔŋ^{33}　美味佳肴

臭气熏天　tshɐu^{33} hi^{33} fɐn^{33} thin^{33}

惹是生非　ȵia^{55} ɬu^{442} ɬaŋ^{33} fɐi^{33}

阻手阻脚　tsɔ^{55} sɐu^{55} tsɔ^{55} kiɔk^{2}　碍手碍脚

多手多脚　tɔ^{33} sɐu^{55} tɔ^{33} kiɔk^{2}

临时临紧　lɐm^{22} si^{22} lɐm^{22} kɐn^{55}　临时临急

指手画脚　tsi^{55} sɐu^{55} wak^{2} kiɔk^{2}

撑船就岸　tshaŋ^{33} sin^{22} tsɐu^{442} wun^{442}　做事顺当

傻里傻气　sɔ^{55} li^{55} sɔ^{453} hi^{33}

古古怪怪　ku^{55} ku^{55} kuai^{33} kuai^{33}

心大心细　ɬɐm^{33} tai^{442} ɬɐm^{33} ɬɐi^{453}　拿不定主意

见子打子　kin^{33} tsu^{55} ta^{13} tsu^{55}　走一步看一步

讲头晓尾　kɔŋ^{55} thɐu^{22} hiu^{55} mi^{55}　举一反三

佮手佮脚　kap^{2} sɐu^{55} kap^{2} kiɔk^{2}　齐心协力

憨入无憨出　ŋɔŋ^{453} jɐp^{2} mɐu^{22} ŋɔŋ^{453} tshɐt^{5}　装傻

低声低气　tɐi^{33} siaŋ^{33} tɐi^{33} hi^{33}　低声下气

好心好意　hɐu^{55} ɬɐm^{33} hɐu^{55} ji^{33}

血流血泪　hit^{2} lɐu^{22} hit^{2} lui^{442}

滚烧热辣　kuɐn^{55} siu^{33} ȵit^{2} lat^{2}　刚起锅的食物

安是安非　wun^{33} si^{31} wun^{33} fɐi^{33}　妄加罪名

有数有目　jɐu^{55} su^{33} jɐu^{55} mok^{2}　账目清楚

一手一脚　jɐt^{5} sɐu^{55} jɐt^{5} kiɔk^{2}　亲力亲为

一一二二　jɐt^{5} jɐt^{5} ȵi^{442} ȵi^{442}　一清二楚

无头无□　mɐu^{22} thɐu^{22} mɐu^{22} niŋ^{453}　没有头绪

吞吞吐吐　thɐn^{33} thɐn^{33} thu^{55} thu^{55}　支支吾吾

讲鬼讲计　kɔŋ^{55} kuɐi^{55} kɔŋ^{55} ki^{33}　装神弄鬼

狂狂忙忙　khuɔŋ^{22} khuɔŋ^{22} mɔŋ^{22} mɔŋ^{22}　慌慌张张

拖拖拉拉　thɔ^{33} thɔ^{33} lai^{33} lai^{33}　拉拉扯扯

无情无义　mɐu^{22} tshiŋ^{22} mɐu^{22} ji^{442}

隔离邻舍　kɐk^{5} li^{22} lɐn^{22} sia^{55}　邻居

好吃懒做　hɐu^{55} hiak^{2} lan^{55} tsu^{33}

□□乱乱　lɐp^{5} lɐp^{5} lun^{55} lun^{55}

头青眼徛　thɐu^{22} tshiŋ^{33} ŋan^{55} khi^{31}　表示害怕

蛇声鬼气　sia^{22} siaŋ^{33} kuɐi^{55} hi^{33}　阴阳怪气

飞象过河　fɐi^{33} tsiɔŋ^{31} kuɔ^{33} hɔ^{22}　蛮横无理

戌横戌点戌中空　ɬɐt^{5} waŋ^{22} si^{453} tim^{55} mu^{453} tsoŋ^{33} hoŋ^{33}

己开已半巳全封　ki^{55} hui^{33} ji^{55} pun^{33} tsi^{442} tshin^{22} foŋ^{33}

（二）惯用语

托大脚 thɔk^{2}tai^{442}kiɔk^{2} 巴结有权势的人

抛浪头 pau^{33} lɔŋ^{442} thɐu^{22} 讲大话吓人

打脚骨 ta^{13}kiɔk^{2}kuɐt^{5} 半路抢劫

大裤裆 tai^{442}fu^{33}nɔŋ^{31} 办事拖拉

大头壳 tai^{442}thɐu^{22}hɔk^{13} 装腔作势的人

托手踭 thɔk^{2}sɐu^{55}tsaŋ^{33} 拖着不办

抓鸡脚 ȵia^{33}kɐi^{33}kiɔk^{2} 抓住把柄

撞大板 tsɔŋ^{453}tai^{442}pan^{55} 上当受骗

讲烂脚 kɔŋ^{55}lan^{442}kiɔk^{2} 讲别人的短处

拗手□ au^{33}sɐu^{55}khiau^{33} 打官司

走生日 tsɐu^{55}saŋ^{33} ȵiɐt^{2} 外出躲债

走后门 tsɐu^{55}hɐu^{31}mun^{22} 找关系

二十九、拟声词

□□ tsiɔ^{453}tsiɔ^{31} 呼鸡声

□□ lɔ^{22}lɔ^{22} 呼狗声

□□ miu^{453}miu^{453} 呼猫声

□□ ȵiɔ^{453}ȵiɔ^{453} 呼猪声

□□ tsiɛ^{453}tsiɛ^{453} 呼鸭声

□□ jɔ^{31}si^{33} 驱赶鸡的声音

□ wui^{453} 应答声

□ ŋ̍^{31} 不乐意应答声

□ ŋ̍^{13} 疑问声

□□声 kɔ^{33}kɔ^{33}siaŋ^{33} 饥饿或消化不良声

□□ tsiɛp^{5}tsiɛp^{5} 咂嘴声

□□□ ti^{453}tap^{453}tap^{5} 嚼东西的声音

□□□ kik^{2}kak^{5}kak^{5} 咬骨头声

□□□□ tsi^{33}tsi^{33}tsiɛp^{2}tsiɛp^{2} 支支吾吾的声音

哈哈 ha^{33}ha^{33} 大笑声

嘿嘿 hɛ^{33}hɛ^{33} 奸笑声

□□声 khɔ^{22}khɔ^{22}siaŋ^{33} 鼾声

□□□□ ɔ^{13} ha^{453} ɔ^{13} ha^{453} 婴孩哭声

□□□ tshit^{2}tshɛt^{2}tshɛt^{2} 脚步声

□□ tam^{33}tam^{33} 脚踩深水声

□□ khuak^{2}khuak^{2} 皮鞋着地声

哎哟 ai^{33}jɔ^{33} 痛叫声

哦 ɔ^{453} 恍然大悟声

当当声 taŋ^{33}taŋ^{33}siaŋ^{33} 弹棉花声

□ tshiɛt^{2} 划火柴声

□ sɛ^{31} 用水浇灭火声

□□ khuak^{5}khuak^{5} 炒菜声

唧唧 tsi^{453}tsi^{453} 鸟叫声

呱呱 kua^{453}kua^{453}

咕咕 ku^{33}ku^{33} 鹧鸪的叫声

□□ ȵiŋ^{33}ɔŋ^{13} 蛙鸣声

□□ ŋɛk⁵ŋɛk⁵ 虫蛀木声

鸭鸭 ap²ap² 公鸭的叫声

鸭鸭 ap¹³ap¹³ 母鸭的叫声

□□ tsiɛ³³tsiɛ³³ 小鸭的叫声

□□ hɔm⁴⁵³hɔm⁴⁵³ 狗的叫声

哦哦 ɔ²²ɔ²² 猪的叫声

□□ mɛ³¹mɛ⁴⁵³ 牛的叫声

□□□ kɛ¹³kɛ⁴⁵³kɛ³¹ 公鸡的鸣声

□□□ kɔk²kɔk²kɔk² 母鸡的叫声

□□□□ kɔ³³tɔ⁴⁵³kɔ³³tɔ⁴⁵³ 母鸡生蛋的叫声

哐哐 kuaŋ³³kuaŋ³³ 金属饰物撞击声

咣啷 kuaŋ³³laŋ³³ 金属落地声

嘀嘀哒哒 tik⁵tik⁵ta³³ta³³ 喇叭声

□□ tɔm³¹tɔm³¹ 鼓声

乒乓乓 phiŋ³³phɔŋ³³phɔŋ³³ 锣声

突突 thut²thut² 摩托车发动声

砰 phoŋ³³ 重物落地声

□ tshɛt² 布撕裂声

□□□□ piŋ³³piŋ³³poŋ⁴⁵³poŋ⁴⁵³ 鞭炮声

滴滴答答 ti⁴⁵³ti⁴⁵³tɛ⁴⁵³tɛ⁴⁵³ 雨声

□□ phɔ²²phɔ²² 大雨声

砰 pɔm³¹ 炸弹爆炸声

□□ phɔk²lɔk² 东西倒地声

□□□ pit²pɔt²pɔt² 豆腐落地声

哆哆 tɔ³³tɔ³³ 汽车的喇叭声

咕咕 kok²kok² 喝水的声音

□ fɛk² 擤鼻子的声音

呼呼 hu³³hu³³ 大风声

□□□□ hin⁴⁵³ham⁴⁵³pik⁵piak⁵ 雷声

□□ sɔ⁴⁵³sɔ⁴⁵³ 屙～～：拉稀声

□□ wɛ⁴⁵³wɛ⁴⁵³ 小孩的哭声

第六章　马兰话语法例句

说明：

第一，以下例句先列汉字记录，后接普通话相应说法，国际音标记音另取一行。

第二，语法例句调查一般以普通话为参照，项目命名，如“处置句”等，多采用普通话语法术语，有些项目是针对方言的某类语法现象，如“有、无句”，“将字句”，“有得句”等。

第三，有两种说法，用“ \ ”分开。

一、语序

1. 我应该来乜无来？　我应不应该来？

ŋoi^{55}jiŋ^{33}kui^{33}lui^{22}mɐt^{5}mɛu^{22}lui^{22}？

2. 佢同意（愿）讲乜无同意（愿）？　他愿不愿意说？

khi^{22}thoŋ^{22}ji^{33}（ȵin^{442}）kɔŋ^{55}mɐt^{5}mɛu^{22}thoŋ^{22}ji^{33}（ȵin^{442}）？

3. 佢打算（想）去无去？　你打不打算去？

khi^{22}ta^{55}ɬun^{33}（ɬiɔŋ^{55}）hi^{33}mɛu^{22}hi^{33}？

4. 佢来紧乜无来紧？　你能不能来？

khi^{33}lui^{22}kɐn^{55}mɐt^{5}mɛu^{22}lui^{22}kɐn^{55}？

5. 你敢去乜无敢去？　你敢不敢去？

ni^{55}kam^{55}hi^{33}mɐt^{5}mɛu^{22}kam^{55}hi^{33}？

6. 还有饭乜无有？　还有饭吗？

an^{55}jɐu^{31}fan^{442}mɐt^{5}mɛu^{22}jɐu^{31}？

7. 你到过北京无？　你到过北京吗？

ni^{55}tɛu^{33}kuɔ^{33}pɐk^{5}kiŋ^{33}mɛu^{22}？

8. 这字你识得无识得？我识得。 这个字你认得不认得？我认得。

khui^{13}tsu^{442}ni^{55}sik^{5}tɐk^{5}mɛu^{22}sik^{5}tɐk^{5}？ŋoi^{55}sik^{5}tɐk^{5}。

9. 你还记得乜无记得？我无记得。 你还记得不记得？我不记得。

ni^{55}an^{33}ki^{33}tɐk^{5}mɐt^{5}mɛu^{22}ki^{55}tɐk^{5}？ŋoi^{55}mɛu^{22}ki^{33}tɐk^{5}。

10. 你睇无睇电影？ 你看不看电影？

ni^{55}thai^{33}mɛu^{22}thɐi^{55}tin^{442}jaŋ^{55}？

11. 这病睇得好乜无睇得好？睇得好。 这病治得好治不好？治得好。

khui^{13}piaŋ^{442}thɐi^{55}tɐk^{5}hɐu^{55}mɐt^{5}mɛu^{22}thɐi^{33}tɐk^{5}hɐu^{55}？thɐi^{55}tɐk^{5}hɐu^{55}。

12. 这□酸桃吃得乜无吃得？ 这些芒果吃得吃不得？

khui^{13}nai^{55}ɬun^{33}thɔ^{22}hiak^{2}tɐk^{5}mɐt^{5}mɛu^{22}hiak^{5}tɐk^{5}？

13. 这□熟个，吃得；宁□无熟个，无吃得。 这是熟的，吃得；那是生的，吃不得。

khui^{13}nai^{55}sok^{2}koi^{33}，hiak^{2}tɐk^{5}；niŋ^{13}nai^{55}mɛu^{22}sok^{2}koi^{33}，mɛu^{22}hiɐk^{5}tɐk^{5}。

14. 你人来紧乜无来紧？ 你们来得了来不了？

ni^{55}ȵiɐn^{22}lui^{22}kɐn^{55}mɐt^{5}mɛu^{22}lui^{22}kɐn^{55}？

15. 我无乜事，来紧；佢无得闲，无来紧。 我没事，来得了；他太忙，来不了。

ŋoi^{55}mɛu^{22}mɐt^{5}ɬu^{442}，lui^{22}kɐn^{55}；khi^{22}mɛu^{22}tɐk^{5}han^{22}，mɛu^{22}lui^{22}kɐn^{55}。

16. 这□嘢好重，拎得起乜无拎得起？ 这东西很重，拿得动拿不动？

khui^{13}ȵit^{5}ȵia^{13}hou^{13}tshoŋ^{31}，lim^{55}tɐk^{5}hi^{55}mɐt^{5}mɛu^{22}lim^{55}tɐk^{5}hi^{55}？

17. 我操得喐，佢无操得喐。 我拿得动，他拿不动。

ŋoi^{55}tshau^{55}tɐk^{5}ȵiok^{5}，khi^{22}mɛu^{22}tshau^{55}tɐk^{5}ȵiok^{5}。

18. 好重，连我都操无起。 真重，连我都拿不动。

hɐu^{13}tshoŋ^{31}，lin^{22}ŋoi^{55}tu^{33}tshau^{55}mɛu^{22}hi^{55}。

19. 这件事讲得乜无讲得？ 这件事说得还是说不得（问可否）？

khui^{13}kin^{31}ɬu^{442}kɔŋ^{55}tɐk^{5}mɐt^{5}mɛu^{22}kɔŋ^{55}tɐk^{5}？

20. 佢讲话快无快？ 他说话说得快不快（问情况）？

khi^{22}kɔŋ^{55}wa^{442}fai^{33}mɛu^{22}fai^{33}？

21. 佢讲话讲得快乜无讲得快？ 他说得快不快（问能力）？

khi^{22}kɔŋ^{55}wa^{442}kɔŋ^{55}tɐk^{5}fai^{33}mɐt^{5}mɛu^{22}kɔŋ^{55}tɐk^{5}fai^{33}？

22. 大哥乜时候转屋去？ 哥哥打算什么时候回乡下去？

tai^{442}kɔ^{13}mɐt^{5}si^{22}hɐu^{442}tsin^{55}ok^{5}hi^{33}？

23. 我寻几轮，都无寻紧佢。　我找了他几次了，都没找到。

ŋoi^{55}tshɐm^{22}ki^{55}lɐn^{22}，tu^{33}mɛu^{22}tsɐm^{22}kɐn^{55}khi^{22}。

24. 去吆你婆阿声。　去叫你老婆一声。

hi^{33}ɛu^{33}ni^{55}phɔ^{22}a^{33}siaŋ^{33}。

25. 你住紧得哪顶，怎样无寻紧你？　你住哪儿，怎么找不到你？

ni^{55}tsi^{442}kɐn^{55}tɐk^{5}nai^{13}tiaŋ^{55}，tim^{55}jɔŋ^{442}mɛu^{22}tsham^{22}kɐn^{55}ni^{55}？

26. 我打得赢佢。　我打得过他。

ŋoi^{55}ta^{13}tɐk^{5}jiaŋ^{22}khi^{22}。

27. 无打赢佢。　打不过他。

mɛu^{22}ta^{13}jiaŋ^{22}khi^{22}。

28. 我寻紧书。　我找得到书。

ŋoi^{55}tshɐm^{13}kɐn^{55}si^{33}。

29. 我无寻紧书。　我找不到书。

ŋoi^{55}mɛu^{22}tshɐm^{13}kɐn^{55}si^{33}。

30. 讲佢无听。　讲他他都没听进去。

kɔŋ^{55}khi^{22}mɛu^{22}thiaŋ^{33}。

31. 打佢无死。　打不死他。

ta^{13}khi^{22}mɛu^{22}ɬi^{55}。

32. 理无紧这□。　管不了这些。

li^{55}mɛu^{22}kɐn^{55}khui^{13}nai^{55}。

33. 写得好靓毛笔字。　写得好毛笔字。

ɬia^{55}tɐk^{5}hɐu^{13}liaŋ^{55}mɛu^{22}pɐt^{5}tsu^{442}。

34. 古阵学生写水笔，写无好靓个毛笔字。　现在的学生都用钢笔，写不好毛笔字。

ku^{55} tsɐn^{442} hɔk^{2} saŋ^{13} ɬia^{55} sui^{55} pɐt^{5}，ɬia^{55} mɛu^{22} hɐu^{55} liaŋ^{55} koi^{33} mɛu^{22} pɐt^{5}tsu^{442}。

35. 收多五角纸。　多收了五毛钱。

sɐu^{33}tɔ^{33}ŋ̍^{55}kɔk^{2}tsi^{55}。

36. 买少一张票。　少买了一张票。

mai^{31}siu^{55}jɐt^{5}tsiɔŋ^{33}phiu^{33}。

37. 我讲多两句。　我多说两句。

ŋoi^{55}kɔŋ^{55}tɔ^{33}liɔŋ^{55}ki^{33}。

38. 又爱我走多阿轮？ 又要我多走一趟？

jɐu^{442} wui^{33} ŋoi^{55} tsɐu^{55} tɔ^{33} a^{33} lɐn^{22}？

39. 三四个人□阿张被。 三四个人盖一床被子。

ɬam^{33} ɬi^{33} koi^{33} ȵiɐn^{22} khɐp^{5} a^{33} tsiɔŋ^{33} phi^{31}。

40. 一张被□三四个人。 一床被盖三四个人。

jɐt^{5} tsiɔŋ^{33} phi^{31} khɐp^{5} ɬam^{33} ɬi^{33} koi^{33} ȵiɐn^{22}。

41. 一个大饼夹个油条。 一个大饼夹一个油条。

jɐt^{5} koi^{33} tai^{442} piaŋ^{55} khiap^{2} koi^{33} jɐu^{22} thiu^{22}。

42. 一张凳仔两个人坐。 两个人坐一张凳子。

jɐt^{5} tsiɔŋ^{33} tɐŋ^{33} tsɐi^{55} liɔŋ^{55} koi^{33} ȵiɐn^{22} tshɔ^{31}。

43. 这张凳仔坐两个人。 一张凳子坐两个人。

khui^{13} tsiɔŋ^{33} tɐŋ^{33} tsɐi^{55} tshɔ^{31} liɔŋ^{55} koi^{33} ȵiɐn^{22}。

44. 一架车装三千斤小麦。 一辆车装三千斤麦子。

jɐt^{5} ka^{33} tshia^{33} tsɔŋ^{33} ɬam^{33} tshin^{33} kɐn^{33} ɬiau^{55} mak^{2}。

45. 三千斤小麦一车装。 三千斤麦子装一辆车。

ɬam^{33} tshin^{33} kɐn^{33} ɬiau^{55} mak^{2} jɐt^{5} tshia^{33} tsɔŋ^{33}。

46. 一架车装无下三千斤小麦。 一辆车装不了三千斤麦子。

jɐt^{5} ka^{33} tshia^{33} tsɔŋ^{33} mɛu^{22} ha^{31} ɬam^{33} tshin^{33} kɐn^{33} ɬiau^{55} mak^{2}。

47. 三千斤小麦一车无够装。 三千斤麦子装不了一辆车。

ɬam^{33} tshin^{33} kɐn^{33} ɬiau^{55} mak^{2} jɐt^{5} tshia^{33} mɛu^{22} kɐu^{33} tsɔŋ^{33}。

48. 十个人吃一镬头饭。 十个人吃一锅饭。

sɐp^{2} koi^{33} ȵiɐn^{22} hiak^{2} jɐt^{5} wɔk^{2} thɐu^{22} fan^{442}。

49. 一镬头饭十个人吃。 一锅饭吃十个人。

jɐt^{5} wɔk^{2} thɐu^{22} fan^{442} sɐp^{2} koi^{33} ȵiɐn^{22} hiak^{2}。

50. 十个人无吃净这镬头饭。 十个人吃不完这一锅饭。

sɐp^{2} koi^{33} ȵiɐn^{22} mɛu^{22} hiak^{2} tsiaŋ^{442} khui^{13} wɔk^{2} thɐu^{22} fan^{442}。

51. 这镬饭无够十个人吃。 这锅饭吃不了十个人。

khui^{13} wɔk^{2} fan^{442} mɛu^{22} kɐu^{33} sɐp^{2} koi^{33} ȵiɐn^{22} hiak^{2}。

52. 细屋放嘢，大屋住人。 小屋子放东西，大屋子住人。

ɬɐi^{453} ok^{5} fɔŋ^{33} ȵia^{13}，tai^{442} ok^{5} tsi^{442} ȵiɐn^{22}。

53. 这眼屋无住下十个人。这屋子住不下十个人。

khui$^{\cdot 13}$ ŋan^{55} ok^{5} mɛu^{22} tsi$^{\cdot 442}$ ha^{31} sɐp^{2} koi$^{\cdot 33}$ ȵiɐn^{22}。

54. 这只牛拉过车，无人坐过。这头牛拉过车，没有被人骑过。

khui$^{\cdot 13}$ tsiak^{2} ŋɐu^{22} lai$^{\cdot 33}$ kuɔ^{33} tshia^{33}，mɛu^{22} ȵiɐn^{22} tshɔ^{31} kuɔ^{33}。

55. 这个马仔无人坐过，你爱细心坐。这匹小马儿没有骑过人，你小心点儿骑。

khui$^{\cdot 13}$ koi$^{\cdot 33}$ ma^{31} tsɐi$^{\cdot 55}$ mɛu^{22} ȵiɐn^{22} tshɔ^{31} kuɔ^{33}，ni$^{\cdot 55}$ wui$^{\cdot 33}$ ɬɐi$^{\cdot 453}$ ɬɐm^{33} tshɔ^{31}。

二、比较句

56. 这个大，宁个细，这两个嘢哪个够好□仔。这个大，那个小，这两个东西哪个好一点呢？

khui$^{\cdot 13}$ koi$^{\cdot 33}$ tai$^{\cdot 442}$，niŋ^{13} koi$^{\cdot 33}$ ɬɐi$^{\cdot 453}$，khui$^{\cdot 13}$ liɔŋ^{55} koi$^{\cdot 33}$ nia^{13} nai$^{\cdot 13}$ koi$^{\cdot 33}$ kɐu^{33} hɛu^{55} ȵit^{5} tsɐi$^{\cdot 55}$。

57. 这个好过宁个。这个比那个好。

khui$^{\cdot 13}$ koi$^{\cdot 33}$ hɛu^{55} kuɔ^{33} niŋ^{13} koi$^{\cdot 33}$。

58. 宁个无好过这个。那个没有这个好。

niŋ^{13} koi$^{\cdot 33}$ mɛu^{22} hɛu^{55} kuɔ^{33} khui$^{\cdot 13}$ koi$^{\cdot 33}$。

59. 今日比做日好好多，明日比今日还爱好。今天比昨天好多了，明天比今天还要好。

kɐn^{13} ȵiɐt^{5} pi$^{\cdot 55}$ tsu^{33} ȵiɐt^{5} hɛu^{31} hɐu^{13} tɔ^{33}，mu^{13} ȵiɐt^{5} pi$^{\cdot 31}$ kɐn^{13} ȵiɐt^{5} an^{55} wui$^{\cdot 33}$ hɛu^{31}。

60. 小王高过小李一寸。小王比小李高一寸。

ɬiu^{55} wɔŋ^{22} kɛu^{33} kuɔ^{33} ɬiau^{55} li$^{\cdot 55}$ jɐt^{5} tshɐn^{33}。

61. 新屋无得旧屋凉爽。新屋不如老屋凉快。

ɬɐn^{33} ok^{5} mɛu^{22} tɐk^{5} kɐu^{31} ok^{5} liɔŋ^{22} ɬɔŋ^{55}。

62. 佢无比过佢阿爸。他哪里比得过他爸爸。

khi^{22} mɛu^{22} pi$^{\cdot 55}$ kuɔ^{33} khi$^{\cdot 22}$ a^{33} pa^{33}。

63. 这猪有无有宁猪孔大？这个猪有没有那个猪大？

khui$^{\cdot 13}$ tsi$^{\cdot 33}$ jɐu^{31} mɛu^{22} jɐu^{31} niŋ^{13} tsi$^{\cdot 33}$ khoŋ^{55} tai$^{\cdot 442}$？

64. 这对鞋同宁对鞋同样大。这双鞋跟那双鞋一样大。

khui$^{\cdot 13}$ tui$^{\cdot 33}$ hai$^{\cdot 22}$ thoŋ^{22} niŋ^{13} tui$^{\cdot 33}$ hai$^{\cdot 22}$ thoŋ^{22} jɔŋ^{442} tai$^{\cdot 442}$。

65. 这个人做事秋其他人做事无同样。 这个人做事和别人不一样。

khui^{13} koi^{33} ȵiɐn^{22} tsu^{33} ɬu^{442} tsɐu^{33} khi^{22} tha^{33} ȵiɐn^{22} tsu^{33} ɬu^{442} mɐu^{22} thoŋ^{22} jɔŋ^{442}。

66. 这张画秋宁张画无同样。 这张画跟那张画不一样。

khui^{13} tsiɔŋ^{33} wak^{2} tshɐu^{33} niŋ^{13} tsiɔŋ^{33} wak^{2} mɐu^{22} thoŋ^{22} jɔŋ^{442}。

67. 这轮秋宁轮无同样。 这次和上次不一样。

khui^{13} lɐn^{22} tshɐu^{33} niŋ^{13} lɐn^{22} mɐu^{22} thoŋ^{22} jɔŋ^{442}。

68. 这人比宁个人高，无宁个人孔肥。 这个人比那个人高，可是没那个人胖。

khui^{13} ȵiɐn^{22} pi^{55} niŋ^{13} koi^{33} ȵiɐn^{22} kɐu^{33}，mɐu^{22} niŋ^{13} koi^{33} ȵiɐn^{22} khoŋ^{55} fɐi^{22}。

69. 这帮细仔同马骝一样，到处乱慢。 这群孩子像猴子一样，到处乱爬。

khui^{13} pɔŋ^{33} ɬɐi^{453} tsɐi^{55} thoŋ^{22} ma^{31} lɐu^{22} jɐt^{5} jɔŋ^{442}，tɐu^{33} tshi^{33} lun^{31} man^{442}。

70. 我秋佢同样高。 我跟他同样高。

ŋoi^{55} tshɐu^{33} khi^{22} thoŋ^{22} jɔŋ^{442} kɐu^{33}。

71. 大路秋细路差无多孔远。 大路和小路差不多远。

tai^{442} lɐu^{442} tshɐu^{33} ɬɐi^{453} lɐu^{442} tsha^{33} mɐu^{22} tɔ^{33} khoŋ^{55} jin^{55}。

72. 佢无我孔高。 他没有我这么高。

khi^{22} mɐu^{22} ŋoi^{55} khoŋ^{55} kɐu^{33}。

73. 我无似佢孔样好喝酒。 我没有他那么爱喝酒。

ŋoi^{55} mɐu^{22} tshi^{31} khi^{22} khoŋ^{55} jɔŋ^{442} hɐu^{55} hap^{2} tsɐu^{55}。

74. 老弟比大哥还高。 弟弟比哥哥还高。

lɐu^{55} thɐi^{31} pi^{55} tai^{442} kɔ^{33} an^{55} kɐu^{33}。

75. 荔枝比龙眼价格高，但系还无龙眼孔好吃。 荔枝比龙眼贵，但还没有龙眼好吃。

lɐi^{33} tsi^{33} pi^{55} loŋ^{22} ŋan^{55} ka^{33} kak^{2} kɐu^{33}，tan^{33} hɐi^{442} an^{55} mɐu^{22} loŋ^{22} ŋan^{55} khoŋ^{55} hɐu^{13} hiak^{2}。

三、疑问句（疑问代词）

76. 你屋住得哪顶？ 你家在哪里？

ni^{55} ok^{5} tsi^{442} tɐk^{5} nai^{13} tiaŋ^{55}？

77. 宁个着红衫个系乜人？ 那个穿红衣服的是谁呀？

niŋ^{13} koi^{33} tsiɔk^{2} hoŋ^{22} sam^{13} koi^{33} hɐi^{442} mɐt^{5} ȵiɐn^{22}？

78. 黄糖你爱买几多？ 红糖你要买多少？

wɔŋ^{22}thɔŋ^{22}ni^{55}wui^{33}mai^{31}ki^{55}tɔ^{33}？

79. 到广州怎样去？ 去广州怎么走？

tɐu^{33}kuɔŋ^{55}tsɐu^{33}tim^{55}jɔŋ^{442}hi^{33}？

80. 古阵几点钟？ 现在几点钟？

ku^{13}tsɐn^{13}ki^{55}tiam^{55}tsoŋ^{33}？

81. 还爱等几久？ 还要等多久？

an^{55}wui^{33}tɐŋ^{55}ki^{55}kɐu^{55}？

82. 乜人系李老师？ 哪个是李老师？

mɐt^{5}ȵiɐn^{22}hɐi^{442}li^{55}lɐu^{55}ɬu^{33}？

83. 你记得无？ 你记得吗？

ni^{55}ki^{33}tɐk^{5}mɐu^{22}？

84. 你有大哥乜无？ 你有哥哥吗？

ni^{55}jɐu^{31}tai^{442}kɔ^{13}mɐt^{5}mɐu^{22}？

85. 你手表行准无？ 你的表准吗？

ni^{55}sɐu^{55}piu^{55}haŋ^{22}tsɐn^{55}mɐu^{22}？

86. 佢衫裤洗净诶，你个呢？ 他的衣服已经洗干净了，你的呢？

khi^{22}sam^{13}fu^{13}ɬɐi^{55}tsiaŋ^{442}ɛ^{33}，ni^{55}koi^{33}ni^{55}？

87. 个水滚乜无？ 水开了没有（啊）？

koi^{33}sui^{55}kuɐn^{55}mɐt^{5}mɐu^{22}？

88. 你知道时家错乜无？ 你知道自己错了吗？

ni^{55}ti^{33}tɐu^{33}si^{22}ka^{33}tshɔ^{33}mɐt^{5}mɐu^{22}？

89. 一百元纸系多乜系少？ 一百块钱是多了还是少了？

jɐt^{5}pak^{2}jin^{22}tsi^{55}hɐi^{442}tɔ^{33}mɐt^{5}hɐi^{442}siu^{55}？

90. 系我去乜系你去？ 是我去还是你去？

hɐi^{442}ŋoi^{55}hi^{33}mɐt^{5}hɐi^{442}ni^{55}hi^{33}？

91. 你爱一个乜系两个？ 你要一个还是两个？

ni^{55}wui^{33}jɐt^{5}koi^{33}mɐt^{5}hɐi^{442}liɔŋ^{55}koi^{33}？

92. 被人偷个系鸡乜系鸭？ 被偷的是鸡还是鸭子？

pi^{442}ȵiɐn^{22}thɐu^{33}koi^{33}hɐi^{442}kɐi^{33}mɐt^{5}hɐi^{442}ap^{2}？

93. 我讲个啱无啱？ 我讲得对不对？

ŋoi^{55}kɔŋ^{55}koi^{33}ŋam^{453}mɛu^{22}ŋam^{453}？

94. 佢唱歌好无好听？ 他唱歌好不好听？

khi^{22}tshiɔŋ^{33}kɔ^{33}hɛu^{13}mɛu^{22}hɛu^{13}thiaŋ^{33}？

95. 明日佢会无会来？ 明天他会不会来？

mu^{55}ȵiɐt^{5}khi^{22}wui^{442}mɛu^{22}wui^{442}lui^{22}？

96. 我爱去乜无爱去？无去得无得？ 我要不要去？不去行不行？

ŋoi^{55}wui^{33}hi^{33}mɐt^{5}mɛu^{22}wui^{33}hi^{33}？mɛu^{22}hi^{33}tɐk^{5}mɛu^{22}tɐk^{5}？

97. 上海你去过乜无？ 上海你去过没有？

siɔŋ^{31}hui^{55}ni^{55}hi^{33}kuɔ^{33}mɐt^{5}mɛu^{22}？

98. 你好无好吃牛肉？ 你爱不爱吃牛肉？

ni^{55}hɛu^{13}mɛu^{22}hɛu^{13}hiak^{2}ŋɐu^{22}ȵiok^{2}？

99. 佢生得好靓，系无系？ 他长得挺漂亮的，是不是？

khi^{22}saŋ^{33}tɐk^{5}hɛu^{13}liaŋ^{453}，hɐi^{442}mɛu^{22}hɐi^{442}？

100. 你敆熟烟乜系喝茶水？ 你是抽烟还是喝茶呢？

ni^{55}ɬɔk^{2}ɬok^{2}jin^{33}mɐt^{2}hɐi^{442}hap^{2}tsha^{22}sui^{55}？

101. 烟也好，茶也好，我都无想。 烟也好，茶也好，我都不喜欢。

jin^{33}ja^{31}hɛu^{55}tsha^{22}ja^{31}hɛu^{55}，ŋoi^{55}tu^{33}mɛu^{22}ɬiɔŋ^{55}。

102. 敆烟喝茶我都无想，想吃酒。 抽烟或者喝茶都不行，请我喝酒。

ɬɔk^{2}jin^{33}hap^{2}tsha^{22}ŋoi^{55}tu^{33}mɛu^{22}ɬiɔŋ^{55}，ɬiɔŋ^{55}hiak^{2}tsɐu^{55}。

103. 系无系就讲到这顶？ 是不是就谈到这里？

hɐi^{442}mɛu^{22}hɐi^{442}tsɐu^{442}kɔŋ^{55}tɐu^{33}khui^{13}tiaŋ^{55}？

104. 你憨个哇？ 你疯了吗？

ni^{55}ŋɔŋ^{55}koi^{33}wa^{33}？

105. 人死还能够生咩？ 难道人死了还能活过来？

ȵiɐn^{22}ɬi^{55}an^{55}nɐŋ^{22}kɐu^{33}saŋ^{33}mɛ^{33}？

106. 真系一定爱我去哇？ 难道非得我去吗？

tsɐn^{33}hɐi^{442}jɐt^{5}tiŋ^{442}wui^{33}ŋoi^{55}hi^{33}wa^{13}？

107. 我无去，乜人去呢？ 我不去，谁去呢？

ŋoi^{55}mɛu^{22}hi^{33}，mɐt^{5}ȵiɐn^{22}hi^{33}ni^{33}？

108. 系乜人哇，我系老王。　谁呀？我是老王。

hɐiˑ^{442}mɐt^{5}ȵiɐn^{22}wa^{22}，ŋoiˑ^{55}hɐiˑ^{22}lɛu^{55}wɔŋ^{22}。

109. 老张呢？老张还得屋□啊。　老张呢？老张还在家里呢。

lɛu^{55}tsiɔŋ^{33}niˑ^{55}？lɛu^{55}tsiɔŋ^{33}an^{55}tɐk^{5}ok^{5}kiˑ^{33}a^{22}。

110. 你去哪？我去趁墟。　你上哪儿去？我上街去。

niˑ^{55}hiˑ^{33}nai^{13}？ŋoiˑ^{55}hiˑ^{33}tshɐn^{442}hiˑ^{13}。

111. 你乜时候去哇？我好快就去。　你几时去？我马上就去。

niˑ^{55}mɐt^{5}siˑ^{22}hɐu^{33}hiˑ^{33}wa^{33}？ŋoiˑ^{55}hɐu^{13}faiˑ^{33}tsɐu^{442}hiˑ^{33}。

112. 你去做乜嘢啊？我去买餸。　你去干什么去？我买菜去。

niˑ^{55}hiˑ^{33}tsu^{33}mɐt^{5}ȵia^{31}a^{22}？ŋoiˑ^{55}hiˑ^{33}maiˑ^{31}ɬoŋ^{13}。

113. 你去头先将，我人等阵将去。　你先去吧，我们等一会儿去。

niˑ^{55}hiˑ^{33}thɐu^{22}ɬin^{33}tsiaŋ^{33}，ŋoiˑ^{55}ȵiɐn^{22}tɐŋ^{55}tsɐn^{33}tsiaŋ^{33}hiˑ^{33}。

114. 到底得□顶？　到底是在哪儿呢？

tɛu^{33}tɐiˑ^{55}tɐk^{5}naiˑ^{13}tiaŋ^{55}？

115. 怎样做诶？生米都煮成饭诶。　怎么办呢？生米都煮成了熟饭。

tim^{55}jɔŋ^{442}tsu^{33}ɛ^{33}？saŋ^{33}mɐiˑ^{55}tu^{33}tsiˑ^{55}siaŋ^{22}fan^{442}ɛ^{33}。

116. 做屋爱几多钱将够？　建房子要多少钱才够呢？

tsu^{33}ok^{5}wuiˑ^{33}kiˑ^{55}tɔ^{33}tshin^{22}tsiaŋ^{33}kɐu^{33}？

117. 今年佢几多岁阿？命过三十吧？　他今年多大岁数？也不过三十来岁吧。

kɐn^{33}nin^{13}khiˑ^{22}kiˑ^{55}tɔ^{33}ɬuiˑ^{33}a^{33}？miaŋ^{442}kuɔ^{33}ɬam^{33}sɐp^{2}pha^{22}？

118. 这□嘢有几重阿？估计有五十斤吧？　这个东西有多重呢？怕有五十多斤重吧。

khui^{13}naiˑ^{55}ȵia^{13}jɐu^{31}kiˑ^{55}tshoŋ^{31}a^{33}？khu^{33}kɐiˑ^{33}jiɐu^{31}ŋ^{ˈ55}sɐp^{2}kɐn^{33}wa^{22}。

119. 镬低还有饭无？你睇睇过啊。　锅里还有饭没有？你去看一看。

wɔk^{2}tɐiˑ^{33}an^{55}jɐu^{31}fan^{442}mɛu^{22}？niˑ^{55}thɐiˑ^{55}thɐiˑ^{55}kuɔ^{33}a^{22}。

120. 我去睇到诶，无有诶。　我去看了，没有了。

ŋoiˑ^{55}hiˑ^{33}thɐiˑ^{55}tɛu^{33}ɛ^{33}，mɛu^{22}jɐu^{13}ɛ^{33}。

121. 来闻闻这团花，睇下香无香？　来闻闻这朵花儿香不香？

lui^{22}mɐn^{13}mɐn^{22}khui^{13}thun^{22}fa^{33}，thɐiˑ^{55}ha^{31}hiɔŋ^{33}mɛu^{22}hiɔŋ^{33}？

122. 好香，系无系？　香得很，是不是？

hɐu^{13}hiɔŋ^{33}，hɐiˑ^{442}mɛu^{22}hɐiˑ^{442}？

123. 这阵还早阿，等一阵将去。 这会儿还早着呢，等一会再去。

khui$^{\cdot 13}$ tsɐn^{442} an^{55} tsɛu^{55} a^{33}，tɐŋ^{55} jɐt$^{\cdot 5}$ tsɐn^{442} tsiaŋ^{33} hi$^{\cdot 33}$。

124. 佢得哪吃饭？佢得我屋□吃饭。 他在哪儿吃的饭？他（是）在我家里吃的饭。

khi^{22} tɐk^{5} nai$^{\cdot 13}$ hiak^{2} fan^{442}，khi$^{\cdot 22}$ tɐk^{5} ŋoi$^{\cdot 55}$ ok^{5} ki$^{\cdot 31}$ hiak^{2} fan^{442}。

125. 真个阿无啊？真个。 真的吗？真的。

tsɐn^{33} koi$^{\cdot 33}$ a^{33} mɛu^{22} a^{22}？tsɐn^{33} koi$^{\cdot 33}$。

126. 做日通知六点钟起身，怎样你七点将起来？ 昨天通知六点钟起床，你怎么七点才起来？

tsu^{33} jɐt^{5} thoŋ^{33} tsi$^{\cdot 33}$ lok^{2} tiam^{55} tsoŋ^{33} hi^{55} sɐn^{33}，tim^{55} jɔŋ^{442} ni$^{\cdot 55}$ tshɐt^{5} tiam^{55} tsiaŋ^{33} hi$^{\cdot 55}$ lui$^{\cdot 22}$？

四、处置句

127. 畀宁嘢畀我。 把那个东西给我。

pi$^{\cdot 55}$ niŋ^{13} ȵia^{31} pi$^{\cdot 55}$ ŋoi$^{\cdot 55}$。

128. 有哪顶吆太阳吆做日头。 有些地方把太阳叫做日头。

jɐu^{55} nai$^{\cdot 55}$ tiaŋ^{55} ɛu^{33} thai$^{\cdot 442}$ jɔŋ^{22} ɛu^{33} tsu^{33} ȵiɐt^{2} thɐu^{22}。

129. 佢拎碗打烂诶。 他把碗打破了。

khi^{22} lim^{453} wun^{55} ta^{13} lan^{442} ɛ^{33}。

130. 你把铰剪畀我。 你把剪刀递给我。

ni$^{\cdot 55}$ pa^{55} kɛu^{33} tsin^{55} pi$^{\cdot 55}$ ŋoi$^{\cdot 55}$。

131. 好得佢无拎我书去。 还好，他没有把我的书带走。

hɛu^{55} tɐk^{5} khi$^{\cdot 22}$ mɛu^{22} lim^{55} ŋoi$^{\cdot 55}$ si$^{\cdot 33}$ hi$^{\cdot 33}$。

132. 我仔半日把佢作业做完诶。 我的儿子半天就把作业做完了。

ŋoi$^{\cdot 55}$ tsɐi$^{\cdot 55}$ pun^{55} ȵiɐt^{2} pa^{55} khi$^{\cdot 22}$ tsɔk^{2} ȵip^{2} tsu^{33} jin^{22} ɛ^{33}。

133. 你还无畀个书还转畀我？ 你把不把书还给我？

ni$^{\cdot 55}$ an^{55} mɛu^{22} pi$^{\cdot 55}$ koi$^{\cdot 33}$ si$^{\cdot 33}$ wan^{22} tsin^{55} pi$^{\cdot 55}$ ŋoi$^{\cdot 55}$？

134. 你拉牛走啊。\ 你把牛拉走啊。 你把牛牵走吧。

ni$^{\cdot 55}$ lai$^{\cdot 33}$ ŋɐu^{22} tsɐu^{55} a^{22}。\ ni$^{\cdot 55}$ pa^{55} ŋɐu^{22} lai$^{\cdot 33}$ tsɐu^{55} a^{22}。

135. 你扫扫地下。\ 你把个地下扫净。 把地扫一扫。

ni$^{\cdot 55}$ ɬɛu^{55} ɬɛu^{55} ti$^{\cdot 442}$ ha^{13}。\ ni$^{\cdot 55}$ pa^{55} koi$^{\cdot 33}$ ti$^{\cdot 442}$ ha^{13} ɬɛu^{55} tsiaŋ^{442}。

136. 把这本书收起来。　把这本书收起来。

pa^{55}khui^{13}pun^{55}si^{33}sɐu^{33}hi^{55}lui^{22}。

137. 我打佢身死。　我把他打了一顿。

ŋoi^{55}ta^{13}khi^{22}sɐn^{33}ɬi^{55}。

138. 个狗咬我一口。　狗咬了我一口。

koi^{33}kɐu^{55}ŋau^{55}ŋoi^{55}jɐt^{5}hɐu^{55}。

139. 我爸日日起山，个鞋都磨穿底诶。　我爸爸天天爬山，把鞋底都走破了。

ŋoi^{55}pa^{55}ȵiɐt^{2}ȵiɐt^{2}hi^{55}san^{33}，koi^{33}hai^{22}tu^{33}mɔ^{13}tshin^{33}tɐi^{55}ɛ^{33}。

140. 拎窗棂关紧。\ 关紧窗棂。　把窗子关住。

lim^{55}tshɔŋ^{33}lin^{22}kuan^{33}kɐn^{55}。\ kuan^{33}kɐn^{55}tshɔŋ^{33}lin^{22}。

141. 佢拎台仔擦得净净利利。　他把桌子擦得干干净净的。

khi^{22}lim^{55}thai^{22}tsɐi^{55}tshat^{2}tɐk^{5}tsiaŋ^{442}tsiaŋ^{442}li^{442}li^{442}。

142. 拎台仔擦一擦。　把桌子擦一擦。

lim^{55}thai^{22}tsɐi^{55}tshat^{2}jɐt^{5}tshɐt^{2}。

143. 拎衫裤转来。　把衣服都收进来。

lim^{55}sam^{13}fu^{13}tsin^{55}lui^{22}。

144. 你借单车畀我坐几日。　你把自行车借我骑几天。

ni^{55}tsia^{33}tan^{33}tshia^{33}pi^{55}ŋoi^{55}tshɔ^{31}ki^{55}ȵiɐt^{2}。

145. 无畀个单车畀人偷去诶。　别把自行车弄丢了。

mɐu^{22}pi^{55}koi^{33}tan^{33}tshia^{33}pi^{55}ȵiɐn^{22}thɐu^{33}hi^{33}ɛ^{33}。

五、被动句

146. 碗畀佢打烂诶。　碗被他给打破了。

wun^{55}pi^{55}khi^{22}ta^{13}lan^{442}ɛ^{33}。

147. 木叶畀风吹漏诶。　树叶被风吹落了。

mok^{2}jip^{2}pi^{55}foŋ^{33}tshui^{33}lɐu^{442}ɛ^{33}。

148. 这件事个县长知道诶。　这件事被县长知道了。

khui^{13}kin^{31}ɬu^{442}koi^{33}jin^{442}tsiɔŋ^{55}ti^{33}tɐu^{33}ɛ^{33}。

149. 我畀佢打阿身死。　我被他打了一顿。

ŋoi^{55}pi^{55}khi^{22}ta^{13}a^{33}sɐn^{33}ɬi^{55}。

150. 我细婶畀个狗畀咬诶脚。 我婶婶被狗咬伤了脚。

ŋoi$^{\cdot 55}$ɬɐi$^{\cdot 453}$ɬɐm^{55}pi$^{\cdot 55}$koi$^{\cdot 33}$kɐu^{55}pi$^{\cdot 55}$ŋɐu^{55}ɛ^{33}kiɔk^{2}。

151. 我畀佢吓紧一跳。 我被他吓了一大跳。

ŋoi$^{\cdot 55}$pi$^{\cdot 55}$khi$^{\cdot 22}$hak^{2}kɐn^{55}jɐt^{5}thiu^{22}。

152. 你畀乜人踢紧？ 你被谁踢了？

ni^{55}pi^{55}mɐt^{5}ȵiɐn^{22}tiak^{2}kɐn^{55}？

153. 这包饼□畀个老鼠咬个窿。 这包饼干被老鼠咬了个洞。

khui^{13}pau^{33}piaŋ^{55}ɬɐm^{453}pi$^{\cdot 55}$koi$^{\cdot 33}$lau^{55}si$^{\cdot 55}$ŋau^{55}koi$^{\cdot 33}$loŋ^{22}。

154. 千祈无畀佢知道。 别让他知道了。

tshin^{33}khi$^{\cdot 22}$mɐu^{22}pi$^{\cdot 55}$khi$^{\cdot 22}$ti$^{\cdot 33}$tɐu^{33}。

155. 台仔擦净乜无？ 桌子擦干净了吗？

thui^{13}tsɐi$^{\cdot 55}$tshat^{2}tsiaŋ^{442}mɐt^{5}mɐu^{22}？

156. 个鱼畀个猫啗去诶。 鱼被猫叼走了。

koi$^{\cdot 33}$ȵi$^{\cdot 13}$pi$^{\cdot 55}$koi$^{\cdot 33}$miu^{453}tam^{33}hi$^{\cdot 33}$ɛ^{33}。

157. 花盆畀人搬走诶几个。 花盆被人搬走了好几个。

fa^{33}phun^{22}pi$^{\cdot 55}$ȵiɐn^{22}pun^{453}tsɐu^{55}ɛ^{33}ki$^{\cdot 55}$koi$^{\cdot 33}$。

158. 佢个单车无见诶。 他的自行车不见了。

khi^{22}koi$^{\cdot 33}$tan^{33}tshia^{33}mɐu^{22}kin^{33}ɛ^{33}。

六、主谓谓语句

159. 个岁佢大□仔。 年龄他大一些。

koi$^{\cdot 33}$ɬui^{33}khi$^{\cdot 22}$tai$^{\cdot 442}$ȵit^{5}tsɐi$^{\cdot 55}$。

160. 一口水佢都无喝。 他一口水都不喝。

jɐt^{5}hɐu^{55}sui^{55}khi^{22}tu^{33}mɐu^{22}hut^{2}。

161. 我阿婆乜个书都无读。 我老婆什么书也不读。

ŋoi$^{\cdot 55}$a^{33}phɔ^{13}mɐt^{5}koi$^{\cdot 33}$si$^{\cdot 33}$tu^{33}mɐu^{22}tok^{2}。

162. 我人大家乜人都无能够忘记乜人。 我们大家谁也不要忘记谁。

ŋoi$^{\cdot 55}$ȵiɐn^{22}tai$^{\cdot 442}$ka^{33}mɐt^{5}ȵiɐn^{22}tu^{33}mɐu^{22}nɐŋ^{22}kɐu^{33}mɔŋ^{33}ki^{33}mɐt^{5}ȵiɐn^{22}。

163. 这仔乜人都好疼佢。 这个孩子，谁都喜欢他。

khui^{13}tsɐi$^{\cdot 55}$mɐt^{5}ȵiɐn^{22}tu^{33}hɐu^{13}thoŋ^{33}khi$^{\cdot 22}$。

164. 这三个问题，我人解决诶两个诶。 这三个问题，我们解决了两个。

khui^{13}ɬam^{33}koi·^{33}mɐn^{31}thɐi·^{22}，ŋoi·^{55}ȵiɐn^{22}kai·^{55}khit^{2}ɛ^{33}liɔŋ^{55}koi·^{33}ɛ^{33}。

165. 佢喝多酒诶，开始乱讲话。 他酒喝多了，开始讲胡话。

khi·^{22}hap^{2}tɔ^{33}tsɐu^{55}ɛ^{33}，hui·^{33}tshi·^{55}lun^{442}kɔŋ^{55}wa^{442}。

166. 佢乜个水果也无吃。 他什么水果都不吃。

khi·^{22}mɐt^{5}koi·^{33}sui·^{55}kuɔ^{55}ja^{31}mɛu^{22}hiak^{2}。

167. 佢行路行得好快。 他走路走得很快。

khi·^{22}haŋ^{22}lu^{442}haŋ^{22}tɐk^{5}hɐu^{13}fai·^{33}。

七、"来"、"去"句

168. 我去墟买书。 我上街买书去。

ŋoi·^{55}hi·^{33}hi·^{13}mai·^{31}si·^{33}。

169. 我买紧两只牛。 我买来两头牛。

ŋoi·^{55}mai·^{31}kɐn^{55}liɔŋ^{55}tsiak^{2}ŋɐu^{22}。

170. 我去广州。 我到广州去。

ŋoi·^{55}hi·^{33}kuaŋ^{55}tsɐu^{33}。

171. 我得北京来。 我从北京来。

ŋoi·^{55}tɐk^{5}pɐk^{5}kiŋ^{33}lui·^{22}。

172. 你明日到我屋企来，我畀你□仔嘢。 你明天到我家来，我给你一些东西。

ni·^{55}mu^{55}ȵiɐt^{5}tɛu^{33}ŋoi·^{55}ok^{5}ki·^{31}lui·^{22}，ŋoi·^{55}pi·^{55}ni·^{55}ȵit^{5}tsɐi·^{55}ȵia^{13}。

173. 讲起来容易，做起来难。 说起来容易，做起来难。

kɔŋ^{55}hi·^{55}lui·^{22}joŋ^{22}ji·^{442}，tsu^{33}hi·^{55}lui·^{22}nan^{22}。

174. 你吆佢来我这顶攞工资。 你叫他来我这里拿工资。

ni·^{55}ɛu^{453}khi·^{22}lui·^{22}ŋoi·^{55}khui·^{13}tiaŋ^{55}lɔ·^{22}koŋ^{33}ɬu^{33}。

175. 你去哪顶？ 你上哪儿去？

ni·^{55}hi·^{33}nai·^{13}tiaŋ^{55}？

176. 得这顶入去。 从这里进去。

tɐk^{5}khui·^{22}tiaŋ^{55}jɐp^{2}hi·^{33}。

177. 得楼上高下来。 从楼上下来。

tɐk^{5}lɐu^{22}siɔŋ^{31}kɛu^{33}ha^{31}lui·^{22}。

178. 电脑放下去，电视机无放下。 电脑放得下去，电视机放不下去。

tin^{442} nɐu^{55} fɔŋ^{33} ha^{31} hi$^{\cdot 33}$，tin^{442} si$^{\cdot 442}$ ki$^{\cdot 33}$ mɛu^{22} fɔŋ^{33} ha^{31}。

179. 沙发搬无得入屋去。 沙发搬不进房。

sa^{33} fat^{2} pun^{453} mɛu^{22} tɐk^{5} jɐp^{2} ok^{5} hi$^{\cdot 33}$。

180. 慢慢行，无走，细心跌下去拱无起来！ 慢慢走，不要跑，小心跌下去爬不上来！

man^{442} man^{442} haŋ^{22}，mɛu^{22} tsɐu^{55}，ɬɐi$^{\cdot 453}$ ɬɐm^{33} tap^{2} ha^{31} hi$^{\cdot 55}$ koŋ^{55} mɛu^{22} hi$^{\cdot 33}$ lui$^{\cdot 22}$！

181. 拎来试一试。 拿来试一下。

lim^{55} lui$^{\cdot 22}$ si$^{\cdot 33}$ jɐt^{5} si$^{\cdot 33}$。

182. 菜烂诶，拎去喂猪。 菜烂了，拿去喂猪。

tshui$^{\cdot 33}$ lan^{442} ɛ^{33}，lim^{55} hi$^{\cdot 33}$ wɐi$^{\cdot 33}$ tsi$^{\cdot 33}$。

183. 你拱起来留佢坐。 你起来让他坐。

ni$^{\cdot 55}$ koŋ^{55} hi$^{\cdot 55}$ lui$^{\cdot 22}$ lɐu^{22} khi$^{\cdot 22}$ tshɔ^{31}。

184. 拎佢关起来。 把他关起来。

lim^{55} khi$^{\cdot 22}$ kuan^{33} hi$^{\cdot 55}$ lui$^{\cdot 22}$。

185. 无恐难，学下去阿。 不要怕难，学下去吧。

mɛu^{22} khɔŋ^{31} nan^{22}，hɔk^{2} ha^{31} hi$^{\cdot 33}$ a^{33}。

186. 坡度太徛，我无敢下去。 坡太陡，我下不去。

phɔ^{33} thu^{442} thai$^{\cdot 442}$ tshi$^{\cdot 31}$，ŋoi$^{\cdot 55}$ mɛu^{22} kam^{55} ha^{31} hi$^{\cdot 33}$。

187. 吓死人。 吓死人。

hak^{2} ɬi$^{\cdot 55}$ ȵiɐn^{22}。

188. 佢得书袋那拎阿锁匙出来。 他从书包里摸出一把钥匙来。

khi$^{\cdot 22}$ tɐk^{5} si$^{\cdot 33}$ tui$^{\cdot 442}$ nai$^{\cdot 13}$ lim^{55} a^{33} ɬɔ^{22} si$^{\cdot 22}$ tshɐt^{5} lui$^{\cdot 22}$。

八、双宾语句

189. 王老师教我英语。 王老师教我英语。

wɔŋ^{22} lɛu^{55} ɬu^{33} kau^{33} ŋoi$^{\cdot 55}$ jiŋ^{33} ȵi$^{\cdot 55}$。

190. 我借十文纸畀你。 我借给你十块钱。

ŋoi$^{\cdot 55}$ tsia$^{\cdot 33}$ sɐp^{2} mɐn^{453} tsi$^{\cdot 55}$ pi$^{\cdot 55}$ ni$^{\cdot 55}$。

191. 学校赔佢三万元纸。　学校赔他三万块钱。

hɔk^{2}hau^{33}phui^{22}khi^{22}ɬam^{33}man^{442}jin^{22}tsi^{55}。

192. 母舅送我一台电视机。　舅舅送我一台电视机。

mu^{31}khɐu^{31}ɬoŋ^{33}ŋoi^{55}jɐt^{5}thui^{22}tin^{442}si^{442}ki^{33}。

193. 你爱找三文纸转畀我。　你还要找我三块钱。

ni^{55}ui^{33}tsau^{55}ɬam^{33}mɐn^{453}tsi^{55}tsin^{55}pi^{55}ŋoi^{55}。

194. 我把屋退转畀你。　我把房子退还给你。

ŋoi^{55}pa^{55}ok^{5}tui^{55}tsin^{55}pi^{55}ni^{55}。

195. 你为乜嘢还无还转钱畀我。　你为什么还不还我钱？

ni^{55}wɐi^{442}mɐt^{5}ȵia^{31}an^{55}mɐu^{22}wan^{22}tsin^{55}tshin^{22}pi^{55}ŋoi^{55}？

196. 阿奶奖阿台电脑畀我。　妈妈奖我一台电脑。

a^{33}nɛn^{55}tsiɔŋ^{55}a^{33}thui^{22}tin^{442}nɐu^{55}pi^{55}ŋoi^{55}。

197. 女朋友寄一封信畀我。　女朋友寄一封信给我。

ni^{55}phɐŋ^{22}jɐu^{31}ki^{33}jɐt^{5}foŋ^{33}ɬɐn^{33}pi^{55}ŋoi^{55}。

198. 我讲你知一个好消息。　我告诉你一个好消息。

ŋoi^{55}kɔŋ^{55}ni^{55}ti^{33}jɐt^{5}koi^{33}hɐu^{55}ɬiu^{33}ɬik^{5}。

199. 问你一句话。　问你一句话。

mɐn^{442}ni^{55}jɐt^{5}ki^{33}wa^{442}。

200. 贼仔抢我一条颈链。　小偷抢了我一条项链。

tshɐk^{2}tsɐi^{55}tshiɔŋ^{55}ŋoi^{55}jɐt^{5}thiu^{22}kiaŋ^{55}lin^{442}。

201. 你快炒阿碗菜畀我。　你赶快炒盘菜给我。

ni^{55}fai^{33}tshau^{55}a^{33}wun^{55}tshui^{33}pi^{55}ŋoi^{55}。

202. 你畀球踢及我。　请你把球踢给我。

ni^{55}pi^{55}khɐu^{22}thiak^{2}khɐp^{5}ŋoi^{55}。

203. 斩阿兜杉木畀我。　砍一棵杉树给我。

tsam^{55}a^{33}tɐu^{33}tsham^{33}mok^{2}pi^{55}ŋoi^{55}。

204. □一张纸畀我。　撕一张纸给我。

mik^{5}jɐt^{5}tsiɔŋ^{33}tsi^{55}pi^{55}ŋoi^{55}。

205. 你还欠我五百文纸。　你还欠我五百块钱。

ni^{55}an^{55}him^{33}ŋoi^{55}ŋ̍^{55}pak^{2}mɐn^{453}tsi^{55}。

206. 到学校诶记得秋我打电话。 到了学校记得打电话给我。

tɛu^{33}hɔk^{2}hau^{33}ɛ^{33}ki$^{\cdot 33}$tɐk^{5}tshɐu^{33}ŋoi$^{\cdot 55}$ta^{13}tin^{442}wa^{442}。

207. 畀我一本书！我实在无有。 给我一本书！我实在没有。

pi$^{\cdot 55}$ŋoi$^{\cdot 55}$jɐt^{5}pun^{55}si$^{\cdot 33}$！ŋoi$^{\cdot 55}$sɐt^{2}tsui$^{\cdot 442}$mɛu^{22}jɐu^{31}。

208. 阿毛教诶我一个好办法。 阿毛教了我一个好办法。

a^{33}mɛu^{22}kau^{33}ɛ^{33}ŋoi$^{\cdot 55}$jɐt^{5}koi$^{\cdot 33}$hɛu^{55}pan^{442}fat^{2}。

209. 我送佢一本书。 我送他一本书。

ŋoi$^{\cdot 55}$ɬoŋ^{33}khi^{22}jɐt^{5}pun^{55}si$^{\cdot 33}$。

210. 佢讲我知一件事。 他告诉我一件事。

khi$^{\cdot 22}$kɔŋ^{55}ŋoi$^{\cdot 55}$ti$^{\cdot 33}$jɐt^{5}kin^{31}ɬu^{442}。

211. 警察罚佢一百钱。 警察罚了他一百块钱。

kiŋ^{55}tshat^{2}fat^{2}khi$^{\cdot 22}$jɐt^{5}pak^{2}tshin^{22}。

九、“有”、“无”句

212. 做黑佢来诶。 昨天晚上他来了。

tsu^{33}hɐk^{5}khi$^{\cdot 22}$lui^{22}ɛ^{33}。

213. 这几日无时间，我无去。 这几天没时间，我没有去。

khui$^{\cdot 13}$ki$^{\cdot 55}$ȵiɐt^{5}mɛu^{22}si$^{\cdot 22}$kan^{33}，ŋoi$^{\cdot 55}$mɛu^{22}hi$^{\cdot 33}$。

214. 我去睇过戏诶。 我看过戏了。

ŋoi$^{\cdot 55}$hi$^{\cdot 33}$thɐi$^{\cdot 55}$kuɔ^{33}hi$^{\cdot 33}$ɛ^{33}。

215. 洗诶将净利。 洗了才会干净。

ɬɐi$^{\cdot 55}$ɛ^{33}tsiaŋ^{33}tsiaŋ^{442}li$^{\cdot 442}$。

216. 我吃过饭。 我吃过饭了。

ŋoi$^{\cdot 55}$hiak^{2}kuɔ^{33}fan^{442}。

217. 巷底落水无？ 外面下雨了吗？

hɔŋ^{442}tɐi^{55}lɔk^{2}sui^{55}mɛu^{22}？

218. 你大哥得屋无？ 你大哥在家吗？

ni^{55}tai^{442}kɔ^{13}tɐk^{5}ok^{5}mɛu^{22}？

十、存现句

219. 屋□黑墨墨个，乜嘢无睇见。　屋子里黑咕隆咚的，什么也看不见。

ok^{5}ki$^{\cdot 33}$hɐk^{5}mɐk^{5}mɐk^{5}koi$^{\cdot 33}$，mɐt^{5}ȵia^{13}mɛu^{22}thɐi$^{\cdot 55}$kin^{33}。

220. 佢屋企好净利，住紧好自然。　她家里干干净净的，住着很舒服。

khi^{22}ok^{5}ki$^{\cdot 55}$hɛu^{55}tsiaŋ^{442}li$^{\cdot 442}$，tsi$^{\cdot 442}$kɐn^{55}hɐu^{13}tsu^{442}jin^{22}。

221. 佢无高，瘦□仔。　他身材不高，有点瘦。

khi^{22}mɛu^{22}kɛu^{33}，sɐu^{33}ȵit^{5}tsɐi$^{\cdot 55}$。

222. 个河面上有五百米阔。　河面有五百米宽。

koi$^{\cdot 33}$hɔ^{22}min^{442}siɔŋ^{31}jɐu^{442}ŋ̍^{55}pak^{5}mɐi$^{\cdot 55}$fut^{2}。

223. 个墟里好多人。/墟里个人好多。　街上人真多。/街上人好多。

koi$^{\cdot 33}$hi$^{\cdot 33}$li$^{\cdot 55}$hɐu^{13}tɔ^{33}ȵiɐn^{22}。hi$^{\cdot 13}$li$^{\cdot 55}$koi$^{\cdot 33}$ȵiɐn^{22}hɐu^{13}tɔ$^{\cdot 33}$。

十一、连动句

224. 佢人吃晚去睇戏诶。　他们吃过晚饭去看戏了。

khi$^{\cdot 22}$ȵiɐn^{22}hiak^{2}man^{31}hi$^{\cdot 33}$thɐi$^{\cdot 55}$hi$^{\cdot 33}$ɛ^{33}。

225. 我人明日坐飞机去上海。　我们明天坐飞机去上海。

ŋoi$^{\cdot 55}$ȵiɐn^{22}mu^{55}ȵiɐt^{5}tshɔ^{31}fɐi$^{\cdot 33}$ki$^{\cdot 33}$hi$^{\cdot 33}$siɔŋ^{31}hui$^{\cdot 55}$。

十二、兼语句

226. 佢怪我来迟诶。　他埋怨我来晚了。

khi^{22}kuai$^{\cdot 55}$ŋoi$^{\cdot 55}$lui$^{\cdot 22}$tshi$^{\cdot 22}$ɛ^{33}。

227. 大家选他当村长。

tai$^{\cdot 442}$ka^{33}ɬin^{55}khi$^{\cdot 22}$tɔŋ^{33}tshɐn^{33}tsiɔŋ^{55}。

228. 有人敲门。

jɐu^{31}ȵiɐn^{22}hau^{453}mun^{22}。

十三、完成体

229. 我喝到茶还颈渴。 我喝了茶还渴。

ŋoi^{55} hɔt^{2} tɐu^{33} tsha^{22} an^{55} kiaŋ^{55} hɔt^{2}。

230. 我吃诶晚，去荡诶阵仔，将转来瞓觉。 我吃了晚饭，溜达了一会儿，回来就睡下了。

ŋoi^{55} hiak^{2} ɛ^{33} man^{31}，hi^{33} tɔŋ^{33} ɛ^{33} tsɐn^{442} tsɐi^{55}，tsiaŋ^{33} tsin^{55} lui^{22} fɐn^{33} kau^{33}。

231. 我影相诶。 我照了相了。

ŋoi^{55} jaŋ^{55} ɬiɔŋ^{33} ɛ^{33}。

232. 有人乜事都好办。 有人，什么事都好办。

jɐu^{31} ȵiɐn^{22} mɐt^{5} ɬu^{442} tu^{33} hɐu^{55} pan^{442}。

233. 拎这碗饭吃诶。 把这碗饭吃了。

lim^{55} khui^{13} wun^{55} fan^{442} hiak^{2} ɛ^{33}。

234. 落水诶。 下雨了。

lɔk^{2} sui^{55} ɛ^{33}。

235. 水停诶，天放晴诶。 雨停了，天晴了。

sui^{55} thiŋ^{22} ɛ^{33}，thin^{33} fɔŋ^{33} tshiŋ^{22} ɛ^{33}。

236. 请阿台饭。 请了一桌饭。

tsiaŋ^{55} a^{33} thui^{13} fan^{442}。

237. 打佢一轮。 打了他一下。

ta^{13} khi^{22} jɐt^{5} lɐn^{22}。

238. 走诶两轮。 逃了两次。

tsɐu^{55} ɛ^{33} liɔŋ^{55} lɐn^{22}

239. 迟诶就无好，我人快走啊！ 迟了就不好了，咱们快点走吧！

tshi^{22} ɛ^{33} tsɐu^{442} mɐu^{22} hɐu^{55}，ŋoi^{55} ȵiɐn^{22} fai^{33} tsɐu^{55} a^{22}！

240. 佢两姊妹一个好好，一个好无好。 她们两姊妹一个好得不得了，一个坏得不得了。

khi^{22} liɔŋ^{55} tsi^{55} mui^{442}，jɐt^{5} koi^{33} hɐu^{13} hɐu^{55}，jɐt^{5} koi^{33} hɐu^{13} mɐu^{22} hɐu^{55}。

241. 你无办紧，我办得紧。 你办不了，我办得了。

ni^{55} mɐu^{22} pan^{442} kɐn^{55}，ŋoi^{55} pan^{442} tɐk^{5} kɐn^{55}。

242. 你□无紧我。　你骗不了我。

ni^{55} ŋɐt^{5} mɛu^{22} kɐn^{55} ŋoi^{55}。

243. 医好好多人。　治好了不少人。

ji^{33} hɛu^{55} hɐu^{13} tɔ^{33} ȵiɐn^{22}。

244. 跌烂一个杯。　打破了一个杯子。

tɐp^{2} lan^{442} jɐt^{5} koi^{33} pui^{453}。

245. 佢去灶下诶。　他到厨房去了。

khi^{22} hi^{33} tsɛu^{33} ha^{31} ɛ^{33}。

246. 大姊转来诶。　姐姐回来了。

tai^{442} tsi^{55} tsin^{55} lui^{22} ɛ^{33}。

247. 阿宝又去做赌博哦。　阿宝又去赌钱了。

a^{33} pɛu^{55} jɐu^{442} hi^{33} tsu^{33} tu^{55} pɔk^{2} ɔ^{22}。

248. 佢伤我气好久诶。　他生我的气很久了。

khi^{22} siɔŋ^{33} ŋoi^{55} hi^{33} hɐu^{13} kɐu^{55} ɛ^{33}。

249. 今晚个餸咸□仔。　今晚的菜咸了点。

kɐm^{33} man^{55} koi^{33} ɬoŋ^{13} ham^{22} ȵit^{5} tsɐi^{55}。

250. 佢比以前高□仔。　他比以前高了点。

khi^{22} pi^{55} ji^{31} tshin^{22} kɛu^{33} ȵit^{5} tsɐi^{55}。

251. 佢高□仔，入无去。　他高了点，进不去。

khi^{22} kɛu^{33} ȵit^{5} tsɐi^{55}，jɐp^{2} mɛu^{22} hi^{33}。

252. 人来齐诶，可以开台。　人都到齐了，可以开酒了。

ȵiɐn^{22} lui^{22} tsɐi^{22} ɛ^{33}，hɔ^{55} ji^{31} hui^{33} thui^{13}。

253. 宁条路做好诶，个汽车可以过去诶。　那条路修好了，汽车可以通行了。

niŋ^{13} thiu^{22} lu^{442} tsu^{33} hɛu^{55} ɛ^{33}，koi^{33} hi^{33} tshia^{33} hɔ^{55} ji^{31} kuɔ^{33} hi^{33} ɛ^{33}。

254. 佢瞓一个钟头。　他睡了一个小时。

khi^{22} fɐn^{33} jɐt^{5} koi^{33} tsoŋ^{33} thɐu^{22}。

255. A：蓝飞得无？　蓝飞在吗？

lam^{22} fɐi^{33} tɐk^{5} mɛu^{22}？

256. B：佢上堂诶，你有事无？　他去上课了，你有事吗？

khi^{22} siɔŋ^{31} thɔŋ^{22} ɛ^{33}，ni^{55} jɐu^{31} ɬu^{442} mɛu^{22}？

257. A：佢上个月拎我阿本书，我古阵爱用诶。 他上个月拿了我一本书，我现在要用了。

khi^{22} siɔŋ^{31} koi^{33} ȵit^{2} lim^{55} ŋoi^{55} a^{33} pun^{55} si^{33}，ŋoi^{55} ku^{55} tsɐn^{13} wui^{33} jɔŋ^{442} ɛ^{33}。

258. B：你等阿等，佢讲下堂诶就转宿舍。 那你等等吧，他说下了课就会回宿舍。

ni^{55} tɐŋ^{55} a^{33} tɐŋ^{55}，khi^{22} kɔŋ^{55} ha^{31} thɔŋ^{22} ɛ^{33} tsɐu^{442} tsin^{55} sok^{5} sia^{55}。

259. A：王勇佢也无得这咩？ 王勇也不在吗？

wɔŋ^{22} jɔŋ^{31} khi^{22} ja^{31} mɐu^{22} tɐk^{5} khui^{13} mɛ^{33}？

260. B：佢转屋诶，佢大哥结婚。 他回家去了，他哥哥结婚。

khi^{22} tsin^{55} ok^{5} ɛ^{33}，khi^{22} tai^{442} kɔ^{33} kit^{2} fɐn^{33}。

261. A：怪得做日打球都无见佢诶。 难怪昨天打篮球都没看见他。

kuai^{33} tɐk^{5} tsu^{33} ȵiɐt^{5} ta^{13} khɐu^{22} tu^{33} mɐu^{22} kin^{33} khi^{22} ɛ^{33}。

262. B：系呀，佢走诶两日叻，佢请诶三日假。 是呀，他走了两天了，不过他请了三天假。

hɐi^{442} ja^{31}，khi^{22} tsɐu^{55} ɛ^{33} liɔŋ^{55} ȵiɐt^{2} lɛ^{33}，khi^{22} tshiaŋ^{55} ɛ^{33} ɬam^{33} ȵiɐt^{2} ka^{55}。

263. A：佢上轮打篮球碰伤诶手，古阵好乜无？ 他上次打篮球撞伤了手，现在好了没有？

khi^{22} siɔŋ^{31} lɐn^{22} ta^{13} lam^{22} khɐu^{22} phɔŋ^{33} siɔŋ^{33} ɛ^{33} sɐu^{55}，ku^{55} tsɐn^{442} hɐu^{55} mɐt^{5} mɐu^{22}？

264. B：上轮佢包诶好久，古阵应该好诶。 上了很久的绷带，现在应该没事了。

siɔŋ^{31} lɐn^{22} khi^{22} pau^{33} ɛ^{33} hɐu^{13} kiɐu^{55}，ku^{55} tsɐn^{442} jiŋ^{33} kui^{33} hɐu^{55} ɛ^{33}。

265. B：好似蓝飞转来诶，我听佢个声音。 好像是蓝飞回来了，我听到他的声音了。

hɐu^{13} tshi^{31} lam^{22} fɐi^{33} tsin^{55} lui^{22} ɛ^{33}，ŋoi^{55} thiaŋ^{33} khi^{22} koi^{33} siaŋ^{33} jɐm^{33}。

266. A：蓝飞！ 蓝飞！

lam^{22} fɐi^{33}！

267. C：嗨，寻我有事？ 嗨，找我有事？

hɛi^{442}，tshɐm^{22} ŋoi^{55} jɐu^{31} ɬu^{442}？

268. A：宁本《红楼梦》，你借诶一个月囉，睇完乜无？ 那本《红楼梦》，你借了一个月了，看完没有？

niŋ^{33} pun^{55}《hoŋ^{22} lɐu^{22} moŋ^{31}》，ni^{55} tsia^{33} ɛ^{33} jɐt^{5} koi^{33} ȵit^{2} lɔ^{22}，thɐi^{55} jin^{22} mɐt^{5} mɐu^{22}？

269. C：睇完诶，不过我又借畀我女朋友。看完了，不过我又借给我女朋友了。

thɐi^{55} jin^{22} ɛ^{33}，pɐt^{5} kuɔ^{33} ŋoi$^{\cdot 55}$ jɐu^{442} tsia^{33} pi^{55} ŋoi$^{\cdot 55}$ ni$^{\cdot 55}$ phɐŋ^{22} jɐu^{31}。

270. A：无关系，下轮我将来攞。没关系，我下次来拿。

mɐu^{22} kuan^{33} hɐi$^{\cdot 442}$，ha^{31} lɐn^{442} ŋoi$^{\cdot 55}$ tsiaŋ^{33} lui$^{\cdot 22}$ lɔ^{22}。

271. 细仔大诶就无听话。孩子大了就不听话了。

ɬɐi^{453} tsɐi$^{\cdot 55}$ tai^{442} ɛ^{33} tsɐu^{442} mɐu^{22} thiaŋ^{33} wa^{442}。

272. 佢今日病诶。他今日病了。

khi^{22} kɐm^{33} ȵiɐt^{5} piaŋ^{442} ɛ^{33}。

273. 买餸乜无？买诶。买菜了吗？买了。

mai$^{\cdot 31}$ ɬoŋ^{13} mɐt^{5} mɐu^{22}？mai$^{\cdot 31}$ ɛ^{33}。

274. 个雀飞走诶。那只鸟飞走了。

khui^{13} tsiɔk^{2} fɐi$^{\cdot 33}$ tsɐu^{55} ɛ^{33}。

275. 佢打烂一只杯仔。他打破了一只杯子。

khi^{22} ta^{13} lan^{442} jɐt^{5} tsiak^{2} pui$^{\cdot 453}$ tsɐi$^{\cdot 55}$。

276. 佢捉紧一只雀仔。他逮到一只鸟儿。

khi^{22} tsɔk^{5} kɐn^{55} jɐt^{5} tsiak^{2} tsiɔk$^{2'}$ tsɐi$^{\cdot 55}$。

277. 佢喝酒喝醉诶。他喝酒喝多了。

khi^{22} hap^{2} tsɐu^{55} hap^{2} tsui$^{\cdot 33}$ ɛ^{33}。

278. 你睇睇去，睇佢转来乜无。你去看看，他回来没有。

ni^{55} thɐi$^{\cdot 55}$ thɐi^{55} hi$^{\cdot 22}$，thɐi^{55} khi^{22} tsin^{55} lui$^{\cdot 22}$ mɐt^{5} mɐu^{22}。

十四、进行体

279. 佢得做乜嘢呢？他在干什么呢？

khi^{22} tɐk^{5} tsu^{33} mɐt^{5} ȵia^{13} ni$^{\cdot 33}$？

280. 佢得这吃饭。他在吃着饭呢。

khi^{22} tɐk^{5} khui^{13} hiak^{2} fan^{442}。

281. 佢还无吃完吗？还无吃完。他还没有吃完吗？还没有呢。

khi^{22} an^{55} mɐu^{22} hiak^{2} jin^{22} ma^{33}？an^{55} mɐu^{22} hiak^{2} jin^{22}。

282. 大概还爱一阵仔就吃完。大约再有一会儿就吃完了。

tai^{442} khui^{33} an^{55} wui$^{\cdot 33}$ jɐt^{5} tsɐn^{442} tsɐi$^{\cdot 55}$ tsɐu^{442} hiak^{2} jin^{22}。

283. 佢讲就走，做乜孔久还无走诶。 他说就走，怎么老半天了还没走呢？

khi^{22}kɔŋ^{55}tsɐu^{442}tsɐu^{55}，tsu^{33}mɐt^{5}khoŋ^{55}kɐu^{55}an^{55}mɛu^{22}tsɐu^{55}ɛ^{33}？

284. 佢正得哪顶秋个朋友讲话。 他正在那儿跟一个朋友说着话呢。

khi^{22}tsiŋ^{33}tɐk^{5}nai^{13}tiaŋ^{55}tshɐu^{33}koi^{33}phaŋ^{22}jɐu^{31}kɔŋ^{55}wa^{442}。

285. 台上放紧碗水。 桌上放着一碗水。

thui^{22}siɔŋ^{31}fɔŋ^{33}kɐn^{55}wun^{55}sui^{55}。

286. 门口徛紧一帮人。 门口站着一群人。

mun^{22}hɐu^{55}khi^{55}kɐn^{55}jɐt^{5}pɔŋ^{33}ȵian^{22}。

287. 墙角瞓紧一个人。 墙底下睡着一个人。

tshiɔŋ^{22}kɔk^{2}fɐn^{33}kɐn^{55}jɐt^{5}koi^{33}ȵiɛn^{22}。

288. 人无得，门锁紧。 人不在，门锁着。

ȵiɛn^{22}mɛu^{22}tɐk^{5}，mun^{22}ɬɔ^{55}kɐn^{55}。

289. 个钟还得那行。 钟走着呢。

koi^{33}tsoŋ^{33}an^{55}tɐk^{5}nai^{13}haŋ^{22}。

290. 我带紧个钱。 钱我带着呢。

ŋoi^{55}tai^{33}kɐn^{55}koi^{33}tshin^{22}。

291. 你爱记得通知佢。 你要记得通知他。

ni^{55}wui^{33}ki^{33}tɐk^{5}thoŋ^{33}tsi^{33}khi^{22}。

292. 坐紧吃好乜系徛紧吃好？ 坐着吃好，还是站着吃好？

tshɔ^{31}kɐn^{55}hiak^{2}hɐu^{55}mɐt^{5}hei^{442}khi^{31}kɐn^{55}hiak^{2}hɐu^{55}？

293. 想紧将讲，无抢紧来讲。 想着说，不要抢着说。

ɬiɔŋ^{55}kɐn^{55}tsiaŋ^{33}kɔŋ^{55}，mɛu^{22}tshiɔŋ^{55}kɐn^{55}lui^{22}kɔŋ^{55}。

294. 讲阿讲，就笑起来诶。 说着说着，就笑起来了。

kɔŋ^{55}a^{33}kɔŋ^{55}，tsɐu^{442}ɬiu^{33}hi^{55}lui^{22}ɛ^{33}。

295. 大胆讲话。 大着胆子说吧。

tai^{442}tam^{55}kɔŋ^{55}wa^{442}。

296. 路上细心！ 路上小心！

lu^{442}siaŋ^{31}ɬei^{453}ɬɐm^{33}！

297. 等我谂阿谂！ 等我想一想！

tɐŋ^{55}ŋoi^{55}nɐm^{33}a^{33}nɐm^{33}！

298. 个雪一下地又融诶。　雪一着地就化了。

koi^{33}ɬit^{2}jɐt^{5}ha^{31}ti^{442}jɐu^{442}joŋ^{22}ɛ^{33}。

299. 瞓着诶。　睡着了。

fɐn^{33}tsiɔk^{2}ɛ^{33}。

300. 估得啱也无估得啱？　猜得着猜不着？

ku^{33}tɐk^{5}ŋɐm^{453}mɐt^{5}mɐu^{22}ku^{33}tɐk^{5}ŋɐm^{453}？

301. 着火诶。　着火了。

tsiɔk^{2}fɔ^{55}ɛ^{33}。

302. 点着火诶。　火点着了。

tiam^{55}tsiɔk^{2}fɔ^{55}ɛ^{33}。

303. 冷紧诶。　着凉了。

laŋ^{31}kɐn^{55}ɛ^{33}。

304. 无急，慢慢来。　甭着急，慢慢来。

mɐu^{22}kɐp^{5}，man^{442}man^{442}lui^{22}。

305. 我将得这顶寻，无寻紧。　我正在这儿找着呢，还没找着呢。

ŋoi^{55}tsiaŋ^{55}tɐk^{5}khui^{13}tiaŋ^{55}tshɐm^{22}，mɐu^{22}tshɐm^{22}kɐn^{55}。

306. □阿篮仔鸡春去墟。　提着一篮子鸡蛋上街。

kua^{33}a^{33}lam^{22}tsɐi^{55}kɐi^{33}tshɐn^{33}hi^{33}hi^{13}。

307. □□孔笑。　抿着嘴巴笑。

mɐt^{5}mɐt^{5}khoŋ^{55}ɬiu^{33}。

308. 佢打开布伞影水。　他打着伞站在雨里。

khi^{22}ta^{13}pu^{33}ɬan^{55}jaŋ^{55}sui^{55}。

309. 阿毛正得那睇人扒龙船。　阿毛正在看划龙舟。

a^{33}mɐu^{22}tsiŋ^{33}tɐk^{5}nai^{13}thɐi^{55}ȵiɐn^{22}pha^{22}loŋ^{22}sin^{22}。

310. 个门开开，□头无人。　门开着，里面没人。

khui^{13}mun^{22}hui^{33}hui^{33}，tik^{2}thɐu^{22}mɐu^{22}ȵiɐn^{22}。

311. 入去一睇，个床顶瞓紧一个人。　进去一看，床上躺着一个人。

jɐp^{2}hi^{33}jɐt^{5}thɐi^{55}，koi^{33}tshɔŋ^{22}tiaŋ^{55}fɐn^{33}kɐn^{55}jɐt^{5}koi^{33}ȵiɐn^{22}。

312. 无急，坐紧讲。　别急，坐下来讲。

mɐu^{22}kɐp^{5}，tshɔ^{31}kɐn^{55}kɔŋ^{55}。

313. 讲紧讲紧佢就哭起来诶。 说着说着她就哭了起来。

kɔŋ^{55} kɐn^{33} kɔŋ^{55} kɐn^{33} khi^{22} tsɐu^{442} hok^{5} hi·^{55} lui·^{22} ɛ^{33}。

314. 巷底落水，爱带布伞。 外头下雨，要带伞。

hɔŋ^{442} tɐi·^{55} lɔk^{2} sui·^{55}，wui·^{33} tai·^{33} pu^{33} ɬan^{55}。

十五、经历体

315. 佢当完兵将去读大学。 他当完兵才去读大学。

khi^{22} tɔŋ^{33} jin^{22} piŋ^{33} tsiaŋ^{33} hi·^{33} tok^{2} tai·^{442} hɔk^{2}。

316. 我每麻黑吃完个饭将去行行。 每晚吃完饭就去散步。

ŋoi^{55} mui·^{55} ma^{13} hɐk^{5} hiak^{2} jin^{22} koi^{33} fan^{442} tsiaŋ^{33} hi·^{33} haŋ^{22} haŋ^{22}。

317. 我见过佢爸妈诶。 我见过他父母。

ŋoi^{55} kin^{33} kuɔ^{33} khi^{22} pa^{55} mai·^{13} ɛ^{33}。

318. 佢去年去美国三轮。 他去年去过美国三次。

khi^{22} hi·^{33} nin^{13} hi·^{33} mui·^{31} kuɔk^{2} ɬam^{33} lɐn^{22}。

319. 去年，这发生过地震。 去年，这里发生过地震。

hi^{33} nin^{13}，khui·^{13} fat^{2} saŋ^{33} kuɔ^{33} ti·^{442} tsɐn^{33}。

320. 今年冷过一段时间。 今年冷过一阵子。

kɐm^{33} nin^{13} laŋ^{31} kuɔ^{33} jɐt^{5} tun^{442} si·^{22} kan^{33}。

321. 头先乜人来过？ 刚才谁来过？

thɐu^{22} ɬin^{33} mɐt^{5} ȵiɐn^{22} lui·^{22} kuɔ^{33}？

322. 我睇见我阿爸。 我看到我父亲了。

ŋoi·^{55} thɐi·^{55} kin^{33} ŋoi·^{55} a^{33} pa^{33}。

323. 佢去过上海，我无去过。 他去过上海，我没有去过。

khi^{22} hi·^{33} kuɔ^{33} siɔŋ^{31} hui^{55}，ŋoi·^{55} mɐu^{22} hi·^{33} kuɔ^{33}。

十六、再次体

324. 重新将换一个。 重新再换一个。

tshoŋ^{22} ɬɐn^{33} tsiaŋ^{33} wun^{442} jɐt^{5} koi·^{33}。

325. 还等阿阵仔。　再等一会儿。

an^{55} teŋ^{55} a^{33} tsɐn^{442} tsɐi^{55} 。

326. 还睇一场电影。　再看一场电影。

an^{55} thɐi^{55} jɐt^{5} tshiɔŋ^{22} tin^{442} jaŋ^{55}。

327. 拎转去重写。　拿回去重写。

lim^{55} tsin^{55} hi^{33} tshoŋ^{22} ɬia^{55} 。

328. 我古阵秋你开过一张发票。　我现在就给你开一张发票。

ŋoi^{55} ku^{55} tsɐn^{442} tshɐu^{33} ni^{55} hui^{33} kuɔ^{33} jɐt^{5} tsiɔŋ^{33} fat^{2} phiu^{33}。

十七、反复体

329. 灯又光诶。　灯又亮了。

tɐŋ^{33} jɐu^{442} kuɔŋ^{453} ɛ^{33} 。

330. 等你病好诶，还做这份工。　等你病好了，还做这份工。

tɐŋ^{55} ni^{55} piaŋ^{442} hɛu^{55} ɛ^{33}，an^{55} tsu^{33} khui^{13} fɐn^{442} koŋ^{33}。

331. 佢觉数学难学，又学历史。　他觉得数学难学，又学历史了。

khi^{22} khɔk^{2} tɐk^{5} su^{33} hɔk^{2} nan^{22} hɔk^{2}，jɐu^{442} hɔk^{2} lik^{2} ɬu^{31} 。

332. 千祈无秋宁帮人得一起！　千万别再和那帮人在一起啊！

tshin^{33} khi^{22} mɐu^{22} tshɐu^{33} niŋ^{13} pɔŋ^{33} ȵiɐn^{22} tɐk^{5} jɐt^{5} hi^{55}！

333. 前几日好冷，古阵又暖诶。　前几天好冷，现在又暖和了。

tshin^{22} ki^{55} jɐt^{2} hɐu^{13} laŋ^{31}，ku^{55} tsɐn^{442} jɐu^{442} nun^{31} ɛ^{33} 。

334. 听到个消息，佢又兴诶。　听到这个消息，他又高兴起来。

tiaŋ^{33} tɐu^{33} koi^{33} ɬiau^{33} ɬik^{5}，khi^{22} jɐu^{442} hiŋ^{55} ɛ^{33} 。

335. 佢拎宁件衫裤洗净诶。　他把那件衣服洗干净了。

khi^{22} lim^{55} niŋ^{13} kin^{31} sam^{13} fu^{13} ɬɐi^{55} tsiaŋ^{442} ɛ^{33}。

336. 我转去，拎钱寄畀你。　我回去以后把钱寄回给你。

ŋoi^{55} tsin^{55} hi^{33}，lim^{55} tshin^{22} ki^{33} pi^{55} ni^{55} 。

337. 你应该多用□时间照顾细仔。　你应该多用些时间照顾小孩。

ni^{55} jiŋ^{33} kui^{33} tɔ^{33} joŋ^{442} ȵit^{5} si^{22} kan^{33} tsiu^{33} ku^{33} ɬɐi^{453} tsɐi^{55} 。

338. 佢乜时候坐飞机转去？　他几时飞回去啊？

khi^{22} mɐt^{5} si^{22} hɐu^{442} tshɔ^{31} fɐi^{33} ki^{33} tsin^{55} khi^{33}？

十八、短时体

339. 你去睇一睇。出乜个事？ 你去看一下，出什么事了？

ni^{33} hi^{33} thɐi^{55} jɐt^{5} thɐi^{55}，tshɐt^{5} mɐt^{5} koi^{33} ɬu^{442}？

340. 睇睇过。 试试看。

thɐi^{55} thɐi^{55} kuɔ^{33}。

341. 写写过。 写写看。

ɬia^{55} ɬia^{55} kuɔ^{33}。

342. 你坐一阵仔，书记好快就来。 你坐一下，书记很快就来。

ni^{55} tshɔ^{31} jɐt^{5} tsɐn^{442} tsɐi^{55}，si^{33} ki^{33} hɐu^{13} fai^{33} tsɐu^{442} lui^{22}。

343. 麻烦你呦佢阿声。 麻烦你叫他一下。

ma^{22} fan^{22} ni^{55} ɛu^{453} khi^{22} a^{33} siaŋ^{33}。

344. 你听一听，声音无错。 你听听，声音不错。

ni^{55} tiaŋ^{33} jɐt^{5} thiaŋ^{33}，siaŋ^{33} jɐm^{33} mɛu^{22} tshɔ^{31}。

345. 我睇睇就畀你。 我看一下就给你。

ŋoi^{55} thɐi^{55} thɐi^{55} tsɐu^{442} pi^{55} ni^{55}。

346. 我大家商量下。 我们商量商量。

ŋoi^{55} tai^{442} ka^{33} siɔŋ^{33} liɔŋ^{22} ha^{31}。

347. 谂阿谂睇，睇过还有乜人来。 想想看，还有谁来过。

nɐm^{55} a^{33} nɐm^{55} thɐi^{55}，thɐi^{55} kuɔ^{33} an^{55} jɐu^{31} mɐn^{453} lui^{22}。

348. 你着着这领衫，睇合身无合身。 你穿穿这身衣服，看合身不合身。

ni^{55} tsiɔk^{2} tsiɔk^{2} khui^{13} liaŋ^{55} sam^{13}，thɐi^{55} hap^{2} sɐn^{33} mɛu^{22} hɐp^{2} sɐn^{33}。

349. 你问阿问，睇还爱几日将做完。 你问一问，看还要几天做完。

ni^{55} mɐn^{442} a^{33} mɐn^{442}，thɐi^{55} an^{55} wui^{33} ki^{55} ȵiɐt^{2} tsiaŋ^{33} tsu^{33} jin^{22}。

350. 细仔无听讲（话），就爱打佢几下。 小孩不乖，就得打几下。

ɬɐi^{453} tsɐi^{55} mɛu^{22} thiaŋ^{33} kɔŋ^{55}（wa^{442}），tsɐu^{442} wui^{33} ta^{55} khi^{22} ki^{55} ha^{31}。

351. 你明朝来一下，我有话秋你讲。 你明天早上来一下，我有话跟你讲。

ni^{55} mu^{55} tsiu^{33} lui^{22} jɐt^{5} ha^{31}，ŋoi^{55} jɐu^{31} wa^{442} tshɐu^{33} ni^{55} kɔŋ^{55}。

352. 你行几脚，就知道你脚有无事。 走几步，就知道你的腿有没有问题。

ni^{55} haŋ^{22} ki^{55} kiɔk^{2}，tsɐu^{442} ti^{33} tɛu^{33} ni^{55} kiɔk^{2} jɐu^{31} mɛu^{22} ɬu^{442}。

十九、起始体

353. 两个人又讲话诶。　两个人又说起话来。

liɔŋ^{55} koi$^{\cdot 33}$ ȵiɐn^{22} jɐu^{442} kɔŋ^{55} wa^{442} ɛ^{33}。

354. 开始吃诶。　开始吃了。

hui$^{\cdot 33}$ tshi$^{\cdot 55}$ hiak^{2} ɛ^{33}。

355. 开始割禾诶。　开始割稻子了。

hui$^{\cdot 33}$ tshi$^{\cdot 55}$ kut^{2} wɔ^{13} ɛ^{33}。

356. 电影放影诶。　电影开始演了。

tin^{442} jaŋ^{55} fɔŋ^{33} jaŋ^{55} ɛ^{33}。

357. 佢笑起来好好睇。　他笑起来真好看。

khi^{22} ɬiu^{33} khi^{22} lui^{22} hɐu^{13} hɛu^{55} thɐi^{55}。

358. 村长讲起话来起码爱两个钟。　村长一讲起话来起码两个钟头。

tshɐn^{33} tsiɔŋ^{55} kɔŋ^{55} hi$^{\cdot 55}$ wa^{442} lui^{22} hi^{55} ma^{31} wui$^{\cdot 33}$ liɔŋ^{55} koi$^{\cdot 33}$ tsoŋ^{33}。

359. 开始落木叶诶。　树叶开始落了。

hui$^{\cdot 33}$ tshi$^{\cdot 55}$ lɔk^{2} mok^{2} jip^{2} ɛ^{33}。

二十、结构助词

360. 他买一条三斤重个鲤鱼。　他买了一条三斤重的鲤鱼。

khi^{22} mai$^{\cdot 31}$ jɐt^{5} thiu^{22} ɬam^{33} kɐn^{33} tshoŋ^{31} koi$^{\cdot 33}$ li$^{\cdot 31}$ ȵi$^{\cdot 13}$。

361. 这条鱼无系我个。　这条鱼不是我的。

khui$^{\cdot 13}$ thiu^{22} ȵi$^{\cdot 13}$ mɛu^{22} hɐi$^{\cdot 442}$ ŋoi$^{\cdot 55}$ koi$^{\cdot 33}$。

362. 佢住这座屋崩诶。　他住的那栋房子倒塌了。

khi$^{\cdot 22}$ tsi$^{\cdot 442}$ khui$^{\cdot 13}$ tsɔ^{442} ok^{5} pɐŋ^{33} ɛ^{33}。

363. 佢能够做我个好帮手。　他能做我的好助手。

khi$^{\cdot 22}$ nɐŋ^{22} kɐu^{33} tsu^{55} ŋoi$^{\cdot 55}$ koi$^{\cdot 33}$ hɛu^{55} pɔŋ^{33} sɐu^{55}。

364. 这本书佢个，宁本书佢大哥个。　这是他的书，那本书是他哥哥的。

khui$^{\cdot 13}$ pun^{55} si$^{\cdot 33}$ khi$^{\cdot 22}$ koi$^{\cdot 33}$，niŋ^{13} pun^{55} si$^{\cdot 33}$ khi$^{\cdot 22}$ tai$^{\cdot 442}$ kɔ^{13} koi$^{\cdot 33}$。

365. 台仔个书系乜人个？系老王个。　桌子上的书是谁的？是老王的。

thui$^{\cdot 22}$ tsɐi$^{\cdot 55}$ koi$^{\cdot 33}$ si$^{\cdot 33}$ hɐi$^{\cdot 442}$ mɐn^{453} koi$^{\cdot 33}$？hɐi$^{\cdot 442}$ lɛu^{55} wɔŋ^{22} koi$^{\cdot 33}$。

366. 屋□坐紧好多人，睇书个睇书，睇报个睇报，写字个写字。
屋里坐着很多人，看书的看书，看报的看报，写字的写字。
ok^{5}ki$^{\cdot 55}$tshɔ^{31}kɐn^{55}hɐu^{13}tɔ^{33}ȵiɐn^{22}，thɐi$^{\cdot 55}$si$^{\cdot 33}$koi$^{\cdot 33}$thɐi$^{\cdot 55}$si$^{\cdot 33}$，thɐi$^{\cdot 55}$pɛu^{33}koi$^{\cdot 33}$
thɐi$^{\cdot 55}$pɛu^{55}，ɬia^{55}tsu^{442}koi$^{\cdot 33}$ɬia^{55}tsu^{442}。

367. 爱讲佢个好话，无讲佢个坏话。 要说他的好话，不要说他的坏话。
wui$^{\cdot 33}$kɔŋ^{55}khi$^{\cdot 22}$koi$^{\cdot 33}$hɛu^{55}wa^{442}，mɛu^{22}kɔŋ^{55}khi$^{\cdot 22}$koi$^{\cdot 33}$wai$^{\cdot 442}$wa^{442}。

368. 你几时来个？我前年得北京来个。 你是哪年来的？我是前年到的北京。
ni$^{\cdot 55}$ki$^{\cdot 55}$si$^{\cdot 22}$lui$^{\cdot 22}$koi$^{\cdot 33}$？ŋoi$^{\cdot 55}$tshin^{22}nin^{13}tɐk^{5}pɐk^{5}kiŋ^{33}lui$^{\cdot 22}$koi$^{\cdot 33}$。

369. 你讲乜人？我无系讲你。 你说的是谁？我不是说你。
ni$^{\cdot 55}$kɔŋ^{55}mɐt^{5}ȵiɐn^{22}？ŋoi$^{\cdot 55}$mɛu^{22}hɐi$^{\cdot 442}$kɔŋ^{55}ni$^{\cdot 55}$。

370. 佢肯来，我就无乜嘢讲哦。 只要他肯来，我就没什么好说了。
khi$^{\cdot 22}$hɐn^{55}lui$^{\cdot 22}$，ŋoi$^{\cdot 55}$tsɐu^{442}mɛu^{22}mɐt^{5}ȵia^{13}kɔŋ^{55}ɔ^{22}。

371. 以前有得做，无得吃；古阵有得做，也有得吃。 从前有得做，没得吃；现在有得做，也有得吃。
ji^{31}tshin^{22}jɐu^{31}tɐk^{5}tsu^{33}，mɛu^{22}tɐk^{5}hiak^{2}；ku^{55}tsɐn^{442}jɐu^{31}tɐk^{5}tsu^{33}，ja^{31}
jɐu^{31}tɐk^{5}hiak^{2}。

372. 无管发风落水，佢都勤力做。 不管刮风下雨，他都一个劲儿地干。
mɛu^{22}kun^{55}fat^{2}foŋ^{33}lɔk^{2}sui$^{\cdot 55}$，khi$^{\cdot 22}$tu^{33}khɐn^{22}lik^{2}tsu^{33}。

373. 去墟买葱买蒜都好方便。 上街买个葱啊蒜的，也方便。
hi$^{\cdot 33}$hi$^{\cdot 13}$mai$^{\cdot 31}$tshoŋ^{33}mai$^{\cdot 31}$ɬun^{13}tu^{33}hɐu^{13}fɔŋ^{33}pin^{442}。

374. 老赵阿婆系卖车票个。 老赵的老婆是卖车票的。
lɛu^{55}tsiu^{442}a^{33}phɔ^{13}hɐi$^{\cdot 442}$mai$^{\cdot 442}$tshia^{33}phiu^{33}koi$^{\cdot 33}$。

375. 无系宁样做，系爱孔样做。 不是那么做，是要这么做的。
mɛu^{22}hɐi$^{\cdot 442}$niŋ^{13}jɔŋ^{442}tsu^{33}，hɐi$^{\cdot 442}$wui$^{\cdot 33}$khoŋ^{55}jɔŋ^{442}tsu^{33}。

376. 我口头无得，无讲过佢。 我嘴笨，我说不过他。
ŋoi$^{\cdot 55}$hɐu^{55}thɐu^{22}mɛu^{22}tɐk^{5}，mɛu^{22}kɔŋ^{55}kuɔ^{33}khi$^{\cdot 22}$。

377. 佢中彩诶，兴得孔跳起来。 他中彩了，高兴得跳起来。
khi^{22}tsoŋ^{33}tshui$^{\cdot 55}$ɛ^{33}，hiŋ^{33}tɐk^{5}khoŋ^{55}thiu^{22}hi$^{\cdot 55}$lui$^{\cdot 22}$。

378. 佢急到爱死。 他急得要命。
khi^{22}kɐp^{5}tɐu^{55}wui$^{\cdot 33}$ɬi^{55}。

379. 你做得啱。　你做得对。

ni^{55} tsu^{33} tɐk^{5} ŋam^{453} 。

380. 你个话，我听紧；佢个话，我无听紧。　你的话我听得懂，他的话我听不懂。

ni^{55} koi^{33} wa^{442} ，ŋoi^{55} thiaŋ^{33} kɐn^{55} ；khi^{22} koi^{33} wa^{442} ，ŋoi^{22} mɛu^{22} thiaŋ^{55} kɐn^{55} 。

381. 佢兴到爱死。　佢高兴得要死。

khi^{22} hiŋ^{33} tɛu^{33} wui^{33} ɬi^{55} 。

382. 走阿走，脚底都起泡诶。　走得脚底都起泡了。

tsɐu^{55} a^{33} tsɐu^{55} ，kiɔk^{2} tɐi^{55} tu^{33} hi^{55} phau^{13} ɛ^{33} 。

383. 我吃得完三碗饭。　我吃得了三碗饭。

ŋoi^{55} hiak^{2} tɐk^{5} jin^{22} ɬam^{33} wun^{55} fan^{442} 。

384. 我无吃得完三碗饭。　我吃不完三碗饭。

ŋoi^{55} mɛu^{22} hiak^{2} tɐk^{5} jin^{22} ɬam^{33} wun^{55} fan^{442} 。

385. 我睇见黑板宁个字。　我看得见黑板上的字儿。

ŋoi^{55} thɐi^{55} kin^{33} hɐk^{5} pan^{31} niŋ^{13} koi^{33} tsu^{442} 。

386. 这眼屋孔大，肯定放下三张床。　这间屋子这么大，肯定放得下三张床。

khui^{13} ŋan^{55} ok^{5} khoŋ^{55} tai^{442} ，hɐn^{55} tiŋ^{442} fɔŋ^{33} ha^{31} ɬam^{33} tsiɔŋ^{33} tshɔŋ^{22} 。

387. 睇佢好急，急个面都红诶。　看他急得，急得脸都红了。

thɐi^{55} khi^{22} hɛu^{13} kɐp^{5} ，kɐp^{5} koi^{33} min^{442} tu^{33} hoŋ^{22} ɛ^{33} 。

388. 你讲得好好，你还识得讲□乜嘢？　你说得很好，你还会说点儿什么呢？

ni^{55} kɔŋ^{55} tɐk^{5} hɐu^{13} hɛu^{55} ，ni^{55} an^{55} sik^{5} tɐk^{5} kɔŋ^{55} ɳit^{5} mɐt^{5} ɳia^{13} ？

389. 我对得起佢，佢无对得起我。　我对得起他，他对不起我。

ŋoi^{55} tui^{55} tɐk^{5} hi^{55} khi^{22} ，khi^{22} mɛu^{22} tui^{55} tɐk^{5} hi^{55} ŋoi^{55} 。

二十一、助动词

390. 天无会开诶。　天不会晴了。

thi^{33} mɛu^{22} wui^{442} hui^{33} ɛ^{33} 。

391. 我会及时把阿钱还畀你。　我会及时把钱还给你。

ŋoi^{55} wui^{442} kɐp^{5} si^{22} pa^{55} a^{33} tshin^{22} wan^{22} pi^{55} ni^{55} 。

392. 病会好，无忧。　病能好，不用担心。

piaŋ^{442} wui^{442} hɛu^{55} ，mɛu^{22} jɐu^{33} 。

393. 无得哪吵，无得哪吵，阿爸得哪瞓觉。 不要吵，不要吵，爸爸在睡觉。

mɛu^{22}tɐk^{5}nai^{13}tshau^{55}，mɛu^{22}tɐk^{5}nai^{13}tshau^{55}，a^{33}pa^{33}tɐk^{5}nai^{13}fɐn^{33}kau^{33}。

394. 我爱去趁墟。 我要去赶集。

ŋoi^{55}wui^{33}hi^{33}tsɐn^{442}hi^{13}。

395. 你一定爱去阿！ 你可要去啊！

ni^{55}jɐt^{5}tiŋ^{442}wui^{33}hi^{33}a^{33}！

396. 洗衫裤头先，应该浸泡一下。 洗衣服应该先浸泡一下。

ɬɐi^{55}sam^{13}fu^{13}thɐu^{22}ɬin^{33}，jiŋ^{33}kui^{33}tsɐm^{442}phau^{13}jɐt^{5}ha^{31}。

397. 佢专门害人，打得好。 他专门害人，该打。

khi^{22}tsin^{33}mun^{22}hui^{33}ȵiɐn^{22}，ta^{13}tɐk^{5}hɐu^{55}。

398. 细仔无能够獳爸母。 小孩不应该骂父母。

ɬɐi^{453}tsɐi^{55}mɛu^{22}nɐŋ^{22}kɐu^{33}nɐu^{33}pa^{55}mai^{13}。

399. 学校可能下个月放假。 学校可能下个月放假。

hɔk^{2}hau^{442}hɔ^{55}nɐŋ^{22}ha^{31}koi^{33}ȵit^{2}fɔŋ^{33}ka^{55}。

400. 明日可能打风台。 明天可能会刮台风。

mu^{55}ȵiɐt^{5}hɔ^{55}nɐŋ^{22}ta^{13}fɔŋ^{33}thai^{22}。

401. 这□书你乜时候都可以借。 这些书随时都可以借。

khui^{13}nai^{55}si^{33}ni^{55}mɐt^{5}si^{22}hɐu^{442}tu^{33}hɔ^{31}ji^{31}tsia^{33}。

402. 今日礼拜日，可以瞓觉。 今天星期天，可以睡觉。

kɐn^{33}ȵiɐt^{5}li^{31}pai^{33}ȵiɐt^{2}，hɔ^{31}ji^{31}fɐn^{33}kau^{33}。

403. 我得闲，可以帮手。 我有空，可以帮忙。

ŋoi^{55}tɐk^{5}han^{22}，hɔ^{31}ji^{31}pɔŋ^{33}sɐu^{55}。

404. 病好诶，可以出院。 病好了，可以出院。

piaŋ^{442}hɐu^{55}ɛ^{33}，hɔ^{31}ji^{31}tshɐt^{5}jin^{442}。

405. 这□屋最快爱十一月将能够并入去。 这所房子最快也要十一月才能搬进去。

khui^{13}nai^{55}ok^{5}tsui^{442}fai^{33}wui^{33}sɐp^{2}jɐt^{5}ȵit^{2}tsiaŋ^{33}nɐŋ^{22}kɐu^{33}pin^{33}jɐp^{2}hi^{33}。

406. 佢有心脏病，无逗佢激。 他有心脏病，不能激怒他。

khi^{22}jɐu^{31}ɬɐm^{33}tsɔŋ^{442}piaŋ^{442}，mɛu^{22}tɐu^{442}khi^{22}kik^{5}。

407. 细心□诶，无能够得罪佢。 小心点，他得罪不得呀。

ɬɐi^{453}ɬɐm^{33}ȵit^{5}ɛ^{33}，mɛu^{22}nɐŋ^{22}kɐu^{33}tɐk^{5}tsui^{442}khi^{22}。

408. 佢有婆哦，你无能够秋佢结婚。　他有妻子，你不能与他结婚。
khi^{22} jɐu^{31} phɔ^{13} ɔ^{55}，ni^{55} mɛu^{22} nɐŋ^{22} kɐu^{33} tshɐu^{33} khi^{22} kit^{2} fɐn^{33}。

409. 佢好会悭钱。　他很能节省。
khi^{22} hɐu^{13} wui^{442} han^{33} tshin^{22}。

410. 我无敢吃辣嘢。　我不大能吃辣的东西。
ŋoi^{55} mɛu^{22} kam^{55} hiak^{2} lat^{2} ɲia^{13}。

二十二、"有得"、"无得"句

411. 这种病哪间医院医得好？　这种病哪家医院能治得好？
khui^{13} tsoŋ^{55} piaŋ^{442} nai^{13} kan^{33} ji^{33} jin^{442} ji^{33} tɐk^{5} hɐu^{55}？

412. 这本书古阵还买紧无？　这本书现在还买得到吗？
khui^{13} pun^{55} si^{33} ku^{55} tsɐn^{442} an^{55} mai^{31} kɐn^{55} mɛu^{22}？

413. 佢无讲清楚，无得畀佢走。　他不讲清楚，不能让他走。
khi^{22} mɛu^{22} kɔŋ^{55} tshiŋ^{33} tshu^{55}，mɛu^{22} tɐk^{5} pi^{55} khi^{22} tsɐu^{55}。

414. 大家轮流讲，无能够无讲。　大家轮流说，不能不说。
tai^{442} ka^{33} lɐn^{22} lɐu^{22} kɔŋ^{55}，mɛu^{22} nɐŋ^{22} kɐu^{33} mɛu^{22} kɔŋ^{55}。

415. 佢细时无吃无着，无知几罪过阿。　他小时没吃没穿的，不晓得多凄凉。
khi^{22} ɬɐi^{453} si^{22} mɛu^{22} hiak^{2} mɛu^{22} tsiɔk^{2}，mɛu^{22} ti^{33} ki^{55} tsui^{442} kuɔ^{33} a^{33}。

416. 古阵有吃有着，乜嘢都无使忧。　现在有得吃，有得穿，什么也用不着担忧了。
ku^{55} tsɐn^{442} jɐu^{31} hiak^{2} jɐu^{31} tsiɔk^{2}，mɐt^{5} ɲia^{13} tu^{33} mɛu^{22} sɐi^{55} jɐu^{33}。

417. 这笔生意值得做。　这笔生意值得做。
khui^{13} pɐt^{5} saŋ^{33} ji^{33} tsik^{2} tɐk^{5} tsu^{33}。

418. 这门手艺值得学。　这门手艺值得学。
khui^{13} mun^{22} sɐu^{55} ŋɐi^{442} tsik^{2} tɐk^{5} hɔk^{2}。

419. 孔多事，够你做诶。　这么多事，够你干的。
khoŋ^{55} tɔ^{33} ɬu^{442}，kɐu^{33} ni^{55} tsu^{33} ɛ^{33}。

420. 佢工好紧，连个饭都无记得吃诶。　他忙得很，忙得连饭都忘了吃。
khi^{22} koŋ^{33} hɐu^{13} kɐn^{55}，lin^{22} koi^{33} fan^{442} tu^{33} mɛu^{22} ki^{33} tɐk^{5} hiak^{2} ɛ^{33}。

421. 无锁匙，这眼屋入无得去。　没有钥匙，这间房进不去。
mɛu^{22} ɬɔ^{55} si^{22}，khui^{13} ŋan^{55} ok^{5} jɐp^{2} mɛu^{22} tɐk^{5} hi^{33}。

二十三、“将”字句

422. 先□□，将做作业。 先玩玩，再做作业。

ɬin^{33}lin^{55}lin^{55}，tsiaŋ^{33}tsu^{33}tsɔk^{2}ȵip^{2}。

423. 等我讲完诶你将讲。 等我说完了，你再说。

teŋ^{55}ŋoi^{55}kɔŋ^{55}jin^{22}ɛ^{33}ni^{55}tsiaŋ^{33}kɔŋ^{55}。

424. 大诶将讲。 长大了再说。

tai^{442}ɛ^{33}tsiaŋ^{33}kɔŋ^{55}。

425. 我明年将去。 我明年去。

ŋoi^{55}miaŋ^{22}nin^{13}tsiaŋ^{33}hi^{33}。

426. 畀钱诶将走。 付了钱再走。

pi^{55}tshin^{22}ɛ^{33}tsiaŋ^{33}tsɐu^{55}。

427. 了结这件事将走。 了结了这桩儿事再走。

liu^{55}kit^{2}khui^{13}kin^{31}ɬu^{442}tsiaŋ^{33}tsɐu^{55}。

428. 徛紧将！ 站着！

khi^{31}kɐn^{55}tsiaŋ^{33}！

429. 留我谂阿谂将。 让我想一想。

lɐu^{22}ŋoi^{55}nɐm^{33}a^{33}nɐm^{33}tsiaŋ^{33}。

430. 还无好，等阿等将。 还没有好啊，等一下啰。

an^{55}mɛu^{22}hɛu^{55}，teŋ^{55}a^{33}teŋ^{55}tsiaŋ^{33}。

431. 走阿走，大概用诶半个钟将走完这段路。 走哇走，差不多用了半个小时才走完那一段路。

tsɐu^{55}a^{33}tsɐu^{55}，tai^{442}khui^{33}joŋ^{442}ɛ^{33}pun^{33}koi^{33}tsoŋ^{33}tsiaŋ^{33}tsɐu^{55}jin^{22}khui^{13}tun^{442}lu^{442}。

432. 个水烧滚诶将能够吃。 水烧开了才能喝。

koi^{33}sui^{55}siu^{33}kuɐn^{55}ɛ^{33}tsiaŋ^{33}nɐŋ^{22}kɐu^{33}hiak^{2}。

433. 走够三日将走到。 走了整整三天才走到。

tsɐu^{55}kɐu^{33}ɬam^{33}ȵiɐt^{5}tsiaŋ^{33}tsɐu^{55}tɛu^{33}。

二十四、副词

434. 睇见宁条蛇，大家都恐诶。 看见一条蛇，大家都慌了。

thɐi^{55}kin^{33}niŋ^{13}thiu^{22}sia^{22}，tai^{442}ka^{33}tu^{33}khɔŋ^{13}ɛ^{33}。

435. 个天齐下都黑诶。 天全黑了。

koi^{33}thin^{33}tsɛ^{22}ha^{31}tu^{33}hɐk^{5}ɛ^{33}。

436. 几个人都走诶。 几个人都走了。

ki^{55}koi^{33}ȵiɐn^{22}tu^{33}tsɐu^{55}ɛ^{33}。

437. 佢屋□齐下三个人。 他家里总共三个人。

khi^{22}ok^{5}ki^{31}tsɛ^{22}ha^{31}ɬam^{33}koi^{33}ȵiɐn^{22}。

438. 一共去诶五个人。 一共去了五个人。

jɐt^{5}koŋ^{442}hi^{33}ɛ^{33}ŋ̍^{55}koi^{33}ȵiɐn^{22}。

439. 我这班都系女个。 我们班都是女的。

ŋoi^{55}khui^{13}pan^{33}tu^{33}hɐi^{442}ni^{55}koi^{33}。

440. 今日都系买餸，无做乜嘢。 今天只买菜，没做别的。

kɐm^{33}ȵiɐt^{5}tu^{33}hɐi^{442}mai^{31}ɬoŋ^{13}，mɛu^{22}tsu^{33}mɐt^{5}ȵia^{13}。

441. 净系摆酒就花诶五千几元纸。 光摆酒就花了五千多块钱。

tsiŋ^{442}hɐi^{442}pai^{55}tsɐu^{55}tsɐu^{442}fa^{33}ɛ^{33}ŋ̍^{55}tshin^{33}ki^{55}jin^{22}tsi^{55}。

442. 佢太忠厚，净系做蚀本生意。 他太善良，净做亏本生意。

khi^{22}thai^{442}tsoŋ^{33}hɐu^{442}，tsiŋ^{442}hɐi^{442}tsu^{33}sɐk^{2}pun^{55}saŋ^{33}ji^{33}。

443. 大概过十日荔枝就熟诶。 大概再过十天，荔枝就熟了。

tai^{442}khui^{33}kuɔ^{33}sɐp^{2}ȵiɐt^{2}lɛi^{442}tsi^{55}tsɐu^{442}ɬok^{2}ɛ^{33}。

444. 你可能系啱个。 你也许是对的。

ni^{55}hɔ^{55}nɐŋ^{22}hɐi^{442}ŋam^{453}koi^{33}。

445. 佢可能会来。 他也许会来。

khi^{22}hɔ^{55}nɐŋ^{22}wui^{442}lui^{22}。

446. 可能佢来紧诶。 恐怕他已经来了。

hɔ^{55}nɐŋ^{22}khi^{22}lui^{22}kɐn^{55}ɛ^{33}。

447. 天光诶，个风也停诶。 天亮了，风也停了。

thin^{33}kuɔŋ^{453}ɛ^{33}，koi^{33}foŋ^{33}ja^{31}thiŋ^{33}ɛ^{33}。

448. 佢好靓。 她很漂亮。

khi^{22}hɐu^{13}liaŋ^{453}。

449. 佢前日来诶，昨日又来诶，打朝又来诶。 他前天来了，昨天也来了，今天又来了。

khi^{22}tshin^{22}jɐt^{2}lui^{22}ɛ^{33}，tsu^{33}jɐt^{2}jɐu^{442}lui^{22}ɛ^{33}，ta^{13}tsiu^{33}jɐu^{442}lui^{22}ɛ^{33}。

450. 衫裤烂诶，个鞋也烂诶。 衣服破了，鞋也破了。

sam^{13}fu^{13}lan^{442}ɛ^{33}，koi^{33}hai^{22}ja^{31}lan^{442}ɛ^{33}。

451. 无用急，还有希望。 不要急，还有希望。

mɛu^{22}joŋ^{442}kɐp^{5}，an^{55}jɐu^{31}hi^{33}mɔŋ^{442}。

452. 这□金瓜特别大只。 这里的南瓜特别大。

khui^{13}nai^{55}kɐm^{33}kua^{33}tɐk^{2}pit^{2}tai^{442}tsiak^{2}。

453. 我公八十几岁诶，还好能。 我爷爷八十多了，还很健康。

ŋoi^{55}koŋ^{33}pat^{2}sɐp^{2}kui^{33}sui^{33}ɛ^{33}，an^{55}hɐu^{13}nɐŋ^{22}。

454. 最后佢去美国诶。 最后他去了美国。

tsui^{442}hɐu^{31}khi^{22}hi^{33}mui^{31}kuɔk^{2}ɛ^{33}。

455. 我以前见过佢。 我以前见过他。

ŋoi^{55}ji^{31}tshin^{22}kin^{33}kuɔ^{33}khi^{22}。

456. 佢原来好靓。 她原来很漂亮。

khi^{22}ȵin^{22}lui^{22}hɐu^{13}liaŋ^{453}。

457. 你走先，我等一阵仔又来。 你先走，我等下就来。

ni^{55}tsɐu^{55}ɬin^{33}，ŋoi^{55}tɐŋ^{55}jɐt^{5}tsɐn^{442}tsɐi^{55}jɐu^{442}lui^{22}。

458. 我好快就做。 我马上做。

ŋoi^{55}hɐu^{13}fai^{33}tsɐu^{442}tsu^{33}。

459. 天好快就光诶。 天很快就亮了。

tin^{33}hɐu^{13}fai^{33}tsɐu^{442}kuɔŋ^{453}ɛ^{33}。

460. 头先有妹仔寻你。 刚才有个女孩找你。

thɐu^{22}ɬin^{33}jɐu^{31}mui^{453}tsɐi^{55}tshɐm^{22}ni^{55}。

461. 头先将过一部公共汽车。 刚刚走了一辆公共汽车。

thɐu^{22}ɬin^{33}tsiaŋ^{33}kuɔ^{33}jɐt^{5}pu^{31}koŋ^{33}koŋ^{442}hi^{33}tshia^{33}。

462. 阿山好快就做阿爸诶。 阿山就快做爸爸了。

a^{33}san^{13}hɐu^{13}fai^{33}tsu^{33}a^{33}pa^{33}ɛ^{33}。

463. 个花将红，就畀人捡诶。　花才红，就被人摘了。

koi^{33}fa^{33}tsiaŋ^{33}hoŋ^{22}，tsɐu^{442}pi^{55}ȵiɐn^{22}kim^{55}ɛ^{33}。

464. 你将十八岁，识乜嘢？　你才十八岁，懂什么？

ni^{55}tsiaŋ^{33}sɐp^{2}pat^{2}ɬui^{33}，sik^{5}mɐt^{5}ȵia^{31}？

465. 将九点就瞓啊？　才九点，就睡了？

tsiaŋ^{33}kɐu^{55}tim^{55}tsɐu^{442}fɐn^{33}a^{22}？

466. 柿子熟个将好吃。　柿子熟了才好吃。

si^{33}tsi^{55}sok^{2}koi^{33}tsiaŋ^{33}hɐu^{13}hiak^{2}。

467. 明日打朝将打电话去问。　明天早上再打电话去问。

mu^{55}ȵiɐt^{5}ta^{13}tsiu^{33}tsiaŋ^{33}ta^{13}tin^{442}wa^{442}hi^{33}mɐn^{442}。

468. 村□头修诶水泥路，这轮好走诶。　村里修了水泥路，从此就好走了。

tshɐn^{33}tik^{5}thɐu^{22}ɬɐu^{33}ɛ^{33}sui^{55}nɐi^{22}lu^{442}，khui^{13}lɐn^{22}hɐu^{13}tsɐu^{55}ɛ^{33}。

469. 就到年尾诶，好多嘢爱做。　就到年底了，有好多事要做。

tsɐu^{442}tɐu^{33}nin^{22}mi^{55}ɛ^{33}，hɐu^{13}tɔ^{55}ȵia^{13}wui^{33}tsu^{33}。

470. 还坐阿阵仔。　再坐一会儿吧。

an^{55}tshɔ^{31}a^{33}tsɐn^{442}tsɐi^{55}。

471. 这两日都落水。　这些天一直下雨。

khui^{13}liɔŋ^{55}ȵiɐt^{2}tu^{33}lɔk^{2}sui^{55}。

472. 佢这个人一直都系孔样。　他这个人一直都是这样的。

khi^{22}khui^{13}koi^{33}ȵiɐn^{22}jɐt^{5}tsik^{2}tu^{33}hɐi^{442}khoŋ^{55}jɔŋ^{442}。

473. 佢个人经常都系丢三落四。　他这个人经常这样丢三落四。

khi^{22}koi^{33}ȵiɐn^{22}kiŋ^{33}sɔŋ^{22}tu^{33}hɐi^{442}tiu^{33}ɬam^{33}lɔk^{2}ɬi^{33}。

474. 佢阿妈有搵瘕病，经常会发病。　她妈有哮喘病，时不时要发作一次。

khi^{22}a^{33}ma^{453}jɐu^{31}mɐŋ^{55}ha^{55}piaŋ^{442}，kiŋ^{33}siɔŋ^{22}wui^{442}fat^{2}piaŋ^{442}。

475. 我爸退休诶，有时会来我这住几日。　我爸爸退休了，偶尔会来我这里住几天。

ŋoi^{55}pa^{55}thui^{33}jau^{453}ɛ^{33}，jɐu^{31}si^{22}wui^{442}lui^{22}ŋoi^{55}khui^{13}tsi^{442}ki^{55}ȵiɐt^{2}。

476. 这顶我来过。　这里我曾经来过。

khui^{13}tiaŋ^{55}ŋoi^{55}lui^{22}kuɔ^{33}。

477. 讲得好好个，一下仔又无去诶。　说得好好的，突然又说不去了。

kɔŋ^{55}tɐk^{5}hɐu^{55}hɐu^{55}koi^{33}，jɐt^{5}ha^{31}tsɐi^{55}jɐu^{442}mɐu^{22}hi^{33}ɛ^{33}。

478. 又无电诶。 又停电了。

jɐu^{442} mɐu^{22} tin^{442} ɛ^{33}。

479. 宁时我人经常去海边。 过去我们常常去海边。

niŋ^{13} si^{22} ŋoi^{55} ȵiɐn^{22} kiŋ^{33} siɔŋ^{22} hi^{33} hui^{55} pin^{33}。

480. 好彩我带紧个钱。 幸好我带了钱。

hɐu^{55} tshui^{22} ŋoi^{55} tai^{33} kɐn^{55} koi^{33} tshin^{22}。

481. 飞机爆炸诶，好得佢退票诶。 飞机爆炸了，幸亏他退票了。

fɐi^{33} ki^{33} pau^{33} tsa^{33} ɛ^{33}，hɐu^{13} tɐk^{5} khi^{22} thui^{33} phiu^{33} ɛ^{33}。

482. 不过佢还系个细仔。 毕竟他还是个孩子。

pɐt^{5} kuɔ^{33} khi^{22} an^{55} hɐi^{442} koi^{33} ɬɐi^{453} tsɐi^{55}。

483. 两公婆免不了会争跤。 夫妻之间难免会吵架。

liɔŋ^{55} koŋ^{33} phɔ^{22} min^{442} pɐt^{5} liu^{55} wui^{442} tsaŋ^{33} kau^{13}。

484. 这样做生意，好似系抢钱。 这样做生意，简直就是抢钱。

khui^{13} jɔŋ^{442} tsu^{33} saŋ^{33} ji^{33}，hɐu^{13} tshi^{31} hɐi^{442} tsiɔŋ^{55} tshin^{22}。

485. 阿（一）无系点样做你又直讲。 要不你就直说吧。

a^{33} （jɐt^{5}） mɐu^{22} hɐi^{442} tim^{55} jɔŋ^{442} tsu^{33} ni^{55} jɐu^{442} tsik^{2} kɔŋ^{55}。

486. 真系领导无同意吗？ 难道领导不同意吗？

tsɐn^{33} hɐi^{442} liaŋ^{31} tɐu^{55} mɐu^{22} thoŋ^{22} ji^{33} ma^{33}？

487. 点样会无知道呢？ 怎么会不知道呢？

tim^{55} jɔŋ^{442} wui^{442} mɐu^{22} ti^{33} tɐu^{33} ni^{55}？

488. 佢慢慢个徛起来。 他慢慢地站起来。

khi^{22} man^{33} man^{33} koi^{33} khi^{31} hi^{55} lui^{22}。

489. 随便洗洗。 随便洗一下。

tshui^{22} pin^{442} ɬɐi^{55} ɬɐi^{55}。

490. 一阵一阵个刮风。 风一阵一阵地刮着。

jɐt^{5} tsɐn^{442} jɐt^{5} tsɐn^{442} koi^{33} kuat^{2} foŋ^{33}。

491. 佢拱诶几轮，都无拱起来。 他爬了又爬，就是爬不上来。

khi^{22} koŋ^{55} ɛ^{33} ki^{55} lɐn^{22}，tu^{33} mɐu^{22} koŋ^{55} hi^{33} lui^{22}。

492. 我坐过船，无坐过马。 我坐过船，没骑过马。

ŋoi^{55} tshɔ^{31} kuɔ^{33} sin^{22}，mɐu^{22} tshɔ^{31} kuɔ^{33} ma^{31}。

493. 天黑诶，我无走诶。　天黑了，我不走了。

thin^{33} hɐk^{5} ɛ^{33}，ŋoi^{55} mɛu^{22} tsɐu^{55} ɛ^{33}。

494. 你□仔都无肥。　你一点也不胖。

ni^{55} ȵit^{5} tsɐi^{55} tu^{33} mɛu^{22} fɐi^{22}。

495. 我无银纸。　我没有钱。

ŋoi^{55} mɛu^{22} ŋɐn^{22} tsi^{55}。

496. 我还命来。　我还没有来。

ŋoi^{55} an^{55} miaŋ^{442} lui^{22}。

497. 无知道又无乱讲。　不知道就不要乱讲。

mɛu^{22} ti^{33} tɛu^{33} jɐu^{442} mɛu^{22} lun^{31} kɔŋ^{55}。

498. 你还命吃朝无？　你还没有吃早饭吗？

ni^{55} an^{55} miaŋ^{442} hiak^{2} tsiu^{13} mɛu^{22}？

499. 我还命吃紧饭。　我还没有吃饭呢。

ŋoi^{55} an^{55} miaŋ^{442} hiak^{2} kɐn^{55} fan^{442}。

500. 阿姐病诶，连续几日都无吃嘢。　奶奶病了，连续三天没有吃东西。

a^{33} tsia^{453} piaŋ^{442} ɛ^{33}，lin^{22} tsok^{2} ki^{55} ȵiɐt^{2} tu^{33} mɛu^{22} hiak^{2} ȵia^{13}。

501. 我将到，还命洗面。　我刚到，还没洗脸。

ŋoi^{55} tsiaŋ^{33} tɛu^{33}，an^{55} miaŋ^{442} ɬɐi^{55} min^{442}。

502. 无长无短，好适合。　（这件衣服）不长不短，正合适。

mɛu^{22} tshiɔŋ^{22} mɛu^{22} tun^{55}，hɐu^{13} sik^{5} hap^{2}。

503. 听你病诶，我人独能走来睇你。　听说你病了，我们专门赶来看你。

thiaŋ^{33} ni^{55} piaŋ^{442} ɛ^{33}，ŋoi^{55} ȵiɐn^{22} tok^{2} nɐŋ^{22} tsɐu^{55} lui^{22} thɐi^{55} ni^{55}。

504. 阿奶秋阿哥阿嫂一起住。　妈妈和哥嫂一起住。

a^{33} nɛn^{33} tshɐu^{33} a^{33} kɔ^{453} a^{33} ɬɛu^{55} jɐt^{5} hi^{55} tsi^{442}。

505. 你无吆我去，我系爱去。　你不让我去，我偏要去。

ni^{55} mɛu^{22} ɛu^{33} ŋoi^{55} hi^{33}，ŋoi^{55} hɐi^{442} wui^{33} hi^{33}。

506. 吆佢千万无吃白粉！　叫他千万不要吸毒啊！

ɛu^{33} khi^{22} tshin^{33} man^{442} mɛu^{22} hiak^{2} pak^{2} fɐn^{55}！

507. 这顶到书房好近。　这里到学校很近。

khui^{13} tiaŋ^{55} tɛu^{33} si^{33} fɔŋ^{22} hɐu^{13} khɐn^{31}。

508. 这种药好买无？　这种药容易买吗？

khui^{13}tsoŋ^{55}jɔk^{2}hɛu^{55}mai^{31}mɛu^{22}？

509. 孔样无几好。　这样不太好。

khoŋ^{55}jɔŋ^{442}mɛu^{22}ki^{55}hɛu^{55}。

510. 佢生得好靓。　她长得很漂亮。

khi^{22}saŋ^{33}tɐk^{5}hɛu^{13}liaŋ^{453}。

511. 你睇佢几会享受。　你看他多会享福。

ni^{55}thɐi^{55}khi^{22}ki^{55}wui^{442}hiɔŋ^{55}sɐu^{442}。

512. 睇你几无会识嘢。　你看你多不懂事。

thɐi^{55}ni^{55}ki^{55}mɛu^{22}wui^{442}sik^{5}ȵia^{13}。

513. 裤头太紧诶。　裤腰太细了。

fu^{33}thɐu^{22}thai^{442}kɐn^{55}ɛ^{33}。

514. 我太信佢诶。　我太相信他了。

ŋoi^{55}thai^{442}ɬɐn^{33}khi^{22}ɛ^{33}。

515. 无几想去。　不太愿意去。

mɛu^{22}ki^{55}ɬiɔŋ^{55}hi^{33}。

516. 我家婆好轮阵。　我婆婆动作好笨拙。

ŋoi^{55}ka^{33}phɔ^{22}hɛu^{13}lɐn^{22}tsɐn^{442}。

517. 校长最快也爱一个星期将得转。　校长最快也要一个礼拜才回来。

hiau^{33}tsiɔŋ^{55}tsui^{442}fai^{33}ja^{31}wui^{33}jɐt^{5}koi^{33}ɬiŋ^{33}khi^{22}tsiaŋ^{33}tɐk^{5}tsin^{55}。

518. 岁佢最大。　年纪他最大。

ɬui^{33}khi^{22}tsui^{442}tai^{442}。

519. 得打朝起来，我肚好痛。　从早上起来，我肚子一直很痛。

tɐk^{5}ta^{13}tsiu^{33}hi^{55}lui^{22}，ŋoi^{55}tu^{55}hɛu^{13}thoŋ^{33}。

520. 个餸太咸，无好吃。　菜太咸，不好吃。

koi^{33}ɬoŋ^{13}thai^{442}ham^{22}，mɛu^{22}hɛu^{13}hiak^{2}。

521. 佢比我还孤寒。　他比我还小气。

khi^{22}pi^{55}ŋoi^{55}an^{55}ku^{33}hɔn^{22}。

522. 出力把嘢担起来。　使劲把东西挑起来。

tshɐt^{5}lik^{2}pa^{55}ȵia^{13}tam^{33}hi^{55}lui^{22}。

523. 你当面问佢。 你当面问她。

ni^{55}tɔŋ^{33}min^{442}mɐn^{442}khi^{22}。

524. 我秋佢一齐去参军诶。 我和他一块儿去当兵的。

ŋoi^{55}tshɐu^{33}khi^{22}jɐt^{5}tshɐi^{22}hi^{33}tsham^{33}kuɐn^{33}ɛ^{33}。

525. 海边四向都系螺。 海边到处都是螺。

hui^{33}pin^{33}ɬi^{33}hiɔŋ^{33}tu^{33}hɐi^{442}lɔ^{22}。

526. 电白那顶都种诶荔枝。 电白到处都种了荔枝。

tin^{442}pak^{2}nai^{13}tiaŋ^{55}tu^{33}tsoŋ^{33}ɛ^{33}lɛi^{442}tsi^{33}。

527. 我来广州出差，就啱来睇睇你。 我来广州出差，顺便来看看你。

ŋoi^{55}lui^{22}kuɔŋ^{55}tsɐu^{33}tshɐt^{5}tshai^{33}，tsɐu^{442}ŋam^{453}lui^{22}thɐi^{55}thɐi^{55}ni^{55}。

528. 这细仔好爱傲硬颈。 这个小孩特别犟。

khui^{13}ɬɐi^{453}tsɐi^{33}hɐu^{13}wui^{442}ou^{33}ŋaŋ^{442}kiaŋ^{55}。

529. 究竟爱几多钱将够？ 究竟要多少钱才够？

kɐu^{33}kiŋ^{33}wui^{33}ki^{55}tɔ^{33}tshin^{22}tsiaŋ^{33}kɐu^{33}？

530. 这轮打跤确实系佢嘟手头先。 这次打架，的确是他先动手的。

khui^{13}lɐn^{22}ta^{55}kau^{13}khɔk^{2}sɐt^{2}hɐi^{442}khi^{22}ȵiok^{2}sɐu^{55}thɐu^{22}ɬin^{33}。

531. 买屋一轮爱交够十万钱。 买房子要一次性交齐十万块。

mai^{31}ok^{5}jɐt^{5}lɐn^{22}wui^{33}kau^{33}kɐu^{33}sɐp^{2}man^{442}tshin^{22}。

532. 这件衫好睇系好睇，就系贵□仔。 这件衣服好看是好看，就是贵了点。

khui^{13}kin^{31}sam^{13}hɐu^{13}thɐi^{55}hɐi^{442}hɐu^{55}thɐi^{55}，tsɐu^{442}hɐi^{442}kuɐi^{33}ȵit^{5}tsɐi^{55}。

533. 做事无冲动。 做事不要冲动。

tsu^{33}ɬu^{442}mɛu^{22}tshoŋ^{33}toŋ^{442}。

534. 无用买孔多嘢，又无系其他人。 不用买这么多东西，又不是别人。

mɛu^{22}joŋ^{442}mai^{31}khoŋ^{55}tɔ^{33}ȵia^{13}，jɐu^{442}mɛu^{22}hɐi^{442}khi^{22}tha^{33}ȵiɐn^{22}。

535. 我无小心打烂滚水壶，无系独能个。 我不小心打破了热水瓶，不是故意的。

ŋoi^{55}mɛu^{22}ɬiu^{55}ɬɐm^{33}ta^{55}lan^{442}kuɐn^{55}sui^{55}fu^{22}，mɛu^{22}hɐi^{442}tok^{2}nɐŋ^{22}koi^{33}。

536. 宁个人独能碰下佢。 那个人故意撞了一下他。

niŋ^{13}koi^{33}ȵiɐn^{22}tok^{2}nɐŋ^{22}phoŋ^{33}ha^{31}khi^{22}。

537. 民工白白做一年工，捞无紧钱。 民工白白地干了一年活儿，拿不到工资。

mɐn^{22}koŋ^{33}pak^{2}pak^{2}tsu^{33}jɐt^{5}nin^{22}koŋ^{33}，lau^{33}mɛu^{22}kɐn^{55}tshin^{22}。

538. 啱啱佢无得屋□。 偏偏他不在家。

ŋam^{453} ŋam^{453} khi^{22} mɛu^{22} tɐk^{5} ok^{5} ki^{33}。

539. 你谂好，无爱后悔。 你想好，不要后悔。

ni^{55} nɐm^{55} hɛu^{55}，mɛu^{22} wui^{33} hɐu^{31} fui^{31}。

540. 另自，买把梆头来。 另外，买个锄头来。

liŋ^{442} tsu^{442}，mai^{31} pa^{55} pɔŋ^{33} thɐu^{22} lui^{22}。

541. 都病成这样，还爱做，无命阿。 都病成这样了，还要做事，不要命啊？

tu^{33} piaŋ^{442} siŋ^{22} khui^{13} jɔŋ^{442}，an^{55} wui^{33} tsu^{33}，mɛu^{22} miaŋ^{442} a^{33}。

542. 黄伯一贯都系住紧得这。 黄伯一向住在这里。

wɔŋ^{22} pak^{2} jɐt^{5} kun^{33} tu^{33} hɐi^{442} tsi^{442} kɐn^{55} tɐk^{5} khui^{13}。

543. 衫裤湿净诶。 衣服湿透了。

sam^{13} fu^{13} sɐp^{5} tsiaŋ^{442} ɛ^{33}。

544. 昨日全家人都去爬岭。 昨天全家人都去爬山了。

tsu^{33} ȵiɐt^{5} tshin^{22} ka^{33} ȵiɐn^{22} tu^{33} hi^{33} pha^{22} liaŋ^{31}。

545. 宁□钱早就使净诶。 那些钱早就用完了。

niŋ^{13} nai^{55} tshin^{22} tsɛu^{55} tsɐu^{442} sɐi^{55} tsiaŋ^{442} ɛ^{33}。

546. 我将想寻你。 我正想找你。

ŋoi^{55} tsiaŋ^{33} ɬiɔŋ^{55} tshɐm^{22} ŋi^{55}。

二十五、介词

547. 我宁眼屋早就租畀人诶。 我那间房早就租给别人了。

ŋoi^{55} niŋ^{13} ŋan^{55} ok^{5} tsɛu^{55} tsɐu^{442} tsu^{33} pi^{55} ȵiɐn^{22} ɛ^{33}。

548. 这轮我输畀佢诶。 这一回我输给他了。

khui^{13} lɐn^{22} ŋoi^{55} si^{33} pi^{55} khi^{22} ɛ^{33}。

549. 装阿杯水畀我得无得啊？ 倒一杯水给我，好吗？

tsɔŋ^{33} a^{33} pui^{453} sui^{55} pi^{55} ŋoi^{55} tɐk^{5} mɛu^{22} tɐk^{5} a^{22}？

550. 你有钱就借□仔畀你二哥。 你有钱就借点给你二哥。

ni^{55} jɐu^{31} tshin^{22} tsɐu^{442} tsia^{33} ȵit^{5} tsɐi^{33} pi^{55} ni^{55} ni^{442} kɔ^{453}。

551. 攞诶个孔好个婆，我都替你兴。 娶了一个这么好的媳妇，我都替你高兴。

lɔ^{33} ɛ^{33} koi^{33} khoŋ^{55} hɛu^{55} koi^{33} phɔ^{22}，ŋoi^{55} tu^{33} thɐi^{55} ni^{55} hiŋ^{33}。

552. 你秋我拎我个红包送畀佢。　你替我把红包送给他。

ni$^{\cdot 55}$tshɐu^{33}ŋoi$^{\cdot 55}$lim^{55}ŋoi$^{\cdot 55}$koi$^{\cdot 33}$hoŋ^{22}pau^{33}ɬoŋ^{33}pi$^{\cdot 55}$khi$^{\cdot 22}$。

553. 大家都秋你担心。　大家都替你担心。

tai$^{\cdot 442}$ka^{33}tu^{33}tshɐu^{33}ni$^{\cdot 55}$tam^{33}ɬɐm^{33}。

554. 佢无但对你好，对乜人都好。　他不只是对你好，他对谁都好。

khi$^{\cdot 22}$mɛu^{22}tan^{33}tui$^{\cdot 33}$ni$^{\cdot 55}$hɛu^{55}，tui$^{\cdot 33}$mɐt^{5}ȵiɐn^{22}tu^{33}hɛu^{55}。

555. 我叔向我屋□借过钱，一直都无还转。　我叔叔向我家借过钱，一直没还。

ŋoi$^{\cdot 55}$sok^{5}hiɔŋ^{33}ŋoi$^{\cdot 55}$ok^{5}ki$^{\cdot 55}$tsia^{33}kuɔ^{33}tshin^{22}，jɐt^{5}tsik^{2}tu^{33}mɛu^{22}wan^{22}tsin^{55}。

556. 个本书你秋乜人借个。　这本书你向谁借的？

khui$^{\cdot 13}$pun^{55}si$^{\cdot 33}$ni$^{\cdot 55}$tshɐu^{33}mɐt^{5}ȵiɐn^{22}tsia^{33}koi$^{\cdot 33}$？

557. 佢秋我借过书。　他向我借过书。

khi^{22}tshɐu^{33}ŋoi$^{\cdot 55}$tsia^{33}kuɔ^{33}si$^{\cdot 33}$。

558. 讲畀你听，你也无听得识。　讲给你听，你也听不懂。

kɔŋ^{55}pi$^{\cdot 55}$ni$^{\cdot 55}$thiaŋ^{33}，ni$^{\cdot 55}$ja$^{\cdot 31}$mɛu^{22}thiaŋ^{33}tɐk^{5}sik^{5}。

559. 我无钱，你问你阿奶攞。　我没钱，向你妈妈要去。

ŋoi$^{\cdot 55}$mɛu^{22}tshin^{22}，ni$^{\cdot 55}$mɐn^{442}ni$^{\cdot 55}$a^{33}nɛn^{33}lɔ^{22}。

560. 广东个老鼠秋猫仔同样大。　广东的老鼠像小猫一样大。

kuɔŋ^{55}toŋ^{33}koi$^{\cdot 33}$lɛu^{55}si$^{\cdot 55}$tshɐu^{33}miu^{453}tsɐi$^{\cdot 55}$thoŋ^{22}jɔŋ^{442}tai$^{\cdot 442}$。

561. 广西秋广东孔烘。　广西像广东那样热。

kuɔŋ^{55}ɬɐi$^{\cdot 33}$tshɐu^{33}kuɔŋ^{55}toŋ^{33}khoŋ^{55}hɔŋ^{442}。

562. 你住得哪顶？　你住在哪儿呀？

ni$^{\cdot 55}$tsi$^{\cdot 55}$tɐk^{5}nai$^{\cdot 13}$tiaŋ^{55}？

563. 得宁角头地做个猪栏。　在那个角落盖了个猪圈。

tɐk^{2}niŋ^{33}kɔk^{2}thɐu^{22}ti$^{\cdot 442}$tsu^{33}koi$^{\cdot 33}$tsi$^{\cdot 33}$lan^{22}。

564. 得待人方面佢比你好。　在待人方面，他比你好。

tɐk^{5}tui$^{\cdot 442}$ȵiɐn^{22}fɔŋ^{33}min^{442}khi$^{\cdot 22}$pi$^{\cdot 55}$ni$^{\cdot 55}$hɛu^{55}。

565. 个钱放紧拖桶宁顶。　钱放在抽屉里。

koi^{33}tshin^{22}fɔŋ^{33}kɐn^{55}thɔ^{33}thoŋ^{55}niŋ^{13}tiaŋ^{55}。

566. 宁阵仔广州无紧火车。　在那时候，广州还没有火车。

niŋ^{13}tsɐn^{442}tsɐi$^{\cdot 55}$kuɔŋ^{55}tsɐu^{33}mɛu^{22}kɐn^{55}fɔ^{55}tshia^{33}。

567. 我个狗大概得七八点钟宁阵仔无见诶。 我的狗大约在七八点之间走丢了。

ŋoi$^{\cdot 55}$ koi$^{\cdot 33}$ kɐu^{55} tai$^{\cdot 442}$ khui$^{\cdot 33}$ tɐk^{5} tshɐt^{5} pat^{2} tim^{55} tsoŋ^{33} niŋ^{13} tsɐn^{442} tsɐi$^{\cdot 55}$ mɛu^{22} kin^{33} ɛ^{33}。

568. 你得村头等我，我一阵仔又到。 你在村头等我，我一会儿就到。

ni$^{\cdot 55}$ tɐk^{5} tshɐn^{33} thɐu^{22} tɐŋ^{55} ŋoi$^{\cdot 55}$，ŋoi$^{\cdot 55}$ jɐt^{5} tsɐn^{442} tsɐi$^{\cdot 55}$ jɐu^{442} tɛu^{33}。

569. 你走大路够远，我走细路够近。 你走大路远，我走小路近。

ni$^{\cdot 55}$ tsɐu^{55} tai$^{\cdot 442}$ lu^{442} kɐu^{33} jin^{55}，ŋoi$^{\cdot 55}$ tsɐu^{55} ɬɐi$^{\cdot 453}$ lu^{442} kɐu^{33} khɐn^{31}。

570. 你得哪顶来个阿？ 你从哪里来呀？

ni$^{\cdot 55}$ tɐk^{5} nai$^{\cdot 13}$ tiaŋ^{55} lui^{22} koi$^{\cdot 33}$ a^{33}？

571. 得屋□到学校有几远？ 从家里到学校有多远？

tɐk^{5} ok^{5} ki$^{\cdot 33}$ tɛu^{33} hɔk^{2} hau^{33} jɐu^{31} ki$^{\cdot 55}$ jin^{55}？

572. 得今日起，车票起价诶。 从今天开始，车票涨价了。

tɐk^{5} kɐm^{33} ȵiɐt^{5} hi^{55}，tshia^{33} piu^{33} hi$^{\cdot 55}$ ka^{33} ɛ^{33}。

573. 佢从细得海边养大。他从小在海边长大。

khi$^{\cdot 22}$ tsoŋ^{22} ɬɐi$^{\cdot 453}$ tɐk^{5} hui^{55} pin^{33} jɔŋ^{31} tai$^{\cdot 442}$。

574. 个水跟住这墙流下来。 水沿着墙流下来。

koi$^{\cdot 33}$ sui^{55} kɐn^{33} tsi$^{\cdot 442}$ khui$^{\cdot 13}$ tshiɔŋ^{22} lɐu^{22} ha^{31} lui$^{\cdot 22}$。

575. 得大路走，一点半钟就到诶。 顺着大路走，一个半小时就到了。

tɐk^{5} tai$^{\cdot 442}$ lu$^{\cdot 442}$ tsɐu^{55}，jɐt^{5} tim^{55} pun^{33} tsoŋ^{33} tsɐu^{442} tɛu^{33} ɛ^{33}。

576. 我公古阵还用毛笔写字。我爷爷现在还用毛笔写字。

ŋoi^{55} koŋ^{453} ku^{55} tsɐn^{442} an^{55} jɔŋ^{442} mɛu^{33} pɐt^{5} ɬia^{55} tsu^{442}。

577. 用毛笔写字比较慢。 用毛笔写字比较慢。

jɔŋ^{442} mɛu^{22} pɐt^{5} ɬia^{55} tsu^{442} pi$^{\cdot 55}$ kau^{442} man^{442}。

578. 用白色油漆把防盗网还油一轮。 用白色油漆把防盗网再漆一漆。

jɔŋ^{442} pak^{2} sik^{5} jɐu^{22} tshɐt^{5} pa^{55} fɔŋ^{22} tɛu^{55} mɔŋ^{55} an^{55} jɐu^{22} jɐt^{5} lɐn^{22}。

579. 照这样子做就做得诶。 照这个样子做就行了。

tsiu^{33} khui$^{\cdot 13}$ jɔŋ^{442} tsu^{33} tsu^{33} tsɐu^{442} tsu^{33} tɐk^{5} ɛ^{33}。

580. （这件事）按规定处理。 （这件事）按规定处理。

wun^{33} khui$^{\cdot 33}$ tiŋ^{442} tshi^{55} li$^{\cdot 31}$。

581. 孔黑诶，我凑你一齐去。 这么晚了，我和你一起去。

khoŋ^{55} hɐk^{5} ɛ^{33}，ŋoi^{55} tshɐu^{33} ni$^{\cdot 55}$ jɐt^{5} tshɐi^{22} hi^{33}。

582. 这件事秋你有关。 这件事和你有关。

khui^{13} kin^{31} ɬu^{442} tshɐu^{33} ni^{55} jɐu^{31} kuan^{33}。

583. 趁佢无得屋□快走。 趁他不在家赶紧走吧。

tshɐn^{442} khi^{22} mɛu^{22} tɐk^{5} ok^{5} ki^{33} fai^{33} tsɐu^{55}。

584. 老师獳你系为你好。 老师骂你是为你好。

lɛu^{55} ɬu^{33} nau^{453} ni^{55} hɐi^{442} wɐi^{33} ni^{55} hɛu^{55}。

585. 我为人做好多事。 我为别人做了很多事儿。

ŋoi^{55} wɐi^{442} ȵiɐn^{22} tsu^{33} hɐu^{13} tɔ^{33} ɬu^{442}。

586. 为了你能考攞大学，我抵力□也无紧要。 为了你能考上大学，我累点不要紧。

wɐi^{33} liu^{31} ni^{55} nɐŋ^{22} hau^{55} lɔ^{22} tai^{442} hɔk^{2}，ŋoi^{55} tɐi^{55} lik^{2} ȵit^{5} ja^{31} mɛu^{22} kɐn^{55} jiu^{442}。

587. 除开佢阿爸，乜人讲佢都无听。 除了他爸爸，谁说他都不听。

tshi^{22} hui^{33} khi^{22} a^{33} pa^{55}，mɐt^{5} ȵiɐn^{22} kɔŋ^{55} khi^{22} tu^{33} mɛu^{22} thiaŋ^{33}。

588. 秋我一共有十五个人爱坐车。 加上我一共有十五个人要坐车。

tshɐu^{33} ŋoi^{55} jɐt^{5} koŋ^{442} jɐu^{31} sɐp^{2} ŋ̍^{55} koi^{33} ȵiɐn^{22} wui^{33} tshɔ^{31} tshia^{33}。

589. 卖无卖由你，买无买由我。 卖不卖由你，买不买由我。

mai^{442} mɛu^{22} mai^{442} jɐu^{22} ni^{55}，mai^{31} mɛu^{31} mai^{22} jɐu^{22} ŋoi^{55}。

590. 这顶到学校好近。 这里到学校好近。

khui^{13} tiaŋ^{55} tɛu^{33} hɔk^{2} hau^{33} hɐu^{13} khɐn^{31}。

二十六、代词

591. 你□无紧我。 你骗不了我。

ni^{55} ŋɐt^{5} mɛu^{22} kɐn^{55} ŋoi^{55}。

592. 你拎我书做烂诶。 你把我的书弄烂了。

ni^{55} lim^{55} ŋoi^{55} si^{33} tsu^{33} lan^{442} ɛ^{33}。

593. 你打我我也无回手。 你打我我也不还手。

ni^{55} ta^{55} ŋoi^{55} ŋoi^{55} ja^{31} mɛu^{22} wui^{22} sɐu^{55}。

594. 我大姊明日结婚。 我大姐明天出嫁。

ŋoi^{55} tai^{442} tsi^{55} mu^{55} ȵiɐt^{5} kit^{2} fɐn^{33}。

595. 我村有人考起大学。 我们村有人考上大学。

ŋoi^{55} tshɐn^{33} jɐu^{31} ȵiɐn^{22} hau^{55} hi^{55} tai^{442} hɔk^{2}。

596. 我人一起做。 咱们一起干。

ŋoi^{55} ȵiɐn^{22} jɐt^{5} hi^{55} tsu^{33}。

597. 我好想你诶。 我真想你啊！

ŋoi^{55} hɐu^{13} ɬiɔŋ^{55} ni^{55} ɛ^{33}。

598. 到你家婆屋□凑佢打阿招呼。 到你婆婆家问你婆婆好。

tɛu^{33} ni^{55} ka^{33} phɔ^{22} ok^{5} ki^{55} tshɐu^{33} khi^{22} ta^{55} a^{33} tsiu^{33} fu^{33}。

599. 这系你个书。 这是你的书。

khui^{13} hɐi^{442} ni^{55} koi^{33} si^{33}。

600. 你人都系广东人吗？ 你们都是广东人吗？

ni^{55} ȵiɐn^{22} tu^{33} hɐi^{442} kuɔŋ^{55} toŋ^{33} ȵiɐn^{22} ma^{55}？

601. 佢好聪明！ 他聪明极啦！

khi^{22} hɐu^{13} tshoŋ^{33} miŋ^{22}！

602. 佢□人哪顶来个？ 他们是哪来的？

khi^{22} nai^{55} ȵiɐn^{22} nai^{13} tiaŋ^{55} lui^{22} koi^{33}？

603. 你笔借畀我用一阵仔。 你的笔借我用一下。

ni^{55} pɐt^{5} tsia^{33} pi^{55} ŋoi^{55} joŋ^{442} jɐt^{5} tsɐn^{442} tsɐi^{55}。

604. 佢吆无紧佢来。 他请不到她。

khi^{22} ɛu^{33} mɛu^{22} kɐn^{55} khi^{22} lui^{22}。

605. 老李借畀佢一眼屋。 老李借给他一间房间。

lɛu^{55} li^{55} tsia^{33} pi^{55} khi^{22} jɐt^{5} ŋan^{31} ok^{5}。

606. 无理佢乜人，我都无怕。 管他是谁，我都不怕。

mɛu^{22} li^{31} khi^{22} mɐt^{5} ȵiɐn^{22}，ŋoi^{55} tu^{33} mɛu^{22} pha^{33}。

607. 大家一齐去。 大家一道去。

tai^{442} ka^{33} jɐt^{5} tshɐi^{22} hi^{33}。

608. 千祈无睇无起人。 千万不要瞧不起人。

tshin^{33} khi^{22} mɛu^{22} thɐi^{55} mɛu^{22} hi^{55} ȵiɐn^{22}。

609. 人想你都想无瞓得着觉。 人家想你都想得睡不着觉。

ȵiɐn^{22} ɬiɔŋ^{55} ni^{55} tu^{33} ɬiɔŋ^{55} mɛu^{22} fɐn^{33} tɐk^{5} tsiɔk^{2} kau^{33}。

610. 借诶快一个月诶，还无畀转人诶？　借了快一个月了，还不还给人家？

tsia^{33}ɛ^{33}fai^{33}jɐt^{5}koi$^{\cdot 33}$jit^{2}ɛ^{33}，an^{55}mɐu^{22}pi^{55}tsin^{55}ȵiɐn^{22}ɛ^{33}？

611. 我时家知道。　我自己知道。

ŋoi^{55}si$^{\cdot 22}$ka^{33}ti^{33}tɐu^{33}。

612. 我拎我时家单个车打漏诶。　我把自己的自行车丢了。

ŋoi^{55}lim^{55}ŋoi^{55}si$^{\cdot 22}$ka^{33}koi$^{\cdot 33}$tan^{33}tshia^{33}ta^{55}lɐu^{442}ɛ^{33}。

613. 你把好嘢都占净诶，人点样办？　你把好处都占了，别人怎么办？

ŋi^{55}pa^{55}hɐu^{55}ȵia^{13}tu^{33}tsiam^{33}tsiaŋ^{442}ɛ^{33}，ȵiɐn^{22}tim^{55}jɔŋ^{442}pan^{442}？

614. 宁几个人去诶？　哪几个人去了？

niŋ^{13}ki^{33}koi^{33}ȵiɐn^{22}hi^{33}ɛ^{33}？

615. 你人村选乜人？　你们村选谁？

ni^{55}ȵiɐn^{22}tshɐn^{33}ɬin^{55}mɐt^{5}ȵiɐn^{22}？

616. 乜人讲个？　谁说的？

mɐt^{5}ȵiɐn^{22}kɔŋ^{55}koi^{33}？

617. 这系乜人个车？　这是谁的车？

khui^{13}hɐi$^{\cdot 442}$mɐt^{5}ȵiɐn^{22}koi$^{\cdot 33}$tshia^{33}？

618. 乜人得里头洗身？　谁在里面洗澡？

mɐt^{5}ȵiɐn^{22}tɐk^{5}li$^{\cdot 31}$thɐu^{22}ɬɐi$^{\cdot 55}$sɐn^{33}？

619. 你爱吃乜嘢就吃乜嘢。　你爱吃什么就吃什么。

ni^{55}wui^{33}hiak^{2}mɐt^{5}ȵia^{13}tsɐu^{442}hiak^{2}mɐt^{5}ȵia^{13}。

620. 佢乜嘢都无怕。　他什么都不怕。

khi^{22}mɐt^{5}ȵia^{13}tu^{33}mɐu^{22}pha^{33}。

621. 乜嘢咬你？　什么东西咬你？

mɐt^{5}ȵia^{13}ŋau^{55}ni$^{\cdot 55}$？

622. 能瞓就得诶，随便哪顶都无紧要。　能睡就行啦，随便哪里都无所谓。

nɐŋ^{22}fɐn^{33}tsɐu^{442}tɐk^{5}ɛ^{33}，tshui$^{\cdot 22}$pin^{442}nai^{13}tiaŋ^{55}tu^{33}mɐu^{22}kɐn$^{\cdot 55}$jiu^{33}。

623. 你仔哪日报到？　你小孩哪一天报到？

ni^{55}tsɐi$^{\cdot 55}$nai^{13}ȵiɐt^{2}pɐu^{33}tɐu^{33}？

624. 十三减七系几多？　十三减七是多少？

sɐp^{2}ɬam^{33}kam^{55}tshɐt^{5}hɐi^{442}ki$^{\cdot 55}$tɔ^{33}？

625. 你买诶几多炮仔？ 你买了多少鞭炮？

ni$^{\cdot55}$ mai$^{\cdot31}$ ɛ^{33} ki$^{\cdot55}$ tɔ^{33} phau^{33} tsɐi$^{\cdot55}$？

626. 几多钱一斤？ 多少钱一斤？

ki$^{\cdot55}$ tɔ^{33} tshin^{22} jɐt^{5} kɐn^{33}？

627. 你阿爸做乜嘢还无来？ 你爸爸怎么还不来？

ni$^{\cdot55}$ a^{33} pa^{55} tsu^{33} mɐt^{5} ȵia$^{\cdot13}$ an^{55} mɛu^{22} lui$^{\cdot22}$？

628. 你爱点样？ 你要怎么样啊？

ni$^{\cdot55}$ wui$^{\cdot33}$ tim$^{\cdot55}$ jɔŋ$^{\cdot442}$？

629. 去水东得哪去？ 到水东怎么走啊？

hi$^{\cdot33}$ sui$^{\cdot55}$ toŋ^{33} tɐk^{5} nai$^{\cdot13}$ hi$^{\cdot33}$？

630. 你做乜无上班？ 你为什么不去上班？

ni$^{\cdot55}$ tsu^{33} mɐt^{5} mɛu^{22} siɔŋ^{31} pan^{33}？

631. 这□都系你个。 这些都是你的。

khui^{13} nai$^{\cdot55}$ tu^{33} hɐi$^{\cdot442}$ ni$^{\cdot55}$ koi$^{\cdot33}$。

632. 这多日你去哪顶？ 这些天你都去哪儿啦？

khui^{13} tɔ^{33} ȵiɐt^{2} ni$^{\cdot55}$ hi$^{\cdot33}$ nai$^{\cdot13}$ tiaŋ^{55}？

633. 这□木系龙眼木，宁□木系荔枝木。 这些树是龙眼树，那些是荔枝树。

khui^{13} nai$^{\cdot55}$ mok^{2} hɐi$^{\cdot442}$ loŋ^{22} ŋan^{55} mok^{2}，niŋ^{13} nai$^{\cdot55}$ mok^{2} hɐi$^{\cdot442}$ lɛi$^{\cdot442}$ tsi$^{\cdot33}$ mok^{2}。

634. 这只系我大姊夫。 这位是我姐夫。

khui^{13} tsiak^{2} hɐi$^{\cdot442}$ ŋoi$^{\cdot55}$ tai$^{\cdot442}$ tsi$^{\cdot55}$ fu^{33}。

635. 这将买个。 这是刚买的。

khui$^{\cdot13}$ tsiaŋ^{33} mai$^{\cdot31}$ koi$^{\cdot33}$。

636. 这□无系我个，宁□系我个。 这不是我的，那才是我的。

khui$^{\cdot13}$ nai$^{\cdot55}$ mɛu^{22} hɐi$^{\cdot442}$ ŋoi$^{\cdot55}$ koi$^{\cdot33}$，niŋ^{13} nai$^{\cdot55}$ hɐi$^{\cdot442}$ ŋoi$^{\cdot55}$ koi$^{\cdot33}$。

637. 这件事好急。 这件事很急。

khui$^{\cdot13}$ kin^{31} ɬu^{442} hɐu^{13} kɐp^{5}。

638. 这□个人净系吃井水。 这里的人全喝井水。

khui$^{\cdot13}$ nai$^{\cdot55}$ koi$^{\cdot33}$ ȵiɐn^{22} tsiaŋ^{442} hɐi$^{\cdot442}$ hiak^{2} tsiaŋ^{55} sui$^{\cdot55}$。

639. 你徛紧得这等。 你站在这里等着。

ni$^{\cdot55}$ khi$^{\cdot31}$ kɐn^{55} tɐk^{5} khui$^{\cdot13}$ tɐŋ^{55}。

640. 这阵仔还无开门。　这会儿还没开门。

khui^{13}tsɐn^{442}tsɐi^{55}an^{55}mɛu^{22}hui^{33}mun^{22}。

641. 如果系坐飞机，古阵仔已经到诶。　如果坐飞机，这时已经到了。

ji^{22}kɔ^{55}hɐi^{442}tshɔ^{31}fɐi^{33}ki^{33}，ku^{55}tsɐn^{442}tsɐi^{55}ji^{31}kiŋ^{33}tɐu^{33}ɛ^{33}。

642. 宁时候我将十岁。　那时我才十岁。

niŋ^{13}si^{22}hɐu^{442}ŋoi^{55}tsiaŋ^{33}sɐp^{2}ɬui^{33}。

643. 你讲佢知无得宁顶，也无得这啊。　你告诉他不在那儿，也不在这儿。

ni^{55}kɔŋ^{55}khi^{22}ti^{33}mɛu^{22}tɐk^{5}niŋ^{13}tiaŋ^{55}，ja^{31}mɛu^{22}tɐk^{5}khui^{13}a^{22}。

644. 不系宁样写，系爱这样写。　不是那样写，是要这样写的。

mɛu^{22}hɐi^{442}niŋ^{13}jɔŋ^{442}ɬia^{55}，hɐi^{442}wui^{33}khui^{13}jɔŋ^{442}ɬia^{55}。

645. 你畀多诶，无爱孔多，只爱孔多得啊。　你给多了，要不了那么多，只要这么多就够了。

ni^{55}pi^{55}tɔ^{33}ɛ^{33}，mɛu^{22}wui^{33}khoŋ^{55}tɔ^{33}，tsi^{55}wui^{33}khoŋ^{55}tɔ^{33}tɐk^{5}a^{22}。

646. 这系书，宁系笔，宁系文具盒。　这是书，那是笔，那是文具盒。

khui^{13}hɐi^{442}si^{33}，niŋ^{13}hɐi^{442}pɐt^{5}，niŋ^{13}hɐi^{442}mɐn^{22}ki^{442}hap^{2}。

647. 宁种一文，宁种两文，宁种三文。　那种一元，那种二元，（再过去）那种三块。

niŋ^{13}tsoŋ^{55}jɐt^{5}mɐn^{453}，niŋ^{13}tsoŋ^{55}liɔŋ^{55}mɐn^{453}，niŋ^{13}tsoŋ^{55}ɬam^{33}mɐn^{453}。

648. 电影院得哪顶？　电影院在哪里？

tin^{442}jiŋ^{55}jin^{442}tɐk^{5}nai^{13}tiaŋ^{55}？

649. 宁顶就系我个学校。　那里就是我们学校。

niŋ^{13}tiŋ^{33}tsɐu^{442}hɐi^{442}ŋoi^{55}koi^{33}hɔk^{2}hau^{442}。

650. 宁兜木系我爸种个，这兜木系我公种个，这兜系太公种个。

那棵树是我爸爸种的，这棵是我爷爷种的，（靠近我）这棵是太公种的。

niŋ^{13}tɐu^{33}mok^{2}hɐi^{442}ŋoi^{55}pa^{55}tsoŋ^{55}koi^{33}，khui^{13}tɐu^{33}mok^{2}hɐi^{442}ŋoi^{55}koŋ^{453}tsoŋ^{55}koi^{33}，khui^{13}tɐu^{33}mok^{2}hɐi^{442}tai^{442}koŋ^{33}tsoŋ^{55}koi^{33}。

651. 这顶系我屋，宁顶系佢屋，宁顶系我叔个屋。

这里是我家，那里是他家，（再过去）那里是我叔叔家。

khui^{13}tiaŋ^{55}hɐi^{442}ŋoi^{55}ok^{5}，niŋ^{13}tiaŋ^{55}hɐi^{442}khi^{22}ok^{5}，niŋ^{13}tiaŋ^{55}hɐi^{22}ŋoi^{55}sok^{5}koi^{33}ok^{5}。

652. 宁□话我无识得。　那些话我听不懂。

niŋ^{13}nai^{55}wa^{442}ŋoi^{442}mɛu^{22}sik^{5}tɐk^{5}。

653. 无得宁样做。 不要那样做。

mɐu^{22}tɐk^{5}niŋ^{13}jɔŋ^{442}tsu^{33}。

654. 孔样做无得！ 这样怎么行呢？

khoŋ^{55}jɔŋ^{442}tsu^{33}mɐu^{22}tɐk^{5}！

655. 就这样。 就这样啦！

tsɐu^{442}khui^{13}jɔŋ^{442}。

656. 如果系孔样，不如无来。 早知道这样，还不如不来。

ji^{22}kɔ^{55}hɐi^{442}khɔŋ^{55}jɔŋ^{442}，pɐt^{5}ji^{22}mɐu^{22}lui^{22}。

657. 这□丑野，乜人买诶都咳九。 这样的劣货，谁买了谁倒霉。

khui^{13}nai^{55}tshɐu^{55}ɲia^{13}，mɐt^{5}ɲiɐn^{22}mai^{31}tu^{33}khɐk^{5}kɐu^{55}。

658. 宁顶孔高，你怎样爬起去？ 那里那么高，你怎么爬上去啊？

niŋ^{13}tiaŋ^{55}khoŋ^{55}kɐu^{33}，ni^{55}tim^{55}jɔŋ^{442}pha^{22}hi^{55}hi^{33}？

659. 佢宁样□箸，夹无起餸。 他那样拿筷子，夹不起菜。

khi^{22}niŋ^{13}jɔŋ^{442}nim^{453}tsi^{442}，kiap^{2}mɐu^{22}hi^{55}ɬoŋ^{13}。

660. 佢宁个人也无孔坏。 他那个人也没那么坏。

khi^{22}niŋ^{13}koi^{33}ɲiɐn^{22}ja^{31}mɐu^{22}khoŋ^{55}wai^{442}。

661. 篮球运动员好高阿！ 篮球运动员多高啊！

lam^{22}khɐu^{22}wɐn^{442}toŋ^{442}jin^{22}hɐu^{13}kɐu^{33}a^{33}！

662. 考起大学好好阿！ 考上大学多好啊！

hau^{55}hi^{55}tai^{442}hɔk^{2}hɐu^{13}hɐu^{55}a^{33}！

663. 佢两个都孔样子诶，还无办结婚证。 他们俩都那样了，还没办结婚手续。

khi^{22}liɔŋ^{55}koi^{33}tu^{33}khɔŋ^{55}jɔŋ^{442}tsu^{55}ε^{33}，an^{55}mɐu^{22}pan^{442}kit^{2}fɐn^{33}tsiŋ^{33}。

二十七、重叠

664. 净净利利个床。 干干净净的床。

tsiaŋ^{442}tsiaŋ^{442}li^{442}li^{442}koi^{33}tshɔŋ^{22}。

665. 清清个水，蓝蓝个天，好靓！ 清清的水，蓝蓝的天，真漂亮！

tshiŋ^{33}tshiŋ^{33}koi^{33}sui^{33}，lam^{22}lam^{22}koi^{33}thin^{33}，hɐu^{13}liaŋ^{453}！

666. 佢一恐贺，个面就好红好红诶。 她一害羞，脸就通红通红的。

khi^{22}jɐt^{5}khɔŋ^{13}hɔ^{442}，koi^{33}min^{442}tsɐu^{442}hɐu^{13}hoŋ^{22}hɐu^{13}hoŋ^{22}ε^{33}。

667. 水面上结诶一层薄薄个冰。 水面上结了薄薄一层冰。

sui^{55} min^{442} siɔŋ^{31} kit^{2} ɛ^{33} jɐt^{5} tshɐn^{22} pɔk^{2} pɔk^{2} koi^{33} piŋ^{33}。

668. 啱两个时辰就无见诶。 短短两小时就不见了。

ŋam^{453} liɔŋ^{55} koi^{33} si^{22} sɐn^{22} tsɐu^{442} mɐu^{22} kin^{33} ɛ^{33}。

669. 孔细个细仔孔识事！ 小小一个孩子这么懂事！

khoŋ^{55} ɬɐi^{453} kɔ^{33} ɬɐi^{453} tsɐi^{55} khoŋ^{55} sik^{5} ɬu^{442}！

670. 白白走阿轮。 白白跑一趟。

pak^{2} pak^{2} tsɐu^{55} a^{33} lɐn^{22}。

671. 轻轻一攡就崩诶。 轻轻一推就倒了。

hiaŋ^{33} hiaŋ^{33} jɐt^{5} oŋ^{33} tsɐu^{442} pɐŋ^{33} ɛ^{33}。

672. 这只龟足足有十斤重。 这只龟足足有十斤。

khui^{13} tsiak^{2} kuɐi^{33} tsok^{5} tsok^{5} jɐu^{31} sɐp^{2} kɐn^{33} tshoŋ^{31}。

673. 爽爽快快冲凉。 痛痛快快洗个澡。

sɔŋ^{55} sɔŋ^{55} fai^{33} fai^{33} tshoŋ^{33} liɔŋ^{22}。

674. 捡拾得整整齐齐。 收拾得整整齐齐。

kim^{55} sɐp^{2} tɐk^{5} tsiŋ^{55} tsiŋ^{55} tshɐi^{22} tshɐi^{22}。

675. 气得佢诶面都黑个。 脸气得煞白煞白的。

hi^{13} tɐk^{5} khi^{22} ɛ^{33} min^{442} tu^{33} hɐk^{5} koi^{33}。

676. 黑墨墨个，乜嘢都无见。 黑乎乎的，什么也看不见。

hɐk^{5} mɐk^{5} mɐk^{5} koi^{33}，mɐt^{5} ȵia^{13} tu^{33} mɐu^{22} kin^{33}。

677. 佢生得好白好白啊。 她长得白皙白皙的。

khi^{22} saŋ^{33} tɐk^{5} hɐu^{13} pak^{2} hɐu^{13} pak^{2} a^{22}！

678. 宁日佢着一件好红好红个裙。 那天她穿了一件很红很红的裙子。

niŋ^{13} jɐt^{5} khi^{22} tsiɔk^{2} jɐt^{5} kin^{31} hɐu^{13} hoŋ^{22} hɐu^{13} hoŋ^{22} koi^{33} khuɐn^{22}。

679. 这□米好白，真无见过孔靓个米。 这米非常白，真没有见过这么好的米。

khui^{13} nai^{55} mɐi^{55} hɐu^{13} pak^{2}，tsɐn^{33} mɐu^{22} kin^{33} kuɔ^{33} khoŋ^{55} liaŋ^{453} koi^{33} mɐi^{55}。

680. 宁□湿湿碎碎个事就无用理佢诶。 那些琐琐碎碎的事就不用管它了。

niŋ^{13} nai^{55} ɬɐp^{5} ɬɐp^{5} ɬut^{5} ɬut^{5} koi^{33} ɬu^{442} tsɐu^{442} mɐu^{22} joŋ^{442} li^{31} khi^{22} ɛ^{33}。

681. 拖桶里头个嘢乱乱腊腊。 抽屉里的东西乱糟糟的。

thɔ^{33} thoŋ^{55} li^{31} thɐu^{22} koi^{33} ȵia^{13} lun^{442} lun^{442} lap^{2} lap^{2}。

682. 佢拎阿铅笔劆得尖尖个。他把铅笔削得尖尖的。

khi^{22} lim^{55} a^{33} jin^{22} pɐt^{5} mɐi^{453} tɐk^{5} tsim^{453} tsim^{453} koi^{33}。

683. 孔大眼屋我一个人，孤孤单单个。这么大的房子就我一个人，孤零零的。

khoŋ^{55} tai^{442} ŋan^{31} ok^{5} ŋoi^{55} jɐt^{5} koi^{33} ȵiɐn^{22}，ku^{33} ku^{33} tan^{33} tan^{33} koi^{33}。

684. 我出去行行。我出去走走。

ŋoi^{55} tshɐt^{5} hi^{33} haŋ^{22} haŋ^{22}。

685. 留个细仔挲挲这狗。让小孩摸摸这只小狗。

lɐu^{22} koi^{33} ɬɐi^{453} tsɐi^{55} ɬa^{33} ɬa^{33} khui^{13} kɐu^{55}。

686. 留佢转屋睇睇哇！让他回家看看吧！

lɐu^{22} khi^{22} tsin^{55} ok^{5} thɐi^{55} thɐi^{55} wa^{22}！

687. 阿公睇电视，睇睇又瞓熟诶。爷爷看电视，看着看着就睡着了。

a^{33} koŋ^{453} thɐi^{55} tin^{442} si^{442}，thɐi^{55} thɐi^{55} jɐu^{442} fɐn^{33} sok^{2} ɛ^{33}。

688. 佢行行低又跌下个水窟低。他走着走着掉到一个水坑里了。

khi^{22} haŋ^{22} haŋ^{22} tɐi^{33} jɐu^{442} tap^{2} ha^{31} koi^{33} sui^{55} fɐt^{5} tɐi^{33}。

689. 佢写阿写，终于写完诶。他写啊写啊，终于写完了。

khi^{22} ɬia^{55} a^{33} ɬia^{55}，tsoŋ^{33} ji^{442} ɬia^{55} jin^{22} ɛ^{33}。

690. 得晚我将秋局长谂阿谂。晚上我再和局长商量商量。

tɐk^{5} man^{55} ŋoi^{55} tsiaŋ^{33} tshɐu^{33} kok^{2} tsiɔŋ^{55} nɐm^{33} a^{33} nɐm^{33}。

691. 你畀佢寻个地方收一收。你给他找个地方躲一躲。

ni^{55} pi^{55} khi^{22} tshɐm^{22} koi^{33} ti^{442} fɔŋ^{33} sɐu^{33} jɐt^{5} sɐu^{33}。

692. 你把情况讲一讲。你把情况说一说。

ni^{55} pa^{55} tshiŋ^{22} khɔŋ^{33} kɔŋ^{55} jɐt^{5} kɔŋ^{55}

693. 这妹仔性格开朗，成日都讲讲笑笑。这个女孩性格开朗，成天说说笑笑。

khui^{13} mui^{453} tsɐi^{55} ɬiŋ^{33} kak^{2} hui^{33} lɔŋ^{31}，siŋ^{22} ȵiɐt^{5} tu^{33} kɔŋ^{55} kɔŋ^{55} ɬiu^{33} ɬiu^{33}。

694. 过段时间，爱帮佢翻翻身。过一段时间，要帮他翻翻身。

kuɔ^{33} tun^{33} si^{22} kan^{33} wui^{33} pɔŋ^{33} khi^{22} fan^{33} fan^{33} sɐn^{33}。

695. 这□虾跳几跳就死诶。那些虾跳了几下就死了。

khui^{13} nai^{55} ha^{13} thiu^{33} ki^{55} thiu^{33} tsɐu^{442} ɬi^{55} ɛ^{33}。

696. 来来又无来诶。来着来着又不来了。

lui^{22} lui^{22} jɐu^{442} mɐu^{22} lui^{22} ɛ^{33}。

697. 行诶，出去饮下茶，倾下偈。　走吧，我们出去喝喝茶，聊聊天。
haŋ^{22}ɛ^{33}，tshɐt^{5}hi^{33}jɐm^{55}ha^{31}tsha^{22}，khiŋ^{33}ha^{31}kɐi^{55}。

698. 寻来寻去都无寻紧。　找来找去都找不到。
tshɐm^{22}lui^{22}tshɐm^{22}hi^{13}tu^{33}mɛu^{22}tshɐm^{22}kɐn^{55}。

699. 人人都爱考。　人人都要考。
ȵien^{22}ȵien^{22}tu^{33}wui^{33}hau^{55}。

700. 我这顶，过年户户都挂灯笼。　我们这里，春节家家户户都挂灯笼。
ŋoi^{55}khui^{13}tiaŋ^{55}，kuɔ^{33}nin^{22}fu^{442}fu^{13}tu^{33}khua^{33}tɐŋ^{33}loŋ^{22}。

701. 条条大路通北京。　条条大路通北京。
thiu^{22}thiu^{22}tai^{442}lu^{442}thoŋ^{33}pɐk^{5}kiŋ^{33}。

702. 佢屋□五个细仔，个个都有出头。　他家五个小孩，个个都有出息。
khi^{22}ok^{5}ki^{33}ŋ̍^{55}koi^{33}ɬɐi^{453}tsɐi^{55}，koi^{33}koi^{33}tu^{33}jɐu^{31}tshɐt^{5}thɐu^{22}。

703. 一到秋天，个木哪到处都系狗毛虫。　一到秋天，树上到处都是毛毛虫。
jɐt^{5} tɛu^{33} tshɐu^{33} thin^{33}，koi^{33} mok^{2} nai^{13} tɛu^{33} tshi^{442} tu^{33} hɐi^{442} kɐu^{55} mɛu^{22}tshoŋ^{22}。

704. 佢真吊（做得），□头巷低佢一个人管。　他真能干，里里外外一个人管。
khi^{22} tsɐn^{33} tiau^{453} （tsu^{33} tɐk^{5}），tit^{5} thɐu^{22} hɔŋ^{442} tɐi^{33} khi^{22} jɐt^{5} koi^{33} ȵien^{22}kun^{55}。

705. 无乜嘢值钱个，都系埕埕瓮瓮。　没有什么值钱的，都是些瓶瓶罐罐。
mɛu^{22}mɐt^{5}ȵia^{13}tsik^{2}tshin^{22}koi^{33}，tu^{33}hɐi^{442}tshiŋ^{22}tshiŋ^{22}oŋ^{13}oŋ^{13}。

二十八、连词（复句）

706. 门秋窗棂都抹过诶。　门和窗都抹过了。
mun^{22}tshɐu^{33}tshɔŋ^{33}lin^{22}tu^{33}mɐt^{2}kuɔ^{33}ɛ^{33}。

707. 前黑秋做黑都落水。　前天晚上和昨天晚上都下雨。
tshin^{22}hɐk^{5}tshɐu^{33}tsu^{33}hɐk^{5}tu^{33}lɔk^{2}sui^{55}。

708. 我秋佢都无系广东人。　我和他都不是广东人。
ŋoi^{55}tshɐu^{33}khi^{22}tu^{33}mɛu^{22}hɐi^{442}kuɔŋ^{55}toŋ^{33}ȵien^{22}。

709. 我人一头走一头讲话。　咱们一边走一边说。
ŋoi^{55}ȵien^{22}jɐt^{5}thɐu^{22}tsɐu^{55}jɐt^{5}thɐu^{22}kɔŋ^{55}wa^{442}。

710. 佢一头吃饭一头睇书。 他一边吃饭一边看书。

khi^{22} jɐt^{5} thɐu^{22} hiak^{2} fan^{442} jɐt^{5} thɐu^{22} thɐi^{55} si^{33}。

711. 讲了一轮又讲一轮。 说了一遍，又说一遍。

kɔŋ^{55} liu^{55} jɐt^{5} lɐn^{22} jɐu^{442} kɔŋ^{33} jɐt^{5} lɐn^{22}。

712. 这公仔一头睇报纸，一头发眼瞓。 这个老人家一边看报，一边打瞌睡。

khui^{13} koŋ^{33} tsɐi^{55} jɐt^{5} thɐu^{22} thɐi^{55} pau^{33} tsi^{55} jɐt^{5} thɐu^{22} fat^{2} ŋan^{55} fɐn^{33}。

713. 一□走一□快。 越走越快。

jɐt^{5} hi^{33} tsɐu^{55} jɐt^{5} hi^{33} fai^{33}。

714. 一□讲一□多。 越说越多。

jɐt^{5} hi^{33} kɔŋ^{55} jɐt^{5} hi^{33} tɔ^{33}。

715. 这样天气，又发风又落水，无出去。 这样的天气，又刮风又下雨，不要出门了。

khui^{13} jɔŋ^{442} thin^{33} hi^{33}，jɐu^{442} fat^{2} foŋ^{33} jɐu^{442} lɔk^{2} sui^{55}，mɐu^{22} tshɐt^{5} hi^{33}。

716. 佢睇见我人孔久还名写好菜单，就走过来。 他看见我们这么久还没写好菜单，就走过来。

khi^{22} thɐi^{55} kin^{33} ŋoi^{55} ȵiɛn^{22} khoŋ^{55} kɐu^{55} an^{55} miaŋ^{442} ɬia^{55} hɛu^{55} tshui^{33} tan^{33}，tsɐu^{442} tsɐu^{55} kuɔ^{33} lui^{22}。

717. 我人想来想去，还系去北方。 我们想来想去，还是去北方。

ŋoi^{55} ȵiɛn^{22} ɬiɔŋ^{55} lui^{22} ɬiɔŋ^{55} hi^{33}，an^{55} hɐi^{442} hi^{33} pɐk^{5} fɔŋ^{33}。

718. 还系你喝得多。 还是你能喝。

an^{55} hɐi^{442} ni^{55} hap^{2} tɐk^{5} tɔ^{33}。

719. 你去乜系我去？ 你去还是我去？

ni^{55} hi^{33} mɐt^{5} hɐi^{442} ŋoi^{55} hi^{33}？

720. 上晏去乜系下晏去？ 上午去还是下午去？

siɔŋ^{31} an^{33} hi^{33} mɐt^{5} hɐi^{442} ha^{31} an^{33} hi^{33}？

721. 红个好乜系绿个好？ 红的好还是绿的好呢？

hoŋ^{22} koi^{33} hɛu^{55} mɐt^{5} hɐi^{442} lok^{2} koi^{33} hɛu^{55}？

722. 这轮一无系你一无系我，肯定有人咳九。 这回要么是你要么是我，肯定有一个要倒霉。

khui^{13} lɐn^{22} jɐt^{5} mɐu^{22} hɐi^{442} ni^{55} jɐt^{5} mɐu^{22} hɐi^{31} ŋoi^{55}，hɐn^{55} tiŋ^{442} jɐu^{31} ȵiɛn^{22} khɐk^{5} kɐu^{55}。

723. 爱吃鸡乜系吃鱼，你时家拣。　要么吃鸡，要么吃鱼，你自己挑。

wui^{33}hiak^{2}kɐi^{33}mɐt^{5}hɐi^{442}hiak^{2}ȵi^{13}，ni^{55}si^{22}ka^{33}kan^{55}。

724. 系你去乜系我去，点样讲都系一只人去。　或者你去，或者我去，反正只能一个人去。

hɐi^{442} ni^{55} hi^{33} mɐt^{5} hɐi^{31} ŋoi^{55} hi^{33}，tim^{55} jɔŋ^{442} kɔŋ^{55} tu^{33} hɐi^{442} jɐt^{5} tsiak^{2} ȵiɐn^{22}hi^{33}。

725. 佢不仅无赢到钱，还把攞婆阿钱输诶。　他不仅没有赢到钱，还把结婚的钱都输了。

khi^{33}pɐt^{5}kɐn^{55}mɐu^{22}jaŋ^{22}tɐu^{33}tshin^{22}，an^{55}pa^{55}lɔ^{22}phɔ^{13}a^{33}tshin^{22}si^{33}ɛ^{33}。

726. 这野好就好，可惜太贵。　这东西好是好，可是太贵。

khui^{13}ȵia^{13}hɐu^{33}tsɐu^{442}hɐu^{55}，hɔ^{31}ɬik^{5}thai^{33}kuɐi^{33}。

727. 滚水有，不过无系好热。　开水有，不过不是很热。

kuɐn^{55}sui^{55}jɐu^{31}，pɐt^{5}kuɔ^{33}mɐu^{22}hɐi^{442}hɐu^{13}ȵit^{2}。

728. 到时间佢无来，你人先走算诶。　如果到了时间他还不来，你们就先走算了。

tɐu^{33}si^{22}kan^{55}khi^{22}mɐu^{22}lui^{22}，ni^{55}ȵiɐn^{22}ɬin^{33}tsɐu^{55}ɬun^{33}ɛ^{33}。

729. 一无系我吆佢入来谈阵将讲。　要不我叫他进来谈谈再说。

jɐt^{5}mɐu^{22}hɐi^{442}ŋoi^{55}ɛu^{33}khi^{22}jɐp^{2}lui^{22}tham^{22}tshɐn^{442}tsiaŋ^{33}kɔŋ^{55}。

730. 快走，一无系迟到诶。　快走了，要不然迟到啦。

fai^{33}tsɐu^{55}，jɐt^{5}mɐu^{22}hɐi^{442}tshi^{22}tɐu^{33}ɛ^{33}。

731. 为了赚多□钱，我又做多两个月。　为了多赚点钱，我又多做了两个月。

wɐi^{442}liu^{55}tsan^{442}tɔ^{33}ȵit^{5}tshin^{22}，ŋoi^{55}jɐu^{442}tsu^{33}tɔ^{33}liɔŋ^{55}koi^{33}ȵit^{2}。

732. 最好打诶电话给阿母，无使佢成日都担心。　最好打个电话给妈妈，免得她成天担心。

tsui^{442} hɐu^{55} ta^{55} ɛ^{33} tin^{442} wa^{442} pi^{55} a^{33} mai^{13}，mɐu^{22} sɐi^{55} khi^{22} siŋ^{22} ȵiɐt^{5} tu^{33} tam^{33}ɬɐm^{33}。

733. 无管你去无去，反正我无去。　不管你去不去，反正我不去。

mɐu^{22}kun^{55}ni^{55}hi^{33}mɐu^{22}hi^{33}，fan^{55}tsiŋ^{33}ŋoi^{55}mɐu^{22}hi^{33}。

734. 无管乜人来劝，我都无听。　不管谁来劝，我都不听。

mɐu^{22}kun^{55}mɐn^{453}lui^{22}hin^{33}，ŋoi^{55}tu^{33}mɐu^{22}thiaŋ^{33}。

735. 如果系其他人，无办成这件事。　要是别人，这事办不成。

ji^{22}kɔ^{55}hɐi^{442}khi^{22}tha^{33}ȵiɐn^{22}，mɐu^{22}pan^{442}siaŋ^{22}khui^{13}kin^{31}ɬu^{442}。

736. 吃了饭将去就无来诶急诶。 吃了饭再去就来不及了。

hiak^{2}liu^{55}fan^{442}tsiaŋ^{33}hi^{33}tsɐu^{442}mɛu^{22}lui^{22}ɛ^{33}kɐp^{2}ɛ^{33}。

737. 无理你去无去，我都爱去。 不管你去不去，反正我是要去的。

mɛu^{22}li^{31}ni^{55}hi^{33}mɛu^{22}hi^{33}，ŋoi^{55}tu^{33}wui^{33}hi^{33}。

738. 你想去就去。 你愿意去就去。

ni^{55}ɬiɔŋ^{55}hi^{33}tsɐu^{442}hi^{33}。

739. 我一定爱去。 我非得去！

ŋoi^{55}jɐt^{5}tiŋ^{442}wui^{33}hi^{33}。

740. 佢人打起跤诶，我人快去劝两句。 他们打起来了，我们快去劝劝。

khi^{22}ȵiɐn^{22}ta^{13}hi^{55}kau^{33}ɛ^{13}，ŋoi^{55}ȵiɐn^{22}fai^{33}hi^{33}khin^{33}liɔŋ^{55}ki^{33}。

741. 无赶，敨敨将走。 别急，歇一歇再走。

mɛu^{22}kun^{55}，thɐu^{55}thɐu^{55}tsiaŋ^{33}tsɐu^{55}。

742. 我头有□仔晕，想去瞓一瞓。 我有点头晕，想去躺躺。

ŋoi^{55}thɐu^{22}jɐu^{31}ȵit^{5}tsɐi^{55}wɐn^{13}，ɬiɔŋ^{55}hi^{33}fɐn^{33}jɐt^{5}fɐn^{33}。

二十九、语气

743. 爱走诶。 该走了！

wui^{33}tsɐu^{55}ɛ^{33}。

744. 我无想去诶。 我不想去啦。

ŋoi^{55}mɛu^{22}ɬiɔŋ^{55}hi^{33}ɛ^{33}。

745. 爸吆你即刻转来。 爸爸叫你马上回去。

pa^{55}ɛu^{453}ni^{55}tsik^{5}khɐk^{5}tsin^{55}lui^{22}。

746. 佢做个啱啊！ 他做得对啊！

khi^{22}tsu^{33}koi^{33}ŋam^{453}a^{22}！

747. 我无讲你无啱啊。 我没有说你不对嘛。

ŋoi^{55}mɛu^{22}kɔŋ^{55}ni^{55}mɛu^{22}ŋam^{453}a^{55}。

748. 佢讲好有道理诶。 他讲得有道理啊。

khi^{22}kɔŋ^{55}hɐu^{55}jɐu^{31}tɐu^{33}li^{31}ɛ^{33}。

749. 去囉！去囉！大家都去。 去吧去吧！大家都去。

hi^{33}lɔ^{55}！hi^{33}lɔ^{55}！tai^{442}ka^{33}tu^{33}hi^{33}。

750. 我本来无想去个。　我本来不想去的。

ŋoi^{55} pun^{55} lui^{22} mɐu^{22} ɬiɔŋ^{55} hi^{33} koi^{33}。

751. 落细水诶，无布伞也得。　下小雨嘛，没伞也行！

lɔk^{2} ɬɐi^{453} sui^{55} ɛ^{33}，mɐu^{22} pu^{33} ɬan^{55} ja^{31} tɐk^{5}。

752. 将讲佢两句，佢就哭诶。　才说了她两句，她就哭了。

tsiaŋ^{33} kɔŋ^{55} khi^{22} liɔŋ^{55} ki^{33}，khi^{22} tsɐu^{442} hok^{5} ɛ^{33}。

753. 放心哇！我无会乱做。　放心就是啦！我不会乱来的。

fɔŋ^{33} ɬɐm^{33} wa^{55}！ŋoi^{55} mɐu^{22} wui^{442} lun^{442} tsu^{33}。

754. 无乜人去，我去算诶。　没有人去，我去算了。

mɐu^{22} mɐt^{5} ȵiɐn^{22} hi^{33}，ŋoi^{55} hi^{33} ɬun^{33} ɛ^{33}。

755. 无人去，我就去囉。　没有人去，我就去啰。

mɐu^{22} ȵiɐn^{22} hi^{33}，ŋoi^{55} tsɐu^{442} hi^{33} lɔ^{453}。

756. 一无系点这个菜算诶。　要不就点这个菜算了。

jɐt^{5} mɐu^{22} hɐi^{442} tim^{55} khui^{13} koi^{33} tshui^{33} ɬun^{33} ɛ^{33}。

757. 留佢一齐去算诶。　让他一起去算了。

lɐu^{22} khi^{22} jɐt^{5} tshɐi^{22} hi^{33} ɬun^{33} ɛ^{33}。

758. 见面大家都高兴诶。　见了面，大家都高兴。

kin^{33} min^{22} tai^{442} ka^{33} tu^{33} kɐu^{33} hiŋ^{33} ɛ^{33}。

759. 明日去动物园哦。　明天到动物园去哦。

mu^{55} ȵiɐt^{5} hi^{33} toŋ^{442} mɐt^{2} jiŋ^{22} ɔ^{31}。

760. 当然系坐车去哦。　当然是坐车去好哦。

tɔŋ^{33} jin^{22} hɐi^{442} tshɔ^{31} tshia^{33} hi^{453} ɔ^{33}。

761. 你讲得就得啦。　你说行就行吧。

ni^{55} kɔŋ^{55} tɐk^{5} tsɐu^{442} tɐk^{5} la^{31}。

762. 这个讲病，宁个讲买嘢，都无想去。　这个说看病啦，那个说买东西啦，都不愿去。

khui^{13} koi^{33} kɔŋ^{55} piaŋ^{442}，niŋ^{13} koi^{33} kɔŋ^{55} mai^{31} ȵia^{13}，tu^{33} mɐu^{22} ɬiɔŋ^{55} hi^{33}。

763. 佢系这间学校个老校长。　他是这间学校的老校长。

khi^{22} hɐi^{442} khui^{13} kan^{33} hɔk^{2} hau^{55} koi^{33} lɐu^{55} hau^{442} tsiɔŋ^{55}。

764. 就系孔样也都无得。　就算这样也是不行的。

tsɐu^{442} hɐi^{442} khoŋ^{55} jɔŋ^{442} ja^{31} tu^{33} mɐu^{22} tɐk^{5}。

765. 佢屋□宁个波斯猫好好睇诶。 他家那只波斯猫可好看呢!

khi^{22} ok^{5} ki^{33} niŋ^{13} koi^{33} pɔ^{33} si^{33} miu^{453} hɐu^{13} hɐu^{55} thɐi^{55} ɛ^{33}。

766. 我无识游水。 我不会游泳。

ŋoi^{55} mɐu^{22} sik^{5} jɐu^{22} sui^{55}。

767. 我无带钱哦。 我没有带钱哦。

ŋoi^{55} mɐu^{22} tai^{33} tshin^{22} ɔ^{453}。

768. 你以为有嘢吃啊?清茶一杯。 你以为有东西吃啊?清茶一杯。

ni^{55} ji^{31} wɐi^{31} jɐu^{31} ȵia^{13} hiak^{2} a^{22}? tshiŋ^{22} tsha^{22} jɐt^{5} pui^{453}。

769. 这张凳仔无几稳啊? 这张凳子不太稳吧?

khui^{13} tsiɔŋ^{33} tɐŋ^{33} tsɐi^{55} mɐu^{22} ki^{55} wɐn^{55} a^{22}?

770. 还算净利哇? 还算干净吧?

an^{55} ɬun^{33} tsiaŋ^{442} li^{442} wa^{31}?

771. 真系无得咩? 真的不行啊?

tsɐn^{33} hɐi^{442} mɐu^{22} tɐk^{5} mɛ^{33}?

772. 你想做乜嘢? 你想做什么?

ni^{55} ɬiɔŋ^{55} tsu^{33} mɐt^{5} ȵia^{31}?

773. 怎样无得呢? 怎么会不行呢?

tim^{55} jɔŋ^{442} mɐu^{22} tɐk^{5} ni^{55}?

774. 我睇睇过哇! 我试一试哇!

ŋoi^{55} thɐi^{55} thɐi^{55} kuɔ^{33} wa^{22}!

775. 这样都得咩? 这样都行吗?

khui^{13} jɔŋ^{442} tu^{33} tɐk^{5} mɛ^{33}?

776. 药材铺关门啊? 药店关门了呀?

jɔk^{2} tshui^{22} phu^{442} kuan^{33} mun^{22} a^{31}?

777. 做乜嘢会孔样呢? 为什么会这样呢?

tsu^{33} mɐt^{5} ȵia^{13} wui^{442} khoŋ^{55} jɔŋ^{442} ni^{33}?

778. 除诶佢还有乜人呢? 除了他还有谁呢?

tshi^{22} ɛ^{33} khi^{22} an^{55} jɐu^{31} mɐn^{31} ni^{33}?

779. 就这顶几个人阿? 就这么几个人啊?

tsɐu^{442} khui^{13} tiaŋ^{55} ki^{55} koi^{33} ȵiɐn^{22} a^{33}?

780. 几文钱啊，算诶。 几块钱嘛，算了吧。

ki^{55} mɐn^{453} tshin^{22} a^{22}，ɬun^{33} ɛ^{33}。

781. 佢阿爸还无知道哇？ 他爸爸还不知道吗？

khi^{22} a^{33} pa^{55} an^{55} mɛu^{22} ti^{33} tɛu^{33} wa^{33}？

782. 还无够钟哇？ 还没有到钟吧？

an^{55} mɛu^{22} kɐu^{31} tsoŋ^{33} wa^{31}？

783. 你还想去啊？ 你还想去啊？

ni^{55} an^{55} ɬiɔŋ^{55} hi^{33} a^{31}？

784. 局长系你乜亲戚啊？ 局长是你什么亲戚呀？

kok^{2} tsiɔŋ^{55} hɐi^{442} ni^{55} mɐt^{5} tshɐn^{33} tshɐk^{5} a^{22}？

785. 古阵完工结数诶。 现在收工算账了。

ku^{55} tsɐn^{13} jin^{22} koŋ^{33} kit^{5} su^{33} ɛ^{33}。

786. 真个咩？ 真的吗？

tsɐn^{33} koi^{33} mɛ^{33}？

787. 你点样啊？ 你怎么啦？

ni^{55} tim^{55} jɔŋ^{442} a^{31}？

788. 你系乜人阿？ 你是谁呀？

ni^{55} hɐi^{442} mɐt^{5} ɲiɐn^{22} a^{33}？

789. 做乜嘢孔贵呢？ 怎么这样贵呢？

tsu^{33} mɐt^{5} ɲia^{13} khoŋ^{55} kuɐi^{33} ni^{55}？

790. 你去无去呢？ 你去不去呢？

ni^{55} hi^{33} mɛu^{22} hi^{33} ni^{55}？

791. 孔样做得无得呢？ 这样做行不行呢？

khoŋ^{55} jɔŋ^{442} tsu^{33} tɐk^{5} mɛu^{22} tɐk^{5} ni^{55}？

792. 你去过佢屋□无？ 你到他家去过没有啊？

ni^{55} hi^{33} kuɔ^{33} khi^{22} ok^{5} ki^{31} mɛu^{22}？

793. 你细心□诶哦！ 你要小心点啊！

ni^{55} ɬɐi^{453} ɬɐm^{33} ɲit^{5} ɛ^{33} ɔ^{22}！

794. 走走走，快□仔走！ 走吧走吧！快点走吧！

tsɐu^{55} tsɐu^{55} tsɐu^{55}！fai^{33} ɲit^{5} tsɐi^{55} tsɐu^{55}！

795. 帮我一下！ 帮下我吧！

pɔŋ^{33} ŋoi^{55} jɐt^{5} ha^{31}！

796. 吆佢去！ 把他叫上吧！

ɛu^{453} khi^{22} hi^{33}！

797. 你想去就去哇。 你想去就去呗。

ni^{55} ɬiɔŋ^{55} hi^{33} tsɐu^{442} hi^{33} wa^{22}。

798. 快□啊！ 快点啊！

fai^{33} ȵit^{5} a^{22}！

799. 天黑诶，无去诶。 天都黑了，不要去了。

thin^{33} hɐk^{5} ɛ^{33}，mɛu^{22} hi^{33} ɛ^{33}。

800. 得闲又来坐阿坐！ 有空过来坐坐吧！

tɐk^{5} han^{22} jɐu^{442} lui^{22} tshɔ^{13} a^{33} tshɔ^{31}！

801. 记得吃药无？ 记得吃药吗？

ki^{33} tɐk^{5} hiak^{2} jɔk^{2} mɛu^{22}？

802. 好重，操无嘟。 太重了，搬不动。

hɐu^{13} tshoŋ^{22}，tshau^{33} mɛu^{22} ȵiok^{5}。

803. 今年冬天好冷！ 今年的冬天真冷啊！

kɐm^{33} nin^{13} thoŋ^{33} thin^{33} hɐu^{13} laŋ^{31}。

804. 真系激死人！ 真气死人啊！

tsɐn^{33} hɐi^{442} kik^{5} ɬi^{55} ȵiɐn^{22}！

805. 这妹仔好靓！ 这个女孩真漂亮啊！

khui^{13} mui^{453} tsɐi^{55} hɐu^{13} liaŋ^{453}！

806. 我呀，乜人都无怕。 我呀，谁都不怕。

ŋoi^{55} ja^{33}，mɐt^{5} ȵiɐn^{22} tu^{33} mɛu^{22} pha^{33}。

807. 佢啊，无讲诶！ 他呀，别说了！

khi^{22} a^{22}，mɛu^{22} kɔŋ^{55} ɛ^{33}！

808. 老李阿，无争诶。 老李呀，不要吵了。

lɛu^{55} li^{55} a^{33}，mɛu^{22} tsaŋ^{33} ɛ^{33}。

809. 无请佢啦，佢又伤气；请佢啦，佢又无来。 不请他吧，他生气；请他吧，他又不来。

mɛu^{22} tshiaŋ^{55} khi^{22} la^{22}，khi^{22} jɐu^{442} siaŋ^{33} hi^{33}；tshiaŋ^{55} khi^{22} la^{22}，khi^{22} jɐu^{442} mɛu^{22} lui^{22}。

810. 一无（系）等你，我无会来迟。 不等你的话，我不会迟到。

jɐt^{5} mɛu^{22} hɐi^{442} tɐŋ^{55} ni^{55}，ŋoi^{55} mɛu^{22} wui^{442} lui^{22} tshi^{22}。

811. 开个玩笑，点样伤气呢？ 开个玩笑嘛，怎么就生气了呢？

hui^{33} koi^{33} fan^{33} ɬiu^{33}，tim^{55} jɔŋ^{442} siɔŋ^{33} hi^{33} ni^{55}？

812. 有意见，早□仔提诶！ 有意见呀，早提啊！

jɐu^{31} ji^{33} kin^{33}，tsɛu^{55} ȵit^{5} tsɐi^{55} thɐi^{22} ɛ^{33}！

813. 你爱来吃哇！ 你要来吃啊！

ni^{55} wui^{33} lui^{22} hiak^{2} wa^{22}！

814. 真无像样子！ 真不像话！

tsɐn^{33} mɛu^{22} tsiɔŋ^{442} jɔŋ^{442} tsu^{55}！

815. 好多好多！ 很多很多！

hɐu^{13} tɔ^{33} hɐu^{13} tɔ^{33}！

816. 钱爱快□拎来！ 钱要快点拿来！

tshin^{22} wui^{33} fai^{33} ȵit^{5} lim^{55} lui^{22}！

817. 好爽啊！ 真痛快啊！

hɐu^{13} ɬɔŋ^{55} a^{22}！

818. 来囉，我来试一试哦。 来啰，我们比一比。

lui^{22} lɔ^{55}，ŋoi^{55} lui^{22} si^{33} jɐt^{5} si^{33} ɔ^{33}。

819. 无急！我好快又转。 不要急！我很快就回来的。

mɛu^{22} kɐp^{5}！ŋoi^{55} hɐu^{13} fai^{33} jɐu^{442} tsin^{55}。

820. 慢慢吃，无急！ 慢慢儿吃啊！不要急！

man^{442} man^{442} hiak^{2}，mɛu^{22} kɐp^{5}！

三十、感叹词

821. 啊，电来诶！ 哈，来电啦！

a^{22}，tin^{442} lui^{22} ɛ^{33}！

822. 啊，我赢诶！ 哈，我赢啦！

a^{453}，ŋoi^{55} jaŋ^{22} ɛ^{33}！

823. 哈哈，我赢你诶。 哈哈，我赢了你。

ha^{453} ha^{453}，ŋoi^{55} jaŋ^{22} ni^{55} ɛ^{33}。

824. 哼，我无怕你！ 哼，我不怕你！

hɛ^{453}，ŋoi^{55} mɛu^{22} pha^{33} ni^{55}！

825. 哼，有乜嘢了不起！ 哼，有什么了不起！

hɛ^{453}，jɐu^{31} mɐt^{5} ȵia$^{\cdot 13}$ liu^{55} pɐt^{5} hi$^{\cdot 55}$！

826. 噢，我识诶。 噢，我懂了。

ɔ^{22}，ŋoi$^{\cdot 55}$ sik^{5} ɛ^{33}。

827. 噢，我可以去北京诶！ 噢，我可以去北京啦！

ɔ^{51}，ŋoi$^{\cdot 55}$ hɔ^{31} ji$^{\cdot 31}$ hi$^{\cdot 33}$ pɐk^{5} kiŋ^{33} ɛ^{33}！

828. 诶，这乜嘢字？ 嗯，这是什么字？

ɛ^{35}，khui$^{\cdot 13}$ mɐt^{5} ȵia$^{\cdot 31}$ tsu^{442}？

829. 诶，做乜嘢你还无去啊？ 嗯，你怎么还没去？

ɛi$^{\cdot 55}$，tsu^{33} mɐt^{5} ȵia$^{\cdot 13}$ ni$^{\cdot 55}$ an^{55} mɛu^{22} hi$^{\cdot 33}$ a^{22}？

830. 唔，我就去。 嗯，我这就去。

m̩^{442}，ŋoi$^{\cdot 55}$ tsɐu^{442} hi$^{\cdot 33}$。

831. 嗯，留我去哇！ 嗯，让我去吧（女孩撒娇声）！

ɛn^{453}，lɐu^{22} ŋoi$^{\cdot 55}$ hi$^{\cdot 33}$ wa^{22}！

832. 唔，好味！ 嗯，味道不错！

m̩^{453}，hɛu^{55} mi$^{\cdot 442}$！

833. 诶，你秋佢借，佢屋□有钱。 唉，找他借啊，他家有钱。

ɛi$^{\cdot 453}$，ni$^{\cdot 55}$ tshɐu^{33} khi$^{\cdot 22}$ tsia^{55}，khi^{22} ok^{5} ki$^{\cdot 31}$ jɐu^{31} tshin^{22}。

834. 诶，你踩诶我脚诶！ 唉，你踩了我的脚了！

ɛi$^{\cdot 453}$，ni$^{\cdot 55}$ tshai$^{\cdot 55}$ ɛ^{33} ŋoi$^{\cdot 55}$ kiɔk^{2} ɛ^{33}！

835. 诶，让阿让！ 唉，请让一让！

ɛi$^{\cdot 453}$，ȵiɔŋ^{442} a^{33} ȵiɔŋ^{442}！

836. 诶，我真无用，孔简单个事都做无得。 唉，我真没用，这么简单的事都做不了。

ɛi$^{\cdot 453}$，ŋoi$^{\cdot 55}$ tsɐn^{33} mɛu^{22} joŋ^{442}，khoŋ^{55} kam^{55} tan^{33} koi$^{\cdot 33}$ ɬu^{442} tu^{33} tsu^{33} mɛu^{22} tɐk^{5}。

837. 唉，我点孔糊涂！ 咳，我怎么这么糊涂！

ai$^{\cdot 453}$，ŋoi$^{\cdot 55}$ tim^{55} khoŋ^{55} fu^{22} thu^{22}！

838. 哎哟，我肚好痛！ 哎哟，我肚子好痛！

ai$^{\cdot 453}$ jɔ$^{\cdot 54}$，ŋoi$^{\cdot 55}$ tu^{31} hɐu^{13} thoŋ^{33}！

839. 哎哟，孔冷个天你也来！ 哎哟，这么冷的天你也来！

ai$^{\cdot 453}$ jɔ$^{\cdot 453}$，khoŋ^{55} laŋ^{31} koi$^{\cdot 33}$ thin^{33} ni$^{\cdot 55}$ ja$^{\cdot 31}$ lui$^{\cdot 22}$！

840. 哎呀，麻烦！　哎呀，麻烦！

ai^{453}ja^{31}，ma^{22}fan^{22}！

841. 诶，点孔样讲话！　唉，怎么说出这样的话来！

ɛi^{453}，tim^{55}khoŋ^{55}jɔŋ^{442}kɔŋ^{55}wa^{442}！

842. 嗨，这系乜嘢话！　嘿，这是什么话！

hai^{52}，khui^{13}hɐi^{442}mɐt^{5}ȵia^{13}wa^{442}！

843. 哎呀，这系乜嘢？黑墨墨个！　哎呀，这是什么呀？黑乎乎的！

ai^{33}ja^{31}，khui^{13}hɐi^{442}mɐt^{5}ȵia^{31}？hɐk^{5}mɐk^{5}mɐk^{5}koi^{33}！

844. 今年个禾生好诶！　今年的水稻长得好啊！

kɐm^{33}nin^{13}koi^{33}wɔ^{13}saŋ^{33}hɐu^{55}ɛ^{55}！

845. 啊！有孔样个事？　啊！有这样的事？

a^{13}！jɐu^{31}khoŋ^{55}jɔŋ^{442}koi^{33}ɬu^{442}？

846. 啊，佢无去诶？　啊，他不去啦？

a^{453}，khi^{22}mɐu^{22}hi^{55}ɛ^{33}？

847. 噫，又落水诶！　咦，又下雨啦！

ji^{453}，jɐu^{442}lɔk^{2}sui^{55}ɛ^{33}！

848. 嘘，无出声。　嘘，别出声。

si^{453}，mɐu^{22}tshɐt^{5}siaŋ^{33}。

849. 噢，这无系你布伞咩？　喏，这不是你的伞吗？

ɔ^{55}，khui^{13}mɐu^{22}hɐi^{442}ni^{55}pu^{33}ɬan^{55}mɛ^{55}？

850. 喂，爱无爱帮手？　喂，要不要帮忙？

wɐi^{453}，wui^{33}mɐu^{22}wui^{33}pɔŋ^{33}sɐu^{55}？

851. 喂，无得这啾熟烟！　喂，不要在这里抽烟！

wɐi^{453}，mɐu^{22}tɐk^{5}khui^{13}ɬɔk^{2}sok^{2}jin^{33}！

852. 呐，畀你！　呐，给你！

na^{453}，pi^{55}ni^{55}！

853. 哦嗬，无诶！　哦嗬，没有了！

ɔ^{453}hɔ^{33}，mɐu^{22}ɛ^{33}！

854. 哦嗬，烂诶！　哦嗬，破了！

ɔ^{453}hɔ^{33}，lan^{442}ɛ^{33}！

855. 呸，我还要你个钱！　呸，谁要你的钱！

phɛi^{453}，ŋoi^{55}an^{453}jiu^{33}ni^{55}koi^{33}tshin^{22}！

856. 哎呀，你讲乜嘢？　啊？你讲什么？

ai^{33}ja^{33}，ni^{55}kɔŋ^{55}mɐt^{5}ȵiɛ^{33}？

第七章 马兰话长篇语料

方言著作中的“长篇语料”一般为故事、歌谣等，这对于濒危方言而言有一定难度，因为其语言功能往往萎缩，尤其是文化承载功能大多丧失。马兰话是濒危方言，教学、读书及其他文化活动都不用马兰话。当地有大戏、木偶戏、歌谣等文艺活动，都使用粤语或闽语。请发音人讲故事，发音人往往感到为难。尽管发音人有较高的文化水平，对当地的文化历史也很熟悉，但他基本没有用马兰话讲过故事。在这种情况下，只能请他用马兰话讲几段话，内容是关于当地的风俗习惯等。这当然也是“长篇语料”。下面选录的儿歌原用白话唱念，由发音人用马兰话转述。

一、来 源

lui^{22} ȵin^{22}

讲	我	个	太	公	个	来	源	阿，
kɔŋ^{55}	ŋoi^{55}	koi^{33}	thai^{442}	koŋ^{33}	koi^{33}	lui^{22}	ȵin^{22}	a^{33}
最	起	头	个	发	源	地，	听	讲
tsui^{442}	hi^{55}	thɐu^{22}	koi^{33}	fat^{2}	ȵin^{22}	ti^{442}	thiaŋ^{33}	kɔŋ^{55}
系	得	福	建	张	油，	姓	张	个
hɐi^{442}	tɐk^{5}	fok^{5}	kin^{33}	tsiɔŋ^{33}	jɐu^{22}	ɬiaŋ^{33}	tsiɔŋ^{33}	koi^{33}
张。	后	来	又	因	战	争	个	年
tsiɔŋ^{33}	hɐu^{442}	lui^{22}	jɐu^{442}	jɐn^{33}	tsin^{442}	tsaŋ^{33}	koi^{33}	nin^{22}
代，	一	部	分	流	失	下	到	海
tui^{442}	jɐt^{5}	pu^{31}	fɐn^{442}	lɐu^{22}	ɬɐt^{5}	ha^{31}	tɐu^{33}	hui^{55}
丰	中	田	乡	赤	泥	村。	得	赤
foŋ^{33}	tsoŋ^{33}	thin^{22}	hiɔŋ^{33}	tshiak^{5}	nɐi^{22}	tshɐn^{33}	tɐk^{5}	tshak^{5}

泥	村，	一	部	分	又	流	下	得，
nɐi^{22}	tsɐn^{33}	jɐt^{5}	pu^{31}	fɐn^{442}	jɐu^{442}	lɐu^{22}	ha^{31}	tɐk^{5}
流	出	得	到	曲	江，	得	曲	江
lɐu^{22}	tshɐt^{5}	tɐk^{5}	tɐu^{33}	khok^{5}	kɔŋ^{33}	tɐk^{5}	khok^{5}	kɔŋ^{33}
以	后，	又	分	一	部	分	人	下
ji^{31}	hɐu^{442}	jɐu^{442}	fɐn^{33}	jɐt^{5}	pu^{31}	fɐn^{442}	ȵiɐn^{22}	ha^{31}
得	新	会，	得	新	会，	太	公	带
tɐk^{5}	ɬɐn^{33}	wuiˑ^{442}	tɐk^{5}	ɬɐn^{33}	wuiˑ^{442}	thaiˑ^{33}	koŋ^{33}	taiˑ^{55}
两	公	婆	个	仔	女	下	到	我
liɔŋ^{55}	koŋ^{33}	phɔ^{22}	koi^{33}	tsɐiˑ^{55}	niˑ^{55}	ha^{31}	tɐu^{33}	ŋoiˑ^{55}
北	溪	坡。	流	下	得	北	溪	坡
pɐk^{5}	khɐiˑ^{33}	phɔ^{33}	lɐu^{22}	ha^{55}	tɐk^{5}	pɐk^{5}	khɐiˑ^{33}	phɔ^{33}
后，	就	系，	龚	氏	得	北	溪	坡，
hɐu^{442}	tsɐu^{442}	hɐiˑ^{442}	khoŋ^{33}	siˑ^{442}	tɐk^{5}	pɐk^{5}	khɐiˑ^{33}	phɔ^{33}
刘	氏	大	仔	就	得	中	田	那
lɐu^{22}	siˑ^{442}	taiˑ^{442}	tsɐi^{55}	tsɐu^{442}	tɐk^{5}	tsoŋ^{33}	thin^{22}	nai^{13}
顶。	得	北	溪	坡	这	阵	分	出
tiaŋ^{55}	tɐk^{5}	pɐk^{5}	khɐi^{33}	phɔ^{33}	khui^{13}	tsɐn^{442}	fɐn^{33}	tshɐt^{5}
个	人	口	呢，	又	下	到	龙	眼
koi^{33}	ȵiɐn^{22}	hɐu^{55}	ni^{33}	jɐu^{442}	ha^{31}	tɐu^{33}	loŋ^{22}	ŋan^{55}
园、	林	头、	曲	塘、	新	枝	坡、	电
jin^{22}	lɐm^{22}	thɐu^{22}	khok^{5}	thɔŋ^{22}	ɬɐn^{33}	ki^{33}	phɔ^{33}	tin^{442}
城	马	榄、	大	衙	棉	花	地、	山
siŋ^{22}	ma^{55}	lam^{31}	tai^{442}	ŋa^{22}	min^{22}	fa^{33}	tiˑ^{442}	san^{33}
猪	坡、	树	仔	红	花、	深	架、	热
tsi^{55}	phɔ^{33}	siˑ^{442}	tsɐi^{55}	hoŋ^{22}	fa^{33}	sɐm^{33}	ka^{13}	ȵit^{2}
水，	都	有	我	这	分	出	去	个
sui^{55}	tu^{33}	jɐu^{55}	ŋoiˑ^{55}	khuiˑ^{22}	fɐn^{33}	tsɐt^{5}	hiˑ^{33}	koi^{33}
人，	林	头	槟	榔	都	有。	我	最
ȵiɐn^{22}	lɐm^{22}	thɐu^{22}	pin^{33}	lɔŋ^{22}	tɐu^{33}	jɐu^{31}	ŋoi^{13}	tsui^{442}
近	个	部	分	有	沙	田	仔，	横

khɐn^{31} koi^{33} pu^{31} fɐn^{442} jɐu^{55} sa^{33} thin^{22} tsɐi^{55} waŋ^{22}

埡， 崩 塘 缺、 村 仔、 车 仔 坡、

paŋ^{442} paŋ^{33} thɔŋ^{22} hu^{13} tshɐn^{33} tsɐi^{55} tshia^{33} tsɐi^{55} phɔ^{33}

塘 仔 凹。 得 我 北 溪 坡 最

thɔŋ^{22} tsɐi^{55} nɐp^{5} tɐk^{5} ŋoi^{13} pɐk^{5} khɐi^{33} phɔ^{33} tsui^{442}

近 个 人 口 有 四 五 百 户，

khɐn^{31} koi^{33} ȵiɐn^{22} hɐu^{55} jɐu^{55} ɬi^{33} ŋ^{55} pak^{5} wu^{442}

大 约 两 千 人 口。

tai^{442} jɔk^{2} liɔŋ^{55} tshin^{33} ȵiɐn^{22} hɐu^{55}

（张国男讲述）

译文：

讲到我的太公的来源啊，最早的发源地，是在福建张油，姓张的张。后来又因为是战争年代，一部分人流失，迁移到海丰中田乡赤泥村。到赤呢村，一部分人又迁移出去，流出到曲江。到曲江以后，又有一部分人下到新会，从新会，太公带着公婆俩的子女下到我北溪坡。迁移到北溪坡后，就是龚氏在北溪坡，刘氏的大儿子就在中田那里。在北溪坡这段时间分出的人口呢，又迁移到龙眼园、林头、曲塘、新枝坡，电城马榄，大衙棉花地、山猪坡，树仔红花、深架，热水，（这些地方）都有我这里分出去的人，林头、槟榔都有。我（这里）最近的部分有沙田仔、横埡、崩塘缺、村仔、车仔坡、塘仔凹。在我北溪坡最近的人口有四五百户，大约两千人口。

二、风 俗

fɔŋ^{33} tsok^{2}

我 这 个 习 惯， 最 大 个 系

ŋoi^{13} khui^{13} koi^{33} tsɐp^{2} kuan^{33} tsui^{442} tai^{442} koi^{33} hɐi^{442}

年 例， 其 次， 又 到 二 月 十

nin^{22} lɐi^{442} khi^{22} tshi^{13} jɐu^{442} tɐu^{33} ȵi^{442} ȵit^{2} sɐp^{2}

六， 二 月 十 六 呢， 就 每 一

lok^{2}	ȵi·^{442}	ȵit^{2}	sɐp^{2}	lok^{2}	ni·^{55}	tsɐu^{442}	mui·^{31}	jɐt^{5}
年	我	姓	张，	张	族	人	都	转
nin^{22}	ŋoi·^{55}	ɬiaŋ^{33}	tsiɔŋ^{33}	tsiɔŋ^{33}	tsok^{2}	ȵiɐn^{22}	tu^{33}	tsin^{55}
来	铲	个	祖	坟，	铲	祖	坟。	各
lui·^{22}	tshan^{55}	koi·^{33}	tsu^{55}	fɐn^{22}	tshan^{55}	tsu^{55}	fɐn^{22}	kɔk^{2}
地	方	转	二	十	六	日。	转	来
ti·^{442}	fɔŋ^{33}	tsin^{55}	ȵi·^{442}	sɐp^{2}	lok^{2}	ȵiɐt^{2}	tsin^{55}	lui·^{22}
以	后	呢	就	劏	猪，	分	猪	肉。
ji·^{55}	hɐu^{442}	ni·^{55}	tsɐu^{442}	thɔŋ^{453}	tsi·^{33}	fɐn^{33}	tsi·^{33}	ȵiok^{2}
个	经	济	来	源	呢，	就	靠	市
koi·^{33}	kiŋ^{33}	tsɐi·^{33}	lui·^{22}	ȵin^{22}	ni·^{55}	tsɐu^{442}	khau^{33}	si·^{31}
场，	收	市	场	租，	租	出	租	屋，
tshiɔŋ^{22}	sɐu^{33}	si·^{31}	tshiɔŋ^{22}	tsu^{33}	tsu^{33}	tshɐt^{5}	tsu^{33}	ok^{5}
攞	钱	劏	猪。	关	于	个	市	场
lɔ^{22}	tshin^{22}	thɔŋ^{453}	tsi·^{33}	kuan^{33}	ji·^{22}	koi·^{33}	si·^{31}	tshiɔŋ^{22}
就	系	按	人	丁，	每	一	丁	人
tsɐu^{442}	hɐi·^{442}	wun^{33}	ȵiɐn^{22}	tiŋ^{33}	mui·^{31}	jɐt^{5}	tiŋ^{33}	ȵiɐn^{22}
十	文	钱，	佮	起	来	做	个	市
sɐp^{2}	mɐn^{453}	tshin^{22}	kap^{2}	hi·^{55}	lui·^{22}	tsu^{33}	koi·^{33}	si·^{31}
场，	做	好	诶，	就	包	畀	人	收
tshiɔŋ^{22}	tsu^{33}	hɐu^{33}	ɛ^{33}	tsɐu^{442}	pau^{33}	pi·^{55}	ȵiɐn^{22}	sɐu^{33}
市	场	租	捞	钱。	每	一	年	拎
si·^{31}	tshiɔŋ^{22}	tsu^{33}	lau^{33}	tshin^{22}	mui·^{31}	jɐt^{5}	nin^{22}	lim^{55}
来	买	猪，	就	劏，	分	畀	大	家。
lui·^{22}	mai·^{31}	tsi·^{33}	tsɐu^{442}	thɔŋ^{453}	fɐn^{33}	pi·^{55}	tai·^{442}	ka^{33}
八	月	十	五	呢，	就	做	大	戏，
pat^{2}	ȵit^{2}	sɐp^{2}	ŋ̍·^{55}	ni·^{55}	tsɐu^{442}	tsu^{33}	tai·^{442}	hi·^{33}
做	年	例，	个	钱	靠	社	丁	佮
tsu^{33}	nin^{22}	lɐi·^{442}	koi·^{33}	tshin^{22}	khau^{33}	sia·^{31}	tiŋ^{33}	kap^{2}
一	部	分，	外	出	人	员	阿	捐
jɐt^{5}	pu·^{31}	fɐn^{442}	ŋoi·^{33}	tshɐt^{5}	ȵiɐn^{22}	jin^{22}	a^{33}	kin^{33}

助	一	部	分。	一	般	都	有。	八
tsɔ^{442}	jɐt^{5}	pu^{31}	fɐn^{442}	jɐt^{5}	pun^{33}	tu^{33}	jɐu^{55}	pat^{2}
月	十	四	麻	黑	做	戏，	十	五
ȵit^{2}	sɐp^{2}	ɬi^{33}	ma^{13}	hɐk^{5}	tsu^{33}	hi^{33}	sɐp^{2}	ŋ̍^{55}
做	一	日，	十	六	做	一	日，	十
tsu^{33}	jɐt^{5}	ȵiɐt^{2}	sɐp^{2}	lok^{2}	tsu^{33}	jɐt^{5}	ȵiɐt^{2}	sɐp^{2}
七	麻	黑	做	半	日。	其	次，	每
tshɐt^{5}	ma^{13}	hɐk^{5}	tsu^{33}	pun^{55}	ȵiɐt^{2}	khi^{22}	tshi^{33}	mui^{31}
个	月	都	有	节	日，	正	月	做
koi^{33}	ȵit^{2}	tu^{33}	jɐu^{31}	tsit^{2}	ȵiɐt^{2}	tsiŋ^{33}	ȵit^{2}	tsu^{33}
初	二，	二	月	做	初	三，	比	较
tshɔ^{33}	ȵi^{442}	ȵi^{442}	ȵit^{2}	tsu^{33}	tshɔ^{33}	ɬam^{33}	pi^{55}	kau^{33}
大，	三	月	做	清	明，	四	月	做
tai^{442}	ɬam^{33}	ȵit^{2}	tsu^{33}	tshiŋ^{33}	miŋ^{22}	ɬi^{33}	ȵit^{2}	tsu^{33}
初	二，	五	月	做	月	节，	六	月
tshɔ^{33}	ȵi^{442}	ŋ̍^{55}	ȵit^{2}	tsu^{33}	ȵit^{2}	tsit^{2}	lok^{2}	ȵit^{2}
做	初	二，	七	月	做	十	四，	八
tsu^{33}	tshɔ^{33}	ȵi^{442}	tshɐt^{5}	ȵit^{442}	tsɔ^{33}	sɐp^{2}	ɬi^{33}	pat^{2}
月	做	年	例，	九	月	无	有，	十
ȵit^{2}	tsu^{33}	nin^{22}	lɐi^{442}	kɐu^{55}	ȵit^{2}	mɛu^{22}	jɐu^{55}	sɐp^{2}
月	做	初	二，	十	一	月	做	冬，
ȵit^{2}	tsu^{33}	tshɔ^{33}	ȵi^{442}	sɐp^{2}	jɐt^{5}	ȵit^{2}	tsu^{33}	toŋ^{33}
十	二	月	做	年。				
sɐp^{2}	ȵi^{442}	ȵit^{2}	tsu^{33}	nin^{22}				

（张国男讲述）

译文：

我这里的习惯，最大的是年例，其次，到了二月十六日的时候，每一年我们姓张的张族人都回来祭拜祖坟、扫墓，各地方都在二十六日回来。回来以后呢就杀猪、分猪肉。经济来源呢，就靠市场，收市场租，出租房屋，收租金买猪来杀。关于这个市场，就是按人丁，每一个人十块钱，合起来做了一个市场，做好了，就包给人家，收市场租金赚钱。每一年营利的钱拿来买猪，（买了猪）就杀，分给大家。八月十五呢，就做大戏，做年例。这个钱呢，就靠社丁凑一部分，外出人员啊捐助一部分，一般都有。八月十四晚上做戏，十五做一天，十六做一天，十七晚上做半天。其次，每个月都有节日，正月过初二，二月过初三，比较大，三月过清明，四月过初二，五月过端午，六月过初二，七月过鬼节，八月过年例，九月没有，十月过初二，十一月过冬至节，十二月过年。

三、寻祖

tshɐm^{22} tsu^{55}

我	个	姓	张	就	系	八	十	年
ŋoi$^{\cdot 55}$	koi$^{\cdot 33}$	ɬiaŋ^{33}	tsiɔŋ^{33}	tsɐu^{442}	hɐi$^{\cdot 442}$	pat^{2}	sɐp^{2}	nin^{22}
代	这	间，	派	个	代	表	转	海
tui$^{\cdot 33}$	khui$^{\cdot 13}$	kan^{33}	pai$^{\cdot 33}$	koi$^{\cdot 33}$	tui$^{\cdot 442}$	piu^{55}	tsin^{55}	hui$^{\cdot 55}$
丰	中	田	赤	泥	村，	大	家	联
foŋ^{33}	tsoŋ^{33}	thin^{22}	tsiak^{2}	nɐi$^{\cdot 22}$	tshɐn^{33}	tai$^{\cdot 442}$	ka^{33}	lin^{22}
系	转	呢，	拜	会	过	大	家，	佢，
hɐi$^{\cdot 442}$	tsin^{55}	ni$^{\cdot 55}$	pai$^{\cdot 33}$	wui$^{\cdot 442}$	kuɔ^{33}	tai$^{\cdot 442}$	ka^{33}	khi$^{\cdot 22}$
宁	方	也	派	个	代	表	下	我
niŋ^{13}	fɔŋ^{33}	ja$^{\cdot 31}$	phai$^{\cdot 33}$	koi$^{\cdot 33}$	tui$^{\cdot 442}$	piu^{55}	ha^{31}	ŋoi$^{\cdot 55}$
北	溪	坡	联	系	过，	大	家	都
pɐk^{5}	khɐi$^{\cdot 33}$	phɔ^{33}	lin^{22}	hɐi$^{\cdot 442}$	kuɔ^{33}	tai$^{\cdot 442}$	ka^{33}	tɛu^{33}
相	识，	相	识	个	祖	宗，	发	源
ɬiɔŋ^{33}	sik^{5}	ɬiɔŋ^{33}	sik^{5}	koi$^{\cdot 33}$	tsu^{55}	tsoŋ^{33}	fat^{2}	ȵin^{22}
地	得	佢	上	高，	分	支	得	我
ti$^{\cdot 442}$	tɐk^{5}	khi$^{\cdot 22}$	siɔŋ^{55}	kɛu^{33}	fɐn^{33}	tsi$^{\cdot 33}$	tɐk^{5}	ŋoi$^{\cdot 55}$
下	低。	就	系	得	六	八	年，	宁
ha^{31}	tɐi$^{\cdot 33}$	tsɐu^{442}	hɐi$^{\cdot 442}$	tɐk^{5}	lok^{2}	pat^{2}	nin^{22}	nin^{13}
时	候，	我	去	广	州，	转	到	新
si$^{\cdot 22}$	hɐu^{442}	ŋoi$^{\cdot 55}$	hi$^{\cdot 33}$	kuɔŋ^{33}	tsɐu^{33}	tsin^{55}	tɛu^{33}	ɬɐn^{33}

会 一 个 戏 园 住， 就 发 现
wui^{442} jɐt^{5} koi^{33} hi^{442} jin^{22} tsi^{442} tsɐu^{442} fat^{2} jin^{442}

宁 □ 有 部 分 人 得 戏 台
niŋ^{13} nai^{33} jɐu^{55} pu^{31} fɐn^{442} ȵiɐn^{22} tɐk^{5} hi^{442} thui^{22}

□ 读 毛 主 席 语 录， 讲 个
nai^{33} tok^{2} mɛu^{22} tsi^{55} tshik^{2} ȵi^{55} lok^{2} kɔŋ^{55} koi^{33}

话 呢 秋 我 个 马 兰 话 基
wa^{442} ni^{55} tshɐu^{33} ŋoi^{55} koi^{33} ma^{55} lan^{33} wa^{442} ki^{33}

本 上 同 样， 就 问 起 佢 人
pun^{55} siɔŋ^{31} thoŋ^{22} jɔŋ^{442} tsɐu^{442} mɐn^{442} hi^{55} khi^{22} ȵiɐn^{22}

姓 乜 嘢 个， 佢 大 家 就 讲
ɬiaŋ^{33} mɐt^{5} ȵia^{55} koi^{33} khi^{22} tai^{442} ka^{33} tsɐu^{442} kɔŋ^{55}

姓 张 个。 话 谈 基 本 上 同
ɬiaŋ^{33} tsiɔŋ^{33} koi^{33} wa^{442} tham^{22} ki^{33} pun^{55} siɔŋ^{31} thoŋ^{22}

样 读 毛 主 席 语 录。 我 也
jɔŋ^{442} tok^{2} mɛu^{22} tsi^{55} tshik^{5} ȵi^{55} lok^{2} ŋoi^{55} ja^{31}

讲 佢 知， 我 人 得 北 溪 坡，
kɔŋ^{55} khi^{22} ti^{33} ŋoi^{55} ȵiɐn^{22} tɐk^{5} pɐk^{5} khɐi^{33} phɔ^{33}

得 电 白， 祖 宗 也 得 你 这
tɐk^{5} tin^{31} pak^{2} tsu^{55} tsoŋ^{33} ja^{31} tɐk^{5} ni^{55} khui^{22}

□ 分 下 去， 秋 佢 人 相 识，
nai^{33} fɐn^{33} ha^{31} hi^{33} tshɐu^{33} khi^{22} ȵiɐn^{22} ɬiɔŋ^{33} sik^{5}

讲 起 这 件 事， 古 阵 同 佢
kɔŋ^{55} hi^{55} khui^{13} kin^{31} ɬu^{442} ku^{55} tsɐn^{13} thoŋ^{22} khui^{22}

人 也 无 乜 嘢 联 系， 主 要
ȵiɐn^{22} ja^{31} mɛu^{22} mɐt^{5} ȵia^{55} lin^{22} hɐi^{442} tsi^{55} iu^{33}

秋 赤 泥， 下 过 代 表 联 系
tshɐu^{33} tshiak^{2} nɐi^{22} ha^{31} kuɔ^{33} tui^{33} piu^{55} lin^{22} hɐi^{442}

过。
kuɔ^{33}

（张国男讲述）

译文：

我们姓张的，在80年代这段时间，派了一个代表回到海丰中田赤泥村，大家重新联系了，拜会过他们。他们那里也派个代表下到我们北溪坡来联系过。大家都认识了，也认识了祖宗。发源地在他们上面，分支在我们下面。就是在1968年，那时候，我去广州，回到新会一个戏院里住，就发现那里有人在戏台上读毛主席语录，讲的话呢，同我们的马兰话基本相同。（我）就问他们姓什么的，他们就说姓张的。谈话基本上与读毛主席语录同样。我也告诉他们，我在北溪坡，在电白，祖宗也是从你这里分下去的。和他们认识了以后，讲起这件事。现在与他们也没有什么联系，倒是派过代表和赤泥联系过。

四、年　　例

nin^{22}　　lɐi^{442}

讲	个	做	年	例，	我	地	方	个
kɔŋ^{55}	koi^{33}	tsu^{33}	nin^{22}	lɐi^{442}	ŋoi^{55}	ti^{442}	fɔŋ^{33}	koi·^{33}
经	过。	年	例，	每	个	姓	得	我
kiŋ^{33}	kuɔ^{33}	nin^{22}	lɐi·^{442}	mui^{31}	koi^{33}	ɬiaŋ^{33}	tɐk^{5}	ŋoi·^{55}
地	方	都	会	做，	大	部	分	都
ti·^{442}	fɔŋ^{33}	tu^{453}	wui·^{442}	tsu^{33}	tai·^{442}	pu^{31}	fɐn^{33}	tu^{33}
做	年	例。	我	姓	张	个	年	例
tsu^{33}	nin^{22}	lɐi·^{442}	ŋoi^{55}	ɬiaŋ^{33}	tsiɔŋ^{33}	koi^{33}	nin^{22}	lɐi^{442}
就	系	八	月	十	六。	到	宁	日
tsɐu^{442}	hɐi^{442}	pat^{2}	ȵit^{2}	sɐp^{2}	lok^{2}	tɐu^{33}	niŋ^{13}	ȵiɐt^{2}
呢，	所	有	亲	戚	阿、	朋	友	阿、
ni·^{55}	sɔ^{55}	jɐu^{31}	tshɐn^{33}	tshik^{5}	a^{33}	phɐŋ^{22}	jɐu^{31}	a^{33}
相	识	个	阿，	个	仔	个	同	学
ɬiɔŋ^{33}	sik^{5}	koi·^{33}	a^{33}	koi·^{33}	tsɐi·^{55}	koi^{33}	thoŋ^{22}	hɔk^{2}
阿	都	会	来，	庆	祝	阿，	好	热
a^{33}	tu^{33}	wui·^{442}	lui^{22}	hiŋ^{33}	tsok^{5}	a^{33}	hɐu^{55}	ȵit^{2}
闹。	就	免	费	做	畀	大	家	吃。

nau^{442}	tsɐu^{442}	min^{55}	fɐi$^{\cdot 33}$	tsu^{33}	pi$^{\cdot 55}$	tai$^{\cdot 442}$	ka^{33}	hiak^{2}
个	有	钱	个	做	多	□	餸，	无
koi$^{\cdot 33}$	jɐu^{31}	tshin^{22}	koi$^{\cdot 33}$	tsu^{33}	tɔ^{33}	ɳit^{5}	ɬoŋ^{13}	mɛu^{22}
钱	个	够	□	□	□	仔。	到	宁
tshin^{22}	koi$^{\cdot 33}$	kɐu^{33}	tshit^{2}	tsioŋ^{13}	ɳit^{5}	tsɐi$^{\cdot 55}$	tɛu^{33}	niŋ^{13}
日，	最	□	个，	十	六	宁	日，	戏
ɳiɐt^{2}	tsui$^{\cdot 442}$	ɳioŋ^{22}	koi$^{\cdot 33}$	sɐp^{2}	lok^{2}	niŋ^{13}	ɳiɐt^{2}	hi$^{\cdot 442}$
班	得	□	做	大	戏，	做	戏	畀
pan^{33}	tɐk^{5}	nai$^{\cdot 33}$	tsu^{33}	tai$^{\cdot 442}$	hi$^{\cdot 33}$	tsu^{33}	hi$^{\cdot 33}$	pi$^{\cdot 55}$
公	睇	阿！	亲	戚	朋	友	啰，	有
koŋ^{33}	thɐi$^{\cdot 13}$	a^{33}	tshɐn^{33}	tshik^{5}	phɐŋ^{22}	jɐu^{31}	lɔ^{33}	jɐu^{31}
钱	个	请	厨	师，	做	十	几	日
tshin^{22}	koi$^{\cdot 33}$	tshiaŋ^{55}	tshi$^{\cdot 22}$	ɬu^{33}	tsu^{33}	sɐp^{2}	ki$^{\cdot 55}$	ɳiɐt^{2}
台	阿，	十	八	台	阿，	做	畀	大
thui$^{\cdot 13}$	a^{33}	sɐp^{2}	pat^{2}	thui$^{\cdot 13}$	a^{33}	tsu^{33}	pi$^{\cdot 55}$	tai$^{\cdot 442}$
家	吃。	最	临	近	这	顶，	姓	车
ka^{33}	hiak^{2}	tsui$^{\cdot 442}$	lɐm^{22}	khɐn^{33}	khui$^{\cdot 13}$	tiaŋ^{55}	ɬiaŋ^{33}	ki$^{\cdot 33}$
呢	八	月	初	七，	我	姓	张	个
ni$^{\cdot 55}$	pat^{2}	ɳit^{2}	tshɔ^{33}	tshɐt^{5}	ŋoi$^{\cdot 55}$	ɬiaŋ^{33}	tsiɔŋ^{33}	koi$^{\cdot 33}$
八	月	十	六，	我	大	队	个	年
pat^{2}	ɳit^{2}	sɐp^{2}	lok^{2}	ŋoi$^{\cdot 55}$	tai$^{\cdot 442}$	tui$^{\cdot 442}$	koi$^{\cdot 33}$	nin^{22}
例	两	个	比	较	多	□	人。	其
lɐi$^{\cdot 442}$	liɔŋ^{55}	koi$^{\cdot 33}$	pi$^{\cdot 55}$	kau^{33}	tɔ^{33}	ɳit^{5}	ɳiɐn^{22}	khi$^{\cdot 22}$
他	个	来	源，	都	系	靠	各	人
tha^{33}	koi$^{\cdot 33}$	lui$^{\cdot 22}$	ɳin^{22}	tu^{33}	hɐi$^{\cdot 442}$	khau^{33}	kɔk^{2}	ɳiɐn^{22}
得	巷	底	做	钱，	得	巷	底	个
tɐk^{5}	hɔŋ^{442}	tɐi$^{\cdot 55}$	tsu^{33}	tshin^{22}	tɐk^{5}	hɔŋ^{442}	tɐi$^{\cdot 55}$	koi$^{\cdot 33}$
有	钱	个	囉，	做	□	□，	有	面
jɐu^{31}	tshin^{22}	koi$^{\cdot 33}$	lɔ^{22}	tsu^{33}	tshu^{13}	ɳit^{5}	jɐu^{31}	min^{55}
□；	无	钱	呢，	就	做	悭	□	□
ɳit^{5}	mɛu^{22}	tshin^{22}	ni$^{\cdot 55}$	tsɐu^{442}	tsu^{33}	han^{33}	tsɐn^{55}	ɳit^{5}

仔。	个	亲	戚	来	哦，	无	用	封
tsɐi^{55}	koi^{33}	tshɐn^{33}	tshik^{5}	lui^{22}	ɔ^{33}	mɛu^{22}	joŋ^{442}	foŋ^{33}
红	包，	有	□	人	买	□	苹	果
hoŋ^{33}	pau^{33}	jɐu^{31}	ȵit^{5}	ȵiɐn^{22}	mai^{31}	ȵit^{5}	phiŋ^{22}	kuɔ^{55}
阿，	水	果	阿	来。	得	深	圳	阿、
a^{33}	sui^{55}	kuɔ^{55}	a^{33}	lui^{22}	tɐk^{5}	sɐm^{33}	tsɐn^{33}	a^{33}
广	州	阿，	外	地	人	都	转	来。
kuɔŋ^{33}	tsɐu^{33}	a^{33}	ŋui^{442}	ti^{442}	ȵiɐn^{22}	tu^{33}	tsin^{55}	lui^{22}
最	大	个	系	年	例，	到	宁	日。
tsui^{442}	tai^{442}	koi^{33}	hɐi^{442}	nin^{22}	lɐi^{442}	tɐu^{33}	niŋ^{13}	ȵiɐt^{2}
可	以	讲，	大	家	个	亲	戚	阿
hɔ^{55}	ji^{31}	kɔŋ^{55}	tai^{442}	ka^{33}	koi^{33}	tshɐn^{33}	tshik^{5}	a^{33}
朋	友	阿，	大	家	都	见	面，	比
phɐŋ^{22}	jɐu^{31}	a^{33}	tai^{442}	ka^{33}	tu^{33}	kin^{33}	min^{442}	pi^{55}
做	酒	还	大。					
tsu^{33}	tsɐu^{55}	an^{22}	tai^{442}					

（张国男讲述）

译文：

讲讲过年例，在我这个地方是怎样过的。年例，每一个姓，在我这个地方的，都会过，大部分都过年例。我们姓张的年例就在八月十六。到那一天，所有的亲戚啊，朋友啊，认识的啊，孩子的同学啊，都回来。大家一起庆祝啊，好热闹。免费做菜给大家吃，有钱的就做多一点菜，没有钱的就少做一点。到那一天，最热闹。十六日那天戏班在那里演粤剧，做戏给神看啊！亲戚朋友啰，有钱的请厨师，做十几天台（酒）啊，十八台（酒）啊，做给大家吃。最近这块地方，姓车的呢，八月初七，我们姓张的八月十六。我们大队的年例，这两个人比较多些。其他，（资金）来源呢，都是靠各人在外面赚钱，在外面有钱的就做显赫些，有面子些。没有钱的就节省些。亲戚朋友来啰，不用封红包。有些人买些苹果啊，水果啊回来就可以。在深圳的人啊，在广州的人啊，外面的人都回来。可以说，大家的亲戚啊，朋友啊，大家都见面，比摆酒（规模）还要大。

五、结　婚

kit^{2}　fɐn^{33}

古	阵	讲	讲	我	个	地	方	结
ku^{55}	tsɐn^{442}	kɔŋ^{55}	kɔŋ^{55}	ŋoi^{55}	koi^{33}	ti^{442}	fɔŋ^{33}	kit^{2}
婚	个	风	俗	习	惯。	一	般	情
fɐn^{33}	koi^{33}	foŋ^{33}	tsok^{2}	tsɐp^{2}	kuan^{33}	jɐt^{5}	pun^{453}	tshiŋ^{22}
况，	男	女	双	方	相	好	后	就
fɔŋ^{33}	nam^{22}	ni^{55}	sɔŋ^{33}	fɔŋ^{33}	ɬiɔŋ^{33}	hɐu^{55}	hɐu^{31}	tsɐu^{442}
会	睇	日	子	结	婚。	首	先	呢，
wui^{442}	thɐi^{55}	ȵiɐt^{2}	tsu^{55}	kit^{2}	fɐn^{33}	ɬɐu^{55}	ɬin^{33}	ni^{55}
有	送	日	子	时	间。	送	日	子
jɐu^{55}	ɬoŋ^{33}	ȵiɐt^{2}	tsu^{55}	si^{22}	kan^{33}	ɬoŋ^{33}	ȵiɐt^{2}	tsu^{55}
时	间	宁	日，	就	会	请	个	媒，
si^{22}	kan^{33}	niŋ^{13}	ȵiɐt^{2}	tsɐu^{442}	wui^{442}	tshiaŋ^{55}	koi^{33}	mui^{22}
或	者	无	有	媒，	送	张	礼	金
wɐk^{2}	tsia^{55}	mɐu^{22}	jɐu^{55}	mui^{22}	ɬoŋ^{33}	tsiɔŋ^{33}	lɐi^{31}	kɐm^{33}
钱	阿，	送	过	女	方	看，	选	日，
tshin^{22}	a^{33}	ɬoŋ^{33}	kuɔ^{33}	ni^{55}	fɔŋ^{33}	kan^{33}	ɬin^{55}	ȵiɐt^{2}
选	日	子	个	意	思	就	系	讲
ɬin^{55}	ȵiɐt^{2}	tsu^{55}	koi^{33}	ji^{33}	ɬu^{33}	tsɐu^{442}	hɐi^{442}	kɔŋ^{55}
明	哪	日	哪	日	就	结	婚。	一
miŋ^{22}	nai^{13}	ȵiɐt^{2}	nai^{13}	ȵiɐt^{2}	tsɐu^{442}	kit^{2}	fɐn^{33}	jɐt^{5}
般	带	礼	金	钱	阿、	有	糖	阿、
pun^{453}	tai^{13}	lɐi^{31}	kɐm^{33}	tshin^{22}	a^{33}	jɐu^{55}	thɔŋ^{22}	a^{33}
猪	肉	阿，	有	饼	阿	送	过	去。
tsi^{33}	ȵiok^{2}	a^{33}	jɐu^{55}	piaŋ^{55}	a^{33}	ɬoŋ^{33}	kuɔ^{33}	hi^{33}
到	结	婚	宁	日，	男	方	筹	备，
tɐu^{33}	kit^{2}	fɐn^{33}	niŋ^{13}	ȵiɐt^{2}	nam^{22}	fɔŋ^{33}	tshɐu^{22}	pi^{442}
劏	猪	阿，	劏	鸡	阿，	大	三	牲

thɔŋ^{33}	tsi·^{33}	a^{33}	thɔŋ^{33}	kɐi^{33}	a^{33}	tai·^{442}	ɬɐm^{33}	ɬiaŋ^{33}
阿。	请	厨	师	做	酒。	朋	友	一
a^{33}	tshiaŋ^{55}	tshi^{22}	ɬu^{33}	tsu^{33}	tsɐu^{55}	phɐŋ^{22}	jɐu^{31}	jɐt^{5}
般	就	发	请	贴，	亲	戚	无	用
pun^{453}	tsɐu^{442}	fat^{2}	tshiaŋ^{55}	tip^{2}	tshɐn^{33}	tshik^{5}	mɛu^{22}	joŋ^{442}
发，	就	通	知	啦。	朋	友	个	红
fat^{2}	tsɐu^{442}	thoŋ^{33}	tsi·^{33}	la^{31}	phɐŋ^{22}	jɐu^{55}	koi·^{33}	hoŋ^{22}
包	一	般	就	照	领，	亲	戚	个
pau^{33}	jɐt^{5}	pun^{453}	tsɐu^{442}	tsiu^{33}	liaŋ^{31}	tshɐn^{33}	tshik^{5}	koi·^{33}
呢	一	般	二	八	回	畀	佢。	男
ni·^{55}	jɐt^{5}	pun^{453}	ȵi·^{442}	pat^{2}	wui·^{22}	pi·^{55}	khi·^{22}	nam^{22}
方	宁	日，	新	郎	揾	客	郎，	揾
fɔŋ^{33}	niŋ^{13}	ȵiɐt^{2}	ɬɐn^{33}	lɔŋ^{22}	wɐn^{55}	hɐk^{2}	lɔŋ^{22}	wɐn^{55}
婚	车，	还	爱，	其	他，	有	钱	个
fɐn^{33}	tshia^{33}	an^{22}	wui·^{33}	khi·^{22}	tha^{33}	jɐu^{55}	tshin^{22}	koi·^{33}
雇	个	人	就	来	拍	录	像。	
ku^{33}	koi·^{33}	ȵiɐn^{22}	tsɐu^{442}	lui·^{22}	phak^{2}	lok^{2}	tsiɔŋ^{31}	
到	新	人	转	来，	送	嫁	姨	送
tɐu^{33}	ɬɐn^{33}	ȵiɐn^{22}	tsin^{55}	lui·^{22}	ɬoŋ^{33}	ka^{33}	ji·^{22}	ɬoŋ^{33}
个	人	来，	新	人	秋	新	郎	拜
koi·^{33}	ȵiɐn^{22}	lui·^{22}	ɬɐn^{33}	ȵiɐn^{22}	tshɐu^{33}	ɬɐn^{33}	lɔŋ^{22}	pai·^{33}
下	天	地	阿，	得	厅	下	拜	下
ha^{31}	thin^{33}	ti·^{442}	a^{33}	tɐk^{5}	thiaŋ^{33}	ha^{31}	pai^{33}	ha^{31}
神	阿，	拜	完	后，	请	人	铺	床，
sɐn^{22}	a^{33}	pai·^{33}	jin^{22}	hɐu^{31}	tshiaŋ^{55}	ȵiɐn^{22}	phu^{33}	tshɔŋ^{22}
请	好	命	个	人，	有	仔	有	女
tshiaŋ^{55}	hɛu^{55}	miaŋ^{442}	koi·^{33}	ȵiɐn^{22}	jɐu^{55}	tsɐi^{55}	jɐu^{55}	ni·^{55}
个	阿，	就	来	铺	床。	新	人，	有
koi·^{33}	a^{33}	tsɐu^{442}	lui·^{22}	phu^{33}	tshɔŋ^{22}	ɬɐn^{33}	ȵiɐn^{22}	jɐu^{55}
条	件	个，	就	扛	甜	茶，	扛	甜
thiu^{22}	kin^{442}	koi·^{33}	tsɐu^{442}	kɔŋ^{33}	thim^{22}	tsha^{22}	kɔŋ^{33}	thim^{22}

茶 界 客 人 喝。客 人 一 般
tsha^{22} pi^{55} hɐk^{2} ȵiɐn^{22} hap^{2} hɐk^{2} ȵiɐn^{33} jɐt^{5} pun^{453}
界 个 利 是，界 红 包 界 个
pi^{55} koi^{33} lɐi^{442} si^{442} pi^{55} hoŋ^{22} pau^{33} pi^{55} koi^{33}
新 人。一 般 就 系 □ 样。
ɬɐn^{33} ȵiɐn^{22} jɐt^{5} pun^{453} tsɐi^{442} hɐi^{442} khui^{13} jɔŋ^{442}

（张国男讲述）

译文：

现在讲讲我这个地方结婚的风俗习惯。一般情况，男女双方相好后就会看日子结婚。首先呢，有送日子时间。送日子那天，就会请个媒人，或者没有媒人，就送张礼金钱啊，送给女方看，选日子。选日子的意思是讲清楚哪一天结婚。一般带礼金钱，糖啊，猪肉啊，饼啊，送过去。到结婚那天，男方杀猪啊，杀鸡啊，杀大三牲啊，请厨师做酒席。朋友一般就发请帖，亲戚不用发，就通知啦。朋友的红包一般就照领，亲戚的呢，一般按二八回礼给他。男方那一天，找伴郎，找婚车，还要准备其他。有钱的雇个人就来拍录像。待新娘到，伴娘把人送来了，新郎和新娘拜一下天地啊，到厅堂拜一下祖宗啊。拜完后，请人铺床，请命好的，有子女的人，就请来铺床。新娘，有条件的，就端甜茶，端甜茶给客人喝。客人一般给一个红包，给一个红包给新娘。整个流程一般就是这样。

六、儿 歌
ȵi^{22} kɔ^{33}

月 光 光，担 沙 □
ȵit^{2} kuɔŋ^{33} kuɔŋ^{33} tam^{33} sa^{33} lɔŋ^{55}
骑 白 马，过 莲 塘
khi^{22} pak^{2} ma^{31} kuɔ^{33} lin^{22} thɔŋ^{22}
拗 竹 笋，破 槟 榔
au^{55} tsok^{5} ɬɐn^{55} phɔ^{33} pin^{33} lɔŋ^{22}

槟 榔 香， 卖 猪 姜
pin^{33} lɔŋ^{22} hiɔŋ^{33} mai$^{·442}$ tsi$^{·33}$ kiɔŋ^{33}
猪 姜 辣， 卖 胡 杂
tsi^{33} kiɔŋ^{33} lat^{2} mai$^{·442}$ wu^{22} tsap^{2}
胡 杂 苦， 卖 猪 牯
wu^{22} tsap^{2} fu^{55} mai$^{·442}$ tsi$^{·33}$ ku^{55}
猪 牯 肥， 卖 牛 皮
tsi$^{·33}$ ku^{55} fɐi$^{·22}$ mai$^{·442}$ ŋɐu^{22} phi$^{·22}$
牛 皮 □， 担 张 凳
ŋɐu^{22} phi$^{·22}$ ɲiɐn^{33} tam^{33} tsiɔŋ^{33} tɐŋ^{33}
张 凳 长， 顶 屋 梁
tsiɔŋ^{33} tɐŋ^{33} tshiɔŋ^{22} tiŋ$^{·442}$ ok^{5} liɔŋ^{22}
屋 梁 高， 卖 尖 刀
ok^{5} liɔŋ^{22} kɛu^{33} mai$^{·442}$ tsim^{33} tɛu^{33}
尖 刀 利， 割 猪 仔 鼻
tsim^{33} tɛu^{33} li$^{·442}$ kut^{2} tsi$^{·33}$ tsɐi$^{·55}$ pi$^{·442}$

（张国男讲述）

译文（略）

七、癣

ɬin^{35}
这 癣， 嗰 癣 发 生， 有 源 头
khua^{33} ɬin^{35} kɔ^{35} ɬin^{35} fat^{2} saŋ^{453} jɐu^{35} jin^{22} thɐu^{22}
个， 多 数 有 □ 虫， 在 地 下
kɔ^{33} tɔ^{453} su^{33} jɐu^{35} ɲit^{5} tshoŋ^{22} tshui$^{·31}$ tɛi$^{·442}$ ha^{31}
发 生。 佢 嗰 种 虫 呢， 我 啲
fat^{2} saŋ^{453} khui$^{·35}$ kɔ^{35} tsoŋ^{35} tshoŋ^{22} ni$^{·453}$ ŋɔ^{35} tɛi^{33}

村 下 都 叫 做 放 光 虫。晚

tshɐn^{33} ha^{31} tu^{33} kiu^{33} tsu^{33} fɔŋ^{33} kuɔŋ^{453} tshoŋ^{22} man^{35}

间 头 佢 嗰 种 虫 放 光 个。

kan^{33} thɐu^{22} khui$^{\cdot 35}$ kɔ^{35} tsoŋ^{35} tshoŋ^{22} fɔŋ^{33} kuɔŋ^{453} kɔ^{33}

秋 个 蚯 蚓 同 样，生 到 在

tshɐu^{33} kɔ^{33} hɐu^{453} jɐn^{35} thoŋ^{22} jɔŋ^{442} saŋ^{33} tou^{33} tshui$^{\cdot 33}$

地 下 □，佢 发 出 来 讲 呢，

tɛi^{442} ha^{13} nɐi$^{\cdot 33}$ khui$^{\cdot 35}$ fat^{2} tshɐt^{5} lui$^{\cdot 22}$ kɔŋ^{35} ni$^{\cdot 33}$

则 讲，个 卫 生 好 地 方 就

tsɛ^{33} kɔŋ^{35} kɔ^{33} wɐi^{442} saŋ^{33} hɐu^{35} tɛi^{442} fɔŋ^{33} tsɐu^{442}

少 啦，系 无 啰？卫 生 无 好，

siu^{35} la^{33} hɐi^{442} mou^{22} lɔ^{33} wɐi^{442} saŋ^{453} mou^{22} hɐu^{35}

佢 发 展 到 嗰 □ 嘢，佢 □

khui^{22} fat^{2} tsin^{35} tou^{33} kɔ^{35} ȵit^{5} ȵia^{35} khui$^{\cdot 35}$ ɬɔ^{453}

到 床，你 在 嗰 张 床 睡，佢

tou^{33} tshɔŋ^{22} ni^{35} tshui$^{\cdot 442}$ kɔ^{35} tsiɔŋ^{33} tshɔŋ^{22} sui$^{\cdot 442}$ khui$^{\cdot 35}$

□ 起 个 床，传 染 到 嗰 种

ɬɔ^{453} hi^{35} kɔ^{33} tshɔŋ^{22} tshin^{22} ȵim^{31} tou^{33} kɔ^{35} tsoŋ^{35}

虫，嗰 种 虫，这 种 □ 阿。这

tshoŋ^{22} kɔ^{35} tsoŋ^{33} tshoŋ^{22} khui$^{\cdot 35}$ tsoŋ^{35} ȵiɔŋ^{453} a^{33} khui$^{\cdot 35}$

种 □ 啊，手 脚 一 传 染 到

tsoŋ^{35} ȵiɔŋ^{453} a^{33} sɐu^{35} kiɔk^{2} jɐt^{5} tshin^{22} ȵim^{31} tou^{33}

佢 这 种 □ 呢，佢 啲 皮 肤

khui^{13} khui$^{\cdot 35}$ tsoŋ^{35} ȵiɔŋ^{453} ni$^{\cdot 33}$ khui$^{\cdot 35}$ tɛi$^{\cdot 33}$ phi^{22} fu^{33}

就 生 出 来 这 种 癣。

tsɐu^{442} saŋ^{33} tshɐt^{5} lui$^{\cdot 22}$ khui$^{\cdot 35}$ tsoŋ^{35} ɬin^{35}

咸 气，好 比 同 讲，有 □ 人，

ham^{22} hɛi^{33} hɐu^{35} pi$^{\cdot 35}$ thoŋ^{22} kɔŋ^{35} jɐu^{35} nit^{5} ȵiɐn^{22}

嗰 啲 鞋 着 得 久 嘚，传 染

kɔ^{35} tik^{5} hai$^{\cdot 22}$ tsɔk^{2} tɐk^{5} kɐu^{35} tɛ^{33} tshin^{22} ȵim$^{\cdot 35}$

到 嗰 啲 地 方，佢 也 生，也

tou^{33} kɔ^{35} tik^{5} tɛi$^{\cdot 442}$ fɔŋ^{453} khi^{22} ja^{31} ɬaŋ^{453} ja^{31}

系 癣，所 以，嗰 啲 嘢 都 属

hɐi^{31}　ɬin^{35}　sɔ^{35}　ji^{35}　kɔ^{35}　tik^{5}　ȵiɛ^{35}　tou^{33}　sok^{2}

于　皮　肤　病。一　般　来　讲，　生

ji^{22}　phɛi^{22}　fu^{33}　piŋ^{442}　jɐt^{5}　pun^{453}　lui^{22}　kɔŋ^{35}　ɬaŋ^{453}

得　久　嘚，　有　□　个　好　难　好

tɐk^{5}　kɐu^{35}　tɛ^{22}　jɐu^{35}　nit^{5}　kɔ^{33}　hɐu^{35}　nan^{22}　hɐu^{35}

个，　几　年　嗰　都　有，　甚　至，　生

kɔ^{33}　kɛi^{35}　nin^{22}　kɔ^{35}　tou^{33}　jɐu^{35}　sɐm^{442}　tsi^{33}　ɬaŋ^{453}

到，　有　积　个，　十　几　年　都　有。

tou^{33}　jɐu^{35}　tsik^{5}　kɔ^{33}　sɐp^{2}　kɛi^{35}　nin^{22}　tou^{33}　jɐu^{35}

佢　嗰　种　癣，　最　忌　对　门　癣。

khi^{22}　kɔ^{35}　tsoŋ^{35}　ɬin^{35}　tsui^{442}　ki^{33}　tui^{442}　mun^{22}　ɬin^{35}

点　样　系　对　门　癣　呢？　嗰　脚，

tim^{35}　jɔŋ^{442}　hɐi^{31}　tui^{442}　mun^{22}　ɬin^{35}　ni^{33}　kɔ^{33}　kiɔk^{2}

在　嗰　啲　顶　生，　嗰　啲　顶　生

tshui^{442}　kɔ^{35}　tik^{5}　tiaŋ^{453}　ɬaŋ^{33}　kɔ^{35}　tik^{5}　tiaŋ^{453}　ɬaŋ^{453}

嗰　啲　顶　生，　嗰　啲　顶　生。　对

kɔ^{3}　tik^{5}　tiaŋ^{453}　ɬaŋ^{453}　kɔ^{35}　tik^{5}　tiaŋ^{453}　ɬaŋ^{453}　tui^{442}

门　癣，　如　果　治　得　好　来　讲，

mun^{22}　ɬin^{35}　ji^{22}　kuɔ^{35}　tsi^{442}　tɐk^{5}　hɐu^{35}　lui^{22}　kɔŋ^{35}

就　无　问　题；　治　无　好　个　来

tsɐu^{442}　mou^{22}　mɐn^{442}　thɐi^{22}　tsi^{442}　mou^{22}　hɐu^{35}　kɔ^{33}　lui^{22}

讲，　村　下　老　个　话，　属　于　麻

kɔŋ^{35}　tshin^{33}　ha^{31}　lou^{35}　kɔ^{33}　wa^{442}　sok^{5}　ji^{22}　ma^{22}

风　病　个　哇！　无　得　好，　系　麻

foŋ^{453}　piŋ^{442}　kɔ^{33}　wa^{33}　mou^{22}　tɐk^{5}　hɐu^{35}　hɐi^{31}　ma^{22}

风　病！　所　以，　麻　风　病　呢　从

foŋ^{453}　piŋ^{442}　sɔ^{35}　ji^{35}　ma^{22}　foŋ^{453}　piŋ^{442}　ni^{33}　tshɔŋ^{22}

嗰　啲　癣　来　个。　一　般，　麻　风

kɔ^{35}　tik^{5}　ɬin^{35}　lui^{22}　kɔ^{33}　jɐt^{5}　pun^{453}　ma^{22}　foŋ^{453}

系　从　嗰　癣　生　成　个。

hɐi^{31}　tshɔŋ^{22}　kɔ^{35}　ɬin^{35}　ɬaŋ^{453}　siaŋ^{22}　kɔ^{33}

（黄成英讲述）

译文：

这个癣的产生是有源头的，这种虫，多数在地下产生。这种虫呢，我们农村都叫做放光虫。晚上，这种虫会发光的。同蚯蚓一样，长在地下，（从）它产生来说呢，也就是说，卫生好的地方就少，是不是？卫生不好，就产生这个东西。它爬到床上，你在这张床上睡，它爬到这张床上，（你就）传染到这种虫的黏液了。它身上有黏液啊，手脚一传染到它的这种黏液，皮肤就会长出这种癣。

脚气，好比说，有的人，鞋子穿得太久了，（虫的黏液）传染到这个地方，它也生，也是癣。所以，这些东西都属于皮肤病。一般来讲，长得久了，有的是很难好，几年都会有，甚至，有的是时间久积下来的，十几年都在。这种癣，最忌对门癣。对门癣是怎样的呢？（比如）脚，在这个地方生，在这个（那个）地方生；在这个地方生，在这个（那个）地方生。对门癣，如果治得好的话，就没有问题；治不好的话，用农村的老话（来讲），就是麻风病啰！所以，麻风病是从这种癣演变来的。一般来说，麻风病是由癣生成的。

参考文献

1．清道光四年修《电白县志》。

2．清光绪十三年修《电白县志》。

3．民国三十五年修《电白新志稿》。

4．戴由武、戴汉辉：《电白方言志》，广州：中山大学出版社，1994 年。

5．《北溪坡张氏族谱》，1986 年重修本。

6．《黄氏先祖简谱、润色公直系家谱合编》，手稿。

7．邵慧君、甘于恩：《广东四邑方言语音特点》，《方言》1999 年第 2 期。

8．甘于恩：《四邑话：一种粤化的混合方言》，《中国社会语言学》2003 年第 1 期（创刊号）。

9．汤翠兰：《广东新会司前话的音韵研究》，暨南大学博士学位论文，2004 年。

10．余霭芹：《台山淡村方言的变音》，《纪念王力先生百年诞辰学术论文集》，北京：商务印书馆，2002 年。

11．余霭芹：《台山淡村方言研究》，Language Information Sciences Research Centre，City University of Hong Kong，2005。

12．张振兴：《广东省雷州半岛的方言分布》，《方言》1986 年第 3 期。

13．张振兴：《广东省吴川方言记略》，《方言》1992 年第 3 期。

14．张振兴、蔡叶青：《雷州方言词典》，南京：江苏教育出版社，1998 年。

15．李如龙等：《粤西客家方言调查报告》，广州：暨南大学出版社，1999 年。

16．白宛如：《广州方言词典》，南京：江苏教育出版社，1998 年。

17．麦耘、谭步云：《实用广州话分类词典》，广州：广东人民出版社，1997 年。

18．叶国泉、唐志东：《信宜方言的变音》，《方言》1982 年第 1 期。

19．叶国泉、罗康宁：《信宜方言的文白异读》，《语言研究》1990 年第 2 期。

20．罗康宁：《信宜方言志》，广州：中山大学出版社，1987 年。

21. 甘于恩：《广东四邑方言语法研究》，广州：暨南大学出版社，2010 年。

22. 容慧华：《江门荷塘话语音研究》，中山大学硕士学位论文，2006 年。

23. 邵慧君、万小梅：《江西乐安县万崇话的小称变调》，《方言》2006 年第 4 期。

24. 邵慧君：《广东茂名粤语小称综论》，《方言》2005 年第 4 期。

25. 袁家骅：《汉语方言概要（第二版）》，北京：文字改革出版社，1983 年。

26. 李新魁著：《广东的方言》，广州：广东人民出版社，1994 年。

27. 李新魁等：《广州方言研究》，广州：广东人民出版社，1995 年。

28. 胡性初：《在茂名白、客、黎方言中为何都有 ɬ 声母》，《广东教育学院学报》1998 年第 1 期。

29. 李健：《化州粤语概说》，天津：天津古籍出版社，1996 年。

30. 高然：《广东阳春粤方言的 ɬ 声母》，《第七届国际粤方言研讨会论文集〈方言〉增刊》，北京：商务印书馆，2000 年。

31. 陈云龙：《广东电白旧时正话》，《方言》2003 年第 3 期。

32. 陈云龙：《旧时正话的语法特点》，《湛江师范学院学报》2006 年第 4 期。

33. 陈云龙：《广东电白观珠客家话止摄精组字的读音》，《语言研究》2005 年第 3 期。

34. 陈云龙：《旧时正话研究》，北京：中国社会科学出版社，2006 年。

35. 陈云龙：《马兰话：一种明代传入电白的粤语》，《粤语研究》2010 年第 6、7 期。

36. 刘伟铿：《西瓯史考》，《岭南文史》1996 年第 4 期。

37. 王明亮：《西瓯骆越三题》，《岭南文史》1993 年第 3 期。

38. 何海龙：《边缘之拓治：秦汉时期岭南地区的开发》，厦门大学博士学位论文，2007 年。

39. 中国社会科学院语言研究所：《方言调查字表》，北京：商务印书馆，1981 年。

40. 黄伯荣、廖序东：《现代汉语（增订三版）》，北京：高等教育出版社，2002 年。

41. 黄伯荣：《汉语方言语法类篇》，青岛：青岛出版社，1996 年。

42. 游汝杰：《汉语方言学教程》，上海：上海教育出版社，2004 年。

43. 吕叔湘：《现代汉语八百词（增订本）》，北京：商务印书馆，1999 年。

44. 王福堂：《汉语方言语音的演变和层次》，北京：语文出版社，1999 年。

45. 王力：《汉语语音史》，北京：中国社会科学出版社，1985 年。

46. 耿振生：《明清等韵学通论》，北京：语文出版社，1992 年。

47. 葛剑雄著：《中国移民史》，福州：福建人民出版社，1997 年。

48. 杨耐思：《中原音韵音系》，北京：中国社会科学出版社，1981 年。

49. 戴庆夏：《汉语与少数民族语言关系概论》，北京：中央民族学院出版社，1992 年。

50. 曹志耘：《关于濒危汉语方言问题》，《语言教学与研究》2001 年第 1 期。

51. 张振兴、熊正辉、林立芳：《〈中国濒危方言调查研究〉总序》，《中国濒危语言方言研究》丛书，北京：中国社会科学出版社，2005 年。

52. 徐世璇、廖乔婧：《濒危语言问题研究综述》，《当代语言学》2003 年第 2 期。

53. 徐世璇：《语言濒危原因探析：兼论语言转用的多种因素》，《民族研究》2002 年第 4 期。

54. 范俊军：《岭南濒危汉语方言研究刍议》，《学术研究》2008 年第 11 期。

55. 范俊军：《语言活力与语言濒危的评估：联合国教科文组织文件〈语言活力与语言濒危〉述评》，《现代外语》2006 年第 2 期。

56. 联合国教科文组织濒危语言问题特别专家组，范俊军、宫齐、胡鸿雁译：《语言活力与语言濒危》，《民族语文》2006 年第 3 期。

后 记

马兰话是2000年我在电白大衙镇调查“旧时正话”时发现的。当时只是简单地了解了一下，还无时间和经费作深入的调查研究。2006年，我申报的课题“粤西濒危方言调查研究”获国家社科基金立项，马兰话是其中的一种。有了国家课题的鼓励和资助，马兰话的研究得以继续。因此，首先要感谢国家对学术的重视，对濒危方言研究的支持。

马兰话是我用力最勤的方言之一。从2005到2010年，已记不清多少次下到马兰话所在地——龙记管区了。先调查代表点，之后又追踪从龙记管区分化出去的其他村落；调查完了语音，又调查词汇、语法、长篇语料、濒危状况；整理材料时有疑问又多次下去核实。去的次数多了，当地人都认识我了，并私下给了我一个名号：马兰佬。

做田野是很辛苦的，甚至是危险的。有价值的方言点往往较偏远，交通不便，吃住都成问题，治安也不好，拦路抢劫更是司空见惯的事情。马兰话的调查同样遇到了这样的困难，让我刻骨铭心的是——我们差点付出生命的代价。龙记管区没有餐厅，吃饭不方便。早餐可以随便打发，中晚餐都由发音人张国男先生用摩托车“车”我去镇上。一次，张先生的摩托车前轮突然爆胎，摩托车即刻失去控制，在马路中间“颠狂”，随即冲向路边的一条排水沟，跌落在近一米深的沟底，摩托车侧翻，重重地压在张先生和我的身上。我们都受了伤，我的臀部大面积紫黑，手由于应急支撑几近骨折。张先生比我严重，多处压伤，尤其是踝骨肿痛，数月方愈。我们都没有生命危险，但我的内心却惊恐不安，难以平静，尤其是连累了张先生，我深感内疚，感谢他对调查的理解、配合和帮助，更感激他冒着生命危险捍卫了学术的神圣。我们都庆幸大难不死！都期盼其后“必有后福”！

《马兰话研究》的出版是“后福”吗？即便是，也是众多师友庇佑和关爱的结果。张振兴先生是我的入门导师，更是因为他我才发现了马兰话。张先生当年主持中国社会科学院A类重大研究项目“中国濒危语言和方言调查研究与新编

《中国语言地图集》”，将我的“旧时正话研究”纳入其中。如果不是深入调查“旧时正话”，我便没有机会发现马兰话。潘悟云先生是我的博士导师，感谢他克服困难收我为徒，使我能在最前沿的学术环境中，在最高水平的指导下，有充裕的时间研究马兰话及国家课题，尤其是他开发的方言调查软件“斐风”提供了高效而便捷的技术支持。感谢众多发音人，他们的名字已列在书中，一并致谢。

本书是国家社科基金项目“粤西濒危方言调查研究”的阶段性成果、教育部社会科学重点研究基地招标课题“岭南濒危方言研究”成果之一，本书得到了“湛江师范学院学术著作出版基金”、湛江师范学院“国家级特色专业建设点——汉语言文学专业”、湛江师范学院“广东省优秀教学团队——汉语言文字学课程群教学团队”的资助，在此，表示真挚的谢意。

方言学著作不仅“太专业”，而且有众多怪异的符号，给编辑、校对带来很大的麻烦。本书的策划编辑杜小陆先生，责任编辑郑柔琼不厌其烦、不辞辛劳，提出有价值的修改意见，为本书增色不少。他们非常专业，非常敬业。在此，表示由衷的感谢。

这些年来，我几乎全身心地投入国家课题及粤西方言的调查和研究。迫于生计，“为稻粱谋”，我还要坚持工作。在家里我是“全脱产”，所有的家务都由我的爱人王海蝶女士承担。她学历不高，但能理解和支持学术，难能可贵！这里，我要道一声：老婆，辛苦了！

作 者

2012 年 11 月

